JN249313

そのつどの今

新田章

悠光堂

Du gehst zu Frauen? Vergiss die Peitsche nicht!

はじめに

本書は私がそのつど今に立ち止まりつつ考え書き記した文章の集成である。

本書の構成が物語っているように、私は学生時代からニーチェの哲学に親しみ（そのわりには随分苦しめられもしたが）、四〇歳前後まで主としてニーチェに関する論文を発表した。ニーチェ研究はたしかにこれまで私が哲学する上で大きな指針となってきたのだが、本書の巻頭論文を読んでいただくと分かるように、私のニーチェ論はこの哲学の二大テーマと目される「権力への意志」と「永劫回帰」を、前者から後者を論じてゆく普通の解釈とは違って、逆に後者から前者を論じてゆくという方向をとっている。なぜこのようなことになったか。もちろん従来の理解ではニーチェ解釈がしっくりこない、それどころか矛盾だらけでこっちも発狂しそうだ、もしかしたら逆なのではないか、と思ったというのが一番の理由なのだが、実は、私の場合、（こちらも学生時代から親しんでいた）仏教学に対する以前から抱いていた疑義がそこに絡んでいたことを告白しなければならない。

要するにこういうことである。仏教、とりわけ大乗仏教においては「空」の体得こそが根本であろう。そして従来は「空」を「縁起」から説明してきたし、たぶん今でも大方の仏教学者はそういう説明をしているはずだ。ところがゴータマ・シッダールタは「空」（初期仏教の語では「諸行無常」あるいは「諸法無我」）をではなく、「縁起」の理法を覚ったことでブッダになったと理解されてきたのである。縁起説、ゴータマ・ブッダの時代よりもかなり後に形成された理論的構築物である十二支縁起説が「自内証の法門」と見なされ、それよりも遥かに重要なはずの「四諦」（苦集滅道）は一段低い「化他の法門」と呼ばれてきたのである。なぜ「四諦」の方が大事なのか。それは「諸行無常」の如実知見というブッダの悟道の最初の展開だからである。「無常」は人間の分別悟性を徹底的に挫く現実である。それに比べれば「縁起説」は「四諦説」の第二の展開、むしろ派生物、世界解釈に過ぎない。「無常」「空」という光を直視することは難しくても「縁起」という影なら見ることはさほど難しくない。事実、縁起説を理解するには特別な能力も、ましてや修行も必要ない。分別悟性でも充分に理解可能なのである。要するにニュートラルな理論なのだ。とすれば、派生を根本と見なす従来の仏教学の理解は本末転倒ではないか。むしろ逆ではないのか。無分別智によってのみ体得される言語を絶した絶対無分節の「無常」「空」が有分別後得知によって方便として言語化された派生態、それが「縁起」ではないのか。浅学菲才を顧みず、私はそう思った。このことは後に四〇歳台の私がナーガールジュナの『中論』やヴァスバンドゥの『唯識三十頌』、更には中国仏教の天台や華厳を論じる機縁となったのだが、これらについては拙著『サンサーラ』第一部の序説と本文(ギリシア・ローマ篇)、第二部(インド篇)、第三部(中国篇)(すべてテクネ社刊、二〇一四年)を読んでいただくとして、とにかく二〇歳台後半の私にあってはニーチェ解釈と仏教解釈とが同時並行していたのである。

そういう経緯で私の関心は、なぜ人は「縁起」を過大評価するのか、もっと敷衍して言えば、なぜ人は「因果」(なぜなら「縁起」とは「(因に)縁って(果が)起こること」だから)という発想から抜け出ることができないのか、専らこの問題との対決に向かうことになった。

ところで、ニーチェ哲学において仏教学の「縁起説」に相当するのは「権力への意志説」だろう。とすれば「無常の如実知見」或いは「空観」に当たる教説はニーチェにあるか。あるとすればそれは何か。ひょっとしたら「永劫回帰説」、しかもその肯定的側面としての「運命愛」ではないか、そのように考えた。私の以上の単純な思い付きがニーチェ解釈史上独創的であるかどうか、それは読者諸賢の判断を仰ぐより他に仕方がないのだが、ただ一つだけ言えるとしたら、本書に収められたニーチェ論以外の諸論文もまた「因果論の脱構築」という一貫した(というより私にはこれしか持ちようのない)問題意識から生まれたということである。

本書の構成について簡単に述べておきたい。

第一部はニーチェ論の集成であり、論文相互の統一を図ったのと誤植を直した以外はすべて発表したままの形であり一切手を加えていない。なお、拙著『ヨーロッパの仏陀』（理想社、一九九八年）は本書所収の七本に加筆し、二ヶ月という短期間で仕上げたものであるから、その狭間とその後発表された諸論文に目配りができていないため、現在では修正すべき箇所も幾らかはあるだろうが、基本的に大きな事実誤認は無いと自負している。読者諸賢には、著者が『ヨーロッパの仏陀』において本書所収の元原稿のどこをどのように増幅したか、比較しながら読んでいただくのも一興か、と僭越ながら申し上げる。

第二部は故リヒャルト・ヴィッサー先生の二本のニーチェ論の翻訳を再録したものである。「フリードリヒ・ニーチェ――超人は現れるか」は、先生が初めて来日され、早稲田大学に長期滞在されて講演された折の原稿のうちの一本。講演当日、先生が読み上げた原稿を隣で通訳・翻訳したもの。中でも、『ツァラトゥストゥラ』「年老いた女と若い女について」に登場する印象的な言葉「それなら鞭を忘れるな（口絵写真参照）」に関して、鞭を手にしているのは誰か、という指摘はまるで小噺のよう。大方の男性読者は、鞭で若い女をしばきあげるツァラトゥストゥラ、を妄想しているはずだ。もう一本の「ニーチェの教説〈万人は完全に無責任にして無罪なり〉」は国際的ニーチェ研究年誌『ニーチェ・シュトゥーディエン』の栄えある第一巻に掲載された論文で、私が（中原道郎氏とともに）『ニーチェ解読』（早稲田大学出版部、一九九三年）を編集した際に、先生に転載をお願いして快諾していただいたもの。大学院の後輩、門倉隆博氏との共訳である。先生独自の「責任論」が冴え渡っていて興味深い。

第三部はニーチェ以外のさまざまなテーマを論じたもので、学生新聞に執筆を求められたコラムもあれば、図書新聞に依頼された複数の書評もあるし、ブーバー、道元と良寛、他界（あの世）、輪廻についても論じている。いずれも『サンサーラ』で既に述べた事柄もしくは今後述べる予定の事柄の一部である。

第四部には英文のエッセーを六本集めた。一〇年ほど前、大学院時代の後輩で、大学の外国語教員をしている某氏から、大学生向けの語学用テクストで哲学的な読み物を探しているのだが、適当なものが無いので自分たちで作りませんか、という提案がなされた。それがここに収録されたということは計画倒れに終わったということなのだが、超絶的と表現したいほど多忙な時期に一〇日ほどで書き上げたものである。本書出版の話が無ければ、書いたという事実さえ忘れていただろう。久しぶりに読み返してみて、簡潔なわりに内容豊富であるから大学生には少々難解かもしれない。大学の講義内容を六本に凝縮したものである。

大学に入学して間もなく、恩師の故川原榮峰先生ご担当の一般教養科目「哲学B」（因みに「哲学A」はあの樫山欽四郎先生だった）を履修したことが、私が哲学の道に進むきっかけとなった。もともと作家志望で大学院に進むつもりの無かった私ではあったが、三年次の終わりであったか、先生から呼び出されて「大学院に来る気はないかい」と問われ、「でも僕はこれから一年間ドイツに行かなきゃならないのだ。だから君は僕の留守中に大学院に入っておくこと」と命令された。そこで私はすかさず「大学院って何するところなんですか」と迂闊な質問。先生の返答は「研究をするんだよ」というもの。「研究するなら止めときます」と生意気な自分。「何かなりたいものでもあるのかい」と先生。「詩人になりたいんです」と私。「大学院に来れば詩人にだって何にだってなれるよ」と先生。それで大学院に進学。進学してみると、（先生からは卒論指導を受けていないので）すぐにレポート提出を命じられ、書き上げるとケチョンケチョンに酷評された。「要するに、僕の真似だね」という一言に魂（そんなものがあるとしたら）が萎えた。厳しいご指導だった。鬼だと思った。呪いもした。だから「何にだってなれるよ、というお言葉は真っ赤な嘘で、結局何にもなれなかったな」と思うこともあったが、これまで私がいわゆる学者という型にはまらず、自由人として読んで書いて生きてこられたことを考えると、あのとき先生に騙された（？）ことを恨む気にはならない。ただし、何にもなれなかったから別に感謝もしていない。こんな非礼なことを言えるのも、通算すると実父よりも遥かに長く傍にいられた弟子の特権だろうと思う。思えばずいぶん先生とは学問上の議論、いや口論をさせていただいた。こんな怖いもの知らずは数多い先生の弟子の中では私くらいだろう。時には机を叩いて詰め寄る私に、先生は「カルシウム不足じゃないか、目刺を食べながら議論しなさい」と諭され微笑んでおられた。要するに私は川原先生にとって忘恩かつ不肖の弟子だったのだ。親鸞上人が法然上人に全面的に帰依したようにはなかなかいかない。しかし、師匠と弟子の間柄なのだから学問上で遠慮するのはおかしい、だからそれでよかったと勝手に思っている。それに弟子の批判を受け止められない師なぞ尊敬に値しない、と思う私は弟子一人持たず候。実に気楽なものだ。本書もまた、もし先生がご健在なら、「君の本を読んだの、これで五回目だよ。良い本だねぇ」と言っていただけるものになっているだろうか。ただそれを願うのみである。

そのつどの今　目次

第四部　Philosophical Essays——哲学的随筆

凡例

・註は、後註方式を採り、本文の行間に（1）、（2）、（3）……と指示し、対応する註本文を各章末に置く。

・本書におけるニーチェの著作・遺稿からの引用は、KGW: Nietzsche Werke. Kritische Gesamtausgabe. Walter de Gruyter, Berlin（1967-）に拠り、著作には略号（後述）・巻数・頁数を、遺稿には巻数・断片番号を付す。

例　（GD: VI_3 75）——（『偶像の黄昏』・第六巻第三分冊・七五頁）

（KGW: VII_2）——（第七巻・第二分冊）

（VII_3 38[12]）——（第七巻・第三分冊断片 38[12]）

・ニーチェの書簡からの引用は、Nietzsche: Briefwechsel. Kritische Gesamtausgabe. Walter de Gruyter, Berlin（1975-84）に拠り、略号（KGB）と頁数を付す。

例　（KGB: III_1 183, 442）——（書簡第三巻第一分冊・一八三、四四二頁）

・本書で引用するニーチェの著作名及びそれらの略号を以下に示す。

GT: Die Geburt der Tragödie（『悲劇の誕生』）

UB（I-IV）: Unzeitgemäße Betrachtungen（『反時代的考察』）

MA（I-II）: Menschliches, Allzumenschliches（『人間的、あまりに人間的なるもの』）

M: Morgenröthe（『曙光』）

FW（I-IV）: Die fröhliche Wissenschaft（『喜ばしき知識』）

Za（I-IV）: Also sprach Zarathustra（『ツァラトゥストゥラかく語りき』）

JGB: Jenseits von Gut und Böse（『善悪の彼岸』）

GM: Zur Genealogie der Moral (『道徳の系譜学に寄せて』)
WA: Der Fall Wagner (『ヴァーグナーの場合』)
GD: Götzen-Dämmerung (『偶像の黄昏』)
AC: Der Antichrist (『反キリスト者』)
EH: Ecce hommo (『この人を見よ』)
NW: Nietzsche contra Wagner (『ニーチェ対ヴァーグナー』)

・本書では章番号を使用せず、各部に論文・書評等を発表年順に配置しているが、必ずしも発表＝執筆順ではない。

・本書第四部は英文のため、第三部末読了後はあとがき（四〇五頁）に進んでから折り返して読むこと。

第一部　ニーチェの風光

権力への意志説の成立と展開

――永劫回帰思想の体現過程として

ニーチェ哲学の核心は、歴史世界と人間との相互関入の〈循環〉と、その〈循環〉をも巻き込む〈循環の循環〉に対する悲劇的なまでの是認に在る。

本稿は、権力への意志説の成立・展開過程で演じた永劫回帰思想の役割を究明することによって、上記のテーゼを証示しようとするものである。権力への意志説と永劫回帰説――これらニーチェ哲学の中心教説の間には、従来指摘されてきた「根本的矛盾(1)」など存在しない。むしろ「本質的共属性(2)」が認められるのだ。権力への意志説は永劫回帰説を前提として成立・発展したのであって、逆ではない。広大な問題領域を網羅するニーチェ固有の世界―人間―解釈としての権力への意志説とは、畢竟、永劫回帰思想の体現なのである。

一　権力への意志説の根本構造

権力への意志説の具体相を逐一叙述するのがここでの目的ではない。課題はこの教説の根本構造契機の捕捉に在る。『権力への意志』なる標題をもつ著作計画の出現（VII$_3$ 39[1]　一八八五年、八―九月）期前後から最後期（一八八九年、一月）までの遺稿断片(3)を中心として、権力への意志説の最終的形態を見てみよう(4)。

「この世界」は「権力への意志」であり、しかも「諸力と諸力波の戯れとして一であると同時に『多』であり……自らの中に荒れ狂い溢れ入る海」（VII_3 38[12]）だとニーチェは言う。世界は「権力への意志」であり「一であると同時に『多』」であるとされる。彼は語る、「すべての単一性（Einheit）は、有機化（Organisation）と戯れ合い（Zusammenspiel）としてのみ単一性であるにすぎぬ」（VIII_1 2[87]）と。それゆえ、世界が「権力への意志」として「一」であるのは、常に既に「多」なる「諸力と諸力波の戯れ」「有機化[5]」「戯れ合い」としてにすぎぬ。世界のこれら戯れ合う多なる力は「『権力への意志』量子（ein Quantum „Wille zur Macht"）」（VIII_3 14[79]）、「権力量子（Machtquantum）」、「力中心（Kraftcentrum）」[6]等と呼ばれる（以下、権力量子で一括）。

権力量子は「それが働きかけ、それが抵抗する当の作用」に他ならず、「本質的に、暴力を加えかつ諸々の暴力に対して自らを防御せんとする意志」（ebd.）である。権力量子の相互関係は、決して原子などの自己同一的・恒常的・不可透入的個体（物）の離合集散でも、関係の各項が先在した後、相互に関係し合うような関係でもない。「権力への意志は諸々の抵抗に突き当たってのみ発現しうる」（VII_2 9[151]）。「あらゆる力中心から、より強く－ならんと－意志することが唯一の実在性である、――自己保存がではない……」（VIII_3 14[81]）。権力量子（力中心）とは権力への意志を所有する物ではなく、まさに権力への意志である。裏を返せば、自発性・能動性の強弱を量的差異として有する権力量子相互の支配－抵抗作用（闘争）として以外に、権力への意志もまた存在しない。「『権力への意志』量子」という術語には、世界の多なる構成要素たる「権力量子」の相互作用と、その作用の内的自発性たる「権力への意志」との相即不離の関係が語り出されている。それゆえ、権力への意志は〈一即多〉としてのみ理解されねばならない[7]。

このような世界解釈においては、生起の絶えざる流れの固定化の諸結果――自己同一的「存在者」（実体・物）の想定、「作用主体－作用－作用対象」図式（およびその認識論的・文法的形態）、「原因－結果」図式等――つまり作用の物象化に定位した伝統的世界解釈は拒絶されている。ニーチェはむしろそれを逆に彼の解釈理論（遠近法主義（Perspektivismus）[8]）の中に位置付けるのである。各権力量子の他の諸量子への支配－抵抗作用は、常に同時に「遠近法的解釈」という形態をとる。遠近法的解釈とは、権力量子が自らの権力増大という遠近法（視点）に基づいて他の諸量子を自己の意味（価値）体系内に有機化（価値評価）することに他ならない。もとより権力量子は解釈の主体ではない。『誰が解釈するのか』と問うてはならぬ、そうではなく、解釈作用自身が権力への意志の一形式として生存するのだ」（VIII_1 2[151]）。それゆえ一切は解釈としてのみ在り、解釈を離れた「物自体」「事実自体」「意味自体」「真の世界」などは存在しない。解釈とは生《き》のままの原文《テクスト》へのいわゆる主観的意味付与ではない。そもそも無数の解釈を許す同一原文など存在しないのだ。解釈とは、むしろ物・事実・意味・世界といった原文そのものの創造なのであり、解釈の変化（権力量子の変化）は即原文の変化なのである。世界の内にも外にも絶対的真理も無ければ、世界全体を有機化・統一する普遍的法則あるいは神も存在しない。権力量子（人間も複数の権力量子の構成体として、一権力量子である）がもちうるのは〈仮象の世界〉にすぎぬ。だが、この〈仮象の世界〉は、もはや「真の世界」の対立概念ではない。「真の世界」を除去した時に、われわれは「仮象の世界」をも一緒に除去してしまったのだから（vgl. GD: VI_3 75）。ニーチェは「真・偽」二項対立図式そのものを排棄しようとする。とはいえ、世界が一個の「有機体」ではなく、「合目的性」も「真」の意味ももたぬ「混沌」（vgl. VIII_2 11[74]）だからといって、それが単なる空想の産物にすぎず、一切の必然性を欠いている、ということにはならない。むしろ、世界の経過は各々自己の権力を増大しようと意志している権力量子相互間の内的必然性に基づいているのである。「あらゆる権力は、あらゆる瞬間に己の最終的帰結を引き出している」（JGB: VI_2 31, VIII_3 14[79]）。ニーチェにとって、〈意欲（Wollen）〉と〈必然性（Müssen）〉とは同義なのである（vgl. VII_2 26[277]）。

だが、「権力への意志」を、先在する何かが権力なる物を目的として意志する、と誤解すべきではない。権力への意志が在るのであって、権力や意志なる物が在るのではない。物理学的力概念をニーチェは批判する。つまり、物理学は力なる抽象物の存在を前提した後、力の諸関係を量的に規定しようとする、と。権力量子と彼も言う以上、力の量的把握それ自体が否定されているわけではない。力は量的に算定可能なのだが、それだけでは力の本質は把捉不可能だ、というのである。力は質的なのだ。また力という物が在るのでもない。力とは、常に己れを増強しよう、超えようとすることにおいて初めて力である。一定の水準に留まるなら、それは既に力ではない。それゆえ、絶えざる自己超克が力の本質に属する。自己保存は結果にすぎぬ。力とは常に既に権力への意志なのだ。意志についても同様であって、彼はしばしば「意志など存在せぬ」（VIII_3 14[219] 他）と言い放つ。もし人間に内在化した実体的能力としての意志が存在し、それが外的目的として対象化された権力増大を欲求するとなれば、それに到達したとき意志の動きは止まり、権力増大に役立つどころか、逆に権力が制限されて、自己超克は不可能となる。むしろ、権力増大は手段としての目的の絶えざる創造によって遂行されるのである。それゆえニーチェが世界をあえて「権力への意志」だと語るのは、存在者全体がまさにそれである〈自己超克〉という自発的・根源的動向を語ろうとするためだ、と言えよう。しかもそれは、常に同時に、諸権力量子の相互関係そのものの動向なのである。

「汝らも権力への意志である」（VII_3 38[12]）。世界も人間も権力への意志である。人間と世界とは別の存在様式をもちはしない。主観としての人間が客観としての外なる世界を認識するのでも、人間は自由だが世界は必然的法則に統べられている、というのでもない。人間も世界も、ともに自由でありかつ必然だ。だが、人間と世界の同質性を主張することは、裏を返せば、擬人論的観点の世界への密かな導入なのではないか？　事実その通りであって、ここに〈循環〉が在る。だがこれは安直な擬人論でも、擬人論ゆえに排除されるべきものでもない。人間は、人間という権力量子が解釈した擬人的世界、〈仮象の世界〉にしか生きられないのだ。ゆえに、ニーチェが非難するのは、自己の解釈が擬人的解釈にすぎぬことを認めずに自己絶対化したり、遠近法を超越した「真の世界」を捏造して、そこから生そのものを断罪することである。擬人的解釈にすぎぬがゆえにこそ、絶えざる人間の自己超克が遂行されるべきなのだ。それゆえニーチェは、一切は解釈（権力への意志）である、という彼の遠近法主義（権力への意志説）もまた一つの解釈にすぎぬことを自認するのである（vgl. JGB: VI_2 31）。彼の教説は、決して世界の真なる姿の客観的描写でも、単なる空想の産物でもなく、それ自体権力量子相互の或る必然的関係の中から創造された一解釈であり、それゆえまた、その関係の変化次第ではそれ自身超克されざるをえぬ、自己否定を内に孕んだ一解釈なのである。ここには〈循環の循環〉が在る。そしてこの〈循環の循環〉を肯定しようとする意志にこそ、ニーチェの思惟の核心が仄見えているのである。

以上の考察によって、ニーチェの世界−人間−解釈たる権力への意志説は、その構造契機として、相依相属関係にある次の両者を有すると言えよう。

(1) 自発的・能動的「自己超克」(支配−抵抗作用)の動向としての「権力への意志」概念。

(2) 諸権力量子−諸関係−世界。

二　権力への意志概念の遡行

上記の両構造契機の成立時期の暫定的確定が本節の課題である。

権力への意志概念の著作への登場は『ツァラトゥストゥラかく語りき』第一部(一八八三年、二月)「千一の目標について」が最初である。これに関し、モンティナーリは、権力への意志の概念規定は『曙光』とその遺稿群(一八八〇年春−秋)に見える「権力の感情」の考察によって準備されていた、と語り[9]、ソロモンは『ツァラトゥストゥラ』以前の「強と弱、健康、『超克』の各概念」が『ツァラトゥストゥラ』で権力への意志という最終的形態をとるに至る、と言う[10]。この概念成立に関して、『ツァラトゥストゥラ』以前と以後の連続性を強調する論者は多い。だが果してそうであろうか?

ニーチェは『ツァラトゥストゥラ』第二部「自己−超克について」(VI, 142-145)で、生命体の存在様式を以下の三命題にまとめる。ⓐ「一切の生命体は服従する者である。」ⓑ「自己自身に服従できぬ者は命令される。」ⓒ「命令は服従より困難である。」そして生命体の命令−服従の根本規定をニーチェは「権力への意志」と名付ける。他方で、生命体は

「存在するもの」と等置されている。

ここでは存在者全体が、後の支配－抵抗の代りに、命令－服従で捉えられている。だが、一切の生命体が「抵抗する」と言うならまだしも「服従する」とは奇異に響く。どの組織においても、最上位者のみは服従者ではないはずだ。だがこの疑念はⓑによって氷解する。というのは、「服従」が対他関係からばかりでなく自己関係からも考えられているのである。命令者といえども、自己自身に服従する限りでは服従者なのだ。さらに、ⓒ「命令は服従より困難である。」命令者は組織全体の取るべき方向を孤独の内で己れ自身で決断し、またその責を負わねばならない。組織全体の在り方は、彼の自己自身の可能性選択に依存する。それゆえ命令とは、本来命令者の自己の可能性へ向けての命令と、その遂行（命令への服従）とに他ならない。だが、服従する下位者には自己命令－自己服従への意志が無いのか？ 決してそうではない。まず、服従者といえどもより下位の者に対しては命令者であり、命令を下す限りで自己自身に服従している。「仕える者の意志」の中にも、さらなる下位者への「主たらんとする意志」「権力への意志」が在る。だがそれだけではない。服従者は上位者に対しても命令者たろうとするのである。「弱者は間道を通って権力者の城中に、また心の中に忍び込み――そこの権力を盗む。」それゆえ、弱者が自己命令に服従できずに、他者に服従せざるをえぬのも、一種の自己関係ではある。こうして、自己命令－自己服従への意志という自己関係としての「権力への意志」は、存在者全体の存在構造と目される。しかも、存在者の相互関係が、常に自己関係から理解されているのである。その端的な表現が標題の「自己－超克」であり、『ツァラトゥストラ』第一部「千一の目標について」では、諸民族の「権力への意志」が「超克」と表現されている（vgl. VI, 70）。しかも、『ツァラトゥストラ』第二部の上掲箇所の「私［生］は、常に自己自身を超克せねばならぬものである」という一文には、自己超克（権力への意志）と必然性との一体性、すなわちWollen = Müssen が語られているのである。更にまた、VII, 5[1]（一八八二年、十一月－八三年、二月）には、「生への意志？ それの代りに私が見出したのは、いつでもただ権力への意志だった」という、『ツァラトゥストラ』第二部上掲章の草稿が在る。多分この時期までに権力への意志＝自己超克という図式を、ニーチェは既に得ていたのであろう。

このように既に『ツァラトゥストゥラ』期においては、権力への意志説の両構造契機は成立をみている、と言える。（1）は権力への意志＝自己超克、（2）は存在者全体の命令―服従関係、として。しかし、後期における（1）と（2）との完全な融合に比べ、『ツァラトゥストゥラ』期には、（1）と（2）との間に、なるほど統一は在るものの、ずれが在ることも否定できない。なぜなら、『ツァラトゥストゥラ』では、世界全体が命令者の命令に服従する一個の有機体と見なされうる余地を残しており、後に批判される合目的性概念が依然として支配的である点で、（2）が充分に展開されているとは言えないからである。『ツァラトゥストゥラ』には一方で、存在者全体の存在構造および諸存在者の強弱の基準を人間の自己関係から理解しようとする志向と、他方で、存在者全体を有機体をモデルとして理解しようとする志向、この両志向が混在している。このずれ、両志向の混在は、権力への意志説展開の内情を示唆するものとして注目に値する（後述第四節参照）。

では『ツァラトゥストゥラ』以前はどうであったか？　権力への意志という語の『ツァラトゥストゥラ』期以前の使用例は五例[11]在る。ここでそれらに詳細な検討を加えている余裕は無い。代りに、われわれはカウフマンの詳論[12]を略述した後、それを検討しよう。

カウフマンは、ニーチェが「権力への意志」を発見したのは、「権力」に関する初期の心理学的考察に立脚した「大胆な帰納[13]」によってであったと考えて、『ツァラトゥストゥラ』以前と以後との間に漸進的発展を認める。[14]彼の論点は次の通りである。

ⓐ初期の著作（『悲劇の誕生』『反時代的考察』）および『人間的、あまりに人間的なるもの』第一巻―第二巻期に見られる「権力（への意志）」は「世俗的権力（への欲求）」と同義的である。だが、ニーチェはこの欲求を「本質的に悪い衝動」として否定的評価を下しており、その根底には彼の「ヴァーグナー体験」がある。

ⓑ「権力（への意志）」は同時にまた、人間の諸心理現象説明のための二元的原理、すなわち「恐れ」（消極的）と「権力への意志」（積極的）（vgl. IV_2 23[63]）の一項としても用いられており、この二概念による現象解明様式は中期（『人間的、あまりに人間的なるもの』第一巻－第二巻、『曙光』『喜ばしき知識』）を通じて変化しない。ただし、『人間的、あまりに人間的なるもの』第一巻－第二巻期の「権力」への欲求に対するニーチェの否定的評価は『曙光』『喜ばしき知識』期では姿を消し、「恐れ」は、人間に或る事を回避させようとする消極的動機、「権力への意志」は、或る事を求めて努力させようとする積極的動機として、ニュートラルに把握されている。しかしまだ、恐れの在る所、それに対抗するだけの権力をもとうとする意志も在る、と洞察されていないために、両者は依然として「別個の原理」に留まる。

ⓒ「恐れ」と「権力」欲求の二元論は、『ツァラトゥストゥラ』第一部で、「すべての人間的活動の根源に在る根本力」、更に「宇宙の唯一の根本力」としての「権力への意志」へと一元化されるが、その可能性は、既に『曙光』における「権力の量的度合いが価値の尺度である、というニーチェの観念の中に暗示されてはいた」。そしてこれは『ツァラトゥストゥラ』に至って顕在化し、「権力の様々な様式間の質的差異は、より根本的な量的差異へと還元可能」と見なされるに至る。

ⓓ二元論から一元論へのこの転換は、初期の論文『ホメロスの競争』（III_2 277-286）等で論じられたギリシャ的「アゴーン（競争）」精神へのニーチェ自身による突然の回顧による。

ミッテルマン[15]はカウフマンと同様の前提から出発しつつも、従来不問に付されてきた重要問題を指摘する。ミッテルマンによると、『ツァラトゥストゥラ』以前の「権力という術語」は「必ずしも各々無関係ではないが異なる三つのもの」、すなわち「（1）他人に対して自分の望み通りの諸結果を産み出す能力、（2）他人に対する抑制・支配・所有・影響……、（3）他人への優越」を意味する。これら三者に共通するのは、「これらが皆『外的』力の典型だ」という点である。つまり、「権力」は、個人と個人、個人と集団、集団と集団などの諸関係（因果・抑制・影響・所有・優越等）

によって、外から規定されている。逆に言うと、これら諸関係にとって、権力はあくまでも「外的」力にすぎない。なるほど、『人間的、あまりに人間的なるもの』『曙光』と『喜ばしき知識』との間に、保存への欲求から促進への欲求へ、という変化は認められる。だがいずれにせよ、「外的権力への欲求が人間の行動の一原因だという観念」は、『ツァラトゥストゥラ』以前の著作において共通している。

ミッテルマンのこの指摘は重要である。既述の通り、後期には、権力への意志という内的・自発的力と、諸権力量子相互作用との相依相属の関係が指摘されたし、『ツァラトゥストゥラ』にも自己関係と対他関係との相即不離の関係が、一応確認された。だが、『ツァラトゥストゥラ』以前の権力および権力の感情は、そうした内的力、遂行の当体として考えられていない。それゆえにまた、人間的諸関係も、外的権力という第三者によってのみ媒介される独立的各項の結合関係として見られている。少くとも、権力への意志説の根幹は『ツァラトゥストゥラ』以前には形成されていない。カウフマンの言うアゴーンも、後年「闘争」という語が、既に形成済みの有機体相互間にではなく、有機体形成過程の動きそのものに対して用いられるのに対し、この時期にはまだ前者の外的関係を意味している。なるほどそこには、現象を静態的にではなく動態的に捉えようという姿勢は見られるが、それを動機づける内的存在構造が問われていない限り、後期の闘争（支配－抵抗）概念とは、やはり一線を画されねばならない。更にまた、ニーチェは権力への意志説を「経験的データ」の心理学的帰納によって獲得したのではない。逆に、権力への意志という根源的動向を全存在者へと拡張していったのである。[16] ただしニーチェがそうしうるためには、人間の存在構造と存在者全体の存在構造との同質性が、先行的に把握されていなければならなかった。

だが、『ツァラトゥストゥラ』以前と以後とを分かつ一契機、内的自発力を、ニーチェは全然考えも予感もしなかったのか？　そうではない。彼は既に『反時代的考察』第二書『生に対する歴史の功罪』（一八七四年、二月）で、人間・民族・文化の「造形力（plastische Kraft）」、「自己の内部から固有の仕方で成長し、過ぎ去りしものと異質のものを造り変えて骨肉化し、傷を癒し、喪失せるものを補給し、砕けし形を己れの中から造り直すあの力」(III, 247)に言及している。また『曙光』と『喜ばしき知識』とを一瞥しただけでも、『曙光』には(便宜上文言を変えたものも在る。括弧内は箴言番号)、「自己超克」「自己への依存」(9)、「自己支配」(26・90・109他、多出)、「自己救済」(96)、「自己欺瞞」(103)、「自己の同情の超克」(113)、「自己自身への誠実」(167)、「自分は事の大小を問わず、自分が自分自身に与えし法にのみ服す」(187)、「天才達はどっちに飛んでも自分を見出す、自己に再会すると信じた」(497)、「自己逃避」(549)などが見られ、遺稿でも同様の言葉が指摘されうる。また、『喜ばしき知識』第一書―第四書には、「孤独」(50・117他、多出)、「過去一切を取り戻す自我」(249、同趣旨は34にも)、「汝は汝がそうで在るところのものと成れ」(270)、「運命愛」(276)、「汝ら自身との戦いに生きよ」(283)、「自己自身への信仰」(284)「自己自身および己れの環境を自由な自然として形成し解放する精神の持ち主」「自己自身への不満……復讐」(290)などが見える。これはまさに『ツァラトゥストゥラ』の内容そのもの、権力への意志説の第一構造契機ではないか? 確かにそうなのだ。事実、ニーチェ自身一八八四年の或る書簡で、「それはそうと、『曙光』と『喜ばしき知識』を通読してみて、そこにはいわゆるツァラトゥストゥラへの緒論、準備、註釈として役立たぬものはほとんど一行も無い、そう私は感じたのだ。私は原典より先に註釈を作った、というのが実情なのだ」(KGB: III, 496)と書いている。彼の言葉を真に受けるのは危険だが、『曙光』『喜ばしき知識』にも自己関係への問いは在るのである。ニーチェは内的・自発的力を、この時期には「権力(への意志)」という語を用いて語らないだけなのである。それゆえミッテルマンの主張にも或る種の制約が加えられるべきである。

ともあれ、『ツァラトゥストゥラ』以前に関しては、次の二点が留意されねばならない。

(1)『反時代的考察』第二書に現われた内的自発力への洞察は、『人間的、あまりに人間的なるもの』第一巻―第二巻にはほとんど影をひそめ、『曙光』期でも自己超克概念は曖昧である。自己超克(自己支配)と自己欺瞞(自己逃避)の区別の基準が未決だからである。(自己超克が徒労・自己破綻・自己欺瞞に終らぬ保証がどこに在ろうか?)これに対し、

『喜ばしき知識』では、その基準および人間の存在構造が時間構造に求められており、第一構造契機に限定すれば、成立をみている。

(2) だが第二構造契機（諸権力量子—関係—世界）に関しては、『曙光』とその遺稿および『喜ばしき知識』本文では、まだ世界全体が視野におさめられておらず、また、関係概念自体が各項と外的力とに分離しているために、成立していない。それゆえ、権力への意志説はまだ成立していない。

三　永劫回帰思想の受容

権力への意志説の成立が、自己関係への視座の確立と同時に、人間と世界との同質性への洞察を前提することは既に明瞭である。これらはいかにして獲得されたのであろうか？　永劫回帰思想を介してである。問題となるのはKGW V_2（一八八一年春—八二年夏）、永劫回帰到来の年（『喜ばしき知識』執筆期）の遺稿である。この時期に権力への意志説の両構造契機が出揃う。だが、両者が相伴って著作に登場するのは『ツァラトゥストゥラ』であって、『喜ばしき知識』ではなかった。

従来、永劫回帰に関しては、それが実存的・倫理的・人間学的側面と、自然科学・理論的・宇宙論的側面という相反する両側面をもつことが指摘されてきた。特に、エネルギー保存則に基づくいわゆる自然科学的論証の評判は甚だ悪く、彼固有の思惟の前提と矛盾すると言われたり、[17] 実際に反証を挙げられたりもしてきた。[18] だが、この側面が排除されると、権力への意志説の第二構造契機形成に果した重要な役割までもが看過されることになる。しかしまた、論証だけを独立させて論じる性急さも慎まれねばならない。むしろ、思想到来時に、ニーチェがそれをどう受容したかを見ておくことの方が先決である。そうすれば、永劫回帰の論証時の彼の意図の所在も明瞭になるはずである。

彼は思想到来直後、「新しい重し、すなわち、同一物の永劫回帰。一切の来たるべきものにとって、われわれの知・迷い・われわれの習慣・生き方がもつ無限の重要性。われわれは人生の残りをどうするか――人生の大部分をもっとも本質的な無知の中で空費してしまったわれわれは？　われわれはこの教説を教える――これこそが、この教説をわれわれ自身に骨肉化（体現）する（einverleiben）ための最強の手段である」（V_2 11[141]）と記している。ここには既に『ツアラトゥストゥラ』における永劫回帰叙述の本質的部分が語られていると言ってよい。永劫回帰思想は、ニーチェにとってまず、無目的の循環世界における〈生存の意味への問い〉として受容され、二重に展開された。すなわち、第一に、時間論として、第二に、「骨肉化」されるべき思想として。

　永劫回帰は「新しい重し」とか「最大の重し」（V_2 11[143]）とかと呼ばれる。「『だが一切が必然的だとしたら、私はどうやって自分の行動を意のままにしうるというのだ？』この思想と信仰は他の一切の重しと並んで、否それ以上に汝にのしかかる重しである」（ebd.）。無始無終の円環において一切が必然的に生起し、同じ脈絡で回帰するとしたら、その無目的なる「混沌即自然」（V_2 11[197]）の中で、人間は「コーカサスに縛《いまし》められたプロメテウス」のような状況下に在り、人間が己れと世界とに付与しようとする一切の意味も、「Kratos すなわち『権力』の残酷さ」（ebd.）によって破壊され、生存はまったくの無意味・無駄であるように思われる。この円環の内では、将来為そうとすること一切が既に為されてしまったのであり、取り返す術もないものとして、過去は意志にとって最大の障害である。こうして意志は過去を変更不能で回収しがたいものとして怨み、「遥か遠くの未知なる浄福・祝福・罪の赦し」（V_2 11[161]）や「彼岸」「背後世界」（V_2 11[163]）を待望して、神に一切の責任を委ねたり、「物事を深刻に受け取りすぎず、心静かなままでいようと、万物の過ぎ去り易さを己れに言い聞かせる」（V_2 12[145]）。むしろ人間はこのように神や永遠を捏造することによって、己れのはかなき生を維持してきたのである。

　「だが、もはや神を、また人間の彼岸行きの予定を信じなくなると、全生命体に対する責任は人間が担うようになる……」（V_2 15[49]）。一切が過去によって必然的に規定され、いかなる小さな変化も円環全体に寄与し、それの構成要素となっているなら、否それゆえにこそ、強者の将来に向かう意志は、同一の前提から弱者とは逆の帰結を引き出す。何が将来生起するかばかりでなく、既に生起した過去の出来事の意味も、今この瞬間の自己の決断によって変わりうる、と。だがそんな意見は何の意味もなく、むしろ、「食事・居場所・空気・社会」等の環境が人間を規定しているように思われる。「だが、汝の意見の方が一層汝を変え、規定しているのだ。なぜなら、汝の意見が汝をこの食事・居場所・空気・社会へと規定しているからなのだ」(V_2 11[143])。将来へと向かう意志は、自分がこれから為そうとすることも既に過去において生きてしまったという事実性を受け止めつつ投企し、同時に、過去のもつ意味を決定しようとする。「……それは過去一切をもなお取り戻す自我であり、およそ自分に属しうる何物をも失うまいとする自我だ！」(V_2 13[7])。

ここで言われている過去とは、単に「もはや無い」過去ではなく、将来も単に「いまだ無い」未来の謂《いい》ではない。時間の流れは、一般に同質的今の直線的無限連続と理解されているが、時間はそのような空間的表象によっては把握不可能であり（vgl. V_2 11[235]）、計算可能な同質的今連続でもない。なるほど、歴史はその都度一回限りの出来事から成ると言えるかもしれぬ。だが、その出来事といえども一義的に固定された不変的意味をもつわけではない。将来へ向けての現在の投企によって、過去の事実性もその都度変容しうるのである。「われわれに本当に関係のあるこの世界全体……これを創造したのはわれわれ人間なのだ、――それでいてわれわれはそれを忘却し、これらすべての創造主を後から別個に考え出したり、『どこから?』などという問いに煩悶したのだ」(V_2 14[8])。強者は畜群のように過去の一義的固定化による、過去とは違った未来の願望を事とするのではなく、「私はこれを無数度にわたって為すことを欲するか?」という問い、この「最大の重し」(V_2 11[143]) を担い、是認し、将来への自己超克が常に同時に過去もまた自己の自由な決断による創造だったことの反復（取り戻し）となるように、自己創造を遂行する。こうして過去の反復の瞬間に、既に在った過去が将来から到来して、自己が既にそうで在ったものと成る。この瞬間こそ、永劫回帰思想の体現される「正午の時刻」(V_2 11[148]) である。この瞬間にこそ既に在った自己が自己に到来するのであるから、自己とは、無時間的・自己同一的自我でも、環境世界に埋没し、そこから己れを了解する自己喪失した「畜群」的自己、すなわち時間を過去から未来へと流れる今連続の直線だと了解する非決断的・未来願望的自己でもなく、まさに、瞬間における過去の到来というこの動向そのものとしてのみ在る。永劫回帰および運命愛とは、この瞬間における過去と将来の相互関入という事態であり、通俗的時間概念の克服である。それゆえ、永劫回帰の円環こそは孤独なる最強者の自己超克の時間構造であり、直線は畜群・弱者の自己超克（自己欺瞞・自己逃避も一種の自己関係ではある）の時間構造に他ならない。

だが、永劫回帰説が直線に代えて円環を説くだけなら格別新しい思想とは言えまい。ニーチェ自身円環的時間論には先駆者がいることを承知しており、[19] 初期の著作では懐疑的ないし皮肉めいた言辞を弄してもいる（vgl. UB: II. III$_1$ 257）。もでは永劫回帰の円環の固有性はどこに在るのか？　それは表象の円環ではなく、自己関入の円環だという点である。もし円環に人間が本質的に関与していないなら、それは単なる空間表象にすぎないが、永劫回帰の円環は瞬間における過去と将来の相互関入として、自己の決意においてこそ闘い取られ、骨肉化されうるのである。円環の一部である人間が円環全体に関入するのである。それゆえ、永劫回帰は、レーヴィトの言うような、人間の決意や投企と無関係に回帰する自然的世界の宇宙論的構造の表現[20]などではない（vgl. V_2 11[157]）。人間も世界もともに自由かつ必然なのである。ニーチェにとって、意欲とは、無内容の未来への直線的無限超出ではなく、過去の必然性を担うことが将来へと開かれている自己の自由の反復的確認となるような創造的自己超克を意味する。かくして自己超克は、〈意欲（Wollen）〉即〈必然（Müssen）〉に他ならぬ。それゆえまた、有限性の自覚から離れて自存する無限性（永遠）は空虚であり、無限性と無縁の有限性（時間）ははかなく過ぎ去る一刹那にすぎない。有限性と無限性との乖離は一個の抽象的時間概念を生むことになる。世界の内にも外にも自体的・恒常的目的・終末は無い。また、世界がそこに至り着く終極状態、またその過程としての進歩や漸進的発展が在るのでもない。世界に合目的性を措定するのは、神を前提することである。「神への信仰の近代科学的形態は、宇宙を一個の有機体と見る信仰である」（V_2 11[201]）。ニーチェにとって永劫回帰の瞬間はあくまで瞬間であって、決して持続もしなければ連続もしない。だからあらゆる瞬間にわれわれは自己の投げ込まれてしまっている過去を孤独なる決断において引き受け、将来へと反復的に自己創造を繰り返さねばならない。それゆえ、永遠が存在するにせよ、それは超時間的・無時間的領域に自存するものでも、直線的時間の尽きる到達点で出会われるものでもなく、まさに今この瞬間、人間の決意において現成する。「われわれがもう一度生きんと思うように、しかも今と同じに永遠に生きんと思うように生きること！――この課題はいかなる瞬間にもわれわれに向けられているのだ」(V_2 11[161])。あらゆる瞬間の反復的意欲が歴史を創造するのである。この無始無終の、あらゆる瞬間が始まりでありうる円環から、逃れ出て直線的時間を捏造することなく、積極的にこの〈循環〉の中へと入り込むこと、これこそ永劫回帰思想の眼目であり、強者の自己超克の在り方である。ニーチェは語る、「すべては回帰した。シリウスも、蜘蛛も、この時刻の汝の思想も、そしてすべては回帰するという汝のこの思想も」(V_2 11[206])。最後の言葉は〈循環の循環〉を説いている。永劫回帰の〈循環〉は、運命と自由、必然性と意志、世界と人間との深い合一を語る。だが、〈循環〉の永劫回帰が語られる時、そこには同時に、深い亀裂の在ることも告知されているのである。自己同一と自己分裂を反復せざるをえないニーチェの姿がそこには在る。

　生存の意味への問いとして立ち現われた永劫回帰は、世界の必然性への人間の本質的関与として、世界と自己との同質性[21]を意味する。またその同質性は、人間と世界の円環的時間、すなわち瞬間における過去と将来との相互関入の現成として、強者の自己超克の自己還帰的時間構造であり、他方、伝統的直線的時間概念は、畜群の直線的自己超克の時間構造に他ならない。ここに権力への意志説成立の前提はほぼ整ったと見ることができる。

　この世界と人間の同質性の洞察こそが、ニーチェに永劫回帰の自然科学的論証を促したのである。エネルギー保存則が永劫回帰を導出するのではない。逆なのだ。したがって、彼の論証がそれ自体成功しているか否か、論証可能か否かは問題ではない。ニーチェの稚拙な論証に代えて自ら論証してみせることも、反証を企てることも、ともに、骨肉化すべき思想を客観論理で片付けようとすることであり、所詮は傍観である。そもそも彼自身論証可能性への疑念を表明しているのである（vgl. V_2 11［202］,［311］,［313］等）。ともあれ、先の洞察に導かれて自然科学へと向かった彼は思わぬ産物を手に入れる。後の諸権力量子―諸関係―世界の原型を。

永劫回帰到来当時、彼がそれを基礎づけようとした際に、特に影響力をもったと推測しうる書物を挙げよう。R・ボスコーヴィチ『自然哲学理論』（一七五九年）[22]、A・ランゲ『唯物論史』（一八六六年）[23]、J・G・フォークト『力――実在的―一元論的世界観』（一八七八年）、O・カスパリ『トムソン的仮説』（一八七四年）、O・リープマン『現実性の分析』（一八八〇年）[24]、J・R・マイヤー『熱力学』（一八七四年）[25]等。ニーチェはこれらのどこに親近性を認めたのであろうか？　次の主要三点であろう。

ⓐ世界の力の総量の限定性（V_2 11［148］,［202］,［269］,［305］等）――熱力学第一法則（エネルギー保存則）。これは当時の常識であり、最初の提唱者マイヤー（これが提唱されたのは上掲書においてではなく、『生命の無い自然の諸力についての考察』（一八四二年）においてである）の名を挙げるまでもない。

ⓑ世界の終極状態および平衡状態の否定（V_2 11［205］,［213］,［245］,［269］,［292］,［305］等）――クラウジウスの熱力学第二法則（エントロピー増大則）に対するランゲの否定、[26]ショーペンハウアーを経由したカント『純粋理性批判』におけるる第一アンチノミーのテーゼ、[27]宇宙を一個の機械と見なし終極状態を設定するトムソンの宇宙有機体論（vgl. VIII_3 14［188］）を論じたカスパリの上掲書、など。

ⓒ諸力（力中心）―諸関係としての世界（V_2 11［148］,［152］,［202］,［232］,［311］等）――物質（延長的原子、小塊原子（Klümpchen-Atom））を究極的世界構成単位と見なす機械論的唯物論を否定し、世界を、非延長的下部原子（Unteratom）、力中心（Kraftcentrum）の作用の諸関係[28]と見なす、当時流行のモナド論的力学（上掲書の大部分）から得られた。特に重要なのはボスコーヴィチ、ランゲ、マイヤーである。ボスコーヴィチの数学的物理学的力学がニーチェに

とって重要だったのは、何よりも、彼の物質への不信感を確認してくれる体系としてであった[29]（vgl. KGB: III_1 183, 442, JGB: VI_2 20等）。ランゲは一九世紀物理学にとっての常識「力なくして物質なし、物質なくして力なし」が「述語なくして主語なく、主語なくして述語なし」という文法的原理を暗黙の前提としている点に、自然科学への擬人論的観点の持ち込みを指摘している[30]。物質（的原子）は恒常的・自己同一的「存在者」ゆえ、世界の絶えざる「生成」を結局説明出来ない。だが、力が物質相互にとって外的でなく、世界が諸力中心の相互作用に他ならぬとしたら、それはニーチェの『曙光』までの力（権力）観を是正するだけの影響力をもったに相違ない。また、マイヤーの重要性は、二種類の因果性観念を主張した点に在る。すなわち、不変的単位による計算可能な「保存因果性（Erhaltungskausalität）」と数学の対象となりえず質的生起（「小さな原因―大きな結果」）の領域にのみ適用可能な「誘発因果性（Auslösungskausalität）」である[31]。後者は、量的に計算されえず、圧や衝突によっても、保存によっても説明されえない自然の質的生起を対象とする点で、これもまたニーチェの力概念（自発的・能動的力）に影響を及ぼしたであろう。

影響と言ったが、上記の三点はどれも、永劫回帰思想による根本洞察に符合するがゆえに受容されたのであって、逆ではない。ⓐはもちろん、最大の重し、「同一物の永劫回帰」を担い、すべてをあるがままに肯定しようとする意志として、ⓑは、弱者の直線的時間了解および神や背後世界の捏造の否定として、ⓒは、すべての個の全体への本質的関与と、その時間形態たるあらゆる瞬間における過去と将来との相互関入として。

今こそ、権力への意志説――世界は内的自発力（権力への意志）としての諸権力量子の諸相互関係から成る――の両構造契機の原型（（1）自己超克、（2）諸力―諸関係―世界）が成立したと言える。そして実際、第一構造契機は『喜ばしき知識』本文に書き記される。だが、第二構造契機はそこには登場しない。少くとも既述の権力概念分析による限り、権力はいまだ外的力に留まっている。どうした訳であろうか？ ニーチェにとって、『喜ばしき知識』当時、存在者全体＝諸力の諸相互関係、はまだ新しく現われた理念にすぎず、しかも、自己超克はさしあたって人間の存在構造と把握されていたのであって、それを世界全体へと拡張し具体化しようにも、できなかったのである。それが証拠に、この時期既に『ツァラトゥストゥラ』の記述と寸分違わぬ程成熟していた永劫回帰思想すら、『喜ばしき知識』第四書三四一番で、しかも「デーモン」のささやきという形で述べられているにすぎないではないか。ただし、具体化への志向およびその最初の成果は認識論的問題領域に看取される。「或る物が関係の総体に解消されるからといっても、その物の実在性に対する反証とは決してならない」(V_2 13[11])。ここには、初期の『真理のパトスについて』(III_2 249-254)や『道徳外の意味における真《まこと》と嘘について』(III_2 367-384)での不可知論な認識論的相対主義から、一切は解釈で〈仮象〉だとする遠近法主義への転換が見られるのである。(32)

四　権力への意志説の成立と展開

『ツァラトゥストゥラ』以後(KGW: VII_1 - VIII_3)のニーチェの歩みは、永劫回帰思想によって先行的に与えられた世界と人間との同質性という理念に導かれて、自己超克を諸力―諸関係―世界の個別的問題領域へと読み込み、その射程範囲を拡大・具体化し、ついには世界全体が諸「『権力への意志』量子」―諸関係―世界という最終的形態をとるに至る過程、すなわち、権力への意志説の両構造契機の統一・融合過程と特徴づけうる。

まず『ツァラトゥストゥラ』第一部―第三部期(KGW VII_1、一八八二年、七月―八三年/八四年冬)では、人間界の諸領域および有機体界が論じられる。永劫回帰説が、まず生存の意味への問いとして受容された以上、『ツァラトゥストゥラ』において実存的・倫理的側面が前景に出るのは、蓋《けだ》し当然である。人間存在の自己関係(自己超克への意志)および対他関係(命令―服従)との類比から世界を具体的に解釈しようとしたからこそ、存在者全体も「権力への意志」と命名されたのであろう。この観点から見ると、第二節で指摘した、『ツァラトゥストゥラ』における権力への意志説の両構造契機の微妙なずれ、および永劫回帰受容時に既に否定済みの世界有機体論が再採用されているかのような不可解な印象も、すべて払拭される。ニーチェは世界と人間との同質性を確信していたため、それを当然のこととして『ツァラトゥストゥラ』本文中で洩らしてしまったのだが、実際には、彼の視界は世界全体などではなく、有機体界止まりだったのである。しかも彼の有機体理解は、一八八一年春以降のW・ルー『有機体内部における諸部分の闘争――機械論的合目的論の完全化への寄与』（一八八一年）読書[33]の制約下にある[34]以上、『ツァラトゥストゥラ』にはどうしても合目的論が混入せざるをえなかった。ただし、ニーチェは内的自発力への洞察までをもルーから得たのではない[35]。ルーは、有機体の器官形成におけるダーウィニズム的「外から」の影響に対し、有機体の「内から」の形成力を主張するが、この個体内部からの形成力も部分相互の機械的闘争にすぎぬ限り、ダーウィニズム的個体間闘争を個体内部へ移し変えたにすぎず、内的自発力への洞察を欠いているからである。ルーの影響は、むしろ第二構造契機の具体化に顕著である。すなわち、有機体の諸部分に相対的独立性を認める点、諸部分間の「闘争」を強調する点、有機体の動きは意識的目的活動によって規定されるのではないにせよ、強者が弱者を支配して個体の方向を決定し、弱者はそれに服従するという機械論的合目的性を主張する点である。そしてニーチェはこれら諸点に第一構造契機（権力への意志）を読み込もうとした。そして成立したのが、全有機体の自己および対他関係を命令―服従関係から解釈する『ツァラトゥストゥラ』の権力への意志説だった。当然そこには合目的性という不純物が混入している。それゆえ、『ツァラトゥストゥラ』の権力への意志説は、自己超克と、有機体内の諸部分間闘争を主張する機械論的合目的論との統一の試み、むしろ両者の貼り合わせに他ならない。したがってまた両構造契機の統一への志向、および権力への意志説の射程領域の拡大傾向は紛う方なき事実であって、KGW VII$_1$における、エマーソン『随筆集』精読、G・タイヒミュラー『現実世界と仮象の世界』（一八八二年）の遠近法主義への関心（7[153], [223], 20[4]）、P・ブールジェ『現代心理論叢』第一巻（一八八三年）のデカダンス論への関心（24[6]）、フォークト『力』再読（24[36]）などはいずれもその証左である。

KGW VII$_2$（一八八四年春―秋）――問題領域の具体化・拡張の傾向は決定的となり、まず有機体と無機体との対立が解消され（25[356]）、権力への意志を存在者の諸機能に何とか見出そうという方向から、それらを権力への意志へと還元する方向への転換が生じる（26[273], [274]）。そして「権力への意志は諸々の抵抗を求める」（26[275]）と主張され、全存在者は支配しかつ抵抗しようと欲すると見なされて、それまでの命令（支配）－服従に代えて、命令（支配）－抵抗（反抗）という図式が用いられ始める（26[275], [276]）。こうして弱者にも能動的力の存在が認められ始めると、有機体は自己保存・種の保存への意志などもっておらず、支配を巡る闘争のために闘争するのであって、保存は力の放出への意志（権力への意志）の「結果」にすぎず、しかも「意欲する（wollen）」と「ざるをえぬ（müssen）」とは同義だと言われる（26[276], [277] 等）。ここに合目的論の残滓は完全に排除され、ニーチェはルーの影響下を脱したと言える。しかもその脱却が、世界と人間とに同質の根源的動向（自己超克）の意志即必然性に基づいてなされていることは明白である。この時期には総じて目的論批判が顕著であり、他方で機械論批判も一層尖鋭化し、その際、機械論的原子論に対してボスコーヴィチの力学的世界考察が対置されている（26[410], [432]）。

KGW VII_3（一八八四年秋－八五年秋）、特に『ツァラトゥストラ』第四部（一八八五年、二月）以降――いよいよ、第一節で叙述された権力への意志説の最終的形態の登場期である。世界も人間も権力への意志であり、諸力と諸力波の戯れとして一であると同時に多である、と表明される（38[12]）に及んで、一切の生起、あらゆる問題領域が権力への意志に還元され、『権力への意志』という標題の著作計画が出現する（39[1]）。この時期のランゲ読書も影響してか、物理学的力概念には権力への意志という「内的世界」が認められねばならぬ（36[31]）とされ、これまで肯定的評価を受けてきたボスコーヴィチのような「数学的物理学者」が「小塊原子」に反対して持ち出す力学的世界、「計算可能な諸力点－世界（Kraft-Punkte-Welt）」（40[36]）すら、人間が世界を計算の対象として利用可能なようにと「質」を脱落させて（40[37]）捏造した世界だ、と批判される。すなわち、量的差異を有する諸力には、権力への意志という質が与えられねばならない。これが「『権力への意志』量子」（VIII_3 14[79]）へと直接つながることは明らかであろう。また、世界を多元的で重層的な諸力の混在とする世界解釈と不可分の認識論的立場（遠近法主義）によって、現実性と仮象性の区別に基づく伝統的二世界論の一切の擬人的図式が破壊される。彼は語る、世界は「諸権力関係の絶対的確立」の過程、支配－抵抗の闘争であり、そこで「支配するのは権力への意志の絶対的瞬間性だ」と（40[55]）。能動的諸力相互の支配－抵抗諸関係としての世界の絶対的必然性は、法則によるのでも外的強制によるのでもなく、むしろ諸力相互の内的必然性に基づく。「あらゆる権力は、あらゆる瞬間に己れの最終的帰結を引き出している」（JGB: VI_2 31, VIII_3 14[79]）。ここに至って、権力への意志説の（1）能動的自己超克の動向＝権力への意志、（2）諸権力量子－諸関係－世界、この両構造契機は完全なる融合へともたらされている。しかも、「権力への意志の絶対的瞬間性」という語、および『善悪の彼岸』二二番からの上掲引用文は、権力への意志説の展開過程が、世界と人間との相互関入、瞬間における過去と将来との相互関入、意志即必然性を説く永劫回帰説の、ニーチェ自身による体現・具現の過程であったことを如実に物語っているのである。[36]

そしてまた、この体現に伴って、永劫回帰説も次第に自然科学的論証の性格を失い、ついには、「エネルギー恒存説は永劫回帰を要求する」（VIII, 5[54]）と言われるまでになる。だがこの言葉は、「あらゆる仮説の中でもっとも科学的なものである」（VIII, 5[71]）という言葉と並んで、従来、エネルギー保存則から永劫回帰が帰結するかのように解釈されてきた。[37] だがそうではない。後者の言葉を含む有名な「レンツァーハイデ」ニヒリズム草稿の叙述の順序を考慮するなら、決してそうは読めないのである。なぜなら、この場合の永劫回帰とは、まだ体現される以前の論理的「仮説」を説いたものにすぎず、重要なのはその仮説を体現しうるか否かだからである。エネルギー保存則は、その内実を永劫回帰の体現によって、補完されねばならないのだ。[38]

以上において、われわれは権力への意志説と永劫回帰説との本質的共属性を見てきた。そしてその過程は、権力への意志説の最終的形態（自己超克という根源的動きとしての権力への意志である諸権力量子の重層的混在としての世界、およびそれの認識論的形態たる遠近法主義）には、永劫回帰説（今この瞬間の自己の決断において現成する、人間と世界との相互関入、将来と過去との相互関入、すなわち意志即必然性）が体現されていることの確認の過程であった。

だが問題は、永劫回帰の根本経験――世界と人間との同質性――に在る。これは、人間の世界への融入を意味すると同時に、擬人論的観点の世界への挿入をも意味する。ここに世界と人間との〈循環〉が在る。だが、永劫回帰の〈循環〉は、単に「世界解釈の非人間化への意志に基づきながらも、最高の人間化への意志へと押しやられたということ」[39]を意味するわけでもないし、また、権力への意志の擬人論も、近代主観主義的形而上学の「終結」「完成」[40]に留まるわけでもない。なぜなら、ニーチェ哲学の核心に在るこの〈循環〉は、本質的には〈循環の循環〉だからである。

ニーチェにとって、世界全体は諸権力量子の諸相互作用（遠近法的解釈）である。そうであるなら、永劫回帰説も権力への意志説も、諸権力量子相互の或る必然的関係の中から生い立った一解釈にすぎず、それらだけは例外的に解釈性を免れた座に安心立命を得るなどということは、もはや許されない。無世界的主観さながらに世界を観想・傍観することなどできはしない。それら自身、それの成立基盤の関係の変容次第では、超克されざるをえぬ自己否定の危険性を常に内に孕んでいるのである。だがまた、それらは己れが解釈にすぎぬことを自認することによって、逆に、すべては解釈だという己れの主張を確証するのである。それゆえ、人間と世界との同質性、将来と過去との相互関入を説くニーチェの教説もまた、世界の諸力の戯れに自ら関入していることになる。ここに、「人間は仮象を仮象として理解し、自らの遊戯を通じて世界という大いなる遊戯の内へと沈潜し、このような沈潜において宇宙的な遊戯の共演者たる自覚を持つ」[41]という「遊戯（Spiel）」思想を看取することも可能であるかもしれない。なるほど、永劫回帰の〈循環〉は、「運命愛」すなわち「必然性の遊戯における人間と世界との宇宙的調和」[42]を告知しはする。だが、〈循環の循環〉は、〈循環〉の語る、人間と世界との、将来と過去との深い合一をも巻き込み、瞬時のものとして押し流してしまう。人間は、常に既に、諸力の闘争の場としての世界に参入しており、また世界を超え出ることができない以上、その闘争を否応なく闘わざるをえない。無傷で世界に対しうる者などいないのだ。[43] したがって、世界の在るがままの肯定（運命愛）といえども、それが今この瞬間、自己の決断においてしか生起しえず、その瞬間は瞬間である以上決して持続も連続もしない限り、その瞬間をまさに瞬間としてその都度繰り返さねばならない底《てい》の肯定である。この瞬間は絶えず反復されねばならないのである。それゆえ、世界を開示しよう、過去を救済しようとする人間の投企は、常に世界および過去の事実性の拒絶と隠蔽に直面し、合一を闘い取らざるをえない。その合一の現成する運命愛の瞬間に、世界は退き、己れを閉ざす。ここに人間と世界の深い背反が在る。

ニーチェは、歴史世界に偶然投げ込まれ、かつ生きてしまったという自己の事実性の根拠の無に直面し、将来に投企しつつ過去を取り戻そうとして、結局、取り戻せなかったのではないか？　彼は自己同一と自己分裂との絶えざる反復に留まらざるをえなかったのではないか？　〈循環の循環〉には、体現を拒絶する世界を、また過去の事実性を、何とか体現しようとするニーチェの悲愴なまでの反復への決意が語られているのではなかろうか？　ニーチェは、人間と世界との〈循環〉を説く彼自身の教説さえも〈循環〉に巻き込み、反復的自証の危険の真中に立つ。そこには、「二重の血統」すなわち「デカダンであると同時に端緒」（EH: VI_3 262）を自認するニーチェの、潔癖なまでの自己への誠実がある。だがそれゆえにこそ、開示の光とそれを遮断する隠蔽の闇との根源的闘争、すなわちアポロンとディオニュソスとの闘争を深く思惟し続けたニーチェは、自己が反復的に遊戯することを許容する世界遊戯の場に気づいていた限り、形而上学を突き抜ける新しい次元を西洋哲学に開いたと言えるのではあるまいか？

註

（1）K. Löwith: Nietzsches Philosophie der ewigen Wiederkehr des Gleichen（1955）13.

（2）M. Heidegger: Nietzsche（1961）I.427.

（3）『権力への意志』なる標題をもついわゆる「理論的主著」を巡る問題については、M. Montinari: Nietzsche Lesen（1982）92-119 参照。

（4）本稿は W.Müller-Lauter: Nietzsche（1971）（N. と略記）, Nietzsches Lehre vom Willen zur Macht, in: Nietzsche-Studien 3 (1974) 1-60 (NLW. と略記), Der Organismus als inner Kampf, in: N-Studien 7 (1978) 189-223 (O. と略記), Das Willenswesen und der Übermensch, in: N-Studien 10/11 (1981/82) 132-177 (WÜ と略記) の各論文に多くを負うている。第一節は N. と NLW. を参照。

（5）世界は一個の有機体ではない。その点で世界は「混沌」と呼ばれる。後述参照。

（6）他に、Kraftquantum, dynamisches Quantum, Machtcentrum, Kraftpunkt, Kraftatom, Quantum Macht などと呼ばれている。

（7）ハイデガーは「権力への意志」を単一的本質意志（Wesenswille）の自己関係と解して「意志への意志」と術語化し（I.46）、その自己から出て自己へと還帰する自己関係の動きをアリストテレスの dynatmis-energeia-entelecheia へと関係づける（I. 76ff.）。後述するように権力への意志は、なるほど自己関係性を意味するが、しかしそれは単一的意志の自己関係としてではなく、常に同時に複数の権力量子の相互関係としてのみ発現しうる関係である。その限りで、アリストテレス的運動概念との類似性は認められない。Vgl. Müller-Lauter: N.30ff., WÜ. 191ff. なお、アリストテレスからライプニッツを経てニーチェに至る力概念の内在化の流れに関しては、G. Abel: Nietzsche (1984) 6-28 参照。

（8）Vgl. R.H. Grimm: Nietzsche's theory of Knowledge（1977）, J. Figl: Interpretation als philosophisches Prinzip (1982).

（9）Montinari: a.a.O. 93.

（10）R. C. Solomon: Nietzsche, Nihilism and Morality, in: Nietzsche. A collection of critical Essays (Ed. Solomon)（1973）203.

（11）IV2 23[63]（一八七六年末―七七年夏）, V1 4[239]（一八八〇年夏）, V1 7[206]（一八八〇年末）, V1 9[14]（一八八〇年／八一年冬）, V2 11[346]（一八八一年春―秋）.

（12）W. Kaufmann: Nietzsche (1968) 178-207.

（13）A. a. O. 122.

（14）同様の立場を採る者に、R. J. Hollingdale: Nietzsche（1973）76-91 がいる。

（15）W. Mittelman: The Relation between Nietzsche's theory of the will to power and his earlier conception of power, in N-Studien 9（1980）125-129.

（16）Vgl. G. Stack: Lange and Nietzsche（1983）244.

（17）Vgl. Müller-Lauter: N. 180f., NLW. 30f.

（18）無限分割問題に基づく反証――Müller-Lauter: N. 180f., G. Simmel Schopenhauer und Nietzsche（1907）250f., A. Danto: Nietzsche as Philosopher（1965）206. 不可識別者同一性原理に基づく反証――B.Magnus. Nietzsche's Existential Imperative（1978）98ff. これらの反証はどれも、ニーチェ自身の否定した前提を論拠としているか、立ちえないはずの世界の外に立っており、反証とすらなりえていない。Vgl. Abel: a. a. O. 197-246. ただし、証明可能とするスターリング、アーベルについて言えば、前者はニーチェが否定したはずの、世界が有限な数の固定的単位から成るとの前提に立ち（vgl. M. C. Sterling: Recent Discussions of Eternal Recurrence, in: N-Studien 6（1977）, 265）、アーベルは、ニーチェの論証は実証論証ではなく確信論証であるとの立場をとる（Abel: a. a. O.190）のだが、確信論証にすぎぬ以上、永劫回帰の論証はやはり一種の事後処理にすぎず、意味のあることとは言えまい。ホリングデールはニーチェが論証のための証拠を科学の中に求めたのはようやく後になってからであり、まず思想が襲ったのだと言い、永劫回帰は運命愛の表白にすぎず、論証は余計と切って捨てる（Hollingdale: a. a. O. 120, 126）。ジンメルもミュラー＝ラウターもマグナスも切って捨てようとする点では基本的に同様である。だがこれらすべては誤りである。

（19）Vgl. Stack: a. a. O. 25-30.

（20）Vgl. Löwith: a. a.O. 96.

（21）この洞察がニーチェにとっていかに重要であったかの傍証として、私は思想到来直後のエマーソン『随筆集』読書を挙げる。彼は、ツァラトゥストゥラ像を、専らエマーソン上掲書「性格」の章（vgl. R. W. Emerson: Essays and Lectures（1983）505）から得ており（vgl. Montinari: a. a. O. 83）、最切の『ツァラトゥストゥラ』草稿を彼の所持していた『随筆集』の扉や本文の余白に書き込んでいる。永劫回帰が『ツァラトゥストゥラ』の「根本概念」（EH: VI_3 333）であることを併せ考えるなら、いかに彼がエマーソンに親近感を抱いていたかもわかる。「エマーソン……私に近すぎる」（V_2 12[68]）。なお、V_2 17[1]-[39]はニーチェによるエマーソン上掲書からの抜き書きであり、それを読む限りニーチェとエマーソンとは非常に似かよった考えをもっている。しかも、エマーソンも宇宙と人間との同質性の啓示を受けていたのである。Vgl. Emerson: a. a. O. 5-49.

（22）ボスコーヴィチのこの著作を、ニーチェはフェヒナーの著作を介して知り（J. Salaquarda: Nietzsche und Lange, in: N-Studien 7

(1978) 243)、一八七三年三月以後、バーゼル大学図書館から何度も借り出している (vgl. 14te Jahresgabe der Gesellschaft der Freunde des Nietzsche-Archivs (1942) 45-56)。初期ニーチェへのボスコーヴィチの影響については、K. Schlechta, A. Anders: F. Nietzsche (1962) 127-153 参照。

(23)『唯物論史』は一八六六年以後ニーチェが生涯にわたって精読した本である。ザラクヴァルダは、ニーチェは第一版 (1866) を読んだが第二版 (I 1873, II 1875) と第三版 (1877) を所有せず、第四版 (1882～1887) のうち一八八二年版を所有していたとする (vgl. Salaquarda: a. a. O.240) が、スタックは第二版も読んだと推測し、その証拠として一八八〇年秋－八二年春 (KGW V_1) の五断片を挙げている (vgl. Stack: a. a. O. 13, 23)。私は後者に従う。

(24) フォークト、カスパリ、リープマンのこれらの著作をニーチェが読んだ経緯については KGB: III_1 117f. 参照。

(25) この著作をニーチェは一八八一年春、P・ガストの勧めで読み、感動した (KGB: III_1 84) が、翌年三月には、マイヤーが物質への信仰を捨て切っていないという理由で批判している (KGB: III_1 183f.)。

(26) Vgl. A. Lange: Geschichte des Materialismus Bde. 2 (1974) II. 672f.

(27) Vgl. M. Djurić: Nihilismus als ewige Wiederkehr des Gleichen, in: Zur Aktualität Nietzsches Bde. 2 (1984) II.81f.

(28)『唯物論史』には、Kraftpunkt, Kraftzentrum, Kraftmittelpunkt, Unter-atom, Relationen 等の語が頻出するが、これらは当時の力学用語であり、ニーチェも V_2 11[311] で“allen Kraftcentren des Universums”と書き記すのを皮切りに、最後期まで継続して使用する。

(29) Vgl. Schlechta, Anders: a.a. O. 138f.

(30) Lange: a. a. O. II. 651.

(31) Vgl. Abel: a. a. O. 43ff.

(32) 遠近法主義は、この用語は別として (G・タイヒミュラーの『現実世界と仮象の世界』に由来する)、A・シュピアの認識論との対決を通して形成されたものであろう。ニーチェは永劫回帰到来直後、初期から断続的に読んでいたシュピア『思惟と現実性』(1873) を読み返している (vgl. V_2 11[321], [324], [325], [329], [330])。この時期のニーチェのシュピア批判に関しては V. K.-H. Dickopp: Zum Wandel von Nietzsches Seinsverständnis —A. Spir und G. Teichmüller, in: Zeitschrift für philosophische Forschung 24 (1970) 50-70 参照。また、遠近法主義的見解は、エマーソンにも見られる。Vgl. Emerson: a. a. O. 303 -323.

（33）Vgl. VII$_1$ 7[86]–[95], [98], [174], [178], [190], [194], [196], [197], [211], [273].
（34）Vgl. Müiller-Lauter: O. 216ff.
（35）この点で私はミュラー＝ラウターとは見解を異にする。
（36）Vgl. F. Kaulbach: Nietzsche und der monadologische Gedanke, in: N-Studien 8（1979）127-156.
（37）Vgl. Löwith: a. a. O. 92.
（38）ニーチェ自身の永劫回帰観の変遷については稿を改めて論じることにする。
（39）Heidegger: a. a. O. I. 364.
（40）A. a. O. I. 654.
（41）E. Fink: Nietzsches Philosophie（1960）188.
（42）A. a. O. 189.
（43）永劫回帰説を、自己否定を内蔵する〈循環の循環〉と捉えぬ解釈はすべて、それを誤解するものである。永劫回帰は、ギースの言うような、自己還帰的権力への意志の対象化され、投影された単なる円環形態ではない（vgl. L. Giesz（1950）159, 163）。またそれは、ミュラー＝ラウターの言うような、超人の相対立する二類型（暴力的に他を否定する強者と、一切を断罪することなく無条件に肯定する賢者）の対立の尖鋭化でもない（vgl. Müiller-Lauter: N. 157）。永劫回帰説の実存的・倫理的・人間学的側面のみを重視する解釈（例えばジンメル、マグナス、ドゥルーズ）はすべて同様の誤りを犯していると言ってよい。

ニーチェ哲学と死の問題

一　問題

「十字架にかけられし者に敵対するディオニュソス」（EH: VI_3 372）。ディオニュソスとは死と再生の神である。それゆえ、この言葉がニーチェの立場を端的に表現しているとするなら、ニーチェ哲学の核心部に「死」への深い思索が在る、と見ても不当とは言えまい。死の問題から彼の中心教説を照射することによって、その中核を、世界と自己との絶えざる〈循環〉、として露わにすること、これが小論の課題である。

だが、管見によれば、ニーチェにおける死の問題（単に「神の死」についてのみではなく）を主題的に論じた研究は皆無に等しい。

また、在るには在っても、ニーチェは死を問わなかった、とするのが通説のようである。例えば、ボルノウは、ニーチェを含めた「生の哲学の思想家達においては、死はほとんど顧みられなかった」と述べた後で、なるほど「一つの過渡にして一つの没落としての生」、「稲妻の如く告知者として没落する者達の支払う代償」等の思想や、「産出と破壊との均衡としての創造過程という解釈」が、「死の或る積極的解釈」であるにせよ、「ニーチェは明らかにこれらの思想をそれ以上は追求しなかった」と言う。[1] また、「超越」という観点からニーチェ哲学を「純粋内在性」の哲学だと批判するヤスパースによれば、「生の哲学」における「生」とは「無超越性」を志向するのであって、この無超越性が人間の存在諸可能性を人間の自由な処理と創造的産出の手に委ねてしまう。ニーチェの死に対する思想的立場は、彼の哲学の意識的無超越性の必然的帰結であって、「死そのものは、生の絶対化とともに、どうでもよいことででもあるかのように台無しにされてしまっている(2)」。

だが、両者の解釈は正当とは言えない。ニーチェは、むしろ徹底的に死を問うたのである。彼は、生と死との関係を「移行」や「対立」と捉える一切の立場を退け、「同一物の永劫回帰」説において、生即死、死即生という徹底的な有限性の立場に立つ。そしてこの生即死の自覚は、生の側からは「運命愛」、死の側からは「自由なる死」と語られる。このいわば生死一如の立場は、しかも彼のいわゆる生の哲学たる「権力への意志」説および「超人」説の根底にも在る。そして以上全体を貫く核心が、世界と自己との循環である。

ニーチェにおける死の問題は、従来看過されすぎた問いである。この問題を論ずることによって、従来ニーチェ哲学の統一的理解を妨げてきた中心諸教説間の相互連関という問題の解決にも寄与するところがあろう。

二　死の思想と生の思想

まず、「死」に関するニーチェの言葉を幾つか引用しよう。――「人がいかに死ぬかはどうでもよい」(MA II: IV$_3$ 47)。「人間のもとで死ほど陳腐なものは無い」(ibid. 216)。「……死ぬという行為は、一般に畏怖されていることが物語るほど意義あることではなく、また、死につつある者は、彼がここでまさに失おうとしている物以上に重要な物を、生において多分失ってきただろう」(M: V$_1$ 240f.)。「……死と死の静寂が近い将来の唯一確実なるもの、万人に共通するものである！　この唯一の確実性と共通性とが人間にほとんど何も為しえないとは、人間が自分を死と親密な関係にあるなどと微塵も感じていないとは、何と奇妙なことか！　人間が死に想いを到すことなど全然考えようとしないのを見ると、私は嬉しくなる！　彼らに対して、生に想いを到すことの方が更に百倍も考えるに価するのだと思わせるためになら、私は喜んで手を貸したい」(FW: V_2 203)。このような死観に基づいて、ニーチェは、外からやって来る非自由意志的死（自然死）に身を委ねるよりは、自由意志的死（理性的死）つまり自殺によって生を終えることを潔しとすべきだ、と説く(vgl. MA II: IV_3 270f.; Za: VI_1 89ff.)。

以上の言葉は、先の両論者によっても自説を裏付けするものとして引用されているように、なるほど死を生の対立物として捉え、「死に想いを到すこと」（以下、死の思想）を無視することによって「生に想いを到すこと」（以下、生の思想）を肯定せよ、と説いている。だが、問題は、このような見解がニーチェ自身の積極的立場であるか否か、である。むしろニーチェは、生と死、生の思想と死の思想とを意図的に対立させているのではなかろうか？　この対立は見せかけではないか？——ここで留意されるべきは、ニーチェ哲学が「諸箴言から成る体系」[3]であるということ、同一主題を巡って、一方の立場を否定するためにはその敵対者を極端なまでに持ち上げる場合があるということ、同一の一般的概念を用いながら、それを様々に特殊化するということ、しかもこれらを別個の箴言で行なうがゆえに、ニーチェが自己矛盾を犯しているが如き観を呈すること、である。[4]

では「死の思想」とは何か？——或る断片には「死の思想。『死の恐怖』は育成されたもの、『ヨーロッパ病』（中世的な死にたがり癖 Todes-Sucht）」(VII_2 25[159]) と記されている。——結論から言えば、それは、狭義には、「死を想え(memento mori)」を説くキリスト教的生死観に他ならない。

キリスト教において、人間は死すべきものであり、死の克服が一つの中心問題とされる。ところで、人間が死すべきものとなったのは、原人アダムが創造者たる神の言葉に背く罪を犯し、その罪への罰として、永遠の生命たる神との生の絆を断ち切られたからである。したがって、キリスト教において、人間が神を離れて人間たらんとすること、それゆえまた、人間が人間であることからして既に、神への反逆として罪であり、人間は本来神の永遠の生命から出たものでありながら死すべきものなのである。この「罪の支払う代価」としての「死」[5]と、死から神の永生への還帰は、パウロにおいては、本来「神の義」であるはずの律法の義をどこまでも「自己の義」[6]として立てようと努める「罪の僕」[7]（我執的自己）に死んで「義の僕」[8]となり、「律法の終り」[9]となったキリストの「永遠の生命」[10]に至ること、として自覚された。ともあれ、このように死が罪と見なされる根底には、人間の生死を支配する神と神の創造という前提の在ることは言うまでもない。それゆえ、人間を死すべきものと捉えるキリスト教においては、歴史の始まりと終りとが考えられている。つまり、神への背反という原罪ゆえに永生から死すべきものに転落して歴史が始まり、その死すべき人間が神から離れて人間たらんとすることを悔い改め、主の十字架上での贖罪死と復活とを信仰することによって、歴史の終末において復活させせられ、永生へと還帰させせられていく。もとより、歴史の始まりとか終末とは言っても、通俗的理解（ニーチェもまたこの解釈に流れるきらいがあることは周知の事実である）によるような、単なる時間的な始まりと終りを意味するわけではない。それらは永遠の始まりと終りとして、むしろ現在の瞬間においてのみ不断に生起する、と言うべきであろう。が、いかに深く神の超越性がイエス－キリストの贖罪死という歴史的事実においてこの世に内在化されようと、また、瞬間において我執的自己に死ぬという決断が信仰成立の本質的契機としていかに重要視されようと、その前提として、人間が人間であることの自覚と、一切の根拠たる神の意志との間に、対立が在るかぎり、キリスト教においては、人間存在およびその生死が、或る絶対的意味での「外」から捉えられ、意味付けられている、と言えるであろう。

　そして、ニーチェによるキリスト教的生死観への批判も、専らこの「外」からの意味付けという、二世界論的・目的論的構造に向けられている、と言ってよい。しかも、キリスト教的死観――此岸から彼岸への、時から永遠への「橋梁(Brücke)」「移行（Übergang)」(AC: VI$_3$ 205) としての死、また、殉教が意味をもちうる「……のための死」(VIII$_3$ 14[160]) という理解――に対するニーチェの批判の鋒先は、パウロに向けられる。パウロこそが、イエスの贖罪死も復活の意味をも捏造したからである (vgl. VIII$_2$ 10[180])。

ニーチェからすれば、キリスト教という呼称からして既に誤解である。真のキリスト者は十字架上で死んだ人ただ一人しかいなかった。それゆえ真の福音は十字架上で死んだのだ（vgl. AC: VI_3 209）。もともとイエスは神と人間との間にいかなる隔絶も認めず、神と人間との一体感を自らの福音として生き抜いた人だった（vgl. ibid. 213）。イエスが見せたような死こそまさに「神の国」だったはずなのだ。ところが弟子達は、わが身をイエスのように従容として死に差し出すことを思うどころか、逆に、イエスの死を許すな、と非福音的な復讐に燃えて、報復・「審判」を必要とするに至る。かくして再びユダヤ的な「メシアへの待望」が登場することになった（vgl. ibid. 211f.）。こうして、パウロに始まるキリスト教の教会および神学の形成は、イエスの福音に逆行するものとなった。イエスが否定したものこそが、いわゆるキリスト教なのである。そしてこの一連の捏造の最たるものこそ、「贖罪の不可能性（永遠の罰）」からの「逆説的で怖るべき逃げ道」「キリスト教のあの天才的業《わざ》」たる神の十字架上の贖罪死だったのである（vgl. GM: VI_2 347）。こうして、イエスにおいては「心の状態」に他ならなかった「天国」が彼岸や死後に来たるものとされ（vgl. AC: VI_3 205）、「真の生と偽りの生という対立」から「この地上的生とあの天上的・彼岸的生という対立」が偽造され、「死が彼岸的生への橋梁である」とされた（vgl. VIII_2 11[281]）。

　キリスト教における「移行」としての死の理解に対するニーチェの批判の中心が、二世界説すなわち背後世界の捏造に向けられていることは既に明瞭であろう。「死の一躍で」最後のものに達しようとする疲労こそが「全ての神々と背後世界とを創造した」（Za: VI_1 32）のである。それゆえ、「死の思想」とは必然的に「不死の思想」に他ならない。したがってまた、二世界論批判を中核とするキリスト教的死観へのニーチェの批判が、同時にまた、現象界とイデア界とを区別し、死を魂の肉体からの分離・浄化[11]と捉えて、不死なる魂への復帰を説くプラトニズム的死観に対する批判ともなりうることは当然であろう。「キリスト教は民衆向けのプラトニズムだ」（JGB: VI_2 4）からだ。それゆえ、ソクラテス－プラトンにおける、「死の練習」としての哲学[12]、および問答法に基づいて死から永生への「移行」を説くその立場に対して、ニーチェが直接言及せぬにせよ、明らかにそれを意識していたらしいことは、「ソクラテスは知と根拠とによって死の恐怖から解放された」(VII_1 7[7])や、「われわれは少なくとも知っている、プラトンが『諸々の魂』の単独的存在と個別的不死性という、彼にとって条件付きですら真理に価しなかったものを、絶対的真理として学問的に(gelehrt)知ろうと欲した、ということを」(VIII_3 14[116])などの断片に窺うことができる。

それでは、死を「移行」と捉えるプラトニズム的－キリスト教的「死の思想」(「不死の思想」)に対する「生の思想」とはいかなる立場であろうか？——それは唯物論的生死観に他ならぬ。これは、ニーチェがパウロと対照させて、「彼岸での負債弁済という影によって異教を暗鬱にすること、これこそ、例えば、エピクロスが叩きのめしたことだった」(VIII_2 11[281])と述べていることからしても、また、パウロの「死後」「不死」「あらゆる彼岸的生」の教説に敵対する「最終的死(der endgültige Tod)の思想」——死んだらそれっきり——として「エピクロス」「ルクレティウス」「科学」を挙げている(vgl. M: V_1 66f.)ことからも明らかである。

世界の全現象、したがって魂をも原子の離合集散から構成される、と考えるエピクロスにとって、魂は身体の死とともに消失し、死後の魂の不死は否定される。このような死を生の終局と見なす唯物論的死観が、死の思想によって「『彼岸』の内に——無の内に——置き移され」て喪失した「生の重し」(AC: VI_3 215)を、再び生の内に取り戻す思想であるかぎり、それが「生の思想」と呼ばれ、ニーチェから肯定的評価を得るのは当然であろう。

だが、生の思想はニーチェ自身のポジティヴな立場たりえたろうか？　否である。「エピクロスは典型的デカダンだ。それを初めて看破したのはこの私だ。——苦痛に対する恐怖、ごくごく小さな苦痛に対してさえ恐怖を感じること——このような恐怖は、結局は愛の宗教に行き着くより他は無い」(ibid. 199)。エピクロスといえども、「無苦痛に憧れる」という「デカダンスの典型的表現形式」(VIII_3 17[1])を有する点では、キリスト教と同類なのである。後者は彼岸に憧れ、前者はアタラクシアに憧れる。事実、エピクロスはアタラクシアを攪乱する死の恐怖に対して次のように語ったではないか。「死は……実はわれわれにとって何ものでもない。なぜなら、われわれの存するかぎり、死は現に存せず、死が現に存するときは、もはやわれわれが存しないから」[13]と。エピクロスばかりではない。確実性を、真理を意志する自然科学も同様である。「科学性とはひょっとして単にペシミズムに対する恐怖、ペシミズムからの逃避にすぎぬのではあるまいか？」（GT: III, 6f.）。

結局、エピクロス的「生の思想」は、死を生の全き終局と見なし、死と生とを対立させることによって、死を生の「外」へと排除しようとするものである。死は「何ものでもない」ものとして生の外へと一掃され、死を死として引き受けることが拒まれている[14]。この点で、エピクロス派は、アパテイアという類似の理想をもつストア派ほど毅然としていない（vgl. V, 4[204]）。死は、生きているかぎり経験不可能である以上、なるほど生に無縁な「外」[15]だと言えよう。だが、死を生の局外者と見なそうという仕方で、実は死が生の只中で問題となっていることをエピクロスは看過している。それゆえ、死が「不在の内に現前している」[16]という事態を忘却し、死を生の単なる終局と見なすことは、生死の抽象化以外の何ものでもないのである。

以上からも明瞭なように、ニーチェは「死の思想」にも「生の思想」にも組しない。前者は死を背後世界という「外」から捉え、後者は死を生の「外」に放逐しようとする。両者ともに、生死を対立させ、「われわれの生は、すべての生がそうであるように、同時に進行する死である」（VII, 37[4]）ことを見ていない、〈生即死〉〈生における死の現前〉に踏み留まりはしないのである。

三　永劫回帰と生即死——運命愛と自由なる死

ニーチェからすれば、キリスト教において、死が非日常的瞬間の顕現としていかに信仰の本質的契機を成していようと、また、終末が未来のいつか或る時にではなく、日常的自己に死に切るこの今の瞬間に現成するものと捉えられようと、一切の存在者の存在が神によって根拠づけられる形而上学的世界に留まるかぎり、死も瞬間性も、その意義に関して究極まで考え抜かれていない。これはプラトニズムに関しても同様である。これに対し、死とは生理学的機能停止、すなわち有機体の無機体への解体であり、生は死とともに終結し、永生は存在しない、とする唯物論的生死観は、背後世界の捏造を徹底的に破壊して「神の死」を宣告したニーチェによって、一応の評価を得る。だが彼は、死の問題が死とともに消失してしまうかのように考えるこの立場をも拒絶する。全ての存在者を在らしめる根拠が無と化した今、あらゆる生は死に呑み込まれ、従来、神・彼岸を生の根源と捉えることによってなされた死の理解は、もはやわれわれに死に立ち向かう力を与ええない。このような無あるいは死は、それを単に無視することによっては一向に解消しないのである。そもそも「物質」「原子」「主観—客観」「因果律」などという自然科学的諸前提からして既に、未知なるもの（死）への恐怖に由来した捏造物ではないか[17]。——かくして、ニーチェにおいて生死の問題が問われうるとすれば、その場は、「無（『無意味』）が永遠に！」という「ニヒリズムの最も極端な形式」すなわち「永劫回帰」（VIII_1 5[71]）説を措いて他に無い。しかも、ニーチェが、「生けるものと死せるもの……は、同じものとしてわれわれの内に在る[18]」と説いたヘラクレイトス、およびその学説の後継者たるストア派を、自己の永劫回帰説の先達と見なしている（vgl. EH: VI_3 311）ことは、ニーチェにおける生死の問題と永劫回帰説との関係を論究する上で重要である。だが、永劫回帰説は〈生即死〉の立場であるどころか、彼の批判した当の不死の思想に他ならぬのではなかろうか？　これはもっともな問いである。

　永劫回帰説とは、一言で言えば、〈一切の事物が、大小ことごとく、同じ通りに、同じ順序で、無数度回帰する〉という思想である。もし、この永劫回帰説を、字義通りに、輪廻転生を説くものと解するなら、われわれは、今回も、次回も、その次も、死に変わっては生まれ変わるがゆえに、結局、死んだことにならぬであろう。事実、ニーチェも「それ〈永劫回帰説〉の最も手近な効能は、不死性信仰の代用たることである」（VII_1 16[63]）と認めている。だが彼はそれに続けて、「それは生への意志を増大するだろうか？　おそらくそれは真ではない、——その思想となら他人が格闘すればいいことだ」(ibid.) と語っている。それゆえ、永劫回帰説を「不死性信仰の代用」として受容することはニーチェの真意ではない。そもそも、このような解釈は、意識の連続性(複数の円環の同一性)[19]という難問に逢着せざるをえず、また、永劫回帰の円環をその外に立って空間的に表象しうる無世界的主観の存在を前提しているかぎり、所詮は永劫回帰説の傍観でしかない[20]。

ではどう解釈されるべきであろうか?——先の解釈とは反対に、人間はどうあっても(何度生まれ変わろうと)死なざるをえぬことの自覚、徹底的な有限性の自覚を説く思想として。更に、〈何度生まれ変わろうと〉という神話的表現をも非神話化するなら、永劫回帰の円環とは、〈生の各瞬間に無数度回帰する死の現前〉、すなわち、〈生即死〉の象徴として解釈されうる。この死の把握は、〈死は確実、その時は不確実(Mors certa, hora incerta)〉という格言の意味する、死の確実な偶然性という性格を、生へと徹底的に内在化したもの、と見ることもできよう。換言すれば、ニーチェにとって、自己の有限性は単に有限的なものに尽きてしまう、すなわち、いつか自分が死んでしまえば自分に死というものそのものも無くなってしまうかのように、観想的・オプティミスティックに捉えられるべきものではないのであって、むしろ自己の生の各瞬間にその都度立ち現われて生を脅かす苦痛として体得されるべきなのである。それゆえまた、生における死の現前の無限回帰の自覚、つまり有限性の無限性[21]の自覚は、ニーチェにおいて、生存の「無駄だ」(VIII, 5[71]) あるいは「吐き気、吐き気、吐き気」(Za: VI, 271) という痛烈な苦痛と一体なのである。そして永劫回帰体験における徹底的な有限性の自覚と生存の無駄とのこのような一体性こそ、死の問題がニーチェ哲学に最初から深く潜んでいる中心的問題たることの証しなのである。なぜなら、若きニーチェはギリシア的ペシミズムに苦しみ、『悲劇の誕生』において、ディオニュソスの従者シレノスがミダス王の問いに答えて「……汝にとって最善のことは、到底かなうまじきこと、すなわち、生まれなかったこと、存在せぬこと、無たることである。しかし汝にとって次善のことが在る——それは間もなく死ぬことだ」と語った、いわゆる「シレノスの知恵」(GT: III, 31) の自覚が「吐き気」を伴う (vgl. ibid. 52f.)、と述べているからである。

だが、もちろんニーチェは、永劫回帰説において自覚された生（即死）の無駄に苦悩するだけに留まりはしない。彼はそれを超克して生（即死）の絶対肯定へと到ろうとする。この絶対肯定の場とは、これもまた永劫回帰説の一側面、「運命愛（amor fati）」に他ならない。

では運命愛とはいかなる境地であるか？――「私が生き抜いているような実験哲学は、試みに根本的なニヒリズムの諸可能性を先取りする。とはいえ、それは一つの否に、否定に、否への意志に留まるということではない。むしろその逆のものにまで突き抜けること――在るがままで、差し引き勘定も、例外も、選択も無い世界に対するディオニュソス的肯定への到達を欲する、――それは永遠の循環を欲する、――同一の事物を、幾多の結び目の同一の論理と非論理とを。哲学者たる者の到達しうる最高の境地、すなわち生存に対してディオニュソス的に立ち向かうこと――これを表す私の定式は運命愛である」（VIII_3 16[32]）。

永劫回帰が否定的側面（生存の無駄）と肯定的側面（生存の肯定）とを含むことは明瞭であろう。両者はともに〈一切は同じだ〉という同一の言葉で表現される。両者の間には「最小の裂け目」しか無いように見える。だがこの裂け目は「最も橋渡しし難い」（Za: VI_1 268）のである。なぜなら〈一切は同じだ〉という言葉は、一方では「一切は同じだ、何をしても甲斐が無い……」（ibid. 270）、他方では〈一切は同じだ、どうでもよいことは何も無い、一切の事物、一切の瞬間が重要だ〉という正反対の意味をもつからである。[22]

この裂け目はいかにして超えられうるのであろうか？　いかにして生（即死）の無駄の苦悩が生（即死）のディオニュソス的肯定たる運命愛へと超克されうるのであろうか？

解明の鍵は、生（即死）の苦悩に対するストア派とニーチェとの態度の相違に在る。ニーチェがストア派をヘラクレイトスとともに己れの永劫回帰説の先達に数え入れていたことからも明らかであるが、ストア派もまた生死の関係を、生から死へ（エピクロス）、死から永生へ（キリスト教・プラトニズム）と過程的に外から捉えはしない、と一応は言うことができる。彼らは万物の無常を自覚し、生を死の相の下に見、われわれの表現を用いるなら、生死を不断の生即死（生における死の現前の無限性）と把握する。にもかかわらず、ニーチェはストア派の一人、マルクス－アウレリウスと自分とを次のように対比している。「かの皇帝は、絶えず万物の無常（Vergänglichkeit）を自らに言い聞かせる、物事を深刻に受け取りすぎぬよう、そして平静でいようとするために。私には無常は全く別に作用する――私には、一切は、かくもはかない（flüchtig）、と言うにはあまりに貴重すぎるように思われる」（V_2 12 [145]）。

なるほど、ストア派においても生死を外から見るという、対象的な見方は脱却されているように見える。しかし、自己および世界の諸事物を生即死的存在者と捉えるのみでは、それらの現実性を把握したに留まり、いまだその真実性を把握したことにはならない。そこにはまだ何らかの意味で、生即死を対象的に眺めているところが残っているのである。それはいかなる意味においてであろうか？――生即死・無常が、本来、この瞬間における生即死であり、各瞬間における死の現前の無限回帰である、ということがまだ真に自覚されていない、という意味においてである。そこでは、生即死・無常が、それ自体まだどこか連続的・実体的・対象的に捉えられており、そのかぎりで、そう捉える自己が、生即死・無常から遊離するところを残している。換言すれば、あらゆる瞬間における自己の関入においてこそ初めて現成しうる永劫回帰の円環（絶えざる生即死・生における死の現前の無限回帰）を、直線的ないしは円環的に、空間的に表象するに留まっており、瞬間が、まさに前後際断せる瞬間として、自己の直下で生き切られていない、ということである。だからこそ、マルクス－アウレリウスは、万物の無常を「はかない」と詠嘆したり、不可避的運命だと諦観したりできるのである。詠嘆や諦観は、まだ嘆きうるだけの、観うるだけの距離（すなわち、意志の自由と必然性との対立、自己と世界との乖離）を残しているということに他ならず、無常に対する「否への意志」を払拭していない、ということである。これに対し、ニーチェは「否」を突き抜けて、生即死・無常を、自己がそのものと成り切ることによって、むしろ「願わしいこととして」(VIII₃ 16[32]) 愛し(自己即運命としての運命愛)、また「在るがままで、差し引き勘定も、例外も、選択も無い世界」を肯定する。彼において、生即死への苦悩は、まさに瞬間における生即死の自覚に徹することによって、それのディオニュソス的肯定たる運命愛へと超克される、と言えよう。したがって、死に関して言うなら、上述の「最小の裂け目」の超克は、〈死は確実、その時は不確実〉から〈死は確実、その時も確実(今、この瞬間)〉への転換だと解されうる。

こうして、運命愛が、生(即死)を瞬間ごとに生き切ることに他ならず、しかも「生への愛は長寿への愛とはほとんど正反対のものである。一切の愛は瞬間と永遠とを思う――だが決して『長さ』を思いはしない」(VII₁ 3[1])のであるなら、運命愛とは、他方から言えば(生即)死を瞬間ごとに死に切ることでもあるはずだ。実際、「私にとっては一切が常に死となる。……私はいかなる運命をも愛する」(VII₁ 2[9])とニーチェは語る。このような死こそ「自由なる死(der freie Tod)」(Za: VI₁ 89ff.)に他ならない。「誇らしく生きることがもはや不可能ならば、誇らしく死ぬこと。自発的に選択される死、明るく、喜ばしく、子供達や立会人の真中で遂げられる、時宜を得た死」(GD: VI₃ 128)すなわち自殺である。ニーチェがこの自由なる死を、自然死(非自由意志的死)に対して優越させるべきだ、と説いたことは、第二節の冒頭で紹介しておいた通りである。だが、この優越はそれほど単純に受け取られるべきではない。なぜなら、彼にとって、「自然死も結局は『不自然』死、或る種の自殺(Selbstmord)にすぎない。人は己れ自身以外の他の誰によっても決して没落することはない」(ibid. 129)からである。それゆえまた、単なる自殺が奨励されているわけでもない。「自殺の評判を悪くしているのは自殺者である、――逆ではない!」(VII₁ 3[1])。したがって、自由なる死、本来的な意味での「自殺」(誤解を避けるために「自死」と訳すのがよいか?)とは、瞬間ごとに自己の決断によって選択される死だと言えよう。生死は生理学的問題ではないのである。つまり、あらゆる生の瞬間が、同時にまた、死を死に切る決断の場だ、ということである。それゆえ、ニーチェの運命愛=自死の立場からすれば、非決断的に生きている(これがわれわれの日常的在り方である）ということも、非決断的生をその都度決断していることに他ならず、また、〈いつか死は来るが、今のところまだ……〉と思うことも、自分が今この瞬間に死に直面していることを忘却するという仕方で、己れの死を決断している、ということになる。「そうだ、汝らの生の中には、多くの苦き死が在らねばならぬ、汝ら創造者達よ！　そうであってこそ、汝らはあらゆる無常の代弁者にして是認者なのだ」（Za: VI$_1$ 107）と言われるように、生の充実は瞬間ごとの死によってもたらされるべきものなのである。

それゆえ、ニーチェが「これが生であったか！　さらばもう一度！」と語る勇気が「死をさえ殺害する」（ibid. 195）と語ろうと、「新しい『不死性』」（VII$_1$ 16[84]）や「生の永遠性への最も深い本能」（GD: VI$_3$ 153）について語ろうと、これらの表現が、生の絶対化による死の無視を語っている、などと誤解してはならない。運命愛（生の絶対的肯定）と自由なる死（瞬間ごとの死の決断）とは、生即死という同一事態の両面に他ならないからである。両者は相即不離なのである。

既に明らかなように、運命愛も自由なる死も、生即死の徹底的自覚の直下において前後際断せる瞬間として現成する生であり死であって、死を克服して永生へと移行するということではない。生即死の自覚、瞬間性を離れては、一切の事物へのディオニュソス的肯定はありえない。「十字架にかけられし者に敵対するディオニュソス」（EH: VI$_3$ 372）――この表現に、ニーチェの生死観が端的に語り出されている、と言えよう。

四　時間・超人・権力への意志

ニーチェの生死観は、彼の他の教説にいかなる形で浸透しているのであろうか？

ニーチェにおいて、生も死も、前後関係から脱却した前後際断せる瞬間として現成するのであるから、当然そこには、生死の前後関係は考えられない。そもそも、生死を連続性・前後関係において捉えるということは、時間を連続性として直線的に表象することと同一である。したがって、永劫回帰の円環（ただし、生の各瞬間における死の現前の無限回帰という非表象的意味での円環）が、キリスト教的終末論および計算可能な同質的今連続という一般的時間理解への、徹底的批判となることは明瞭であろう。

時間が直線的に表象されるのは、死を〈いつか現在するが、まだ現在しない〉未来のことと見なすからであるが、このことは同時に、過去を〈もやは現在しない〉ものとして現在の生の外なるものと見なすことに他ならない。そこでは、過去は〈もはやどうにもならない〉が、〈まだどうにもならない〉未来の方は、少なくとも現在において〈まだどうにかなる〉と楽観されている。生死を前後関係において捉えるこの立場においては、未来への恐怖と未来の願望とは同一事態の表裏であり、いずれも過去への怨恨と結びついている。

「時間が逆流しないこと、これが意志の怨恨である。『在ったもの』――意志が転がすことのできぬ石は、かく呼ばれる。かくして意志は怨恨や不満に駆られて……自分と同じように怨恨や不満を感じぬ者に対して、復讐する」（Za: VI, 176）。「意志の歯ぎしり」としての「かく在った（es war）」（ibid. 175）へのこのような怨恨が、過去の出来事の結果としての現在に対する不満となり、更に、自由に処理可能な未来への待望となることは明瞭であろう。二世界論的捏造物（天国・イデア・進歩観など）は全て、過去への怨恨に由来する。

このような生死の連続的把握と一体の直線的時間表象に対し、永劫回帰の円環が、未来の死を現在の生に徹底的に内在化することによって、そのオプティミズムを打破することは、それが痛切な「無駄」の自覚を伴うことにも明らかである。だが、このように生に内在化された死が自死によって瞬間ごとに死に切られ、肯定されたとしても、過去の事実性（「かく在った」）は、やはり〈もはやどうにもならぬもの〉なのではないか？　だが、「創造的意志」は次のように過去を救済する。すなわち、「一切の『かく在った』を「『しかし私はかく在ることを意志したのだ』」へ、更に「『しかし私はかく在ることを意志するだろう』」（ibid. 177）へと創り変えることによって。この場合、過去は単に〈もはや無い〉過去ではない。ちょうど未来が〈まだ無い〉未来でないのと同様に。なるほど、過去の出来事は、その都度一回限りなものであるかもしれぬ。だがそれは、過去の事実性のもつ意味が不変的であることと同一ではない。過去の事実性は、現在の瞬間における決意において、その都度意味を変容しうるのである。「私はこれを無数度にわたって意志するか？」という「最大の重し」（V_2 11[143]）をこの瞬間に肯定しうる者にとって、過去もまたこの瞬間と同じ自己の自由な決断による瞬間の現成だったと確認され、未来同様、瞬間に内在化される。「おおわが魂よ……未来と過ぎ去りしものとが汝におけるほど近くに相寄っているところがどこにあろうか？」（Za: VI_1 275）。この瞬間こそ、運命愛の体現される「正午の時刻」であり、この瞬間にこそ、既に在った自己が自己と成る。ゆえに、自己とは、無時間的・自己同一的自我でも、世界に埋没してそこから己れを了解する自己喪失的・「畜群」的自己、つまり、時間を今連続の直線と表象する非決断的・未来願望的自己でもなく、まさに〈瞬間への未来と過去との相互関入の現成〉という根源的動向そのものに他ならない。この畜群的自己あるいは無時間的・自己同一的自我が、従来「人間」という概念において意味されてきたものである以上、「ここ〔『ツァラトゥストゥラかく語りき』〕ではあらゆる瞬間に人間が超克され、ここでは『超人（Übermensch）』という概念が最大の現実となっている」（EH: VI_3 342）と語るニーチェにとって、「超人」概念とは、従来の「人間」概念に代わる新しい人間概念として、まさに今述べた真の自己性、つまり〈瞬間への未来と過去との相互関入の現成〉という根本動向を意味する、と解されえよう。これとともに、超人的意志とは、過去の事実性を救済することなしに未来の無内容な目標へと直進するだけの畜群的（人間的）な直線的無限超出を意味するのではなく、己れの過去を必然性へとその都度創り変える全的肯定であるかぎり、ニーチェにとって、〈意志（Wollen）〉即〈必然（Müssen）〉（vgl. VII_2 26[277]）に他ならない。このような瞬間への未来と過去との相互関入の時間論が、生即死の生死観と相即不離であることは既に明瞭であろう。ただし、瞬間は、連続的時間を跳躍して現成し、前後際断である以上、瞬間ごとに新たに体現されねばならぬ。これは銘記されねばならぬ。

「自己」も「超人」も「意志」も、瞬間への未来と過去との相互関入という根本動向を意味した。だとすれば、ニーチェにとって「生」とは「権力への意志（der Wille zur Macht）」すなわち「自己超克（Selbstüberwindung）」という動向に他ならぬ（vgl. Za: VI$_1$ 142ff.）以上、権力への意志たる「世界」（vgl. VII$_3$ 38[12]）にもまた、上述の根本動向が認められうるはずである。

ニーチェにとって、世界は、複数かつ有限数の『権力への意志』量子（ein Quantum „Wille zur Macht“）」「権力量子（Machtquantum）」（VIII$_3$ 14[79] usw.）の諸相互作用から成る。権力量子とは「それが働きかけ、抵抗する当の作用」（ibid.）に他ならず、ゆえに、権力量子の相互関係は、決して原子などの自己同一的・恒常的物の離合集散でも、関係の各項が先在した後に相互に関わり合うような関係でもない。また、「権力への意志は諸々の抵抗に突き当ってのみ発現しうる」（VIII$_2$ 9[151]）以上、権力量子とは権力への意志を所有する物ではなく、まさに権力への意志であり、逆に、諸量子相互の支配、抵抗作用を措いて他に権力への意志も在りえない。それゆえ、権力への意志説は〈一即多〉としてのみ理解されねばならない[23]。

ところで、各権力量子の他の諸量子への支配－抵抗作用は常に「遠近法的解釈（perspektivische Interpretation）[24]」という形式をとる。遠近法的解釈とは、権力量子が、自己の権力増大という観点から、他の諸量子を自己の意味の体系内に同化するということに他ならない。もとより、権力量子は解釈の主体ではなく、解釈作用そのものである（vgl. VIII$_1$ 2[151]）。解釈とは、このように、客観的事実への主観的意味付与などではない。そもそも客観的事実など存在しないのだ。一切は解釈としてのみ在り、解釈を離れたいかなる自体的存在者も「真の世界」も無い。解釈とは、むしろ事実・物・世界そのものの創造なのであり、解釈の変化は即それらの変化である。したがって、人間（これもまた多なる権力量子の複合体として一権力量子である）が持ちうる世界は〈仮象の世界〉にすぎぬ。だが、この〈仮象の世界〉は、もはや「真の世界」の対概念ではない。「真の世界」を除去したときに、われわれは「仮象の世界」をも一緒に除去してしまったのだから（Vgl. GD: VI_3 75）。こうしてニーチェは「真－偽」「存在－生成」といった二世界論的図式を排棄する。だが、世界が〈仮象の世界〉だと言っても、それが単なる空想の産物にすぎぬということではない。むしろ、世界の生成は、各々自己の権力を増大せんと意志する諸権力量子相互間の内的必然性に基づいている。「生成の意義は、あらゆる瞬間に充たされ、達成され、完了されているに違いない」（VIII_2 11[82]）。「あらゆる権力は、あらゆる瞬間に、己れの最終的帰結を引き出している」（JGB: VI_2 31; VIII_3 14[79]）。この世界で「支配するのは、権力への意志の絶対的瞬間性だ」（VII_3 40[55]）。

以上の如き権力への意志説に、彼の〈生即死〉〈瞬間性〉の立場の最も徹底された形姿を認めうるだろう。自己は瞬間において自己自身として現成する、という人間の根本動向が、同時にまた人間以外の一切の事物の根本動向としても捉えられているからである。生死を対立的・連続的に捉えず、死を有機体（生けるもの）の無機体（死せるもの）への解体と捉えぬニーチェが、有機体と無機体との質的差別を撤廃し（vgl. VII_2 25[356] usw.）、一切の事物を〈一即多〉の権力への意志へと還元する世界－自己－解釈に到達せざるをえぬのは、むしろ当然の帰結と言えるかもしれない。彼にとって、人間と世界とは同質である。主観としての人間が客観としての外なる世界を認識するのでも、人間は自由だが、世界は必然的法則に統べられているというのでもない。人間も世界も、ともに自由かつ必然である。自己が自己自身として現成する瞬間に、物も在るがままの物として現成し、世界も世界として現成する。その逆でもある。権力への意志説とは、〈瞬間における自己即世界の現成〉を説く世界－自己－解釈だと言えよう。

だが、これは擬人論ではないか？――事実、その通りである。だが、これは安直な擬人論ではない。「われわれは世界の性格の一部を成している、これは疑い無しだ！　われわれはわれわれによる以外には世界へのいかなる通路も持たない」（VIII_1 1[89]）。人間は、人間という権力量子が解釈した擬人的世界・〈仮象の世界〉しか持ちえない。ここには、あらゆる世界解釈が必然的に陥らざるをえぬ「解釈学的循環」と同質の〈循環〉が在る。人間は有限的存在であり、世界の内に常に既に住み込み、巻き込まれてしまっている以上、それを神の如くに外から一望しうる絶対的視座を占めえないからである。そしてこれは、二世界説を永劫回帰説によって徹底的に破壊したニーチェにとって、当然陥らざるをえぬ帰結でもある。〈循環〉は徹底的な有限性の自覚と相即である。それゆえ、ニーチェが非難するのは、自己の解釈性（有限性）に耐えられずに、自己絶対化したり、遠近法を超越した「真の世界」を捏造したりすることである。擬人的解釈にすぎぬがゆえに、絶えざる自己超克が遂行されるべきであり、あらゆる瞬間にこの循環の内へと積極的に関入すべきである。それゆえ、ニーチェは、一切は解釈である、という己れの権力への意志説もまた一解釈にすぎぬことを自認する（vgl. JGB: VI_2 31）。彼の教説は、真なる世界の客観描写でも、単なる空想物でも決してなく、それ自体諸権力量子の重層的世界の或る必然的関係の中から生い出でた一解釈である。それゆえ、世界の変容次第ではそれ自身超克されざるをえぬ危険を内蔵している。ニーチェは絶えざる反復的自証の只中に己れを立てるのである。

五　結論——瞬間と循環

われわれは、ニーチェにおける死の問題から出発して権力への意志説にまで到達した。そして、権力への意志説の中核に〈循環〉という問題の在ることを明らかにした。だが、この循環は、権力への意志説ばかりでなく、ニーチェ哲学全体を貫く核心なのである。

循環が循環たりうるためには、一瞬たりとも止まるものであってはならない。もし循環の動きが止まってしまえば、必然的に形而上学的二世界説に堕してしまうのである。それゆえ、循環は、本質的に循環の循環、否、無限の循環でなければならず、瞬間の絶えざる回帰でなければならぬ。実際、ニーチェの各中心教説の核心部にはいつでも瞬間性という問題の在ることが確認された。先ず、生死を移行的・対立的に捉える従来の生死観に対して〈生即死〉を説く「永劫回帰」「運命愛」「自由なる死」の各説においては、〈生のあらゆる瞬間における死の現前の無限回帰〉ないしは〈前後際断せる瞬間の現成としての生・死〉として。「時間」論と「超人」説とでは〈過去と未来との相互関入の現成としての瞬間〉として。更に、世界−自己−解釈たる「権力への意志」説においては、〈瞬間における自己即世界の現成〉として。瞬間は前後際断せるゆえに持続せず、絶えず新たに体現されねばならぬ。それゆえ、〈循環〉とは、〈瞬間〉の現成の絶えざる反復、を端的に表現する概念であると言えよう。

このように、〈循環〉がニーチェ哲学の諸中心教説を統轄する要点なのだが、従来のニーチェ解釈はこの点を看過したことによってニーチェの中に自己矛盾を認めてしまった。例えば、レーヴィトは、人間の自由なる意欲と世界の必然的還帰とは矛盾するとして、権力への意志説と永劫回帰説との間の「根本的矛盾」[25]を指摘し、永劫回帰説のみを専ら評価する。だが、永劫回帰が、彼の捉えるような、人間の決意や投企と無関係に回帰する自然的世界の宇宙論的構造[26]の表現などでないことは、既に明瞭であろう。これに対して逆に、ボイムラー[27]やジンメル[28]などは、権力への意志説・超人説を根本思想と見なし、永劫回帰説をニーチェの体系から切除してしまう。

そこで各教説の統一的解釈が試みられることになる。ギースは、権力への意志説を中心思想に据え、超人は権力への意志の自己超克の直線的形態、永劫回帰は権力への意志の自己還帰の円環形態と捉える。[29]彼がニーチェ哲学における循環を指摘した功績は認められねばならないが、循環の対象的・表象的理解がニーチェ哲学の深層に触れていないことは明らかであろう。循環は空間表象ではなく、自己関入によってのみ現成しうるからであり、超人とはまさにそのような自己存在であって、直線的自己超克ではありえぬからである。

ヤスパースもまた循環がニーチェ理解の鍵を握ることを鋭く察知していた。[30]彼によれば、ニーチェは循環を認めるがゆえに、己れの解釈性を看過している従来の独断論的形而上学と二世界説をなるほど解消しうるが、自己の哲学をも解釈にすぎぬと認めざるをえぬことになり、彼の哲学は自己崩壊してしまう。逆に、もしその循環を放棄するなら、自己の哲学を絶対化することになり、批判したはずの独断論的形而上学に転落してしまう。いずれにせよ、循環は自己矛盾である。[31] ヤスパースが、以上のように循環を単なる論理的矛盾としか捉えぬかぎり、循環は正当には評価されない。そもそも、ニーチェが自己の哲学の解釈性を否定したり、自己絶対化したことがあっただろうか？ また、そもそも自己の解釈の解釈性を認めることは、自己矛盾・挫折なのだろうか？ ヤスパースがニーチェ哲学を「純粋内在性」の哲学だと批判していることは冒頭で述べた。だが、ニーチェ哲学は単なる内在性の哲学、自己閉鎖的無超越性の哲学ではない。ニーチェにすれば、内在性に徹することが同時に〈外〉を自覚することなのであるから。世界解釈が神の知恵たりえぬ以上、それは世界の開示と世界の隠蔽という両義性を持たざるをえぬのである。循環の循環性・瞬間の瞬間性とは、世界の開示が絶えず世界の隠蔽によって拒絶されるという事態以外の何ものでもない。そこでは主観性の〈外〉が常に自覚されているのである。この事態こそ、〈一即多〉を説く権力への意志説が語ろうとしていたことではなかったろうか？

それゆえ、ハイデガーが、ニーチェ哲学の「循環」を「世界解釈の非人間化への意志に基づきながらも、最高の人間化への意志へと押しやられたということ」[32]と解し、権力への意志を単一的本質意志（Wesenswille）の自己完結的自己関係と捉えて「意志への意志」と術語化し、[33] その本質意志の自己展開としての近代主観主義的形而上学の歴史の中にニーチェ哲学をその「完成」「終結」[34]と位置づけるとき、[35] この解釈もまたニーチェからすれば甚しき誤解なのである。権力への意志が、たとえ、自己超克という自己関係的動向を意味するにせよ、それはあくまでも常に同時に、多なる諸権力量子の相互関係としてのみ理解されねばならない。決してニーチェの循環は、単一的意志の自己閉鎖的自己関係なのではない。

「和解の陶然たる一瞬間の後、再び対立の世界へと転落する」（VII, 17[40]）と言われるように、ニーチェの語る〈循環〉は、世界解釈における世界の〈開示〉と世界の〈隠蔽〉という、解釈のもつ根本的両義性の徹底的自覚の表現なのである。人間がどこまでも有限的存在であって、神たりえぬかぎり、人間はこの両義性をどこまでも耐えぬく覚悟を持

つのでなければならない。これはただニーチェのみに課せられた課題ではないのである。(36)

註

（1）O. F. Bollnow: Die Lebensphilosophie（1958）S. 117.
（2）K. Jaspers: Nietzsche（1974）S. 326f.
（3）K. Löwith: Nietzsches Philosophie der ewigen Wiederkehr des Gleichen（1955）S. 15.
（4）Vgl. W. Müller-Lauter: Nietzsche（1971）S. 1.
（5）Paulus: Römerbrief 6, 23.
（6）ibid. 10, 3.
（7）ibid. 6,16.
（8）ibid. 6, 18.
（9）ibid. 10, 4.
（10）ibid. 6, 22.
（11）Vgl. Platon: Phaidon 64C.
（12）ibid. 81A.
（13）Diogenis Laertii: Vitae Philosophorum X125.
（14）ニーチェは、「死は感覚の欠如だ」（ibid. X124）と言うエピクロスに対して、「生成だけが感覚され、死は感覚されない（VIII$_2$ 11［81］）」と疑問を投げかけている。ニーチェのエピクロス派批判に関しては、特に V$_1$ 4[229]，［230］併読のこと。
（15）Vgl. J. -P. Sartre: L'être et le néant（1973）p. 632. ニーチェのエピクロス批判は、ハイデガーの「最も自己的で、係累の無い、追い越し不可能な可能性」（M. Heidegger: Sein und Zeit, 1972, S. 250）としての「死」の理解に対してサルトルが提出する「一つの偶然的事実」としての死（Sartre: op. cit., p. 630）という理解にも妥当しよう。
（16）P. L. Landsberg: Die Erfahrung des Todes（1973）S. 14.

（17）Vgl. z. B. JGB: VI_2 20f.; VIII_1 2［83］,［193］; VIII_2 11［120］; VIII_3 14［79］,［98］usw.

（18）Heraklit: Fragment 88（H. Diels und W. Kranz: Die Fragmente der Vorsokratiker）.

（19）Vgl. B. Magnus: Nietzsche's Existential Imperative（1978）pp. 98-110.

（20）それゆえ、永劫回帰説の自然科学的論証の成否を巡る従来の議論そのものが不毛であることは明瞭である。だがこのことは、自然科学的論証が永劫回帰説にとって全然意味をもたなかったということではない。むしろ、権力への意志説の根本構造契機の少なくとも一つは永劫回帰説の自然科学的論証から成立したからである。この点に関しては、本書「権力への意志説の成立と展開」特に一七一一八頁参照。

（21）西谷啓治『宗教とは何か』（創文社、一九六一年）一九〇一一九六頁参照。この箇所では、仏教の生死・輪廻・業の思想は、単なる神話として切り捨てられるべきではなく、「有限性の無限性」（これは悟性の立場からは「矛盾」、ヘーゲル的な理性の立場からは「悪無限」と批判されるのだが）の自覚こそが真に実存の立場であることが指摘されている。永劫回帰説と業の思想との類似性は一見しただけでも明瞭だが、詳しい検討は、本稿の主題を逸脱するため、ここでは差し控える。

（22）Vgl. M. Heidegger: Nietzsche（1961）I. S. 446.

（23）Vgl. Müller-Lauter: Nietzsches Lehre von Willen zur Macht, in: Nietzsche-Studien 3 (1974) S. 1-60.

（24）ニーチェの解釈理論についての詳細は次の両書を参照のこと。R. H. Grimm: Nietzsche's Theory of Knowledge（1977）; J. Figl: Interpretation als philosophisches Prinzip（1982）.

（25）K. Löwith: op. cit., S. 13.

（26）ibid. S. 96.

（27）A. Baeumler: Nietzsche, der Philosoph und Politiker（1931）.

（28）G. Simmel: Schopenhauer und Nietzsche（1907）.

（29）Vgl. L. Giesz: Nietzsche（1950）S. 159 und S. 163 .

（30）Vgl. Jaspers: op. cit., S. 294 und S. 330.

（31）Vgl. ibid. 309ff.

（32）Heidegger: Nietzsche I . S. 364.

（33）ibid. I. S. 64.
（34）ibid. I. S. 654.
（35）ハイデガーのニーチェ解釈は、ハイデガー自身の思惟とともに変遷しているため、このように言い切ってしまえるかどうかは問題のあるところではあろう。この点に関する詳細な検討に関しては、Müller-Lauter: Das Willenswesen und der Übermensch, in: Nietzsche-Studien 10/11 (1981/82) S. 132-177 を参照のこと。
（36）なお、ニーチェ哲学における「瞬間性」の意義を重視した解釈としては、H.-G. Gadamer: Das Drama Zarathustras, in: Nietzsche-Studien 15 (1986) S.1-15 が在る。特に一五頁参照。

ニーチェとエマーソン

一　序　ニーチェのエマーソン読書の足跡

「エマーソン　私がかくもくつろぎ、我が家にいるように感じた本は無い――私は讃めるわけにはいかない、私に近すぎるのだ」(V_2 12[68])。ニーチェは一八八一年秋にそう記している。一八八一年と言えば『曙光』が六月頃出版され、何よりも重要なことに八月初め彼に「等しきものの永劫回帰」思想が到来し、以後『喜ばしき知識』『ツァラトゥストゥラかく語りき』の執筆・出版とニーチェ哲学が成熟期を迎える年である。その年に彼はエマーソンを精読した。『ツァラトゥストゥラ』の「根本概念」は永劫回帰であり(EH: VI_3 333)、永劫回帰の告知者はツァラトゥストゥラである。そしてツァラトゥストゥラを主人公とする著作の最初の計画(V_2 11[195]～[197])その表題は『正午と永遠』)をニーチェは八一年八月二六日に書き記した。これが後に『ツァラトゥストゥラ』となっていくのである。しかもその場合のツァラトゥストゥラ像はエマーソンの『エッセーズ第二集(Essays: Second Series)』中の一篇「品性《キャラクター》」にあるゾロアスター記述が源泉となっている可能性が強い(1)。こう辿るだけでもニーチェにエマーソンが影響を与えたらしいことは推測がつく。ところがニーチェの公刊された著作にはエマーソンへの直接的言及はほんの数度しか無いのである。それ故まず彼がエマーソンの何をどの程度読んだかを確定しておく必要があろう(2)。

ニーチェがエマーソンの作品に最初に接したのは一八六二年（一八歳）シュールプフォルタ時代であり、友人達のために『処世（The Conduct of Life）[3]』と『エッセーズ[4]』の独訳から抜粋を作ることを計画している[5]。しかもニーチェの初期論文（六二年）「運命と歴史[6]」はその表題のみか内容も上掲『処世』中の一篇「運命」および『エッセーズ第一集』の第一篇「歴史」から採られている。六五年から七二年までの間、エマーソンの影はショーペンハウアーとヴァーグナーの背後に隠れるが、実際にはニーチェはエマーソンから離れていたわけではなく、七一年以降『エッセーズ』をどこへでも携行し、七四年にヴュルツブルク駅で紛失した際にもすぐに新たに買い求めていることからもそれはわかる。また、七四年の『反時代的考察』第二書「生に対する歴史の功罪」にはエマーソンの歴史理解が深く反映している。

七六年、エマーソンの『ニュー・エッセーズ　文学と社会的目的（New Essays: Letters and Social Aims）』（一八七五年）の独訳[7]が出ると、友人ゲルスドルフ宛に「新しいエマーソンは幾らか老いぼれたように君も思わないか、前のエッセーズの方が、遙かに内容豊かだ。今じゃ彼は繰り言を言い、僕に言わせりゃ結局彼は生活に汲々とし過ぎているんだ」と幻滅を表明している[8]。

七八年から八〇年の遺稿には『エッセーズ』の頁数が幾つか記されているが決定的に重要なのは八一年になされた自家用本『エッセーズ』の余白への書き込み[9]と、八二年初めの同書からの抜き書きである[10]。また、八二年脱稿の『喜ばしき知識』の表題下に記されたモットー「詩人と賢者にとって万物は友となり清らかな捧げ物となる、全ての体験は有益となり全ての日々は神聖に、全ての人間は神々しくなる。」（FW: V_2 21）は『エッセーズ』の「歴史」（E: 242）から採られた一文である。

八三年つまり『ツァラトゥストゥラ』執筆時期にも、草稿の間に『エッセーズ』の参照頁数が記されている。なお八三年から翌年にニーチェは友人オーファーベク夫妻とエマーソンを共同研究しようと準備しており、同夫人に「或る長いエッセー……（どのエッセーかわからないが）を独訳してもらっている[11]。」なおこのエッセーは最近の研究によって『マサチューセッツでの生活と文学に関する史料（Historic Notes of Life and Letters in Massachusetts）』であることが判明している。[12] それ以後は八八年執筆の『偶像の黄昏』（GD: VI_3 114）にエマーソンへの言及があるものの確かに読んだと言える証拠は無い。

約言すれば、ニーチェはエマーソンに少年時代から二〇年以上も一貫して関心を持ち続けた、そして彼が読んだのは主に『エッセーズ』しかも独訳で、ということになる。

かくも長きにわたる彼のエマーソン精読にもかかわらず、両者の関係はニーチェ研究史上顧みられることが殆ど無かった。論文が皆無というわけではないが、それらも両者の著作の対応関係の文献学的研究に終始してきたと言ってよい。最近のヴィヴァレリ論文[13]とて例外ではない。彼女は文体・女性観・友情観・同情への嫌悪、森・孤独と都市・市場の対照、山・海・天のイメージなど、両者の多様な類似を指摘するに留まっている。そして両者が最も深く触れ合いかつ対立し合う「全―一―論（All-Eins-Lehre）」[14]という根本問題は論文の末尾で軽く触れられているにすぎないのである。従ってまたニーチェ哲学の中心たる権力への意志・超人・永劫回帰・運命愛の各説とエマーソンの中心思想との本質的関係は従来殆ど不問に付されてきたと言える。それ故、小論は後期ニーチェ哲学即ち上掲各説の形成、従ってまたゾロアスターを主人公とする著作『ツァラトゥストゥラ』の成立に果たしたエマーソンの影響、更には両者の決定的差異を八一年前後に時期を限定して論じるものである。

二　ニーチェ後期哲学の根本特徴

『ツァラトゥストゥラ』以降のいわゆる後期ニーチェ哲学の中心は権力の意志説である。[15] 彼は八五年の或る遺稿で、「この世界は権力への意志である――そしてそれ以外の何ものでもない。汝等もまた権力への意志である――そしてそれ以外の何ものでもない」（VII_3 38[12]）と述べる。また「世界」は「諸力と諸力波の戯れとして一であると同時に『多』であり、……自らの中に荒れ狂い溢れ入る海」(ebd.) だとも言う。世界は「権力への意志」であり〈一にして多〉だと言われる。彼はまた「全ての単一性は有機化と戯れ合いとしてのみ単一性であるに過ぎぬ」(VIII_1 2[87]) と語る。従って世界が「権力への意志」として「一」であるにしても、それは「多」なる「諸力と諸力波の戯れ」としてに過ぎぬ。それ故ニーチェにとって世界は〈諸力の諸相互関係の全体〉と規定されうる。ただし力ないし「権力量子 (Machtquantum)」(VIII_2 14[74] 他) とは「働きかけ抵抗する作用」(ebd.) に他ならず、諸権力量子の相互関係は、決して原子などの自己同一的・恒常的物の離合集散ではない。また「権力への意志は諸々の抵抗に突き当ってのみ発現しうる」(VIII_2 9[151]) のであるから、諸権力量子相互の支配－抵抗作用をおいて他に権力への意志なる物があるのでもない。即ち、権力量子とは「『権力への意志』量子 (ein Quantum „Wille zur Macht“)」(VIII_3 14[79]) である。権力への意志は〈一即多〉としてのみ理解されねばならぬ。ただし〈一即多〉とは言え、多なる諸力から成る世界全体を有機化する唯一絶対の力の存在をニーチェは否定する。彼自身「唯一の力・無制約者などというものを処分することが重要だと私には思われる。さもなくばひとはそれを最高裁判所と見なして神と名付けざるを得ぬであろう」(VIII_1 7[62]) と語る。[16] ニーチェのこのような世界理解において「関係性」が重要な役割を演じていることは明白である。しかしその関係性は上述のごとく一切の存在者への一なる原理、例えば神の関係ではなく、一つ一つの個別的存在者即ち権力量子がその他一切即ち世界に関わる関係である。各存在者は独立自存してはおらず、それ自身の内にその他一切を含んでいる。ニーチェは語る。「凡そ生起するもの一切はそれ自身非難すべきものたり得ぬ。……何故ならあらゆるものは一切と結び付けられている故に何か或るものを排除しようと思えばそれは一切を締め出すことを意味するからだ。……生成が大いなる円環であるならば、あらゆるものは等しく価値があり、永遠であり、必然である……」(VIII_3 14[31])。「生成は各瞬間に等価値である……別言すれば生成は全然価値を持たない。何故なら生成をそれによって測るべき、また『価値』という語がそれとの関係で意味を持つ或るものが無いからである」(VIII_2 11[72])。「あらゆる権力はあらゆる瞬間に己の最終的帰結を引き出している」(JGB: VI_2 31; VIII_3 14[79])。この世界で「支配しているのは権力への意志の絶対的瞬間性だ」(VII_3 40[55])――これらの言葉から権力への意志説は諸力－関係－世界の教説として〈全一論〉のニーチェ的形態と言い得る。「汝等もまた権力への意志である」のだった。人間が本質的に世界に帰属している以上それは当然である。ニーチェは『ツァラトゥストラ』「自己－超克について」(Za: VI_1 142ff.) で一切の存在者の存在様式を命令－服従関係から捉え、「権力への意志」と規定するのだが、命令－服従関係を次の三命題にまとめている。(ア)「一切の生命体は服従するものである」、(イ)「自己自身に服従できぬものは命令される」、(ウ)「命令は服従より困難である」。どの組織においても最上位者だけは服従者ではないはずだがここでは一切の存在者が服従者だとされている。だがこれは(イ)の命題からすればさほど奇妙ではない。即ち命令者といえども自己自身に服従する限りは服従者なのである。第三命題の意味するところは明白である。命令者は組織全体の取るべき方向を孤独に自ら決断し、またその責を負わねばならない。命令とは本来命令者の自己の可能性へ向けての命令とその遂行、即ち自己命令への自己服従という自己関係に他ならない。それでは下位者には自己命令－自己服従への意志がないのか。そうではない。先ず、より下位者に対して命令者である彼は、命令を下す限り自己命令に服従している。更に彼は上位者に対しても命令者たらんとするのである。ニーチェ自身「弱者は間道を通って権力者の城中に、また心の中に忍び込み――そこの権力を盗む」と語る。つまり弱者が他者に服従せざるを得ないのも、権力者を騙し討ちにしようとするのも、ともに自己命令に自己服従できない、その限りではまた一種の自己関係に依るのである。かくして自己命令－自己服従への意志という自己関係として、「権力への意志」は存在者全体の存在構造と見なされ得る。存在者の相互関係が同時にそれぞれの自己関係から理解されているのである。しかも真に肯定的自己関係性即ち最強の権力への意志であるような人間こそが「超人」であり、その対極が「畜群」に他ならない。[17]

ところで権力への意志という場合、先ず何かがあってそれとは別に権力があり、その何かが権力を意志するのではない。

物理学は力なる抽象物の存在を前提してそれの諸関係を量的に規定するが、ニーチェによれば権力への意志があるのであって、力という物があるのではない。権力量子と彼も言う以上、力の量的把握が無意味だというのではない。それだけでは力の本質は把握不可能だというのである。力とは常に己を増大しよう、超えようと意志してこそ初めて力なのであり、一定の水準に留まるならそれは既に力ではない。それ故不断の自己超克が力の本質に属していると言える。自己保存は結果にすぎない。意志についても同様である。もし実体的能力としての意志なる物があり、それが外的目的としての権力を意志するならば、目的に到達したとき意志の動きは止まり、権力増大が阻害されて自己超克は不可能となる。したがって「権力へと意志」とは一切の存在者の「自己超克」という自発的動向そのものだと言えよう。

世界も人間も権力への意志である。両者は別の存在様式を持ちはしない。主観としての人間が客観としての世界を認識するのでも、人間は自由で世界は必然というのでもない。ニーチェは「『人間と世界』が『と』という小さな一語によって並置されるのに気づくや否や我々は笑い出してしまう」（FW: V_2 346）と述べているが、人間はそれ自身一権力量子として、諸権力量子の重層的かつ必然的関係世界、いわば諸力の「海」に溶け込まされているのである。裏を返せば、人間が世界の在り方に本質的に関わり込んでいる。「我々は世界の性格の一部を成している、これは疑い無しだ。我々は我々による以外には世界へのいかなる通路も持たない」（VIII, 1[89]）。以上、世界－人間－解釈たる権力への意志説の考察によってニーチェ後期哲学の根本特徴を次のごとくまとめることができよう。

（一）根本思想としての〈全－一－論〉。（二）諸力－関係－世界。（三）力の自己関係性即ち自己超克。（四）世界と人間との同質性。

だが、各々の個物がそれ自身の内にその他一切を含んでいる、と語り得る者、全即一、世界即自己と語り得る人間とは誰か。これが「超人」であることは言うまでもない。超人とは真に自己超克し得る者、つまり自己の可能性への自己命令に自己服従し得る者であったが、彼の自己超克は単なる可能的未来への突進ではない。何故なら、自らが既に世界へと投げ込まれてしまっているという事実性、既に生じてしまって今ではどうすることも出来ぬ過去性「かく在った(es war)」を恨み、そこで過去の出来事の結果としての現在への不満から未だどうにかなる自由の領域としての未来を待望する否定的自己超克もあり得るからである。しかし真の自己超克とは、自己が既に帰属している世界の必然性の肯定、即ち「過去の救済」ないし「運命愛」と相即不離である。かくしてニーチェ哲学の最深部に「等しきものの永劫回帰」思想の在ることが理解される。超人とは運命即自己であるような自己存在であり、そのような超人の世界解釈こそが権力への意志説に他ならない。

三　エマーソンの中心思想

エマーソンの思想[18]は一八四〇年代中頃以前と以後とで若干の変化がある、とされているが、本節では前期(代表的著作は『エッセーズ』(第一集一四一年、第二集一四四年)のみを論じる。ニーチェが八一年以後の二、三年間精読したのは『エッセーズ』のみだったからである。そして前期エマーソンの中心思想はほぼ第一巻第二篇「自己依存」に語り尽くされており、「歴史」・「償い」・「超絶的魂」はその変様態にすぎない。しかもニーチェが抜き書きまでしていることを考えればエマーソンの中心思想概観を「自己依存」から始めるのが適当であろう。ニーチェへの影響を明瞭ならしめるために、エマーソン自身の言葉でかつニーチェが抜き書きしている箇所を主に繋ぎ合わせてみることにする。

「自己依存」とはモットーにも掲げられているように「己を外に求めるな」(E: 257; V_2 13[19])である。「自分自身の考えを信ずること、自分にとって自分の心の奥で真実だと思えることは万人にとっても真実だと信ずること——それが普遍的精神である。内心に潜む確信を一度語ればきっと普遍的意味を備えたものになる。最も内的なものは時が至れば最も外的なものとなり、我々の最初の思想が最後の審判のラッパによって我々の元に返されるからだ。……我々がモーゼやプラトンやミルトンの最も優れた功績だと思うのは彼等が書物や伝統を無視して、人々がではなく自分達が考えたことを語ったという点だ」(E: 259)。自己依存という態度が世間と衝突するのは当然である。「一個の人間たろうとする者は世間に順応せぬ者でなければならぬ」(E: 261)。因みに、彼が未だ牧師だった頃、習慣や教義でこちこちの教会指導者に「もし私が完全に内心の声に従って生きていくなら伝統の神聖さなど私と何の関係があるでしょう」と言ったところ、「しかしそんな命令は下から来ていて上から来たのではないかも知れないよ」と言われ、「私にはそうは思えませんが、仮に私が悪魔の子なら悪魔に従って生きて行きます」と答えたという (E: 261f.; V_2 17[26])。結局、「私にとって私の本性の法則以外に神聖な法則はあり得ない」(E: 262; V_2 17[26])。それ故、「群衆の只中で、しかも孤独でいるときの独立心をいかにもにこやかな態度で保持し得る」か、それとも「世間の考えに従って生きるか」が、人間が「偉大であるか卑小であるかを区別する唯一無二の尺度」となる (E: 261; V_2 17[27])。そして世間や慣習に盲従することは自分の「力」を奪い、「品性の印象」を曇らせるが、逆に自己依存から事をなせば、「自己自身を強くする」(E: 263)。慣習や伝統と並んで自己依存を阻害するものとしてエマーソンは「我々の首尾一貫的たろうとする態度」即ち「他人の目が我々の軌道を計算するのに我々の過去の行為以外のデータを持たず、また我々の方も彼等を失望させたくないので自分達の過去の言動を尊重しようとすること」(E: 265) を挙げる。この態度に対し、彼は「しかし、何故分別を失わないようにせねばならないのか。……仮に自己矛盾したところでそれが何だというのか。自分の記憶に頼らず、たとえ記憶が純粋に働く場合でさえも殆ど頼らず、過去を千個の目を持った現在の中へと引き入れて裁きにかけ、常に新たな日に生きることが知恵の辿るべき道であるように思われる」(E: 265) と語る。そして、「首尾一貫など偉大な人間には何の用も無い。……今思っていることをきつい言葉で語れ、明日は明日思うことを、たとえ今日語ったことと全く矛盾しようともきつい言葉で語ればいい、――『でもそれではきっと誤解されてしまいますよ』――だが誤解されることはそれ程悪い事なのであろうか。……かつてこの世に生をうけた純粋で賢い精神の持ち主は、皆誤解された。偉大ということは誤解されるということだ」(E: 265) とさえ極論する。しかし何故彼にはこのような極論が可能なのであろうか。彼は言う、

「……どんなに人間の意志が出しゃばろうとしても、全て彼の存在の法則によって回りを取り囲まれてしまう。……品性というものはアクロスティクを用いた詩句やアレクサンドリア風の詩句のようなもので——前に、後ろに、あるいは斜めに読んでも常に同じ綴りになる」、「どんなに多様な行動でも、それぞれがその時々に正直かつ自然に行われさえすればどこか一致するところがあるものだ。一つの意志から出ているからには、どんなに似ていずともそれらの行動はやがて調和するようになるからだ」(E: 265f.) と。従って人間の品性は恣意的行為の単なる寄せ集めではない。「品性の力は累積する。過去になされた一切の徳はその活力を今日に注ぎ込む。かくも想像力を満足させる議会や戦場の威厳を一体何が作り出すのか。一連の過去の偉大な日々と勝利が背後に在るという意識だ。……名誉は常に年を経た美徳だ。我々は名誉が今日だけのものではないからこそ今日それを尊重する」(E: 256; V_2 17[30], [31])。それ故自己依存からなされる多様な行動の根底には、それらを「調和」させる何かが存在することになる。ではそのような「普遍的な信頼の根拠であるかも知れぬ本来の自己とは何か」(E: 268)。——「これを探究すると、我々はあの根源、つまり霊と徳と生の本質であって我々が自発性とか本能とか呼ぶあの根源に至り着く」と彼は言う。エマーソンは、根源を把握し得る「この根源的な知恵を、我々は、後から教えられたもの全てがテュイションであるのに反して、インテュイション（直覚）と名付ける」(E: 268f.) と語り、「その深遠な力の中に、分析も及び得ぬ究極の事実の中に万物はそれら共通の根源を見出す」(E: 269) とも言う。「本来の自己」「根源」「自発性」「本能」等はまた「神聖なる精神」とか「神」(E: 269) あるいは「超絶的魂」とも呼ばれる。自己依存とは、単に自己への信頼という自己関係を意味するばかりでなく、自己関係において常に同時に、万物を在らしめる神を信頼するということでもある。エマーソン自身「このこと、つまり万物は解体して永遠に神聖な〈一者〉に帰一するということこそ、あらゆる問題を論じる場合と同様に、自己信頼というこの問題を論じていても我々が忽ち到達する事実である」と述べている。しかも「自己−存在は最高原因の属性であり、その自己存在があらゆる下等な形態に入り込む度合いに応じて、それは善を測る尺度となる」(E: 272) と言われ、こうして「精神が清純で神聖な知恵を受け入れるとき、常に古いものは消滅する……今や精神が生き、過去と未来とを今この時に吸収する」(E: 270) と述べられる。〈一者〉への信頼ゆえにこそ今この一瞬一瞬が同時に過去と未来とを含み得るのである。ここから、「歴史全体の結論である事実、即ち人間の働くところ必ず責任ある偉大な『思索者』にして『行為者』が働いているという事実、真の人間はその時その場以外の何時どこにも属さず、正に彼自身が諸物の中心だという事実を、習慣と取り引きと儀式の顔めがけて投げつけてやろう。彼の居るところにこそ自然が在る。彼は君や全ての人間や全ての事件を判定する」だとか、「真の人間は全ての環境を無意味たらしめざるを得ぬほどの者に違いない。真の人間は全て原因であり、国家であり、時代であり、彼の意図を十分達成するためには、無限の空間と数と時間とを必要とする」(E: 267; V_2 17[32]) だとか、「己自身の法に従って動き、人間や物を己自身の尺度で評価して世間の尺度を覆し……法を己の一身に体現する」(E: 268; V_2 17[33]) 者への尊敬が語られるのである。

「だが今我々は群衆である」(E: 272)。ここからがエマーソンの時代批判である。「人間は臆病で弁解ばかりしている。もはや真っすぐ立てなくなっている。『私はこう思う』『私はこうだ』と言う勇気は無く、誰か聖人や賢者の言葉を引用するだけだ。……我が家の窓の下で咲いているバラは昔のバラやもっと美しいバラを参考にしたりはしない。……この世に在るその一瞬一瞬に完璧なバラが在るだけだ。……だが人間は、延期したり追憶したりで現在に生きず、目を背後に向けて過去を嘆き、自分を取り巻く富には気づかずに未来を予見しようと爪先立っている。人間も自然と共に時間を超え、現在の只中に生きるのでなければ幸せにも強くならない」(E: 270; V_2 17[34])。「我々は言わば骨抜きにされた兵士だ。運命との辛い闘争、ここからこそ力が湧き出るのだが、これを我々は避けている」(E: 275; V_2 17[39])。「己にとってちょっとした目的に過ぎないものでも、他人にとっては鉄の必然性と同じ意味を持つほど強き者であるためには……心は高潔、意志は毅然と、目は澄んでいなければならぬ」(E: 274; V_2 17[38])。以上が『エッセーズ』「自己依存」の概要である。

自己に徹することが同時に自己を超越した〈一者〉、万物に「共通の根源」に関わることだ、という思想、ここに〈全一論〉のエマーソン的形態を見出すことができる。彼の汎神論的全一論は、彼が教会の形式主義に反発してボストン第二教会の牧師職を辞してヨーロッパに遊学した一八三三年六月、パリの植物園で得た啓示に基づいていることは周知の事実である。同年七月一三日の彼の日記にはこう記されている。「こちらが困惑するぐらいこんなに次々と生物たちの姿が並んでいるのを見ていくと、宇宙はいままで以上に驚くべき謎となる……。どんなにグロテスクな、野蛮な、あるいは美しい形態でも、それを眺める人間に内在する何かの属性の表現でないものは一つもない——たといさそりのようなものと人間とのあいだにさえ、一種の神秘的な関係が存在する」[19]と。スウェデンボリの「物質と精神との一致」という思想の影響著しいこの言葉は、三四年の詩「個と全」でより明瞭に詠まれている。「個々のものには一切が必要とされている、単独で美しく良いものは何も無い」[20]と。〈全―一―性〉ないし〈多即一〉(E: 18)というこの思想こそがエマーソンの根本思想なのであり、これは彼の代表作『自然』(一八三六年)にも、『エッセーズ』所収の「自然」(四四年)その他にも見られ得る。例えば「自然は様々な形態から成る海であり、それらの形態は根本的に似通っていて唯一ですらある」(E: 18)、「諸物は厳密に関わり合っているので、目の熟練次第で任意の一つの物から任意の他の物の資質と特質が予言できる。……その同一性が我々全てを一つにし、我々の通常の尺度からすれば大きい隔たりを無きに等しいものにする」(E: 548)。エマーソンにおいてもニーチェ同様、自然ないし世界が「海」の比喩で語られていることが知られよう。個物は独立自存しているのではなく、一切(世界)を含み、また一切が個物の中に在る。そして全体の中に在ってこそ初めて個物は真の個物であり、真の美を表現する。ただし既に明らかであるように、エマーソン的全一論の特徴は、任意の個物としての〈一〉と自然・世界を意味する〈全〉とが、共に絶対的〈一なる原理〉としての精神・意志・神から考えられている点である。〈一〉である精神ないし神が、〈一切〉の個物一つ一つを根拠付けているのである。「宇宙」が「驚くべき謎」でありながら不気味でないのはそのためである。「世界は象徴として存在している。……自然全体が人間精神の比喩だからだ」(E: 24) と言うエマーソンにおいて、世界は人間精神に溶け込まされているのである。

エマーソンの中心思想をまとめれば以下のごとくである。(一) 根本思想は〈全一論〉である。(二) その際重要なのは、一切の存在者への〈一者〉〈一なる原理〉の関係である。(三) 世界には、精神という形で人間が本質的に関与している (世界と人間との同質性)。(四) 自己依存という自己関係の強弱が人間の偉大と卑小とを分かつ基準である。(五) 偉大な人間の自己関係はその時間構造に即して言えば〈過去と未来との瞬間への吸収〉である (瞬間の重視)。

四　ニーチェの永劫回帰受容とエマーソンの影響

両者の近さと遠さは既に明瞭であろう。ニーチェの権力への意志説及び超人説における自発的力・自己超克・自己関係という構造契機、更には「超人」と「畜群」との区別、これらはエマーソンに由来すると言えよう。ここでは詳論出来ないが、例えば一八七四年の『反時代的考察』第二書「生に対する歴史の功罪」における人間・民族・文化の「造形力」、即ち「自己の内部から固有な仕方で成長し、過ぎ去りしものと異質なものを造り変えて骨肉化し、喪失せるものを補給し、砕けし形を己の中から造り直すあの力」(III, 247) というニーチェの言葉もエマーソンから由来する。[21] それればかりではない。八〇年執筆の『曙光』と八一年執筆の『喜ばしき知識』にはエマーソン的表現が随所に見られるのである。アフォリズム番号で幾つか列挙する。先ず『曙光』には、「自己への依存」(9)「自己支配」(26・90・109 他多数)「自己の同情の超克」(113)「自己自身への誠実」(167)「自分は事の大小を問わず自分が自分自身に与えし法にのみ服す」(187)「天才達はどっちへ飛ぼうが自己を見出す、自己に再会し得ると信じた、――これが彼等の『偉大さ』であり、またそう言えるだろう」(467) 等がある。『喜ばしき知識』にも、「隠れた歴史――全ての偉大な人間は時を遡って作用する力をもつ。全ての歴史は彼のお陰で再び秤に載せられ、過去の百千の秘密がその隠れ家から這い出して来る――彼の太陽の中へ――。いかなるものがこの先歴史となるかは、我々には全然察知出来ない。過去は恐らく依然として未発見のままだ。なお幾多の時を遡って作用する力が必要だ」(34)、「仮象の意識――認識しようとして存在全体に立ち向かっている自分の姿を、私は何という驚きと新鮮さをもって、同時にまた何という戦慄と皮肉の気持ちで感じることか。私は発見出来たのだ、――昔の人間世界と動物世界、否、感覚をもった一切の存在の原始時代と過去全体が私の中で凝縮し続け、愛し続け、憎み続け、考え続けているということを、……」(54)、「おお我が貪欲よ。この私の魂の中には無私などは無い、否、むしろ一切を渇望する自己がある。それは多くの個人を通じて、ちょうど我が目を通して見、我が手によって掴みたがる、それは過去全体をもなお取り戻す自己であり、凡そ己に属し得るものなら何物をも失うまいとする自己だ。……」(249)、更にはまた、『この人を見よ』の副題ともなったピンダロス[22]の言葉「汝は汝がそうで在るところのものと成れ」(270)、「運命愛」(276)「自己自身への信仰」(284)「自己自身及び己の環境を自由な自然として形成し解放する精神の持ち主」「自己への不満……復讐」(290) 等が見える。これら一連の言葉はエマーソン自身が語ったかのようにさえ響く。八〇年にも八八年にもニーチェがエマーソンを精読している以上、この類似は蓋し当然のことなのである。しかし『曙光』と『喜ばしき知識』との間には実は決定的差異が在る。例えば『喜ばしき知識』の「時を遡って作用する力」「過去全体を取り戻す自己」「運命愛」等が『曙光』には見えないという点である。つまり『喜ばしき知識』では、自己関係への問いは時間への問いと密接に関わっているのである。この差異はどこから来ているのであろうか――我々は想起せねばならない。『曙光』は「永劫回帰」到来以前、『喜ばしき知識』は到来以後の執筆であることを。いよいよ我々は永劫回帰到来直後から『ツァラトゥストゥラ』成立に至るまでのニーチェの思惟の歩みに与えたエマーソンの影響という問題に立ち入らねばならない。

一八八一年八月初めにニーチェに到来した「永劫回帰」思想とは、一言で言うなら〈一切の事物が大小悉く、同じ通りに、同じ順序で無数度回帰する〉という思想である。

ところでこの思想に直面したとき、二通りの対処の仕方が考えられる。一つは、これを文字通り一種の輪廻転生説と受容する仕方である。ニーチェ自身『ツァラトゥストラ』の遺稿で「永劫回帰説の最も手近な効能は不死性信仰の代用たることである」（VII_1 16[63]）と述べている。しかし彼がこのような受容を拒んだことは、続けて「それは生への意志を増大するだろうか。恐らくそれは真ではない、――その思想となら他人が格闘すればいい」（ebd.）と書いていることからも分かる。ではニーチェはどう受容したか。彼は思想到来直後の断片にこう記している。「『……一切が必然だとしたら私はどうやって自分の行動を意のままにし得るというのだ』この思想と信仰は他の一切の重しと並んで、否、それ以上に汝にのし掛かる重しである」（V_2 11[143]）と。無始無終の円環において一切が必然的に生起し、同じ脈絡で回帰するとしたら、今この瞬間のどんな事物、行為も将来の一切を規定するばかりでなく、今の自己及び一切の事物が実は無限の過去に原因を持ち、既に規定されてしまっているのであり、自己の生存は全くの無意味・無駄となる。「最大の重し、――或る日もしくは或る夜、デーモンが……」で始まる、永劫回帰を著作上最初に語った有名なアフォリズム『喜ばしき知識』第四書三四一番で、「汝は地に身を投げ、歯ぎしりして、そう語るデーモンを呪うのではないか」と述べられているが、「歯ぎしり」は『ツァラトゥストラ』では「かく在った」過去への「意志の歯ぎしり」（Za: VI_1 175）として語られている。明らかにニーチェは永劫回帰説を、人間の力ではどうにもならない無限の過去性即ち運命の与える苦痛、生存の無駄を説く教説として受容したのである。過去性・運命への怨恨が過去の結果としての現在に対する不満となり、過去性から目を反らして、未だどうにかなる未来の待望へと目を転じることは可能であろう。しかし、天国・イデア・進歩等の背後世界的捏造物こそ、まさに上述の過去への怨恨に由来する意志の歯ぎしりの結果なのである。このような運命に対してニーチェはいかなる態度を取るのであろうか。彼は『ツァラトゥストラ』で「創造的意志」による「過去の救済」は「一切の『かく在った』を『しかし私はかく在ることを意志したのだ』」更に「『しかし私はかく在ることを意志する。かく在ることを意志するだろう』」（Za: VI_1 177）へと造り変えることによって果たされると言う。この場合過去は単に〈もう無い〉過去、将来は〈未だ無い〉未来ではない。同質的今連続の直線と表象される常識的時間は決して根源的な時間ではない。時間を前後関係で捉えるということは、将来と過去とを現在の瞬間の外に放逐することに他ならず、真に充実した生を生きていないということを意味する。なるほど過去の出来事は一回的かも知れない。だがそれは過去の事実性の持つ意味が単に過去だけで尽きてしまうということを意味しない。過去の事実性は現在の瞬間の生に本質的に関わり込んでいる以上、その意味も瞬間においてその都度変容し得るのである。「私はこれを無数度に亘って意志するか」という「最大の重し」(V_2 11[143]; FW: V_2 250f.) をこの瞬間に肯定し得る者にとって、過去もまたこの瞬間と同じ自己の自由な決断による瞬間の現成であったと確認され、将来と共に瞬間に内在化される。「おお我が魂よ……将来と過ぎ去りしものとが汝におけるほど近くに相寄っているところがどこに在ろうか」(Za: VI_1 275)。この瞬間こそ運命愛の体現される〈正午〉であり、またこの瞬間、既に在った自己が自己と成るのである。従って、自己とは無時間的・自己同一的自我でも、世間に埋没せる自己喪失的・「畜群」的自己即ち時間を直線と表象する過去怨恨的・過去追憶的・未来願望的自己でもなく、まさに〈瞬間への将来と過去との相互関入の現成〉という動きそのものに他ならない。そして畜群的自己ないし無時間的自己が従来の「人間」概念を意味したとすれば、『ツァラトゥストゥラ』ではあらゆる瞬間に人間が超克され、ここでは『超人』概念が最大の現実となっている」(EH: VI_3 342) と語るニーチェにとって、「超人」とはまさに上述の真の自己性即ち〈瞬間への将来と過去との相互関入の現成〉だと言える。畜群と超人各々の自己関係はその時間構造に基づいているのである。ただし、永劫回帰は運命愛として体現されぬ限り空虚であるにせよ、単にその意味が個的実存の経験に尽きてしまうものではない。「我々の魂がたった一度だけでも絃のように幸福の余り震えて音を立てたことが在ったとすれば、この一つの出来事を条件付けるためには、全永遠が必要だったのだ……」と彼が言うように、運命愛体現の瞬間の幸福は個人が努力によって勝ち取り得るものというよりも、寧ろ「我々自身の内にも事物の内にもそれだけで孤立したものは何一つ無い」(VIII_1 7[38]) という一切の事物の相依相属的生起即ち運命の贈りに基づくと言うべきであろう。運命愛の瞬間は何時でも誰にでも生起するわけではないし、仮に一度生起しても持続しないのである。

今我々は永劫回帰説における時間への問いから自己関係、また「超人」と「畜群」との区別が展開してくるのを見た。このニーチェの思惟の歩みにおいて、既に引用されたエマーソンの言葉「今や精神が生きて過去と未来とを今この時に吸収する」や「過去を千個の目を持った現在の中へと引き入れて裁きにかけ、常に新たな日に生きること」更に「運命との辛い闘争」が影を落とし、また、自己依存し得る偉人即ち世間に順応しない者と群衆との区別が、超人と畜群との区別へと姿を変えていることは明白である。エマーソンにニーチェが見たもの、それこそ過去を救済しうる最強者、運命愛を体現した超人の姿だったのである。永劫回帰に苦しんだニーチェが人生の範と仰いだのがエマーソンだったのだ。事実『エッセーズ』「歴史」からの彼の抜き書きの数々はその証左となる。例えば「私が今日なすことは何らかのある過ぎ去ったことと同じ深い意味をもっている」(V_2 17[3]; E: 239)「私は歴史全体を自分個人の中で生き抜いてみたい」(V_2 17[4]; E: 239)「各人は自分の課題全体を認識せねばならぬ。——こんな無計画で野蛮で手に負えぬあそこであの時(Dort und Damals) は消え、それに代わって今ここで (Jetzt und Hier) が立ち現れるべきである」(V_2 17[5]; E: 240f.) 等はそうである。また、先にエマーソンとの類似性を指摘した『喜ばしき知識』の言葉①「時を遡って作用する力」(34)、②「昔の人間世界と動物世界、否、感覚を持った一切の存在の原始時代と過去全体が私の中で凝縮し続け、愛し続け、憎み続け、考え続けている」(54)、③「過去全体をもなお取り戻す自己」(249)、これらのうち②は、『エッセーズ』「歴史」冒頭部からの抜き書き「いかなる行為の中にも一切の簡略化された歴史がある。自我」(V_2 17[1])[23]、あるいは先の「私は歴史全体を自分個人の中で生き抜いてみたい」(V_2 17[4]) に依っている。そして③「過去全体をもなお取り戻す自己」ばかりでなく、この表現を含むアフォリズム『喜ばしき知識』二四九番全体が実は、『エッセーズ』第一頁即ち「歴史」の冒頭部余白にニーチェが書き込んだ断片 V_2 13[7] と同一なのである。そしてその変形が①「時を遡って作用する力」であり、『ツァラトゥストラ』草稿断片の一つ「ツァラトゥストラは人類のいかなる過去をも失いたくない。

一切を鋳型に投げ込みたい」(VII, 15[6]) なのである。ニーチェが『エッセーズ』の「歴史」と「自己依存」のみを抜き書きしたのは、それらが単に『エッセーズ』の第一篇と第二篇を成していたからではあるまい。配列が永劫回帰到来後のニーチェの思惟の歩みに余りにも符号し過ぎているのである。

五　『ツァラトゥストゥラかく語りき』の成立とエマーソン「品性」(『エッセーズ第二集』)

エマーソンの影響はそれだけに留まらない。ニーチェが『ツァラトゥストゥラ』の主人公をゾロアスターにしたのは、モンティナーリの推測では『エッセーズ』「品性」の独訳三六一頁の次の箇所の影響である。[24] 彼はそこに何度も下線を引き、余白に「これだ (Das ist es!)」と書き込んでいる。[25]「我々は要求する、人間とはかくも威風堂々と、円柱のごとく風景の中に在るべきことを。また、彼が立ち上がり、旅支度をし、別の場所へと出発したことが記録するに値するようであるべきことを。最も信ずるに値する叙述とは、威厳ある人間達に関する叙述だ。彼等は出現すると同時にもう他を圧倒し、それらの意味をひとに確信させる。ちょうどザーチュシュト即ちゾロアスターの功績を吟味すべく遣わされた東洋のマギ僧がそうであったように。ペルシャ人達の語り伝えていることだが、ユナン［ギリシア］の賢者がバルクに着いた時、グシュタスプ王はあらゆる土地のモーベド祭司達が一堂に会すべき日を定めた、そしてユナンの賢者のためには黄金の椅子が設えられた。その後、神の最も愛する者預言者ザーチュシュトが静々と会衆の真ん中へと歩み入った。ユナンの賢者は彼を一目見るなり言った、『この容姿、この態度は偽りを語り得ない、真理以外の何もそこからは生じ得ない』と。」(vgl. E: 505)

ニーチェは何故「これだ」と記したのであろうか。彼は「品性」の独訳三四四頁、引用箇所の一七頁前の余白に「今日（一八八一年十月一五日）［ニーチェの誕生日］まで私は何を学んできたか。一切の状況の中から私自身に善行を施し、他人を必要としないことをだ」(V_2 13[16]) と記しているが、この頁前後でエマーソンが語っているのは「私は何時も私自身によって取り囲まれている」（E: 500）、「品性が中枢を成すものであり、これは置き移されることも破壊されることもあり得ぬものだ」（ebd.）、更には品性の具現者たる強者は自己充足者であるが、「社会はつまらぬ代物で、一日を細切れにしてがらくたにし、会話を儀式と無駄話にしてしまう」（ebd.）などである。しかも重要なことにすぐ次の三四五頁の以下のような記述の余白にニーチェは大きい文字で「見事だ（Herrlich!）」[26]と書き付けている。独訳は原典を多少意訳しているが、ニーチェは独訳本しか読んでいないのでここでは独訳の方を引用する。「溢れ出るもの、己の衝動から行為する者、思いに沈むもの、命じられるが故に命じる者、大胆不敵なる者、断固たる者——これらの者達は優れている。何故なら、彼等は最高の権力が今ここに在ることを告知しているからだ」（vgl. E: 501）。「命じられるが故に命じる者」とは、その前に「己の衝動から行為する者」とあることからも分かるが、自己命令に自己服従する命令者のことである。そもそも「品性《キャラクター》」とはエマーソンによれば、人間を根本で突き動かす「潜在的」力あるいは「或る名状し難い力」なのである（E: 495）。そしてまさに最も強い「品性」の具現者、「最高の権力」の化身の一人としてゾロアスターが記述されているのである。エマーソンは語る、「世界が書き記し、また崇拝して来たあれらの神々と聖者達の歴史は品性の記録なのだ」（E: 508）と。「品性」の章全体が、世間に順応しない孤独で威厳のある偉人と、世間の卑しさとの対照なのであり、その区別は「品性」という自発的力の命令に服従し得るか否かに基づくとされる。しかも品性という力こそが真の自己なのであって、品性への問いは同時に自己関係への問いなのである。既に明らかなように、ニーチェがエマーソンの叙述になるゾロアスターに見たものこそ、真の自己関係、真の自己性、即ち超人像である。永劫回帰到来後のニーチェの自己関係への問いは、時間への問いから新たにより深められて運命愛の体現即ち瞬間の現成へと展開していった。だとすれば、ゾロアスターこそニーチェにとって運命愛・超人・権力の具現者に思われたとしても不思議ではないであろう。『ツァラトゥストゥラ』成立にとってもエマーソンが重要な影響を及ぼしているのである。十月一五日に先立つ八月二六日、ニーチェはゾロアスターを主人公とした著書『正午と永遠』のプラン（V_2 11[195]）を記しているが、この時既に彼の念頭には運命愛・超人・権力の具現者としてのゾロアスター像があったに違いない。〈正午〉とは運命愛の体現される瞬間に他ならないし、実際そのプランの二つ後の断片草稿（V_2 11[197]）にも「権力」とか「孤独なる者とは『群れに属する者』から最高度の『自己固有の者』に成った者、完全なエゴである」とか、「『永遠の円環』。一切をもう一度、そして無数度体験したいという欲望」と明確に記されている。『この人を見よ』の中でゾロアスターを主人公に選んだ理由が記されているが、そこに「誠実からする道徳の自己超克、モラリストが自己超克してその反対のものに成ること——つまり私に成ること——これが私の口においてツァラトゥストゥラという名前が意味するところのものだ」(EH: VI_3 365) とあることからも『ツァラトゥストゥラ』の成立はエマーソンの影響無しにはあり得なかったと言えよう。

六　結論 ニーチェとエマーソンの類似と差異

上掲『正午と永遠』の断片草稿の「権力」という語の直後に「混沌即自然、『自然の脱人間化について』」と記されてある。ここまで来ると否応無く気付かざるを得ないことがある。それはニーチェ後期思想の中心を成す二つの構造契機、(一) 諸力—関係—世界、(二) 力の自己関係即ち自己超克、の（一）がエマーソンには欠落しているという点である。ニーチェとエマーソンとは、世界と自己との同質性、世界全体を担う自己という点でいかに深く触れ合おうと、決定的なところで袂を分かつ。『エッセーズ』「歴史」の冒頭はこうである。「全ての個人に共通する一つの心がある。いかなる人間もその同じ心に通じ、しかもその全てに通じる入口である。一度理性を用いる権利を認められた者はその全領域に自由に出入り出来る。プラトンの考えたことを自分も感じ、何時いかなる人に降りかかった出来事も理解出来る。この普遍的な心に接する人は、現になされており、またなされ得ること一切に関係している。というのは、この心こそ唯一絶対の主体だから。歴史はこの心の業の記録である」(E: 237)。そして重要なことには、この箇所の余白にニーチェは

「違う。だがそれは一つの理想ではある。(Nein! aber es ist ein Ideal!)[27]」と書き付けているのである。ここにニーチェがまた例の「過去全体をもなお取り戻す自己」の断片(V_2 13[7])をも書き記していることからしても、「だがそれは一つの理想ではある。」の方は既述の永劫回帰の肯定、運命愛の体現を意味しているに相違ない。では何が「違う。」なのか。——「普遍的な心」「この心こそ唯一絶対の主体だから」という表現における人間精神の自己絶対化が、である。事物のみならず、人間を普遍的精神が貫通していると言うとき、人間が小我を捨てて無と成り絶対者と神秘的合一を果たすとき、実は人間精神が自己絶対化して普遍的精神の座に密かに着いてしまっているのである。『エッセーズ第一集』第三篇「精神法則」には「自然にではなく人間にこそ彼の目に映る美と価値一切が在る。世界はとても空虚であって、世界に誇るべきものが在るとすれば、それは万物に輝きと昂揚を与えるこの魂のお陰なのだ」(E: 313)と書かれている。エマーソンにあって「宇宙」が悟性的認識によっては把握不可能な「驚くべき謎」でありながら、結局人間に屈服してしまうのは、彼の言う「直覚」ないし「理性」が最初から宇宙を意味付け、「人間化」しているからである。「剥き出しの大地に立ち、——頭を爽やかな空気に洗われて無限の空間へともたげれば——一切の卑しいエゴイズムは消え失せる。私は一個の透明な眼球になる。私は無であり、私には一切が見える。普遍的存在の流れが私の全身を巡り、私は神の一部だ」(『自然』E: 10)。彼が神との合一を果たすとき、「眼球」以外の何も残っておらず、「眼球」が「私」の全体なのである。これこそエマーソン的全一論理解の鍵である。

ニーチェが世界ないし自然を権力への意志と語るときにも、そこには本質的に人間が関与していた。だがニーチェにおける〈一即多〉〈一即全〉のその〈一〉は「無制約者」・「絶対者」・「神」等の「一なる原理」ではなく、〈多〉なる諸力の必然的相互関係・「戯れ合い」に他ならなかった。そうである限り、彼の世界解釈たる権力への意志説そのものが重層的に絡み合う諸力の世界の或る必然的関係の中から生起した一解釈にすぎない。それ故世界の変容次第では超克されざるを得ぬ危険を常に孕んでいる。永劫回帰が彼を襲ったとき彼があれほど恐れ苦しんだのは何故だったのか。世界の内においてであれ外からであれ、一切に統一的意味を与える「一者」が存在せず、「神は死んだ」ということを真摯に引き受けたからではないか。――エマーソンは『神学部講演』で言う、「人々は啓示を何かとうの昔に与えられ、なされ終わったものであるかのように語り、あたかも神が死んでしまったかのように語っている」(E: 83) と。彼が教会を批判するのは、教会は神が死んではいないのに死んでしまったかのように見なして形骸化した儀式や教義を崇めているからなのである。彼において世界と人間とに仮に闘争があるにせよ、それは見掛けだけの闘争であり、結局勝利するのは人間である。自然の脱人間化を図ろうとしつつ、結局のところ人間による自然支配に陥ってしまわざるを得ぬ、ここにエマーソン的全一論の破綻が在る。後期エマーソンが現実主義へと傾斜して行くのも故無きことではない。――これに対しニーチェの語る運命愛の瞬間は前後際断せる故に持続しない。「和解の陶然たる一瞬間の後、再び対立の世界へと転落する」(VII, 17[40])。世界と自己との和解は絶えず新たに体現されねばならぬ。しかもそれは単に人間の側の覚悟によって可能となるのでは決してなく、世界からの贈与とそれへの人間の応答によってなのである。

〈神無き世界における一切の事物の相依相属的生起への人間の自己関入〉か、それとも〈神によって根拠付けられた一切の事物への直覚的認識による人間の自己融入〉か、――ニーチェとエマーソン両者の〈全一論〉の差異を端的に表現すればこうなろう。エマーソン的全一論はその意図に反し、皮肉にもその対極である人間の自然支配に帰着した。だがこの危険は、科学技術が完全に世界を支配し、一切の事物が人工的に製造可能な物へと益々一元化されていく現代の状況(これこそ全一性の現代的形態である)において一層深刻化していると言えるであろう。しかしこの危険の只中にあって、ニーチェ的全一論はそれを克服し得る何か、即ち自然の脱人間化と人間の自然化の可能性を我々に示しているのではなかろうか。

註

エマーソンからの引用はR. W. Emersom — Essays and Lectures, The Library of America（1983）に依り、Eに頁数を付す。

（1）M. Montinari: Nietzsche Lesen（1982）S. 82f. Nietzsche Werke（Kritische Studienausgabe）Bd. 14. S. 279f.

（2）以下の記述はE. Baumgarten — Das Bild Emersons im Werke und Leben Nietzsches（1956）に負うところが多い。

（3）Emerson: Die Führung des Lebens（Übers. v. E. S. v. Mühlberg, 1862）.

（4）Emerson: Versuche（Essays）（Übers. v. G. Fabricius, 1858）.

（5）Baumgarten, a. a. O. S. 55, Nietzsches Werke（Historisch-Kritische Gesamtausgabe）Bd. 2, S. 221.

（6）手塚耕哉「少年ニーチェとエマソン（その一）」（早稲田大学法学部「人文論集」第二五号、一九八七年）参照。

（7）Emerson: Neue Essays（Übers. v. J. Schmidt, 1876）.

（8）Nietzsche Briefwechsel（Kritische Gesamtausgabe）II_5 S. 164.

（9）KGW V_2 13 [1] ～ 13[22].

（10）KGW V_2 17 [1] ～ [39].

（11）Baumgarten S. 58.

（12）Vgl. S. L. Gilman: Nietzsches Emerson-Lektüre: Eine unbekannte Quelle（Nietzsche-Studien Bd. 9, 1980）S. 407.

（13）Vgl. V. Vivarelli: Nietzsche und Emerson（Nietzsche-Studien Bd. 16, 1987）.

（14）A. a. O. S. 263.

（15）権力への意志説の詳しい検討は、本書「権力への意志説の成立と展開」を参照せよ。

（16）この点で、権力への意志を単一的本質意志（Wesenswille）と捉え形而上学的原理と解するハイデガーの解釈は批判されねばならない。Vgl. W. Müller-Lauter: Nietzsches Lehre vom Willen zur Macht（Nietzsche-Studien Bd. 3, 1974）.

（17）『ツァラトゥストゥラ』期の権力への意志の命令–服従関係は、後に、支配–抵抗関係と等置される。この点に関しては上掲拙論参照のこと。

（18）エマーソンの生涯と思想に関しては、斎藤光『エマソン』（研究社出版、一九五七年）、酒本雅之『アメリカ・ルネッサンスの作家たち』（岩波新書、一九七四年）を特に参照した。
（19）酒本上掲書八〇頁。
（20）The portable Emerson (ed. by M. v. Doren 1946) p.309.
（21）Baumgarten S. 34.
（22）Emerson p. 249.
（23）A. a. O. pp. 237-9, Baumgarten S. 32.
（24）もちろんニーチェはゾロアスターについてエマーソンからばかり知識を得たわけではない。Vgl. Montinari S. 79
（25）A. a. O. 83, KSA S. 279.
（26）Baumgarten S. 14.
（27）A. a. O. S. 30.

ニーチェとニヒリズム

――P・ブールジェとF・ニーチェのニヒリズム理解をめぐって

一　序

ニーチェが「ニヒリズム」[1]を標榜したとする通説は崩壊しつつある。彼はこの語を伝統に即して他者への「叱り言葉」ないし克服の対象として用いるのみだからである。だが一方で、彼がこの語を「受動的」「能動的」「最も極端な」形（VIII_2 9[35]）に分類し、多義的に用いているのも事実である。それどころか、彼は「ヨーロッパの最初の完全なニヒリスト」（VIII_2 11[411]）を自称し、「私の〈ニヒリズム〉」（VIII_2 12[1]）とさえ記しているのである。これは矛盾ではないか。ニーチェはニヒリストなのか。もしそうならそれはいかなる意味でか。これらの問いは、「ニヒリズム」が彼の造語でない以上、必然的にこの語の受容源泉への問いを惹起する。だが受容は無前提には生じない。従って受容源泉への問いは源泉受容における受容観点への問いとなる。

ニーチェの「ニヒリズム」[2]受容源泉として有力なのは、①ロシア・ニヒリスト達のテロ活動を報じた当時の新聞記事[3]、②ツルゲーネフ『父と子』『処女地』、③ブールジェ『現代心理論叢』、である。ただしここで受容源泉というのは、彼がこの語を肯定的にせよ、否定的にせよ、関心を抱いて用いる機縁を成した源泉の謂である。この語が哲学的に重要となったのはヤコービのフィヒテ宛「公開書簡」に始まる「無神論論争」[4]以後だが、一般には反キリスト教的立場への「叱り言葉」として用いられていたし、また一八七〇年代以降になると特にロシア・ニヒリストのテロリズムとして人口に膾炙するに至ったことは縷説するまでもない。それ故ニーチェがこの語を全然知らなかったということはあり得ない(5)。従って問題は、彼がいかなる意味でのニヒリズムに、いかにして興味を抱いたか、である。結論を言えば、上掲三源泉は受容時期は異なるものの、いずれもニーチェのニヒリズム理解に重要な役割を演じた。だがそれらの相互関係は極めて錯綜しており、未だ解明されてはいない。小論は、ニヒリズムに対するニーチェ独自の観点を問いつつ、この問題に決着をつけ、更に冒頭に掲げたより本質的な問いへと接近しようという試みである。

二　初期ニヒリズム受容——ペシミズム対ニヒリズム

まず最初期のニヒリズム受容を論じよう。最初の言及箇所は八〇年夏の断片 V_1 4[103](6) である。「事が進展しなかった時のルターの慰めは〈世の没落〉。ニヒリスト達はショーペンハウアーを哲学者としてもっていた。極端に能動的な者達は皆己の意志を不可能だと知るや、世界が崩壊するに任せようとする（ヴォータン）」。この難解な断片の詮索は暫くおくとして、まずここでの「ニヒリスト」が誰であり、またニーチェが彼らをどう見ているかを解明しよう。手掛かりは直後の断片 4[108](6)（『曙光』二〇番の草稿）が与える。

内容要約——「自由思想家《フライデンカー》」と「自由行為家《フライテーター》」は「慣習の呪縛の打破」という動機では同じだが、手段が異なるために世間の評価は正反対である。前者は尊敬され、後者は「犯罪者」と見なされる。だがこの評価は不当だ。というのは、彼ら犯罪者や「暴君」の方が、「独立不羈の精神」「自由で勇敢な精神」「誠実さ」ゆえに「より優れている」からだ。「現在……ロシア・ニヒリスト達がロシアの役人より不道徳かどうかという問いに対し、ひとはニヒリストに有利に答えている(7)」。無数の慣習が自由思想家と自由行為家の攻撃を受けて滅んだ。現在の我々の考え方も道徳性に対する過去の犯罪行為の成果である。「現存のものを攻撃する者は皆〈悪人〉と見なされた。歴史は悪人だけを扱っている」。

ここではっきりと「ロシア・ニヒリスト」と記され、彼らが現代版自由行為家と見なされていることが分かる。彼らのテロ活動が当時の新聞で頻繁に報じられ、ヨーロッパ全土を震憾させていた以上、彼らの名が書き記されたとしても不思議ではない。むしろ重要なのは、ニーチェがそういう恐るべきニヒリストに対して世間とは逆の評価、現存の道徳性の徹底的破壊者、独立不羈の精神、つまり〈自由精神〉という評価を下している点である。

〈自由精神（freier Geist）〉、『人間的、余りに人間的なるもの』の副題にも登場するこの語こそは、初期ニヒリズム受容時のニーチェ独自の観点を示唆する。「〈自由精神〉という語」は「自己自身を再びしっかり所有して自由になった精神」（EH: VI_3 320）の謂である。では何から自由になったのか。ニーチェ自身の言う「私の本性に本来属していないもの」（ibid.）、つまり当時感じていた「私の本能の混迷全体」（ebd. 322）からである。この混迷をもたらした一つの、しかし最も重要な機縁は、「この本〔『人間的、あまりに人間的なるもの』〕が最初に着手されたのは第一回バイロイト祝祭劇が行われていた数週間の真っ最中だった」（ebd. 321）とあるように、「一八七六年夏[8]」のヴァーグナーへの幻滅だった。七六年、彼は七月二三日にバイロイトに着き、『ニーベルンゲンの指輪』第四部「神々の黄昏」の練習を見、崇拝者によって「ドイツの楽匠」（ibid.）に祭り上げられて得々としたヴァーグナーの姿に失望する。彼は「自己嫌悪に襲われた」（VII, 4[111]）。そしてニーチェは本番の公演には来ない決心を固め、八月六日クリンゲンブルンへと脱出するが、気を取り直して八月一二日にバイロイトに戻る。だが幻滅を再確認しただけだった。公演中の「ニーチェは打ち拉がれて憂鬱そうだった」とE・シュレは回想している。[9] 一〇月、ニーチェはソレントでヴァーグナーに再会し、キリスト教の聖餐の魅力に恍惚となりつつ『パルジファル』の計画を語る彼の姿を見て、離反の心が固まる。一二月、「次第に生じてきて殆ど突然私の意識に上ってきたショーペンハウアー説との違い」を語ったコジマ・ヴァーグナー宛書簡（KGB: II_5 209）は、ショーペンハウアーに事寄せたヴァーグナーへの訣別の辞であったろう。そして遂に両者の関係は七八年五月出版の『人間的、あまりに人間的なるもの』によって断絶する。この後漂泊者となって健康を取り戻し、危機を脱したニーチェは次に何をしたか。彼は述懐する。「当時私は〈自由精神〉ないし〈プリンツ・フォーゲルフライ〉を自称していた。だが道連れのないのは辛かった。そこで私は或る日、他の〈自由精神〉を捕まえるべく釣り針を投げた――私が既に〈自由精神のための書〉と名づけていたこの本『人間的、あまりに人間的なるもの』を餌にして。」(VII_3 40[59]) すると、ニーチェは捜し求めていた自由精神の具現者をロシア・ニヒリストに認めた、とは言えまいか。事実、「強い精神」と題した『人間的、あまりに人間的なるもの』二三〇番は、ニヒリストという語こそないが、あの断片4[108]及び『曙光』二〇番に内容が酷似しているのである。――確定しよう。〈自由精神〉の探索、これがニヒリズムに対するニーチェの第一の観点である。

さて、最初の断片4[103]に戻ろう。己の本性に本来属さないもの、キリスト教、ショーペンハウアー、ヴァーグナーと訣別したニーチェが、最初のニヒリズム断片に登場した「極端に能動的な者達」の一人「ルター」を、自由精神の具現者たる「ニヒリスト達」と同別に扱っているとは思われない。ルターに「世の没落」を説かせた「事」とは勿論〈宗教改革〉だろう。宗教改革は確かに現存の体制即ち教会への反抗だった。だがそれは崩壊寸前の教会に「反宗教改革」をもたらし、教会を再建・存続させた「時代遅れの精神達の精力的なプロテスト」にすぎない。それは「ルネサンスの偉大な使命」を台無しにしてしまったのである(MA I: IV_2 203)。ルネサンスの方こそ寧ろ自由精神の運動と言うべきだろう。

では「ヴォータン」はどうか。これが北欧神話の最高神であることは言うまでもない。だがこれがヴァーグナーの『指輪』にも登場するとなると話は違ってくる。七六年夏彼は『指輪』に失望したのだった。彼は『人間的、あまりに人間的なるもの』第二巻の中で、「現代最新のドイツ音楽」における「感情のカトリシズムと、郷土的民族的事物及び原始物への愛好」の流行を指摘した後、「ヴァーグナーの古い郷土伝説の消化ぶり」をこう評している。伝説の「極めて異様な神や英雄」は本来「生の充溢感」に満ちた至高の猛獣達であるはずなのに、ヴァーグナーによって「恍惚たる感性と脱感性化へのキリスト教的中世的渇望」という要素が与えられ、別物にされてしまった（IV_3 86f.）と。即ち断片4[103]のヴォータンは、世界支配を望みつつも果たさず、神々の黄昏即ち既存の世界の没落を諦観する、キリスト教的な粉飾を施されたヴァーグナー的ヴォータンなのである。そしてその背後には、生への盲目的意志としての世界からの、意志自体の滅却による救済というショーペンハウアー的図式がある。この『指輪』の結末が、後に「ニヒリズム的な（休息と終末を渇望する）結末」（VIII_2 2[113]）と言われはしても、このニヒリズムが八〇年当時のそれでないことは明らかである。

　すると、ショーペンハウアーがニヒリストの理論的支柱だったというニーチェの把握は奇妙ではないか。それにヘーゲルならまだしも、ショーペンハウアーとは。――それもそのはず、実はこの箇所は、仏訳版ツルゲーネフ『父と子』とP・メリメの序文『編集者宛書簡』とからのニーチェによる切り貼りの産物なのである。[10] しかも、『父と子』の息子世代（ニヒリスト達）をショーペンハウアーと結合した張本人はメリメだったのだ。因みに、ショーペンハウアー崇拝者ヴァーグナーは八二年二月、メリメによるこの結合を『父と子』読書によって知り、憤慨している。[11] メリメの記述とはこうである。「最近までセントペテルブルクでは人々はヘーゲル流の考え方をしていた。現在流行っているのはショーペンハウアーである。ショーペンハウアーの徒は行為を説き、大変饒舌で、大したこともしていない癖に将来は自分達のものだと吹聴している。彼らは旧体制派の人々をひどく脅えさせる社会理論をもっている。彼らが人々を脅えさせるのは、ほんの些細な事でも、現存の制度全体を一掃せよ、と勧めるからなのだ[12]」。ニーチェのあの一文はメリメの記述の要約だと言える。だが、青年期、特に『悲劇の誕生』時代に影響を受けたショーペンハウアーを今や克服しようとし、ニヒリストを自由精神の具現者と見なそうとするニーチェが、メリメのこの関係づけに同意するはずがあろうか。――ひょっとしたらニーチェはニヒリズムを、ショーペンハウアー的ペシミズムの対立物と見なそうとしているのではないか。『人間的、あまりに人間的なるもの』以後のニーチェはペシミズムにかなり批判的である。彼の主張を纏めよう。ペシミズムは神の代弁者に怒りを向けて、この世界では「快よりも苦の方が優勢」だ、世界は出来損ないで最悪で「生への悪しき意志の現象」にほかならぬ、などと反論する（vgl. MA I: IV_2 44f.）が、ペシミストのこのような「不満」と「世界誹謗」は、昔の「飢餓経験者」からの遺伝であるから、彼らの素性は卑しい（vgl. MA II: IV_3 269f.）。昔のペシミストは力の充溢から狩猟・掠奪・殺人等の「行為」を行なったが、力衰え、疲労・病気・憂鬱を感じ、その結果欲望のなくなった現代のペシミストは「比較的善良で無害な人間」となり、「思想家」や「予言者」になる（vgl. M: V_1 45）。――ニーチェは明らかにペシミズムを攻撃し、冷笑している。だがその攻撃が冷たすぎる分だけ、ここには、ペシミズムを無視しようとして逆に囚われているような一種の不徹底が見受けられる。事実、後に彼は、誤謬を「氷の上に乗せる」ような『人間的、あまりに人間的なるもの』の戦い方自体まだ攻撃対象に囚われている証拠だ、と認めている（vgl. EH: IV_3 321）。「当時私は未だ〈私自身〉を見出してはいなかった」（VII_3 41[9]）とも語っている。つまりニーチェはペシミズムから逃れようとしていたのである。

　すると、彼が4[103]でニヒリストとショーペンハウアーとを結合した時、両者の類似性は認めつつも、同時に、極力区別しよう、ニヒリストの方に優れた点を見出そうとしていた、と見て間違いあるまい。つまり、両者は現存の世界に不満を抱き、最悪の世界だと誹謗する点では同じだが、ペシミストが血統卑しく、力衰え、疲労・倦怠を感じて「善人」に成り下がり、己の生を同情の道徳によって辛うじて維持し、「思想」を説くだけなのに対し、ニヒリストは血統正しく、自由で力強く、現存の世界を「行為」によって破壊する「悪人」だ、こういう悪人こそが歴史を造るのだ、と。――〈ペシミズム〉批判、これがニーチェのニヒリズム受容第二の観点である。

三「ニヒリズム」の変化とブールジェ読書

ロシア・ニヒリスト絡みのニヒリズム理解は何時まで続くのだろうか。その後の使用例を列挙しよう。――八一年秋

「あらゆるより明るい視界が、どの程度までニヒリズムとして現れるか」（V_2 12[57]）。八二年夏–秋「生の友。小さな前奏曲としてのニヒリズム」（VII_1 2[4]）。八四年春「ニヒリスト達はヨーロッパ的諸目標によって己を貶めるべきではなかった。即ち彼らは最早奴隷たることを意志すべきではない」（VII_2 25[264]）。「ニヒリスト達への賞賛。むしろ破壊して自ら没落せよ！」（VII_2 25[281]）。八四年夏–秋「私はイギリスの功利主義者達の感情によりも、むしろロシアのニヒリスト達の感情に偉大さへの傾向をより多く認める」（VII_2 27[23]）。「高級な本性を持つ者達のあらゆる種族の狂気じみた変種（例えばニヒリズム）」（VII_2 27[23]）。——これらは皆ロシア・ニヒリストを語ったものと見て間違いあるまい。だが「ヨーロッパ的諸目標によって己を貶めるべきではない」「破壊して自ら没落せよ」「狂気じみた変種」等の言葉から容易に知られるように、ニーチェは遅くとも八四年までには、彼らを肯定しよう、良い面を見てやろうという以前の態度から、賛美と疑念との入り混じった態度を取るように変わっている。この態度の変化は何によるのであろうか。その解明は後に譲るとして、もっと重要な変化がニーチェの「ニヒリズム」使用に生じる。それはいかなる変化であろうか。

　彼が「ニヒリズム」を頻繁に使い始めるのは八六年夏の断片VIII_1 2[100]以後であり、しかも同一断片に何個も使うようになる。最初の断片V_1 4[103]からこのVIII_1 2[100]までの五年間、既出の八例を含め使用例が一二例を数えるのみであることを考えると、これは極めて急な変化だと言わざるを得ない。しかもこの間の八五年四–六月執筆の断片VII_3 34[204]から、ニヒリズムの語義の変化が顕著となるのである。[13] どのように変化するのであろうか。即ち、ロシア・ニヒリストの破壊的態度から、「最も世界否定的思考法」へと。というのも、この断片では「ニヒリズム的宗教」という表現が用いられ、また、「最良のニヒリスト」と目されている「エレア学派」の「神」と「仏教的ニルヴァーナ」との親近性が指摘されているからである。このような「ニヒリズム」の〈頻出〉と〈語義変化〉という〈二重の変化〉はいかにして生じたのだろうか。——ここに登場するのがフランスの作家ポール・ブールジェ（一八五二–一九三五）が一九世紀フランスの著者達各五人を論じた評論『現代心理論叢』(Essais de Psychologie contemporaine, 1883) 及び『新現代心理論叢』(Nouveaux Essais de Psychologie contemporaine, 1885) である。これらの問題に関してこの書物の有する重要性を最初に指摘した川原栄峰[14]は、その読書時期を八五年秋－八七年に想定している。

ニーチェの著作・遺稿合わせて五度しか言及されないブールジェ[15]だが、『論叢』[16]以外に先の二重の変化を説明しようがないという消極的論拠だけでなく、積極的論拠もある。八五年六月ニーチェは、当時パリ滞在中の或る女友達に、近々『新論叢』が出るらしい、出版されたらすぐ連絡して欲しいと、その出版を心持ちにしており (vgl. KGB: III_3 58)、そして早くも同年一二月六日には『新論叢』を入手した (vgl. KGB: III_3 120)。更に、翌年秋脱稿の『喜ばしき知識』第五書にある「ペテルブルクの手本に倣うニヒリズム (即ちそのために殉教するまでになる不信仰への信仰)」(FW: V_2 264) という表現は、『論叢』中の二つの表現「セントペテルブルクの謀叛人達の激しい殺戮欲」(B: 13) と「ツルゲーネフは戦闘的ニヒリスト達について、〈彼らは何も信じない、ただ殉教を欲している……〉と言った」(B: 14) とに酷似している。時期から見てもあの二重の変化の論拠となるに充分だろう。

ところが事はそれ程単純ではない。ニーチェは八三年出版の『論叢』を『新論叢』と一括購入したわけではなく、『新論叢』読書の約二年前の八三－四年冬にはもう読んでいるのである。しかも通読などという生やさしい読み方ではない。彼はその「ボードレール」論でのデカダンス規定をヴァーグナーに敷衍して、「ヴァーグナーにおける頽落 (Verfall) の様式。個々の部分的表現が絶対的になり、従属関係と配列が偶然的となる。ブールジェ、二五頁」(VII_1 24[6]) と記してさえいるのである。『論叢』の該当箇所 (B: 19 f.) が後八八年の『ヴァーグナーの場合』第七節のデカダンス規定[17]にほぼそのまま転用されることを考え合わせると、彼はこの時期『論叢』を精読したと見てよい。すると彼はその五、六頁前に次の記述があるのを当然知っていたはずだ。「……全ヨーロッパに亙って現代社会には、民族に応じて微妙な差こそあれ、こういうメランコリーやこうした〔我々の欲求と現実との〕不一致の同じ症候が現れている。……それはスラヴ人においてはニヒリズム、ゲルマン人においてはペシミズム、我々自身においては孤独で奇怪な神経症となって現れる」(B: 13)。『論叢』には「フロベールのニヒリズム」という節もあるくらいだから、彼はブールジェがペシミズムとニヒリズムとを一応区別しつつも、同時にまた両者を「普遍的吐き気」ないし「生の否定という同一の精神」(ibid.)の症候として、ほぼ同義的に用いていることも知っていたろう。それなら八五年四―六月にではなく、八三―四年冬以降、このブールジェ的ニヒリズム概念をニーチェが用い始めてもおかしくないはずだし、また八六年夏にではなく、この時期既に多用し始めてもいいはずだ。だがそうなってはいない。そしてニヒリズム概念に関するこの二重の変化が一層奇異に思われるのは、もう一つのブールジェ的概念たる上掲の「デカダンス」受容と比較する時である。彼が『論叢』のデカダンス論を知ったのは八三―四年冬だが、続く八四年春にはそのドイツ語訳語「頽落(Verfall)」が多用され始め、八六年夏(VIII, 2[111])以後フランス語のまま定着するに至る。つまりデカダンスの方は『論叢』読書後一貫して多用されているのである。以上により、ニーチェのニヒリズム概念の二重の変化が『論叢』読書と深い関係があるにもかかわらず、そこには同時に時間的ずれという謎のあることも理解されたであろう。

解決の糸口を見出すために、『論叢』読書に当たってニーチェが採った観点を解明しよう。彼はブールジェをどう評価しているか。

八五年三月の或る書簡で、彼はブールジェを、ニーチェ自身が最も敬愛する同時代のフランス人「スタンダールの最も生きの良い弟子」「真の弟子」と呼び(KGB: III$_3$ 18)、翌年四月の書簡ではブールジェの最新小説『愛の罪』(Un crime d'amour, 1886)に触れて、「これはペシミズムの二つの精神的流れ、即ちショーペンハウアー的(〈同情の宗教〉の)ペシミズムとスタンダール的(ナイフのような鋭さをもつ恐るべき心理学の)ペシミズムとの最初の激突です」(KGB: III$_3$ 171)と書いている。

スタンダールとペシミズム、これは何を暗示するのか。八〇年偶然『赤と黒』を手にして(vgl. KGB: III$_3$ 27 f.)以来、当時刊行されていた殆ど全てのスタンダール[18]の作品を渉猟したニーチェは、彼の「心理学者としての眼力」と「誠実な無神論者」たる点（EH: VI_3 284）を特に高く評価し、また彼を「意志力の弱い（サント＝ブーヴのような）族」とは「対照的な種族」（VII_2 26[379]）、「良きヨーロッパ人」かつ「偶然的状況」を従容として受け入れる「漂泊者」（VII_3 35[9]）、「自由精神をもつ哲学者像を完成した」人物（JGB: VI_2 53）などと呼んでいる。敢えて引用を連ねたのは、これらの引用語句を含む前後の箇所がほぼそのまま『論叢』の「スタンダール」論に見出されることを示すためである[19]。反ショーペンハウアー的なスタンダール的ペシミズム、無神論者、意志の強さ、良きヨーロッパ人（コスモポリタン）つまり〈自由精神〉、こう辿るとニーチェがブールジェ『論叢』の何に興味を抱いたかは最早明白である。――現代的〈ペシミズム〉の分析と結合した〈自由精神〉の類型描写、これに他ならない。我々は想起せざるを得ない、初期ニヒリズム受容時のニーチェ独自のあの二つの観点を。これらは初期からブールジェ的ニヒリズム概念の受容期まで一貫しているのである。

四「ペシミズム対ニヒリズム」から「ペシミズム（＝ニヒリズム）」へ

いよいよ謎解きを始めることにしよう。

筆者は先に、ニーチェが遅くとも八四年春までにはロシア・ニヒリストに疑念を抱くに至ったと述べた。だがそれは正確には何時から、何を切っ掛けにしてなのか。――この変化は実は彼が「あらゆるより明るい視界が、どの程度ニヒリズムとして現れるか」と記したあの八一年秋から既に起こっていた。というのも、その直前には「良からぬ性癖のために滅びる」（V_2 12[56]）とあり、直後には「己の法に従って」独りで生きうる「高級種」が、己の滅びる時には己の出身基盤たる国家をも滅ぼす（12[163]）とか、更には「滅びゆく者への慰め」として「滅びるのは成育するのと同じく有益だと知れ。後悔するな。自殺の手間が省けるのだから」（12[164]）などという凡そ慰めとは言えない言葉が見えるからである。これらは多分、その年三月に起こったニヒリストによるロシア皇帝暗殺、その報復措置としてのロシア政府による弾圧、弾圧による彼らの壊滅（死刑・シベリア流刑）という一連の事実の新聞報道と無縁ではあるまい。彼らの既成秩序の破壊は確かに将来を準備する偉大な行為だが、結局彼らは自殺しているだけで、何一つ新しい価値の創造を行ってはいない、そうニーチェは思ったに違いない。

するとニヒリストへの賞賛と疑念入り混じったこの彼の思いは、同時代の思想への批判に満ちた『ツァラトゥストゥラかく語りき』にも密かに流入していると見て間違いないだろう。そして実際、『ツァラトゥストゥラ』第一部－第三部の草稿を集めたVII₁（八二年七月－八四年初め）には、それを暗示する数々の言葉、例えば、善人どもの理想を破壊するに「自己破滅への善き意志」を以てする「英雄主義」（5[1] 61 usw.）とか、「己の破滅に向かって努力する以外に己に耐える術を知らぬ者」（5[1] 66）、「自由精神」「高人」「犯罪者」「悪人」等が見える。更には「危険な歩哨任務を愛する人間がいつの世にもいる」（4[135]）、「青白き犯罪者が己の狂気ゆえに滅びたように」（4[229]）、「転覆者－破壊者－火の犬との対話」（13[25]）もある。これらは『ツァラトゥストゥラ』第一部「序説」の「我は愛する、――没落し行く者としてにあらざれば生きる術を知らざるものを」（VI₁ 11）や、瀕死の「市場の綱渡り」に対するツァラトゥストゥラの言葉「汝は危険を天職とした。これは何ら軽蔑さるべきことではない。今汝は己の天職ゆえに没落せんとする」（VI₁ 16）に何と類似していることか。また『ツァラトゥストゥラ』第一部には、犯行の瞬間には強者だが、犯行後己の罪に怯える本性上の弱者を論じた「青白き犯罪者について」の章もあるし、『ツァラトゥストゥラ』第二部「大事件について」の章には「転覆し打倒する悪魔」「火の犬」が登場する。彼らは「大言壮語し」畜群を扇動して「自由」を叫ぶ「大地の腹話術者」（VI₁ 164f.）つまり現世に安寧を求める社会主義的理想の代弁者である。これらがロシア・ニヒリストの象徴であることは明白だろう。

さてニーチェは『ツァラトゥストゥラ』第三部完成間際の八三－四年冬に『論叢』を読み、デカダンス理論に興味を抱き、ニヒリズム＝ペシミズムというブールジェ的図式を知り、自由精神の現代的類型をその中に捜したのだった。すると『論叢』読書は何らかの形で、次作、八五年二月完成の『ツァラトゥストゥラ』第四部に反映しているのではないか。

八四年夏、ニーチェは後に『ツァラトゥストゥラ』第四部として結実する新しい『ツァラトゥストゥラ』を計画しているが、その草稿の一つ、ニヒリズム断片 VII_2 27［23］でこう記している。「全ての種類の高人（höhere Menschen）と彼らの困窮と萎縮（個別例としては例えばデューリング、孤立化によって没落の宣告を受けている）――全体的には現代における高人達の運命、彼らが死滅の判決を受けているように見えるその様。即ち、それが助けを求める大きな叫びのようにツァラトゥストゥラの耳に届く。高級な本性を持つ者達のあらゆる種類の狂気染みた変種（例えばニヒリズム）が彼の許へと近づいてくる」と。それに符合するかのように、『ツァラトゥストゥラ』第四部「窮余の叫び」章には、ツァラトゥストゥラに助けを求める「高人達」の「長い叫び」の記述がある（VI_1 297 f.）。するとこう推測したくもなろう。『ツァラトゥストゥラ』第四部にも当然ロシア・ニヒリストが何らかの姿で語られている、そしてその証拠があの高人の叫びなのだ、[20]と。――だが厳密に言えば、あの叫びはニヒリストのみの叫びではなく、彼らを含む高人全員の叫びなのである。ここが実はニーチェのニヒリズム理解にとって重要な点なのだ。最近出たU・マルティの論文は、一九世紀フランスで盛んに議論された「高人（homme supérieur）」の明確な規定は「反抗的平民《プレベイアン・レヴォルテ》」だとし、具体例として「成り上がり者ナポレオン」「反抗的平民にして高人ジュリアン・ソレル」、当時の犯罪者数名を挙げ、この高人規定はニーチェの高人概念と一致する、と述べている。[21]だがこの指摘もニヒリストと高人との単純な同一視同様一面的であり、『ツァラトゥストゥラ』第四部の高人概念の根本規定を看過しているのである。

『ツァラトゥストゥラ』第四部は、ツァラトゥストゥラが己の到達した生の絶対肯定の幸福を餌に、将来超人を産むべき「魚」即ち〈高人〉を「釣り上げ」て「訓育」しよう（VI_1 292 f.）という筋立てである。かつての〈自由精神〉はここでは〈高人〉と呼ばれている。高人は八種類登場する。①予言者。②ロバを引く二人の王。③精神の良心的な者。④魔術師。⑤最後の法王。⑥極醜の人間。⑦自ら志せる乞食。⑧ツァラトゥストゥラの影。これら八種の高人は相互に連関し、特に⑧のツァラトゥストゥラの影は①〜⑦の全性格を総括している。各々の特徴を箇条書風に纏めてみよう（『ツァラトゥストゥラ』からの引用箇所は指摘しない）。

①「大いなる疲労の告知者」で「一切は同じだ。何をしても無駄だ。世界には意味が無い」と、「陰鬱なペシミズムを広める」（VII$_3$ 29[23]）。②「行商を営む者」に実質的権力を奪われ、彼ら「末人」の政治支配に「吐き気」を催す反民主主義的君主。③曖昧な事に「吐き気」を覚え、「蛭の頭脳」の如き小さな研究対象に関し確実な認識を得んとしている「客観主義者」「実証主義者」（VII$_2$ 26[348]）。④「偉大さを求め続ける」（VII$_3$ 31[2]）が演技によって人を眩惑し、老いては「精神の懺悔者」を装う精神的俳優。だが内心自己欺瞞に疲れ果て「吐き気」を催している。⑤神の死により生の支え一切を失ったが、その意味で「不信仰へと最大の一歩を踏み出し、大跳躍を行なった」（VII$_3$ 29[51]）、死せる神を今なお愛する「敬虔な人間」（VII$_3$ 29[58]）。⑥「神も善も精神もない」（VII$_3$ 29[1]）己の弱さ、醜さを自覚せる者、即ち人間の深い「自己軽蔑」そのもの。⑦「富の囚われ人」たる「賤民と奴隷」の支配する現代に「吐き気」を催し、自らは「山上の垂訓者」として清貧のうちに生きる禁欲主義者。⑧「狂暴になる程大胆に一切の確実なものを放棄、否定、攻撃し、実験的に生き、悪しきもの、危険なものを求めさえするが、――しかし己の拠り立つ究極の根拠を持たず、己の全ての否定の背後に何らの立場も持たず、居心地良き所はどこにもなく、故郷を喪失せる自由精神[22]」。

「賤民の満足が支配する時代においては、吐き気は高人の徴だ」（VII$_3$ 29[52]）。最早明白だろう。ニーチェ的高人概念の根本規定とは、世界の無意味・無駄に吐き気を催す〈ペシミスト〉なのだ。この具体像を提供したのは勿論ブールジェである。『論叢』には「高人」という語が散見され、また世界の無意味・無駄・吐き気等の語は枚挙に暇がない。例えば「生の嫌悪……倦怠」「無への嗜好」「無だ……何も無い」「一切は無だという味気ない哲学」「生の無駄な努力に直面して最も優れた知性が覚えるこういうひどい吐き気」等々。これらはブールジェが「今世紀の最も高級な精神、時代の頂点をなす人々、やがて明日の人々が敬虔な眼で仰ぎ見るべき人々」(B: 329) として『論叢』に採り上げたボードレール、ルナン、フロベール、テーヌ、スタンダールという五人のフランス人の共通点であるばかりか、一九世紀という時代そのものの根本特徴なのである。だからニーチェは高人像造型に際して、他にナポレオン、ゲーテ、ベートーヴェン、ハイネ、ショーペンハウアー、ヴァーグナー (vgl. JGB: VI_2 210)、またビスマルク、エマーソン、メリメ、歴史家のランケ、ブルクハルト、自然科学のJ・R・マイヤー、W・ルー、ランゲ、『赤と黒』の主人公ジュリアン・ソレル、更にデューリングそしてロシア・ニヒリスト、これら比較的優れた精神の諸性格を分析・綜合した後、結局八種に分類したものと思われる。事実、草稿段階では高人は一四種登場し (VII_3 31[10])、この中にはJ・ソレルに似た「陰鬱で名誉欲強き民衆の子」も、ボードレールらしき「詩人」も登場し、「極醜の人間」にはルナン、ランケを想わせる「歴史感覚」という語も見受けられる。だから予言者が一部ショーペンハウアー的で、魔術師が一部ヴァーグナー的、一部ボードレール的[23]であるのも、ツァラトゥストラの影がJ・ソレルやロシア・ニヒリストの如き反抗的姿勢やスタンダール或いはニーチェ自身の漂泊者の姿を彷彿とさせるのも当然なのである。そしてこれが『ツァラトゥストラ』第四部に以前のような「綱渡り」「青白き犯罪者」「火の犬」のようなはっきりしたニヒリスト像が見出されない理由でもある。

但しこの類型化がいかにしてなされたか、その作業過程の第一段階を垣間見ることは出来る。先ずブールジェ『論叢』から、次いで『論叢』読後間もないニーチェの八四年春の遺稿から抜き書きをし、両者を比較しよう。

ブールジェ『論叢』。「彼〔フロベール〕の美学……〈どんな作品でも、作者の姿が見透かされるようなのは非難されて良い〉。……己自身を全然現さないで主人公を示すのでなければ……真の詩人とは映らなかった。……〈自我は憎むべきものである〉と『パンセ』の有名な断片は告げる。だがこの有名なモラリスト〔パスカル〕は付言する、〈ミトンよ、君がそれを覆い隠したからといってそれを除去したことにはならない〉と。同様にフロベールは〈自我〉を覆い隠した。

作品から〈自我〉を除去したわけではなかったのだ。……我々は皆世界自体をではなく、自分の世界を眺める。……フロベールも知性のこの本質的法則を免れなかった」(B: 129 f.)。「フロベールの作品の人物達の〈自我〉は正にこの哲学者〔テーヌ〕の語るあの〈小事実の集合体〉だった」(B: 166)。

次にニーチェ。「確実な小事実に夢中(今フランスで支配的な一種の事実《フエタ》−主義《リスム》)……学問のみか現代の大部分の芸術までも……例えば芸術家の非人格性への要求……作品自体は芸術家を現してはならない……」(VII_2 25[12])。「例えばフロベールにおける〈客観的−たらんと−する意志〉は一つの近代的誤解だ。……近代人には自己軽蔑があって、ショーペンハウアーのように、芸術において自己を〈離脱し〉——客体の中に逃げ込み、自己自身を〈否定〉せんと願う。だが〈物自体〉など無いのだ……。宿命論がこの自己軽蔑に一種の安らぎを与える」(26[182])。「これらフロベールの徒達の心理学は総じて誤っている。彼らは常にただ外−界が作用して自我が形成されると見る(全くテーヌと同じか?)」(25[182])。

これがニーチェ独特の『論叢』読解であることは一目瞭然である。フロベールの写実主義から自然主義への連想、テーヌの実証主義的環境論、ショーペンハウアー哲学からカントの物自体へ、そしてその背後に「自己軽蔑」とペシミズムを読み取る眼の確かさ、正にニーチェの本領発揮である。これらが『ツァラトゥストゥラ』第四部の高人、即ち、「精神の良心的な者」「極醜の人間」「予言者」に反映していくことは明白であろう。勿論これはほんの一例に過ぎず、このような断片は『ツァラトゥストゥラ』第四部執筆直前の八四年秋まで見られるが、ここでその全てに検討を加えることはできない[24]。他日を期したい。

本題に戻ろう。ニーチェは八三年末−八四年秋に『論叢』を熟読し、そこに見出した同時代人の様々な特徴を、八五年二月完成の『ツァラトゥストゥラ』第四部の〈高人〉造型に利用した。〈高人〉とは〈ペシミスト〉である。ところでブールジェはペシミストとニヒリストを一応区別しつつも、両者を同義的に〈生の否定の精神〉と理解していた。『論叢』を熟読したニーチェがペシミズム＝ニヒリズムというブールジェ的図式を知らないはずがない。にもかかわらず八五年四―六月までニヒリズムと言えばロシア・ニヒリスト絡みである。――この謎の一年半はこう理解されるべきではあるまいか。ニーチェは八三年末に『論叢』を読んだ時から実はそのブールジェ的図式を知っていた。だが彼はニヒリズムとペシミズムとを一括して〈ペシミズム〉と理解し、ニヒリズムをロシア・ニヒリストの自己破壊的〈生の否定の精神〉としてペシミズムの一下位概念ないし一特殊形態と見なした。その証拠が、八四年夏の新しい『ツァラトゥストゥラ』の草稿 VII_2 27[23] の、ニヒリストを含む全ての高人達の叫びだ、と。だからその間の「ニヒリズム」用例が全てロシア・ニヒリスト絡みであっても、一向に変ではないのである。証拠はまだある。八四年春の断片 VII_2 25[16]（これも『論叢』絡みの一つ）には、「ヨーロッパのペシミズムはまだ始まったばかりである」として「インドのペシミズム」と比較されている。後の「ヨーロッパのニヒリズム」という表現との酷似や仏教との関連付けもさることながら、この断片と関連があると見られる『論叢』該当箇所でブールジェはペシミズムとニヒリズム両方を区別なく用いているのである (vgl. B: 71f.)。だからニーチェはペシミズムをニヒリズムと言い換えても一向に構わないはずなのだ。もし彼にその必然性があったならば。

確定しよう。――ニーチェは八三―四年冬以後すぐに『論叢』読書を機縁として、以前の〈ペシミズム対ニヒリズム〉から〈ペシミズム（＝ニヒリズム）〉と考えるに至った。

五「ペシミズム（＝ニヒリズム）」から「ニヒリズム∨ペシミズム」へ

ニヒリズムがペシミズムに包摂され得たのは、ブールジェ読書以前既にニーチェにとってペシミズムがロシア・ニヒリストへの関心を包越する程切実な問題だったからだろう。彼をこの問題へと強いたものは何だったのか。

解明の鍵は〈高人（*höhere* Menschen)〉という語にある。これは無論〈比較的高き人間〉の謂である。高人とは低人と最高人との中間存在なのである。ここで想起されるのは「ナポレオン、この超人と非人との綜合」(GM: VI_2 302) という有名な定式だろう。これは八七年『道徳の系譜』での定式だが、既に『ツァラトゥストゥラ』第四部期における高人への彼の基本的見解でもあった。高人は、安楽・慣れ合い・現状維持を旨とする、無批判的で、自己超克(権力への意志)を欠いた「非人」・畜群・末人よりは、確かにその既成道徳・体制への激烈な否定、強靭な独立不羈の精神、危険を冒す実験的で自由な生き方の点でより高い。だがその否定や強さは生への絶対肯定に基づいてはいない。『ツァラトゥストゥラ』第四部でツァラトゥストゥラの影は「おお大地よ、汝は我にとって丸くなりすぎた!」(VI_1 335) と、丸すぎる世界に立てぬ己の無力を嘆いているが、逆に、ツァラトゥストゥラは「静かに! 世界は今こそ完成したのではないか? おお黄金の丸い球よ!」(340) と賛美を惜しまない。ここに言う「黄金の丸い球」が〈永劫回帰の世界〉の絶対肯定を象徴していることは言うまでもない。高人が「超人」より低いのは、彼らが永劫回帰説の肯定という境涯に達していないためなのである。それゆえニーチェにペシミズムとの真摯な対決を迫ったものこそ、正にこの永劫回帰説だったのだ。

『ツァラトゥストゥラ』の「根本構想即ち永劫回帰思想」の到来は「八一年八月」(EH: VI_3 332) である。一切の同一事態の絶対的・必然的な無数度の回帰を説くこの思想を、ニーチェは〈生存の意味への問い〉として受容した。もし一切が同一のまま必然的に循環するなら、自由な領域たるべき将来も既に無数度生きられた過去に他ならず、「汝はこれをもう一度、否、無数度欲するか?」という問いは、確かに我々を意気阻喪させる「最大の重し」(FW: V_2 250) 即ち最も極端なペシミズムであろう。ツァラトゥストゥラが「吐き気、吐き気、吐き気」(Za: VI_1 271) と語り、高人の一類型である「予言者」が「一切は同じだ。何をしても無駄だ。世界には意味が無い」と言ったのも、ニーチェ自身が直面した苦の深さを物語っている。だが彼はこの世界の無を「これが人生だったのか! さらばもう一度!」(195) と肯定しつつ超克した。彼において絶対肯定は絶対否定と相即である。それ故ニーチェと高人との違いは、この「最大の思想」

たる永劫回帰のペシミズムに「耐えうる一存在者」つまり超人を「創造」して生の絶対肯定へと至るか、それとも、仏教・キリスト教・社会主義等の「従来の全ペシミズム」のように、それから「逃避と逃亡」を試みるか（VII, 21[6]）にある。最も極端な永劫回帰のペシミズムの肯定、これが八一年八月以後のニーチェ哲学の展開そのものである。『ツァラトゥストゥラ』第一部—第三部の草稿における「若かりし時、私は徹頭徹尾世界否定者、ペシミストだった」（VII, 6[21]）という彼のペシミスト再確認と「世界に対して覚える疲労感からの解放」（16[11]）の試みとは、彼の思想の動向そのものを如実に示している。

　すると八一年秋に彼がロシア・ニヒリストに疑念を抱き、彼らを〈高人〉と認定するに至ったのは、成る程彼らのロシア皇帝暗殺後の運命から彼らの自殺願望を読み取ったからでもあるが、彼自身の思想の展開からすれば、彼らがヨーロッパ的諸目標（自由・平等・人類等）を掲げている限り、彼らは未だ世界の全き無から逃避し、超人という真の目標を掲げるには至らぬ従来型の中途半端なペシミストだ、と見たからだろう。そしてこの〈最も徹底的な永劫回帰のペシミズム〉による〈従来のペシミズム〉の不徹底さへの批判が、ブールジェ読書を経て『ツァラトゥストゥラ』第四部でのペシミスト＝高人図式まで流れ込んで行くのである。「ショーペンハウアーのペシミズムの真摯な後継者たる私」（VII$_2$ 27[78]）、『論叢』読書中の八四年春—秋の断片にはそう記してある。

だが、ニーチェが最も極端な永劫回帰のペシミズムに苦悩するのみでなく、同時にそれを肯定した限り、それは最早ペシミズムとは言えぬ程、常識的ペシミズム概念を超え出てしまっているのではなかろうか。

　彼に現代的ペシミストの具体像を与えたブールジェは、ペシミズムとオプティミズムとについてこう述べている。「ペシミズムは世界の普遍的原理としては、オプティミズム程決定的な価値を持つには至るまい。どちらの哲学も或る個人的で恐らく生理学的な体質の現れである。この体質が人間を駆り立てて、一方の場合はその不快感の方を、他方の場合はその快感の方を好んで繰り返させる」（B: 154）と。これを『論叢』読書中のニーチェのメモと比較してみよう。「ペシミズムに続くのは生存の無意味の教説である。快と苦が何の意味も持たず、快楽が決して原理たり得ぬこと。何のために？　何をしても無駄だ！」（VII_2 26[326]）。ブールジェが世界における快に対する苦の優位をペシミズムと理解し、それをその逆のオプティミズムないし快楽主義から区別し、後者を世界の普遍的原理として価値が高いと見ていることは明らかである。これこそ常識的ペシミズム概念である。これに対し、永劫回帰のペシミズムは、苦と快一切の無意味、世界そのものの無意味、つまり先の常識的区別付けそのものが無意味となった絶対的苦の無限現前を説くのであるから、それは無或いは苦を実体化して諦観するというペシミズム最後の拠り所をも破壊する程徹底的なのである。従って彼がブールジェを熟読し、その現代的ペシミズム分析に大いに共感した当初から、実は両者のペシミズム理解には大きな乖離があったと言わざるを得ない。

　ニーチェが『ツァラトゥストゥラ』で最高の肯定を説き終えて、従来の思想への容赦なき否定に向かった時（vgl. EH: VI_3 348）、彼はこの乖離を決定的に自覚するに至った。そしてこの時、彼は己の〈永劫回帰のペシミズム〉を常識的ペシミズムから区別するために、ブールジェ的等式から〈ニヒリズム〉を抜き出したのだ。今度はロシア・ニヒリスト絡みではなく、「最も世界否定的思考法」として。これがニヒリズム概念におけるあの〈二重の変化〉の第一、八五年四―六月の断片VII_3 34[204]に他ならない。この断片は右の事情を余すところなく語っている。この中で彼は、それまでの自分の課題が「ペシミズムを深部まで思惟すること」であり、それは「ペシミズムをショーペンハウアー形而上学のような半ばキリスト教的、半ばドイツ的狭さと単純さから解放して、その結果人間がペシミズムの最高表現によってこの思考法に太刀打ちできるようにするためだった」と語った後、「全く逆の理想」即ち「永劫回帰の世界」を肯定する「最も世界肯定的思考法」をも同時に探究した、と言う。更に「ペシミズム的思考」即ち「既存の世界否定の形式の中で最も包括的な二形式」たる「キリスト教と仏教」は「インド人や今日のヨーロッパ人の如き退化し、死滅しかかった民族」を死滅させ、強者を生き残らせるための必須な手段だが、「私自身が一層峻厳な、真にニヒリズム的宗教ないし形而上学の創造を手助けすることになろう」と述べている。――もう明瞭だろう。最も世界肯定的にして最も世界否定的思考法とは永劫回帰説である。彼はその後者即ち「ペシミズムの最高表現」を従来のペシミズムから区別して〈ニヒリズム〉と呼んだのだ。この事は「ペシミズム的思考法や教説、厭離穢土的《エクスターティッシュ》ニヒリズム」が、弱者の死滅と新たな生の秩序の準備を促進する必須の「鉄槌」として機能する、と説く同年五－七月の断片 VII_3 35[82] によっても確証されうる。鉄槌は永劫回帰説の破壊的側面を表現するための常套語だからである。

では何故ニーチェは八六年夏の断片 VIII, 2[100]「従来の価値評価の必然的帰結としてのニヒリズム」以後、この語を多用し始めるのだろうか。〈二重の変化〉の残る一つを解明しよう。八五年秋から八六年夏までニーチェにとって何が問題になっていたかを、暫く彼自身に語らせてみよう。――「大きな危険は、ペシミズム（これは快楽主義の一形式だ）でもなく、快と不快の清算でもない。……むしろ一切の生起の無意味なのだ！　道徳的解釈が宗教的解釈諸共に崩壊したことを彼ら浅薄な連中は無論知らない」(VII_3 39[15])。「世界において快が優勢か、それとも不快がか」という問いは「馬鹿げた厚かましい問い」である（39[16]）。「快・不快は一切の価値判断の極めて古くからの症候である。だが価値判断の原因ではない！」(VIII, 1[97])。「苦を生への反証だと感じる者達は……浅薄である。従って我々のペシミスト達も」(1[161])。「現代的ペシミズムは現代世界の無駄の表現である――世界と生起そのもののではない」(1[194])。「私は現代的暗鬱化の源を分かっていなかった」(2[111])。「あらゆる症候から見てニヒリズムが戸口に来ている。……その諸前提を把握せぬ限り不可避的である。諸前提とは価値評価のことである（社会的事実ではない……）」(2[118])。「ニヒリズムが戸口に立っている。全客人の中で最も不気味なこの客人はどこから我々の所へやって来るのか？……出発点。ニヒリズムの原因として〈社会的困窮状態〉や〈生理学的退化〉ましてや〈堕落〉を指摘するのは誤りである。これらには全く別な解釈もなお可能である。そうではなく、或る全く特定の解釈即ちキリスト教的－道徳的解釈にこそニヒリズムは潜んでいるのだ」(2[127])。「神は死んだ、これこそ最大の危険の原因なのだ」(2[129])。「ペシミズム、その様々な種類。ニヒリズムの前奏曲……。……ヨーロッパ的ニヒリズム。その原因は従来の諸価値の無価値化」(2[131])。八五年秋から八六年夏へ、この期間が「現代的暗鬱化」としての〈ペシミズム＝ニヒリズム〉というブールジェ的等式の崩壊過程であることは明らかである。ブールジェが『論叢』の至る所でペシミズム＝ニヒリズムの原因と語る社会的窮状・生理学的退化・道徳的堕落は、ニーチェからすれば現代的暗鬱化の症候にすぎぬのであって、原因ではない。では原因は何か。——キリスト教的道徳的－価値評価の崩壊、即ち〈神の死〉である。こう洞察した時、ニーチェはブールジェ的等式を破棄し、ニヒリズムを暗鬱化の原因、ペシミズムをその前段階と見なすに至ったのだ。

だがそれなら、今やニヒリズムと呼ばれる神の死と、既にニヒリズムと呼ばれていた永劫回帰とには密接な連関が無ければなるまい。それはどんな連関か。——永劫回帰到来後彼はキリスト教を代表とする従来のペシミズムを、最も徹底的ペシミズムからの逃避の試みと捉えたのだった。キリスト教は、世界と生存そのものの全き無意味を説くこの思想に耐えきれずに破滅して行くはずの弱者達の生を何とか維持すべく、この悲惨な仮象の世界の背後には真の世界、永遠の浄福の世界があると説き、救済主たる神を捏造した。それは彼らに「神の誠実さ」への信仰を強いた。だが、その誠実さへの信仰が「聖書への信仰」から「自然科学」への信仰に変わった時、「科学はキリスト教的神の誠実さへの懐疑を呼び起こした。この懐疑故にキリスト教は死ぬ」、つまりキリスト教は己自身が育んだ誠実さの徳の「無制約的性格」故に崩壊するのである(VIII, 2[123])。

ニーチェ的に辿るなら、現代的暗鬱化現象としてのペシミズム、その原因たる神の死のニヒリズム、その原因たるキリスト教による神の捏造、そしてその捏造の究極的根拠としての最も極端なニヒリズムたる永劫回帰、こうなるだろう。かくてペシミズムはニヒリズムから分離され、今や「ニヒリズム＞ペシミズム」という図式が成立する。

九九年の『論叢』序文でブールジェは「現代フランスの道徳的病に関する長い探究によって……私もまた……社会にとっても個人にとってもキリスト教が目下健康と快癒の唯一必須の条件だと認めざるを得なかった」(B: XII)と語る。

ニーチェの永劫回帰のニヒリズムはその受容源泉たるブールジェ的ニヒリズム概念を遙かに超えてしまった。というのも、ニーチェは永劫回帰説によって、現代ばかりかキリスト教的－道徳的ヨーロッパの歴史全体を射程圏内に捕え得ることになったからである、〈ニヒリズム〉として。従ってこの語が八六年夏以後、多種多様な問題と絡み合って多用され始めるのは当然だとも言えよう。

六　ニーチェはニヒリストか

以上、ニーチェのニヒリズム理解の変遷を、この語の三つの受容源泉と二つの受容観点（自由精神・高人とペシミズム）から論じてきたが、この問題に関して特に重要なのは永劫回帰説だということが理解された。「ニーチェのニヒリズム」と言い得るとしたら、それはこの教説に他ならず、一般に言われてきたような「能動的ニヒリズム」ではない。

彼が八七年、断片 VIII$_2$ 9[35] でニヒリズムの分類を行っていることは冒頭で述べた。それを簡単に纏めるなら以下の如くである。（1）「正常な状態」としてのニヒリズム。「目標が無い、〈何故？〉への答えが無い。……至高の諸価値が互いに無価値化し合うこと」を意味する。これは更に二つに分かたれる。即ち（a）「精神の高揚した力の徴としてのニヒリズム、能動的ニヒリズム」。（b）「精神の力の衰退と後退としてのニヒリズム、受動的ニヒリズム」。（2）「以上の仮説の前提」としての「真理など存在せぬ、物の絶対的性質、〈物自体〉など存在せぬ」という「最も極端なニヒリズム」。（2）が永劫回帰説であることは言うまでもないが、証拠を挙げるとすれば、八七年六月一〇日の「レンツァーハイデ」断片 VIII$_1$ 5[71]「在るがままの生存、意味も目標も無く、だが不可避的に回帰しつつ、無へと終わることも無い、即ち〈永劫回帰〉。これがニヒリズムの最も極端な形だ、即ち無（〈無意味な〉もの）が永遠に！」がある。

この分類は既に八六年夏、その輪郭が描かれていると見てよい。（1）は〈神の死〉としてのニヒリズムである。そしてそのうち（b）は従来の諸価値が已に適合しなくなったことは自覚しつつも、支え無しでは生きられず依然としてキリスト教道徳及びその代替物たるヨーロッパ的諸目標にすがっている弱者達の態度一般を意味する。〈高人〉の殆ども未だこれに属する。（ａ）は自己信頼から自己命令に自己服従しうる強さを持ち、既存の諸価値を積極的に破壊するが、破壊のための破壊に終始して自分も破滅していくロシア・ニヒリストの態度。これが最初期からのニヒリズム概念であることは言うまでもない。但しこの中にはナポレオン、Ｊ・ソレルなど強き〈高人〉も含まれている。そしてニーチェの最も敬愛するスタンダールさえもが。ではブールジェはどうか。彼は『論叢』「スタンダール」末尾でこう記している。「生の無駄な努力に直面して最も優れた知性の覚えるこういうひどい吐き気は致し方無いのだろうか。……この苦痛な問いに対して、最早ひとが信仰を持たない時に下すべき最も賢明な答えは、ベール〔スタンダール〕のように魂を張りつめること、運命の暗黒の深淵を見、それが何を自分に隠しているかを知らず、しかも怖がらないような人間の男らしい力を、懐疑の諸々の不安に対抗させることではないか」（B: 329 f.）と。だがこの恐れを抱かない強さも、〈永劫回帰〉の運命の無意味の絶えざる現前を直視・肯定し、愛しさえするニーチェの〈運命愛〉程の強さを持たない。何故なら、それは「運命の暗黒の深淵が何を自分に隠しているか」を本当は知りたくないからなのだ。結局ブールジェは「ひとが信仰を持たない」という現代的事実を冷徹に見つめる誠実さと精神の強さを持ってはいるが、自ら進んで神を無みしよう、否を実行しようとはしないのである。ブールジェはむしろ受動的ニヒリストと言えそうだ。

それではニーチェはニヒリストなのだろうか。『この人を見よ』で、彼は己の「二重の血統」即ち「デカダンであると同時に端緒」（VI_3 262）を自認している。彼の永劫回帰説は最も世界否定的かつ最も世界肯定的なのだった。最も極端なニヒリストであると同時にその正反対のものへの端緒、即ちニヒリズムに徹して快癒した者、超人への掛け橋、これがニーチェの偽らざる自覚だったろう。無に徹することを措いて他に存在の全き現成への道は開かれ得ない。この意味で、この意味でのみニーチェはニヒリストであると言える。デカダンがデカダンに徹した永劫回帰の瞬間、それが正午であり、運命愛の絶対肯定の顕現する時節である。ニーチェのニヒリズムはこの両面から、むしろ両面性それ自体として捉えられねばならぬ。〈ニヒリズムの自己超克〉〈一切の価値の価値転換〉の論理という根本問題もここからこそ解明されるのでなければならぬ。

註

ブールジェ『現代心理論叢』からの引用は Paul Bourget: Essais de Psychologie contemporaine. Edition définitive augmentée d' appendices. 2 Bde., Plon-Nourrit, Paris（1924）に拠り、B に頁数を付す。

（1）ニヒリズム概念の歴史に関しては、W. Müller-Lauter: Nihilismus als Konsequenz des Idealismus, in: Denken im Schatten des Nihilismus,（1975）; H. Ottman: Philosophie und Politik bei Nietzsche（1987）S. 329 ff. 川原栄峰『ニヒリズム』(講談社、一九七七年）参照。

（2）Vgl. W. Müller-Lauter: Nietzsche,（1971）S. 66 ff.; E. Kuhn: Nietzsches Quelle des Nihilismus-Begriffs, in: Nietzsche-Studien, Bd. 13（1984）S. 252 ff.

（3）特に、川原「当時のドイツの一新聞のニヒリスト関係記事とニーチェ」(『理想』五五七号、一九七九年所収）を見よ。

（4）Vgl. Müller-Lauter: Nihilismus......, S. 113 ff.

（5）川原「当時の……」六一頁、参照。

（6）4[103], 4[108] の詳細な検討は Kuhn: a. a. O. S. 260 ff. を参照。

（7）この一文は Péres et enfants. Par Ivan Turgenef. Précédé d'une lettre à éditeur par Prosper Mérimée. Paris（1863）の他に、Terres vierges. Par I. Tourguéneff. Paris（1877）と関係があるらしい。Vgl. Kuhn: a. a. O. S. 266 ff.

（8）Vgl. VII$_1$ 4[111]; VII$_3$ 34[205], 41[9]; VIII$_1$ 2[9]; EH: VI$_3$ 321 usw.

（9）E. Schuré: L' individualisme et l'anarchie en littérature — Frédéric Nietzsche et sa Philosophie, in: Revue des deux mondes 65（1895）S. 782.

（10）Vgl. Kuhn: a. a. O. S. 262 ff.

（11）Vgl. Cosima Wagner: Tagebücher, 2 Bde., (1977 f.) II. S. 806.

（12）I. Turgenef: Péres....., S. II.

（13）八一年三月、ニーチェはヴァーグナーから、自分が反キリスト教的態度ゆえにニヒリスト呼ばわりされていることを知ったが、当時の彼のニヒリズム理解に影響はなかったであろう。Vgl. KGB: III$_2$ 144; KGB: III$_1$ 68; C. P. Janz: Nietzsche, 3 Bde., (1978) II. S. 4 1 f.

（14）ニーチェ－ブールジェ関係への部分的指摘は E. Bertram: Nietzsche, (1965) S. 241 f.; W. Kaufmann: Nietzsche, (1956) S. 73 n.; J. P. Stern: A Study of Nietzsche, (1979) S. 157 など多数あるが、纏まった記述は H. Pfotenhauer: Die Kunst als Physiologie, (1985) S. 97 ff. S. 104 ff. S. 117 ff.; Müller-Lauter: Artistische décadence als physiologische décadence, in: Communicatio Fidei, (1983) S. 285 ff. にある。だが、これらは皆デカダンス理論をめぐる両者の関係の指摘である。ニヒリズム理解を主題とした両者の関係は Ch. Andler: Nietzsche, sa vie et sa pensée, 3 Bde., (1920 ff.) III, S. 418, S. 285ff. のみであった。そこでは、ニーチェのニヒリズム受容が『論叢』「ボードレール」「ルナン」におけるロシア・ニヒリスト記述による、とされている。その意味でニヒリズムの語義の変化の切っ掛けが『論叢』読書にあるとする川原説（『ニヒリズム』一〇一頁以下）は新しい。

（15）両者の個人的交渉に関して。ニーチェは八六年八月、『善悪の彼岸』をブールジェ他（テーヌも含む）に寄贈するよう出版者に依頼している（vgl. KGB: III$_3$ 216）が、両者に個人的交際は生まれず、書簡も存在しない（テーヌとの文通は間もなく始まるのに）。八八年夏、多分避暑のためシルス・マリア滞在中のブールジェに逢い、執筆中の『ヴァーグナーの場合』に関して助言を求め、その仏語版翻訳者にと考えていた（vgl. KGB: III$_5$ 447）が、両者の交際もその時限りだったようである。なお、『新論叢』「アミエル」にはニーチェの名が登場する（vgl. B: II S. 267）が、彼はそのことに一言も触れていない。飽くまで推測だが、彼は『新論叢』は「ツルゲーネフ」「ゴンクール兄弟」以外読まなかったのではないか。

（16）この問題に関して重要なのは『論叢』のみである。前註及び後述第四、第五節を見よ。ニーチェはブールジェの小説 Un crime d'amour, (1886); André Cornélis, (1887) も読んだが、後者は評価していない（vgl. KGB: III$_5$ 106）。

（17）『ヴァーグナーの場合』第七節には『新論叢』所収の「ゴンクール兄弟」のドラマ論も流入しているらしい。Vgl. A. Laks: Une étymologie de Nietzsche dans le *Cas Wagner*, in: N-Studien, Bd. 18 (1989) S. 627 ff. 但しニーチェはブールジェから言葉を受容しただけであって、思想は『反時代的考察』などに既に存在する（vgl. UB: III$_1$ 247）。それ故ヴァーグナー陣営からの、ニーチェはブールジェの思想を剽窃した、との非難（vgl. C. v. Westernhagen: Richard Wagner, 1956, S. 509-523）は見当外れもいいところである。

（18）ニーチェとスタンダールの関係についてはW. D. Williams: Nietzsche and the French,（1952）S. 177 ff.; B. Bludau: Frankreich im Werk Nietzsches,（1976）S. 99; B. Donnellan: Nietzsche and the French Moralists,（1982）S. 114 ff. を見よ。

（19）これら引用箇所と『論叢』との関係は次の通り。（VI_3 284）におけるスタンダールからの引用――B: 283; VII_2 26［379］――B: 297; VII_3 35［9］――B: 300. 309;『善悪の彼岸』（VI_2 53）のスタンダールからの引用――B: 284. ついでに言えば「良きヨーロッパ人」という表現は“le cosmopolisme de Beyle”（B: 308）と関係があるだろう。

（20）川原「当時の……」七二―三頁。

（21）Vgl. U. Marti: Der Plebeier in der Revolte — Ein Beitrag zur Genealogie des „höheren Menschen“, in: N-Studien Bd. 18（1989）S. 550-572.

（22）E. Fink: Nietzsches Philosophie,（1960）S. 117.

（23）ニーチェのボードレール受容がヴァーグナー絡みであることについてはK. Pestalozzi: Nietzsches Baudelaire-Rezeption, in: N-Studien Bd. 7（1978）S.158-178を見よ。

（24）私は、少なくともVII_2 25［12］,［13］,［16］,［80］,［95］,［101］,［106］,［121］,［159］,［164］,［178］,［181］,［182］,［183］; 26［379］,［393］,［394］,［412］はブールジェ『論叢』との関係を指摘しうると考えている。これらは皆『ツァラトゥストゥラ』第四部執筆直前の八四年春―秋の断片である。

いかにして世界は本来有るところのものに成るか
――ニーチェの思惟における〈世界〉即〈無〉

一　問題

ボードリヤールの指摘を俟つ迄もなく、現代は「模擬物《シミュラクル》」の支配する時代である。人間を含む有るもの一切が有用性・使用価値という観点からのみ見られ、人工的に製造可能な物、従って代替可能な物へと一元化され、各々の固有性を喪失している。そして何よりも危険なのは、世界が価値連関として自己完結しつつあるという危険が忘却されて、この世界こそが唯一「本物」の世界として加速度的に肥大化・自立化していくという点にある。この価値連関の強固な自己閉鎖性が打ち破られて〈世界が本来有るところのものに成る〉とするなら、この転換はいかにしてなされうるか、この問いこそ現代における最も根本的な問いであろう。――小論は、ニーチェの「ニヒリズムの自己超克」及び「一切の価値の価値転換」の解明を通して、この転換の可能性を、世界は〈無〉に限られてのみ世界として現成する、更に言えば、世界は〈無〉で有る、という彼の所説に探ろうという試みである。副題を「ニーチェの思惟における〈世界〉即〈無〉」と題した所以である。

ところが、ニーチェの「価値転換」説は一般に、価値連関としての世界の自己閉鎖性を打破する可能性を示すどころか、逆に従来の形而上学的二世界説の徹底的破壊を通して価値世界の自立化を促進する価値一元論の構築と解されている。このようなニーチェ批判の中で最も徹底的なハイデガーの批判を掲げておくことは、行論上必須のことと思われる。

ハイデガーによれば、ニーチェはニヒリズムを本質的に価値思惟から「至高の諸価値の無価値化」と把握し、それに応じてニヒリズムの超克を「一切の価値の価値転換」と捉える。ここで価値転換とは単に従来の至高の諸価値が新たな諸価値に取って替わることを意味するのでも、彼岸と此岸との単なる逆転をも意味しない。というのは、至高の諸価値の無価値化とともに、従来の価値を価値たらしめていた彼岸も崩壊し、彼岸の崩壊後には此岸も最早無いからである。従って一切の価値の価値転換が要求するのは、従来の価値秩序の転換及び価値の本質、つまり価値が正にいかにして価値で有るか、その有り方への或る転換した洞察であり、更には価値定立の新しい原理である。ニーチェはこの新しい原理を有るもの全体の根本性格としての権力への意志に見出す。だがハイデガーによれば「無」「ニヒル」は根源的には「有概念であって価値概念ではない(1)」。彼は至高の諸価値の無価値化というニーチェの「形而上学的ニヒリズム概念(2)」に、己の「ニヒリズムの有歴史的規定」を対置し、「ニヒリズムとは有るもの自身に関して何事も無いということ、そして有るものが有に基づく限り、有自身に関して何事も無いということを意味する(3)」と述べる。従って「価値において思惟することは有に対して考えられうる最大の冒瀆だ(4)」と語るハイデガーからすれば、ニヒリズムと価値思惟とは決して必然的連関をもたぬばかりか、ニーチェのいわゆるニヒリズムの超克つまり価値転換も、一切の価値定立の原理としての権力への意志を肯定することによって有を単に価値としてのみ思惟するだけで、有そのものとしては思惟せぬのであるから、「ニーチェの形而上学」は有忘却の極致として「本来的ニヒリズム(5)」だとさえ批判される。

確かにニーチェは〈ニヒリスト〉である。但しそれは、「受動的」或いは「能動的」ニヒリストという意味においてでも、また有概念としての無を思惟しない者という意味においてでもない。そうではなく、それは「ニヒリズムの最も極端な形」(VIII, 5[71]) 即ち「永劫回帰」の〈無〉を徹底的に体得し、思惟せる者という限定付きの意味においてである。そうであるなら、ニーチェの〈無〉の思惟がいかに「権力への意志」「価値転換」を貫いているかが証示されねばならぬであろう。

二　ニヒリズム——無の開示の始まり

一八八七年秋、ニーチェは或る断片（VIII_2 9[35]）でニヒリズムの分類を行なっている。

「1　ニヒリズム　一つの正常な状態。／ニヒリズム、即ち、目標が無い、〈何故？〉への答えが無い。ニヒリズムは何を意味するか？——至高の諸価値が互いに無価値化しあうこと」。ニヒリズムは差し当り目的と根拠の無と規定される。それは至高の諸価値の無価値化の帰結である。「ニヒリズムは両義的である」。第一に「能動的《アクティーフ》ニヒリズム」即ち「強さの一つの徴」として「精神の力が成長し、已に従来の諸目標（〈確信〉、信仰箇条）が適合しなくなりうる」状態であり、第二に「受動的《パッシーフ》ニヒリズム」即ち「弱さの一つの徴」として「精神の力が疲労、衰弱して、従来の諸目標及び諸価値が適合せず、いかなる信仰をも見出せない」状態である。だが、以上の「正常な」ニヒリズムは「仮説」にすぎない。

「2　この仮説の前提／真理など無いこと、物の絶対的性質など無く、〈物自体〉など無いこと／——これ自体がひとつのニヒリズム、しかも最も極端なニヒリズムである。このニヒリズムは物の価値を、この価値というものに実在性が対応するとか対応したとかいうことは無く、〈価値とは〉単に価値定立者の側の力の一徴候、生の目的のための一単純化にすぎぬ、ということの内へと置き入れてしまう。」

ここでニヒリズムが二つ乃至三つの形態に分類され、しかも価値問題と密接な関係にあることが判る。ところで「正常な」ニヒリズムはいかにして生起するのであろうか。

ニーチェはニヒリズム生起の「心理学的状態」として三形態を挙げる（VIII_2 11[99]）。第一は、世界の生成に「目的」を求める「従来の一切の目的仮説」の不充分さが洞察されたこと、第二は、世界の全事象が一全体として体系的「統一」を有《も》つという信念が崩壊したことである。ところで人間が世界の無目的性・無統一性に曝された時、これらからの

「逃げ道」として「この生成世界全体に虚妄との判決を下し、生成の彼岸に或る世界を真の世界として捏造する」に至った。プラトニズムと結合せるキリスト教の成立である。この立場は目的・統一性の座として「真の世界」即ち恒常的・自同的な「有」世界を絶対的価値として立て、その超越的場から、此岸の「生成」世界を「偽」で「無」価値な「仮像の世界」として貶めると同時に、その存立を根拠づけもした。かくして二世界説及び二項対立諸概念が樹立されたのだが、しかし結局「真の世界」の捏造物たることが露見すると、今やニヒリズムの第三形態が生じる。――以上から「正常な」ニヒリズムの「原因」である「従来の諸価値の無価値化」（VIII, 2[131]）とは、超感性的・道徳的原理の解体即ち「神は死んだ」（VIII, 2[129]）であることが判る。

神の死は、道徳自体の含む「誠実〔真実〕(Wahrhaftigkeit)が結局道徳自身に刃向かう」ことによって生じる（VIII, 5[71]）。道徳的原理自身に誠実が内在するのは、人間が神を絶対の真理・矛盾無き者と仮構したからに他ならないが、この「神の誠実」の仮構たることが忘却されて絶対的価値尺度として定着すると、今度は逆に人間は神の方から真理に適った矛盾無き行為・認識を命じられていると信じるに至る。だが信仰の対象が近代において「聖書」から「自然科学」へと変わると、「科学はキリスト教的神の誠実への懐疑を呼び起こした。この懐疑故にキリスト教は死ぬ」。道徳自身の育成した誠実の徳は、絶対的真理を求め欺瞞・虚偽を暴くというその「無制約的性格」（VIII, 2[123]）故に「道徳の内なる目的論と利害打算的観方とを暴露する」（VIII, 5[71]）。かくして道徳的原理は自己解体する。

「今やニヒリズムが現れる」(ibid.)。神の死以前、此岸は彼岸たる「真の世界」から確かに無価値な「仮象の世界」と貶められはしたが、同時にまた存立根拠を付与されてもいた。ところが今や神は死に、「真の世界」は解体した。すると神の死によって「仮象の世界」もまた存立根拠を失い、一層無価値なものとして現れることになる。「コペルニクス以降人間は中心からXへと転がり出ている」（VIII, 2[127]; vgl. VI, 422）というニーチェの言葉は神の死以後の人間の置かれた状況を端的に表現している。「今やそもそも生存には意味が無いかのように、一切は無駄であるかのように見える。

……この〈無駄だ！〉が我々の現代的ニヒリズムの性格である」(VIII_1 5[71])。この「無駄」という気分は、従来の超越的価値原理の解体により生の重心を失い、しかも一切の支え無しに生きうるには弱すぎて依然としてキリスト教道徳及びその代替物たる近代的理念（自由・平等・博愛・進歩等）に拠り所を求めるデカダンたる「受動的」ニヒリストの気分であるばかりか、「能動的」ニヒリスト、即ち、既存の体制を破壊するも、却ってその過激さ故に弾圧され、破滅していく相対的強者（例えばロシア・ニヒリスト）の気分でもある。後者に無駄という気分は一見そぐわないように見えるが、決してそうではない。否定のための否定に終始し、その否定の背後に何らの立場も根拠ももたぬ自暴自棄な彼らは、従来の諸価値の代替物に縋って生き永らえている受動的ニヒリストと比べるなら、確かに既成の諸価値から自由ではあるが、縋るものが無い分だけ一層深く生存の無駄に蝕まれていると言えようからである。

この「無駄」においてニヒリズムが開示される。目的と根拠の無として。だがこの無は未だ無の根源相の最初の開示にすぎず、また無駄も未だ徹底的な無駄たりえてはいない。この無は、従来「有」価値によって根拠づけられていた「無」価値の「無」、即ち有無の有の無化によって招来された無の一層の無化に他ならず、従って従来の目的と根拠の無の顕現ではあっても、一切の目的と根拠の無、世界全体の無の顕現ではない。「このニヒリズムは一種の病的中間状態である（全くの無意味へと推論していくなどという法外な普遍化は病的だ）」(VIII_2 9[35])。このニヒリズムは「仮説」の上に立っているのである。その仮説とは、もし「真の世界」が「解釈そのもの」(VIII_1 5[71])、唯一絶対の価値基準であるならば、というものである。だからこそ「一つの解釈」にすぎない「真の世界」が崩壊すると、恰も世界全体が全くの無意味となったかのように錯覚してしまうのだ。このように「正常な」ニヒリズムの「前提」は「真の世界」の想定にある。ところがこの想定も世界の完全な無目的性・無統一性への対抗手段たる限り、一つの「仮説」にすぎなかった。すると世界全体の無目的性・無根拠性こそが、「正常な」ニヒリズムの「前提」として「最も極端なニヒリズム」だということになろう。

ところで二世界説は「真の世界」の捏造とともに始まる。しかるに「真の世界」は真実在の世界として最も優れて「有るもの」と言いうる。従って「最も極端なニヒリズム」への最も根深い抵抗は不変化的・自同的な「有るもの」即ち「実体」乃至「物」の想定にあると考えられる。ところがこの「実体概念」からして既に「主観〔主体〕概念」から生じたのであって、「逆ではない」（VIII$_2$ 10[19]）。各々の人間が行為・認識の自同的主体（自我）として確立され、その自同性が主観たる意識の「外」に投影されて初めて、客観・物・実体といった諸概念が生じるのである。論理法則・文法・因果関係、これらも皆主観・意識の実体化に遡源する。そしてその極致が「主観の最高形態としての神」（VI$_3$ 72）乃至「真の世界」に他ならない。それ故、これらが崩壊しても主観・「有るもの」の想定が我々人間の生存条件を成している限り（例えば、神の死を招来した自然科学における物質・原子・客観性・因果律等の諸前提もしかり）、人間の有には根源的に無が、世界の完全な無根拠たる「最も極端なニヒリズム」が食い込んでいる。そしてそれがそれとして隠蔽・忘却されているほど主観性の呪縛は強いのである。

三　永劫回帰――根源的〈無〉の全現

では、いかにして従来忘却の淵に沈んでいたこの最も極端な無、世界の完全なる無目的性・無根拠性がニーチェにおいて開示されたのであるか。また、従来の諸価値の無価値化の結果生じた「無駄」はいかにして一層徹底的な自覚へと至るのであるか。

ニーチェは語る。「目的も目標も無い〈無駄〉の持続は最もげんなりさせる思想である……／この思想をその最も恐るべき形で考えてみよう。有るが儘の生存、意味も目標も無い、だが不可避的に回帰し、無への終末も無い、即ち〈永劫回帰〉。／これがニヒリズムの最も極端な形である、即ち無（〈無意味な〉もの）が永遠に！」（VIII$_1$ 5[71]）八一年彼に到来した〈一切の事物が、大小悉く、同じ儘、同じ順序で、無数度回帰する〉という永劫回帰説自体が特別新しい思想でないことは縷説する迄もない。この思想が重要なのは、第一に、ニーチェがプラトンから現代に至る西洋全形而上学において隠蔽・忘却されてきたものを白日の下に曝し、西洋の歴史全体を根源的無からの逃避の試みとして己の思惟の射程圏に取り込む機縁を成したこと、第二に、ニーチェに我々が直面しつつ通常忘却している無を初めて徹底的に思惟せしめたことである。元より両者は必然的に連関している。

後者における無とは何か。それは人間的有（生）自身の最も極端な無化である「死」を措いて他には無い。死のみでなく、死に繋がる老・病も、日常的価値世界及びそれに埋没している自己の有を無意味・無価値たらしめる。

ところで生死の理解には大別して相異なる二つの立場がある。[6] 一方は、死を此岸から彼岸への、時から永遠への「橋梁」「移行」（VI_3 205）と捉えるプラトニズム―キリスト教的立場、他方は、死を生体の機能停止、有機体の無機体化と捉え、生は死とともに終結し、永生は無いとするエピクロス的―唯物論的立場である。前者は死を背後世界という「外」から見、後者は死を生の「外」に放逐せんとする。但し生死を対立関係・前後関係・連続性において捉える点は両者に共通である。これは時間論の帰趨をも決する。その際時間は同質的な連続として直線的、従って空間的に表象される。過去は「最早今で無い」、未来は「未だ今で無い」という風に「今」を基準とした前後関係で捉えられる。これが我々の一般的時間理解でもあることは言う迄もない。

このような一般的生死観・時間理解に対し、永劫回帰説は破壊的に作用する。永劫回帰の世界において、人間は無数度の死を死なざるをえぬ。但しこれを円環外から観想している無世界的主観の言だと解してはならぬ。そういう想定自体既に永劫回帰説の傍観にすぎぬ。故に永劫回帰は〈生の各瞬間における死の現前の無限反復〉即ち〈生即死〉と解されねばならぬ。換言すれば、自己の有限性は有限的なものという単なる表象に尽きるのではなく、生を脅かす苦としてその都度立ち現れるのである。従って生における死の現前の無限反復、即ち有限性の無限性の自覚は、生存の「無駄」の自覚の極である。そして死が代替不可能である以上、これは同時に、自己の絶対的に個（孤）なること即ち自己の自己性の自覚の極でもある。――この時、時間はいかなる相貌を現すか。無始無終の世界として時間は特定の到達点・目標へと直線的・連続的に進むのではない。時間は本来無目的・非連続である。何の因果も理由も無い。忽然として起り、忽然として滅する「無意味なこと」の永遠の反復が時間の「有るが儘」である。無目的ということから言えば、時間は彼岸・天国・涅槃寂静といった究極目的、また死という終り、「無への終末」さえもたぬ。「生存が終極目標をもつとしたら、それはもう到達されているはずであろう」(VIII$_1$ 5[71])。従って死は未だ生に来ざる未来ではなく、今この刹那将に来らんとする将来である。時間は瞬間瞬間その都度無に繋がっており、非連続の各瞬間の間も無である。これこそ「最も極端なニヒリズム」であろう。畢竟、時間として世界は、無を根拠とする無意味なものの終り無き反復である。人間の生も他の有りとあらゆるものも、時間を措いて他に有るべき場をもたぬ以上、結局無意味・無駄である。かくして無は世界の全く冷厳な現実である。

　人間は現在から一切の意味・価値を奪い取るこの冷厳な現実に堪ええず、時間を有意味化すべく様々な意匠を考え出す。既述の「真の世界」の捏造こそ、無意味・無価値な裸形の時間の有意味化・粉飾に他ならない。その具体相を見てみよう。第一は、あらゆる宇宙創造説における「時間の始まり」の構想である。遠い過去に設定された意味の座との紐帯によって現在の自己が繋ぎ留められているという安心を得るために。第二は、目的論乃至終末論における「時間の終り」の構想である。世界の理想的統一という究極目標への歴史の連続的進展を信じることにより、無意味な現在を意味づけるために。たとい終末論がこれとは逆に、歴史を理想的状態からの堕落(失楽園)の歩みと捉え「最後の審判」を仮想しようと、そこには最初から昇天の可能性が暗示されている限り、その構造自体は同一である(vgl. VI$_3$ 205)。以上が古典的だとするなら、第三は現代的な時間粉飾である。これはテクノロジーと一体である。テクノロジーは自然科学における自然の対象化・算定化と結合して、自然支配による人間生活の維持・安楽化を促した。だがその対象化・算定化の主体たるべき人間自身をも容赦無く算定的思考へと巻き込んでいく。そこで人間はその呪縛を逃れんと様々に試みるが、その試みすら技術・計算によって提供・誘導されている。人間はこのような状況がそれでも昔の人間の生活よりはましであり、また技術が今以上進歩すればいつか問題は解決されるだろうと楽観し、それ以上考えるのを止める。文明の進歩への信仰による時間の現代的な有意味化である。

ニーチェの永劫回帰説は右のような時間粉飾の徹底的否定であり、無始無終で無目的・無意味な裸形の時間に真摯に向き合うことを我々に突きつける。この時間世界においては人間の価値判断を「外」から根拠づける一切の基準は無く、世界全体が完全に無と化している。従って「真の世界」が無化されても二世界説という枠組そのものは未だ前提されていた「正常な」ニヒリズムの場合とは異なり、ここでは二世界説からの脱却がなされている。だが永劫回帰の「最も極端なニヒリズム」の徹底的無駄の自覚によって開示される無も、未だ無の根源相の全現ではない。自己の有（生）と有るもの全体（世界）を無（死）の相の下に見、有無を不断の有即無と把握し、また一切を無意味・無価値・無根拠と捉えるだけでは、未だ無の現実相を把握したに留まり、根源相を把握したことにはならぬ。それはいかなる点でか。――有即無が本来今この瞬間の有即無であり、非連続の瞬間における無の現前の無限反復であることが真に自覚されていないという点である。そこでは未だ有即無が実体的・対象的に捉えられ、また永劫回帰の時間が円環として、瞬間も点として空間的に表象されており、そう捉える自己が有即無から遊離し、瞬間が前後際断せる瞬間として自己の直下で生き切り、死に切られていない。未だ自己は永劫回帰の無を「不可避的」運命として諦観しているだけである。そこには無への「否」が有り、自己と世界、自己と無とは無限に乖離している。そしてここにこそ主観・「有るもの」の想定の根があるのだった。ここに越えられるべき最大の関門がある。

ここで道元による無常の説法を引いても牽強付会とは言えまい。「別本正法眼藏佛道」にはこうある。「世ノスヱニハ、マコトアル道心者、オホカタナシ。シカアレドモ、シバラク心ヲ無常ニカケテ、世ノハカナク、人ノイノチノアヤフキコト、ワスレザルベシ。ワレハ世ノハカナキコトヲオモフト、シラザルベシ。……」(7)（傍点引用者）。

第二文の「心」はいわゆる主観、「無常」は客観的事実であろう。そういう冷厳な現実としての「無常」を暫く「心」で観ぜよ、と言う。ところが第三文では、その「ワレ」の心が「世ノハカナキコト」即ち無常を「オモフ」主体だと考えてはならぬ、と言われる。この間には飛躍的転換が有ると言ってよい。第二文は、デカルト的には方法的無常観であり、一切の対象認識（それが無常であっても）には必然的に自己認識が伴い、後者が前者の根源だとする主観性の立場で語られるのに対し、第三文は「ワレ」自身が棄て切られ、「無常」そのものと成り切っている。主観性からの脱却である。無常自身が自己として現前している、と言ってもよい。無（死）を絶対的に個なる自己の直下に死に切るそのことが無自身の働きに他ならず、自己の計らいに依るのではない。

ニーチェにおいてこの転換は「運命愛」[8]として語られる。それは、有即無の無駄の徹底的自覚たる「最も極端なニヒリズム」から、有即無をこの瞬間に自己がそのものと成り切ることによって「願わしいこととして」愛し、「有るが儘で、差し引き勘定も、例外も、選択も無い世界に対するディオニュソス的肯定への到達」即ち「同一の事物を、幾多の結び目の同一の論理と非論理を欲する」（VIII_3 16[32]）ことへの転換である。但し、この〈瞬間〉に〈自己〉が〈愛し〉〈欲する〉とは言うが、これらは皆根源的には運命・時間世界・有即無の贈りに依るのであって、自己の計らいに依るのではない。「我々の魂がたった一度だけでも絃のように幸福の余り震えて音を立てたことが有ったとすれば、この一つの出来事を条件づけるためには、全永遠が必要だったのだ……」（VIII_1 7[38]）。瞬間は前後際断せる瞬間として絶対的な重みをもつにせよ、なおかつ瞬間は時間世界（永遠）に連なっている。瞬間とは時間世界の海に立つ波浪だと言ってもよい。ともあれ、「最も極端なニヒリズム」における「最も極端な」とは、世界の一部ではなく、世界全体が端的に無意味・無根拠ということだった。従ってそれは当の無自身をも当然含んでいるのでなければならぬ。かくして、無・ニヒリズムは対象化・実体化された「無」の極において己自身を「無化」し、脱－実体化された〈無〉として顕現する。これこそ根源的〈無〉の全現、「ニヒリズムの自己超克」である。最初「何故への答えが無い」として現れた無は、一切の「何故無し」の無を極限として、今や「何故無し」に「有る」へと変貌する。従ってそれは絶対肯定的な〈有〉の顕現でもある。刹那生じ、刹那滅する〈生成〉世界は、〈無〉根拠、〈無〉価値の儘〈有〉る。「有るもの全体」としての〈世界〉は〈無〉で〈有〉る。

四　権力への意志――〈世界〉即〈無〉

ニーチェは八五年の有名な断片（VII_3 38[12]）で、「この世界、これは力の怪物だ。始め無く終り無く、青銅の如く堅き力の量で、増大も減少もせぬ。……己の限界としての〈無〉に取り囲まれ、消滅せず、濫費されて無くなることも無く、さりとて無限に延長しているのでも無く、一定の力として一定の空間を占めている。故にどこか〈空虚な〉空間を占めているのでは無い。むしろ至る所で力として、諸力と諸力波の戯れとして、一にして同時に〈多〉……己の中に荒れ狂い潮を満たす諸力の海だ」と「永劫に回帰する」自らの「ディオニュソス的世界」を語った後、高らかにこう宣する、「この世界は権力への意志で有る――そしてその外は無！（*und nichts außerdem!*）そして汝等自身もこの権力への意志で有る――そしてその外は無！」と（傍点引用者）。

ここにはニーチェ哲学の精髄が語られている。しかも権力への意志は永劫回帰（運命愛）の具体相であり、逆ではない[9]。二世界説の破壊から永劫回帰による世界の「無」の開示へと達する否定の道がこの哲学の往相なら、運命愛の絶対肯定からこの世界を聖化すべく戻る還相が権力への意志説だということである。

世界は権力への意志で有り、一即多として有る。「一」とは「有機化と戯れ合い」としてのみ一である限り（VIII_1 2[87]）、世界は「多」なる「諸力と諸力波の戯れ」として一であるにすぎぬ。それ故世界は〈諸力の相互関係全体〉と規定しうる。但し、力とは「働きかけ抵抗する作用」そのもので有り（vgl. VIII_3 14[74]）、諸力の相互関係は決して原子等の実体の離合集散ではない。また「権力への意志は諸抵抗に突き当ってのみ発現しうる」（VIII_2 9[151]）以上、諸力相互の支配－抵抗作用を措いて他に権力への意志なる物が有るのでもない。権力への意志の世界は徹頭徹尾〈関係性〉の世界なのである。但しその関係性は、有るもの全体を有機化する唯一絶対の超越的原理（例えば神）の関係ではない。「我々自身の内にも事物の内にもそれだけで孤立したものは何一つ無い」（VIII$_1$ 7[38]）。世界は有るもの一切の相依相属である。一一が一切を有らしめ、一切に依って有らしめられていると同時に、一一は絶対の個であり、その都度一が一切でもある。「生成の意義は各瞬間に満たされ、達成され、完了しているに違いない」（VIII$_2$ 11[82]）。「各権力は各瞬間に己の最終的帰結を引き出している」（VIII$_3$ 14[79]）。かかる一即一切、一切即一の世界に人間は溶け込んでいる。人間と世界は同質である。主観たる人間が客観たる世界を認識するのでも、人間は自由だが世界は必然の法則に統べられているというのでもない。世界を「統べているのは権力への意志の絶対的瞬間性だ」（VIII$_2$ 40[55]）ということからすれば、世界も人間もともに必然的に有り、また人間が「諸力の海」（世界）の上で戯れる一力波だということからすれば、人間も世界もともに自由である。

　するとこれは擬人論ではないのか。権力への意志という人間の根本動向が同時に世界の根本動向としても語られる以上、これは尤もな問いではある。だが反問せねばならぬ。一即一切、一切即一、世界即自己と語りうる人間とは何者か、と。それは従来「人間」なる概念で意味されてきた主観・自我ではありえぬ。では何者がどこから世界を権力への意志で有ると語っているのであるか。ニーチェにおいて、有るもの全体（世界）は超越的一者によって有機的統一を得るのではないとされたが、とは言え、有るもの全体が或る纏まった全体として有る限り、全体性そのものが予め画定されているのでなければならぬ。従ってかの者は世界の内に有りつつ、同時に世界を超越しているのでなければならぬ。かの者とは「超人」に他ならぬ。但しその際この語は厳密な意味に解されねばならぬ。即ち、有るものとの関わりにのみ没頭（自己喪失）し、世界の内からのみ世界を了解している「人間」を超え出た者、自己の自己性へと立ち返った者という意味に。ところで、自己の自己性は〈無（死）〉を死に切ることにおいて立ち現れ、しかもそれは自己の計らいによるのではなく、〈無〉自身の動向なのだった。それ故超人の有る場とは〈無〉に他ならず、従ってまた有るもの全体は〈無〉に限られて初めて全体で有りうることになる。換言すれば世界を世界として、自己を自己として有らしめているのは〈無〉で有る。世界・人間が権力への意志で有ると語られる時、両者はともに〈無〉という場から語られているのである。ニーチェは先にこう語ってはいなかったか。この世界は「それの限界としての〈無〉に取り囲まれ」ており、世界も人間も権力への意志で有って「その外は無！」と。端的に言えば、人間は世界の内に有ると同時に〈無〉の内に有り、人間も世界も〈無〉に浸透されて初めて一即一切、一切即一の〈権力への意志〉で〈有〉る。権力への意志説が運命愛の絶対肯定、即ち〈生即死〉〈有即無〉〈瞬間性〉によっていかに深く貫かれ、また世界がいかに聖化されているかは最早明瞭であろう。

権力への意志を価値定立の新しい原理とするニーチェにおいて、従来の二世界説的価値秩序が転換されるだけでなく、価値の本質即ち価値が価値で有るその有り方も根本的に転換されていると見ざるをえまい。では「価値転換」とはいかなる事態か。解明の糸口は権力への意志説と一体の解釈理論「遠近法主義（Perspektivismus）」において与えられる。

力の他の諸力への支配－抵抗作用（権力への意志）は常に同時に「遠近法的解釈」という形式をとる。遠近法的解釈とは、力が己の保存・増大という有用性（価値）の観点から他の諸力を己の価値体系内に有機化（価値評価）することに他ならない。元より力は解釈（価値評価）の主体ではなく、解釈作用そのものとして有る（vgl. VIII, 2[151]）。故に「価値というものに実在性が対応するとか対応したとかいうことは無い」（既出）のであり、一切は価値評価としてのみ有り、それを離れたいかなる客観的・自体的価値も恒常的実在性・「真の世界」も無い。むしろ価値評価とは価値・世界そのものの創造であり、価値評価の変容・拡大はその儘価値・世界の変容・拡大である。

遠近法主義とは、これだけを切り離して捉えれば、世界を「地平（Horizont）」と考える立場である。地平とはガダマーによれば「或る点から見えうるもの一切を包括し取り囲む視界」である。彼は、この語が重要な哲学用語として使用されるに至ったのは特に「ニーチェとフッサール以後」であり、それは「この語によって思惟がその有限的規定性及び視界拡大の進行法則を性格づけるため」だったと述べた上で、「……地平を持つこととは、最も近きものに制限されて有ること無く、それを超え出て見うることをいう。地平を持つ者は、この地平内部の全事物の意義を近さと遠さ、大きさと小ささとに応じて正当に評価しうる」[10]と、地平の積極的意義を述べる。確かに地平拡張によって新たな地平の開示がなされうるという点は肯定的に評価されるべきであり、事実そこにニーチェ哲学の力動性を看る者も多い[11]。だがその力動性は或る危険と背中合せである。それは、視界拡大が自己閉鎖的価値評価連関の自立的肥大化に堕する危険である。これは地平自身の根本性格から来ると思われる。それは、ガダマーがフッサールの生活世界について、「一つの地平現象としてこの〈世界〉は本質的に主観性に関係づけられており、しかもこの関係は同時に世界が〈流動するその都度性において有る〉ことを意味している。生活世界は絶えざる妥当相対性の内に有る」[12]と語るように、地平が根本的に「主観性」乃至「観点」と相関関係をもつという性格である。しかるにニーチェの権力への意志は主観性の立場ではなかった。それは人間・世界が根源的には〈無〉の内に有り、〈無〉に浸透されているとされたからに他ならぬ。或るものがその内で有るもの「として」了解され、「……のために」有ると価値評価されうる包括的基盤としての世界は本来〈無〉なのだ。ニーチェは世界を言わば地平の〈外〉から語っているのである。それ故、権力への意志説（遠近法主義）とは世界を地平と捉え、世界を世界の内からのみ見る立場だとする解釈では、地平拡張の力動性をいかに強調しようとも、それは有るものの有のみを問い、また有＝価値と把握するのみで、有概念としての無、有そのものを思惟せぬ有忘却の極、主観性の形而上学の極ではないかというハイデガーの批判に答えることはできない。

彼は語る、「〈価値〉という観点は、生成の内部において生が比較的持続している複合的構成体〔人間〕に関する保存と昂揚の諸条件の観点である」（VIII_2 11［73］傍点引用者）と。確かに人間は価値投企無しには生存しえぬ。だが内世界的にのみ語られうる「価値」という観点を世界全体に及ぼしてはならぬ。「生成は各瞬間に等価値だ……別言すれば生成は全然価値をもたぬ。何故なら生成をそれによって測るべき、また〈価値〉という語がそれとの関係で意味をもつ何かなど無いからだ」（VIII$_2$ 11[72] 傍点引用者）。だが生成が「等価値」にして同時に「無価値」であるのは何故か。我々は想起せねばならぬ。〈無〉は〈有即無〉の〈無〉として同時に〈有〉の絶対肯定でもあったということを。従って〈無〉に浸透された〈無〉価値の世界は、同時に、一切が有るが儘に〈有〉る〈有〉価値の世界なのである。そこでは価値連関の世界の内に有る一一の事物が〈無〉価値の〈世界〉に裏打ちされて、「……のために」価値有る事物であると同時に、代替不可能で唯一絶対の無限に価値〈有〉るものとして顕現する。最早「無」価値なものなど一つも無い。そこでは一切の「否定的」行為さえも、絶対〈肯定〉の場から〈有るが儘〉の行為として見られて来る。「有そのもの〈権力への意志〉を評価する〔とは言うが〕、だがこの評価すること自体がやはりこの有なのだ。従って我々が否を言うとしても、それでもやはり我々は我々の有るが儘を行なっているのだ。人は生存を裁くこのような振舞いの馬鹿さ加減を洞察せねばならぬ」（VIII$_2$ 11[96]）。人間が内世界的事物との交渉のみに没頭して〈世界〉が本来〈無〉で〈有〉るということを隠蔽・忘却すること、これが潜在的ニヒリズムである。本来世界が〈無〉価値であるからこそ、〈無〉は「有」価値連関の日常世界に埋没した自己喪失的自己への否定として、差し当っては「無」価値・「無駄」のニヒリズムとして現れうるのである。畢竟、「一切の価値の価値転換」とは「ニヒリズムの自己超克」に即応して、実体化・対象化された従来の「価値」の有り方から、〈有即無〉（権力への意志）を有る脱―実体化された〈無〉価値という有り方への転換である。価値投企は〈無〉価値を基盤とした〈価値〉投企たるべきこと、価値とは端的に〈無〉価値で有ること、これこそニーチェが言わんとしていることである。

ニーチェに顕現した〈世界〉即〈無〉の覚こそ、包括的価値連関として一元化された現代「世界」を打破しうる可能性を示していると筆者は考える。だがそのような覚は何故、いかにして有るのか。こう問うても一切は〈何故無しに〉〈有る〉が故に、〈有〉を因果関係から客観的に根拠づけることはできぬ。〈有即無〉は意識化・対象化を常にはみ出している。では時節到来して至ると言う他は無いのか。

註

（1）M. Heidegger: Nietzsche. 2 Bde.（1961）[3], II 50, 98.

（2）N II 336.

（3）N II 338.

（4）Ders.: Über den Humanismus（1949）, 35.

（5）N II 339.

（6）詳細は、本書「ニーチェ哲学と死の問題」を参照のこと。

（7）『道元禅師全集』（筑摩書房、一九六九年）上巻、三八九頁。

（8）ブーバーによる他者の絶対的他者性の指摘は重要ではあるが、「原距離化」を前提した後にそれを「関係参入への意志」で満たすという彼の所説（vgl. M. Buber: Urdistanz und Beziehung（1950））には問題がある。そもそも距離化は日常的関係性が徹底的に否定された〈無〉の自覚において初めて生じるはずであり、しかもそれは自己の絶対的に個なることの自覚及び有るもの一切の相依相属の覚（本文後述）と相即であると私は考えている。本書「マルティン・ブーバーにおける〈間〉の生起」を併読のこと。

（9）この点を看過するとニーチェ哲学に矛盾・断絶を看ることになる。従来の解釈殆ど全てがそうである。また永劫回帰説には機械論、権力への意志には目的論を看て両者を批判し、生成の無垢・遊戯のみをニーチェ哲学の（しかも充分に展開されぬままに終わった）核心だと決めつけるスタンボー説（J. Stambaugh: Thoughts on the innocence of becoming, in: Nietzsche-Studien Bd. 14（1985）, 164-178）はニーチェの中心諸思想の緊密な相互連関を看過している。このことはＥ・フィンクの解釈にも或る程度言える。

（10）H. G. Gadamer: Wahrheit und Methode（1976）[4], 286.

（11）W. Müller-Lauter: Nietzsches Lehre vom Willen zur Macht, in: N-Studien Bd. 3（1974）; R. H. Grimm: Nietzsche's theory of knowledge (1977); J. Figl: Interpretation als philosophisches Prinzip (1982) など。

(12) Gadamer: a. a. O. 233.

小論は本書「ニーチェとニヒリズム——P・ブールジェとF・ニーチェのニヒリズム理解をめぐって」と対を成すものであり、後者はニーチェによるニヒリズム概念の受容および彼独自の概念形成の過程を文献学的にかなり詳細に跡づけた論文であるから、小論の理解のためにも併読していただきたい。

ニーチェにおける時間の根源への問い

一　問題

ニーチェには時間論が有るわけでもないし、それを構築せんとする意図があったわけでもない。だがこの事は、彼が時間を不問に付したという事では全くない。むしろ彼は「生成」「力」「生起」「権力への意志」「永劫回帰」などという形で、時間の本質を問うたのである。小論の課題は、ニーチェが最終的に到達した〈瞬間〉の現成という事柄を時間の根源として露わならしめる事にある。

時間は古来哲学上の難問の一つである。我々は時計を使用し、また「時間が有る」とか「無い」とか言う。だが、「時間とはそもそも何か」と問うや否や、時間の自明性は消え失せ、一連の問題が立ち現れる。即ち、時間は「有るもの」なのか否か、主観的か客観的か、測定可能か否か、有限か無限か、連続か非連続か、可逆的か不可逆的か、直線か円環か等々。今それらを詳しく検討している暇はない。そこで我々としては、先ず極めて常識的な時間理解の描写から始め、論の展開と共にそれらの諸問題に言及することにする。

時間とは、一般的には、時計使用に端的に現れている如く、またアリストテレスが「前と後に関しての運動の数[1]」と定義した如く、量的に測定可能で、同質的な「数の単位[2]」としての「点」的「今」（νῦν[3]）の直線的・連続的継起である。

しかもそれは専ら現在を中心として理解され、各々の「現在」が「未だ現在で無い」未来から「もはや現在で無い」過去へと転がり入る不可逆的な流れとして、自然科学的・日常的に因果的必然性そのものの表現とされる。この未来と過去はその「無い」が物語るように、共に「現在の不在」で有り、現在もまた直に現在で無くなる以上は「不在の現在」[4]で有って、各々真の意味で「現在する」「有る」ものとは言えない。従って時間はその移ろい易さ故に、「永遠の現在」「止まれる今」(nunc stans)としての無時間的な「永遠」「存在」と対照・対立させられ、時間的世界は諸行無常の「生成」世界として価値的に低位の存在領域と見なされる。

さて、ニーチェにおける時間問題を論じるには「権力への意志」と「永劫回帰」両説の連関を問わねばならない。というのも両者間には一見しただけで矛盾があるように思われるからである。周知の通り、ニーチェは「この世界は権力への意志である」(VII_3 38[12])と言う。「意志」と言う以上、これは常識的に見て、未来へと向かう人間の目的志向と類比的な世界把握であろうし、その限り直線的時間を前提しているように思われる。しかし彼は同時にこの世界を「始め無く終わり無く」「永劫に回帰する」「円環」(ibid.)だとも言う。時間が直線的であると同時に円環だなどということが有り得ようか。他方、「永劫」回帰という以上、ここには何らかの永遠が思惟されているはずである。だがこれは、彼の徹底的なキリスト教批判を思えば、上述の静的同一性として有る無時間的永遠だとは到底考えられない。ではその永遠とは「時間の無際限の継起[5]」なのだろうか。それは彼が肯定する「大いなる正午」としての〈瞬間〉とどう関わるのか。ニーチェにおいて時間とは、永遠とは何をいうのか。両者はどう関わるのか。

「前後関係(Nacheinander)など問題ではない――そうではなく相入関係(Ineinander)、過程《プロツェス》が問題なのだ、その中で連続する個々の瞬間が原因と結果として相互に条件付け合うのではないような過程が」(VIII_1 2[139])と彼は言う。すると彼は生成の過程を諸瞬間の連続と捉えながら、その連続を、奇妙なことに、前後関係・因果関係という一般的図式で考えているのではないことになる。事実彼は至る所でこれらに疑義を唱えている。だが彼が主張する諸瞬間の「相入関係」としての「過程」とはいかに考えられるべきなのか。ひょっとして彼はこれによって通俗的・伝統的な時間―永遠理解を大きくはみ出してしまっているのではないか。彼自ら認めているように、それはヘラクレイトス、ストアの系譜に連なりつつ、更にはそれをも超えて、東洋的、仏教的時間理解にさえ接近するのではないか。

二 〈かく有った〉――伝統的時間論の素姓

ニーチェはなぜ時間の前後関係・因果関係を拒否するのだろうか。それらが些かも自明ではなく、捏造の産物だからである。しかも彼は伝統的時間論全体を断罪せんとする。だが、それはいかにして捏造されたというのか。

『生に対する歴史の功罪』冒頭は、家畜と子供／人間［大人］との対比を語る。要約しよう。――家畜は、昨日が何か今日が何かを知らず、朝から晩まで毎日、いわば瞬間という杭に繋ぎ留められ、憂愁も倦怠も覚えぬ。家畜は忘却しうるからである。だが忘却しえぬ人間は絶えず過去に拘泥する。彼がいかに速くまた遠くまで走ろうと、鎖も一緒について来る。そして家畜と同様否定すべき過去をもたず、過去と未来という二つの垣根の間で遊ぶ子供も、直にその忘却状態から呼び醒まされて、「かく有った（es war）」という言葉を理解するに至る。この言葉は人間に、彼の生存が結局「決して完成されることなき未完了（ein nie zu vollendendes Imperfectum）」だという事を想起させる（UB: II: III, 244f.）。

家畜と子供において時間を問うことは出来ない。彼らは瞬間に密着し、過去も未来ももたぬから。単なる今連続は未だ何ら時間ではない。時間が始まるのは、その流れが分断され、しかる後にその断片が過―現―未の「鎖」として繋がれるときである。それは「かく有った」の成立による、と言われる。これは何を意味するのか。「瞬間は忽然と現れ、忽然と去り、前は無、後も無、しかもなお幽霊として再来し（wiederkommt）、後の瞬間の平安をかき乱す。時間という巻物から絶えず一枚の紙が剥がれ、ひらりと落ちて飛び去る――そして突然人間の懐に再び舞い戻る（wieder zurückflattert）（ibid.）。即ち、「かく有った」は瞬間が過ぎ去るだけでなく、「再来する」「再び舞い戻る」ことによって初めて生じるという事である。そして瞬間が再来する先は、それが過ぎ去ったと気づかれる現在をおいて他に無い。このように、「かく有った」は常に〈過ぎ去り〉と〈再び〉の両契機を含む。全く孤立した過去などない。もしあればそれは現在と全く識別できまい。過去は再現されて初めて過去であるのであって、その限り過去は常に既に現在との関係において生じる。「かく有った」は〈かつての現在が現在する過去として再現する〉に他ならない。従ってニーチェの言う「かく有った」は時間の単なる個別的一規定〔過去〕ではなく、〈もはや今でない〉の必然的関与に基づく時間成立そのものの機構を含意している、と言える。するとこの事態は、過―現―未の時間の鎖の不可逆的前後関係が、いわば〈時間の逆転〉とその忘却に基づくことを意味していないか。だがそれだけなら現在を中心に据える伝統的時間論の理を確認しただけではないか。

だが彼は、この〈時間の逆転〉の隠蔽・忘却こそが従来の一切の世界解釈の根底たることを暴露し、現在中心の時間論の素姓を暴く。

まず因果律への信仰が解明される。「夢の中でまず大砲の発射に対して原因が捜し求められ、その後漸く発射音が聞かれるように（即ち或る種の時間―逆転（Zeit-Umkehrung）が生じる。この時間逆転は覚醒時にも常に生じる。「原因」が「行為」後に想像される。……）。我々は原因無しには何も信ぜぬよう何としっかり躾けられていることか……。我々は大砲の発射がいかにして生じたかの可能性を考え出して初めてその発射を承認する。即ち全ての実際の体験には、体験されるべき事象が動機付けられる時間が先行する。この事は全神経の、全筋肉の、運動の場合にも妥当しよう。即ち、全てのいわゆる知覚には、事象が意識に「入る」前にそれを肯定あるいは否定する或る種の判断がある」（VII$_3$ 26［35］）。

このように彼は因果律が〈時間逆転〉・「原因と結果を混同する錯誤」（GD: VI$_3$ 83）、厳密には因果そのものの捏造の結果と捉える。だがなぜ――この問いからして既にそうだ――原因・動機・根拠への欲求は我々の生存条件をなすほど根強いのだろうか。「原因と結果への信仰は諸本能の中で最も強力な、復讐（Rache）の本能に根差す」（VII$_1$ 12［1］

124）と彼は言う。これはどういうことか。——復讐の本能・怨恨感情《ルサンチマン》は、不足・損失に苦しむ苦悩者、つまり損失を補い、自己の全体性を回復せんとしている者の本能・感情である。苦が耐え難いのは「苦そのものより、苦の無意味さ」（GM: VI_2 320）である。そこで彼は、苦しむには苦しむだけの意味・理由があるはずだと思い、「原因」「加害者」（ibid. 391）を捜す。その「必然的な方向」は「外」（ibid. 285）である。ところが外への捌け口をもたぬ全本能は、自己自身に刃向かうようになり（「内面化」）、かくして人間の最も癒し難い病気である「人間の人間への苦悩、自己自身への苦悩」即ち「良心の呵責」（ibid. 339）が生じる。またこの人間の自己分裂と共に行為・作用が二重化し、行為・作用の原因として「責任を負うべき」主体、即ち自我・精神・意志・意識、更には原子までもが捏造される（GD: VI_3 84f.）。復讐の本能・根拠（原因）への欲求・責任付与の一体性が理解されよう。

　だが、自己分裂状態にある苦悩者において、欠損（苦）はいかにして補われ（癒され）、自己の全体性はいかにして回復されるのか。欠損（苦）の根拠・原因をもはや外界に求めえぬ以上どこに捜し求められるのか。それは自己の内部の外、〈過去〉をおいて他にはない。

　ところで〈かく有った〉が今の流れを止めるのだった。そしてこれが〈人間〉の、〈時間〉の始まりなのだった。〈かく有った〉は〈過ぎ去り〉〈再び〉両契機の統一であり、これをニーチェは〈時間逆転〉と呼んだ。〈かく有った〉とは〈かつての現在が現在する過去として再現すること〉であり、それ故〈現在〉が中心に置かれた。だがこの事は時間が〈現在〉から始まることを意味するだろうか。否。なぜなら、人は〈かく有る〉現在の根拠を捜し求め、その根拠が見出されたそのとき初めて〈現在〉が理解可能なものとして意識されるからである。従って〈かく有った〉とは、厳密に言えば、〈かく有る現在〉と〈かつての現在が現在する過去として再現すること〉との動的統一だと言えよう。[6] 現在の無意識的知覚が現在の外に根拠を捏造し、その捏造物から現在が取り戻されて〈現在〉となる。我々の意識に入るのは時間逆転によって生じたこの最後の姿にすぎず、逆転自身は常に忘却される。それ故〈時間逆転〉とは過去を過去たらしめ、現在を現在たらしめる動きである以上、それは既成の時間秩序の逆転では決してなく、むしろ〈過―現―未〉時間そのものの秩序付けと呼ばれるべきであろう。

ところで〈かく有る〉が己の根拠としての〈かく有った〉を捜し求めるのは、〈かく有る〉現在の欠損を回復せんが為であった。だが、悲しい哉、〈かく有った〉は常に同時に〈もはや無い〉で有る。損失を補わんとしても決してなしえぬ。根拠を欲する復讐の本能・自己分裂した自己は、自己の全体性を回復せんと欲しても常に不首尾に終わるのだ。かくして根拠・原因への意志は、因果の鎖に次々と新たな鎖を継ぎ合わせて尽きることが無い。「〈かく有った〉、意志の歯軋りとその最も孤独な憂愁はかく呼ばれる。為されたことに対して無力なまま、意志は一切の過ぎ去りし事に対し、一人の悪意を抱く傍観者である。意志は立ち戻って意志することはできぬ。時間と時間の欲望とを打破しえぬこと――これが意志の最も孤独な憂愁である」(Za: VI$_1$ 175f.)。「時間が逆流せぬこと、これが意志の憤怒である。〈かく有った事〉――意志が転がしえぬ石はかく呼ばれる」(ibid. 176)。意志は己の意志する事に時間の中では到達することができぬ。常に「あの時間の法則」(ibid.) に従わざるをえぬ。遡りえぬのである。「時間とその〈かく有った〉のとに対する意志の反意志 (Widerwille)、これが、否、これのみが復讐そのものなのだ[7]」(ibid.)。

だが「時間が逆流せぬ」のも、〈かく有った〉に対して「歯軋り」するのも、またそもそも〈かく有った〉自体が有るのも、それは「復讐の精神」(ibid.)、「意志の反意志」即ち〈根拠への欲求〉自身がそう有るからではないか。自業自得ではないか。それ故、〈過去の救済〉は断じて〈かく有った〉の救済、〈かく有った〉との和解ではありえない。救済は、〈かく有った〉そのものの超克として初めて生起する事柄である。ともあれ、人間と共に始まる〈かく有った〉という言葉が、人間に彼の生存が〈決して完成されることなき未完了〉だと想起させると言われたが、それは正に、今連続の三次元的で不可逆的な伝統的時間が客観的では決してなく、「反意志」即ち「己に―反する―意志」(VII$_1$ 17[10]) の捏造物に他ならぬことを意味している。とは言え、これは時間が主観的であることをも意味しない。主観も、意識も常に

〈生起〉に遅れてやって来るのだから。そして時間の計測可能性に関しても、「数」自体が「反意志」の捏造による以上同断である。但し、ここで捏造とは勝手気儘に拵え上げるということでは決してない。そして「反意志」が従来の人間自身で有る限り、我々は「時間の中に」有るのではなく、我々自身が上述のような時間捏造で有る。そこでは「重要事が常に忘却されている、即ち生起そのものが」(VIII$_3$ 14[81])。

三　永劫回帰の時間

いよいよ我々は、上述の時間には常に隠蔽され、しかも同時にその根底を成す〈生起そのもの〉の時間に移ろう。それは根拠・意味への欲求が本能的に直面するのを回避する、即ち過—現—未以前の、意識以前の、主客未分の時間、それ故対象的に知られることの本来有りえない、襲い来たるものを受け止めて耐忍する以外に手の無い、いわば裸形の時間である。ニーチェにおいてこの時間は〈永劫回帰〉の時間として受け止められた。

一八八一年八月初めにニーチェに到来した永劫回帰思想とは、一言で言えば〈一切の事物が、大小悉く、同じ通りに、同じ順序で、無数度回帰する〉という思想である。この思想は「仏教のヨーロッパ的形態」(VIII$_1$ 5[71])とも呼ばれるように、ニーチェ版〈生死輪廻説〉である。但し「ヨーロッパ的」と限定付きなのは、ショーペンハウアー的仏教理解の制約下にあった彼が、大乗仏教の〈生死即涅槃〉を知らず、仏教とは涅槃を生死輪廻の外にそれを究極的に否定する「無への終末」「終極目標」(ibid.)として立てる宗教だ、と誤解したことを示している。「だが全体の外には何も有りはしない」(GD: VI$_3$ 90)。ニーチェからすれば、仏教とは違って、自分の永劫回帰説には厳密な無始無終の堂々巡りの円環世界以外の何も無い、一切の逃げ場は無い、その点で自分の方が徹底していると言いたいのだ。従って、一切の有ったし、有るし、有るだろう諸事物が相互に絡み合って厳密に同じ順序で回帰する、このような永劫回帰の世界において、人は何度生まれ変わろうと、またしても同じ生を他の一切の事物との厳密に同じ関係において生きねばならず、また既に死んだ通りの同じ死を、またしても同じ脈絡で無数度死なねばならぬ。従って永劫回帰の世界において、死はそのうち未来からやって来る生の終わりでも、また己が死ねば己に死そのものも無くなってしまうのでもなく、既に無数度死なれたものとして、生の刻々が死の現前である。それ故、自己の有限性は単に始め［過去］と終わり［未来］をもつ有限的なものという表象に尽きてしまいはしない。永劫回帰の耐忍は徹底的な有限性の自覚、生の直中での死の現前の無限反復、生死の劫火に焼かれることだと言える。だからこそ、この死である生はニーチェにおいて、生存の「無駄」、「無（〈無意味な〉事）が永劫に！」（VIII$_1$ 5[71]）、「吐き気、吐き気、吐き気」（Za: VI$_1$ 271）という痛烈な苦を伴うのである。

以上を世界円環の外から観想者が漏らす言と解してはならぬ。ニーチェ自身永劫回帰を「一切の可能な仮説のうち最も科学的なもの」（VIII$_1$ 5[71]）と呼んで証明を試みたにせよ、それは飽くまで世界が「平衡状態」（VIII$_3$ 14[188] 他）に到達することはないという自分の確信を証すために過ぎなかった。[8] 実際彼は著作では一度もその証明を披瀝してはいない。それ故、永劫回帰は事実か否か、事実だとすれば人間にどう影響するか、などという問いからして本末転倒である。というのも、永劫回帰は根拠不足だというより、既に根拠への問いからの接近が拒まれているのである。それは証明も反証もできぬ。これを試みる者は回帰世界の円環外に立ち、それを空間的に表象しうる無世界的主観を前提する限り、所詮は傍観者に過ぎぬ。我々は常に既に必然的な世界生起に参入させられているのだ。「人は必然的に有り、一片の宿命であり、全体に属し、全体の中に有る」（GD: VI$_3$ 90）。それ故永劫回帰の世界円環は表象の円環ではなく、関与の円環と理解されるべきである。即ち一切の諸事物（ニーチェは「力」「権力への意志」「権力量子（Machtquantum）」と呼ぶ）の相互関係から独立自存し、その「中」に諸力が有ったり無かったり、その「中」で諸力が変化したりするような、そういう一種の容器、「〈空虚な〉空間」（VII$_3$ 38[12]）として世界円環が有るのではない。また権力量子の相互関係も決して自己同一的・恒常的実体の離合集散なのではない。権力量子とは「それが働きかけ、抵抗する当の作用」（VIII$_3$

14[79]）に他ならず、また「権力への意志は諸々の抵抗に突き当たってのみ発現しうる」（VIII$_2$ 9[151]）以上、諸力相互の支配－抵抗－作用とは別に権力への意志なる物が有るのでもない。このように永劫回帰の円環世界は同時に権力への意志の世界なのであって、しかも「「変化」が〔力の〕本質に属している、それ故時間性（Zeitlichkeit）も」（VII$_3$ 35[55]）と言われる以上、この世界は、時間的に有る諸力の必然的な諸相互作用が織り成す円環的時間＝世界なのである。尤も、力（権力への意志）の時間性は未だ無規定的であり、力（諸事物、特に人間）の時間性と世界＝時間との関わり、また反意志と権力への意志との関わりがいかに理解されるべきかは、次節を待たねばならない。

　さて、以上の考究から永劫回帰の時間の諸性格を纏めてみよう。まず第一に、それは無限に長い時間〔永劫〕、無始無終の円環的時間〔回帰〕である。これは神の世界創造と共に時間が始まり、最後の審判で時間が終わるとするキリスト教的直線的時間の破壊である。永劫回帰が「神の死」によって招来された「ニヒリズムの最も極端な形」（VIII$_1$ 5[71]）である以上それは当然とも言える。それ故、「永劫」とは、プラトン的イデアの、キリスト教的神の超時間的「永遠」を意味しない。それはニーチェにとって、裸形の時間に耐ええぬ苦悩者が時間の彼岸に捏造した「背後世界」にすぎぬ。第二に、それは無根拠・無目的で、過－現－未の区別をもたない一次元的動きである。過去が未来から到来し、未来が過去から戻り来る。中心は至る所に有る。それ故、過去という根拠、未来という目的を何らもたぬ現在は一義的意味をもちえず、中心的座から転落する。また、終末論を構想しようと、苦なる世界からの意志の滅却による解脱を説こうと、ヘーゲルの如く「過程」「生成」における「精神」の自己実現を信じようと（vgl. VIII$_1$ 2[165]）、進歩観を奉じようと、未来における目的到達への願望は皆、根拠・原因への欲求と根は同じで、無意味な時間からの逃避である。「原因への信仰は目的への信仰と共に崩壊する」（VIII$_1$ 2[83]）。ニーチェは目的論を容赦なく攻撃する。「現在の事が未来の事の為に、あるいは過去の事が現在の事の為に是認されるのであっては断じてならぬ」（VIII$_2$ 11[72]）。仮に世界に合目的性が認めうるように見えるにせよ、それは「諸権力領域の秩序と戯れ合いの一表現に過ぎない」（VIII$_2$ 9[91]）。

そして第三に、「同一事物」の永劫回帰の時間は、一切の時間的に有る諸事物（諸力）相互の必然的関係が円環を成す〈一即多〉の世界＝生起＝時間である（vgl. VII_3 38[12]）。そこでは一一の事物が他の一切に必然的に関係し、他の一切が一を必然物に規定する。即ち一切が緊密に繋がっている。「人間存在の運命性は、有ったもの、有るであろうもの一切の運命性から解き放たれえない」（GD: VI_3 90）。自己は独立自存せず、自己で無いものによって初めて自己で有る。自己の有の根底には常に無が有る。[9] ニーチェが有（生）における無（死）の無限回帰に直面して「無駄だ」と叫んだのも、その苦が彼一個人の苦ではなく、世界大の生死輪廻の苦（一切皆苦）だったからであろう。だが、ここで突然一大転換が生じる。

四　時間の根源

この転換は永劫回帰の自己転換、即ち「ニヒリズムの最も極端な形」から「運命愛」への転換である。転換と共に世界時間の根源も顕現する。だが運命愛とは何か。「人間のもつ偉大さを表す我が定式は運命愛である。即ち、人は何事も別様に有つことを意志せぬこと、前にも、後にも、永劫にわたって意志せぬこと、必然的な事を単に耐え忍ぶだけでなく、まして隠匿するのでもなく……それを愛することである」（EH: VI_3 295）。

永劫回帰と運命愛との両者において共に〈一切は必然的だ〉と言われる。そこには「最小の裂け目」しかないように見える。がそれは「最も橋渡しし難い」（Za: VI_1 268）。それは絶対否定と絶対肯定との両極の裂け目だからである。だがそれはいかにして超えられるのか。その超え行きにおいて〈必然的な事〉即ち〈運命〉はどうその相貌を変えるのか。

永劫回帰は一切が必然的に絡み合う世界全体の生死輪廻の苦であった。だが世界全体の生を死の相の下に見、生死を不断の生即死と捉え、一切を無意味・無目的・無根拠と観るだけでは、未だ無（死）の現実相の把握に留まり、根源相を捉えたことにはならぬ。それは無（死）が今この瞬間の無（死）、あらゆる非連続の瞬間における死に切りなること、生死の本来〈無〉生死なることが真に覚されていないからである。そこでは未だ生死輪廻が厭うべき運命として諦観の対象であり、従って永劫回帰の世界時間は円環、瞬間は点という空間的表象を残している。自己が生死輪廻の運命の一片を成すとは捉ええても、生死の各瞬間が生死輪廻の時間を際断する〈無〉生死の瞬間なること、即ち瞬間は時間がそこから出で、そこへと帰る時間の根源・中心たることの体認が無い。そこには意志の自由と必然性との、自己と世界＝運命との乖離が、従って運命への「否の意志」（VIII$_3$ 16[32]）、出来るなら今までとは別な風に生きたいと願いつつそう有りえない運命を呪うあの復讐の「反意志」の根が有る。ニーチェはこのような乖離を前提する運命論を「トルコ人の運命論」と呼び（MA II: IV$_3$ 218）、自分の永劫回帰説の先駆者に数える「ストア派」（EH: VI$_3$ 311）のマルクス－アウレリウスをも、「万物の無常」を傷む詠嘆者として、自分と対比する（V$_2$ 12[145]）。

　ニーチェはこの否を突き抜け、生死輪廻の運命を一瞬たりとも別様にもつことを意志せず、むしろその苦をも含め、「願わしい事として」（VIII$_3$ 16[32]）愛し、「もし全ての事物が一つの運命なら、私もまた全ての事物にとって運命である」（VII3 29[13]）と語る。ここに、運命愛とは自己即運命なること、問題なのは苦の回避ではなく、苦を己の生の強化への刺激剤として進んで求むべきことが端的に語られている。そして「私はこれを無数度にわたって意志するか？」という「最大の重し」（V$_2$ 11[143]）をこの今の瞬間に肯定し、「あらゆる事が一切と結びついているが故に、ある何かを排除せんとすることは一切を排除せんとすることだ」（VIII$_3$ 14[31]）と語るニーチェにおいて、この瞬間の肯定はあらゆる瞬間の肯定である。「瞬間」という「門道」は「二つの永劫」（過去と未来）、即ち世界時間の発端にして終末なのだ（Vgl. Za: VI$_1$ 195）。しかもあらゆる瞬間が中心であり、中心はどこにでも有る。過去は現在のため、現在は未来のために肯定されてはならぬ。それは過去と未来、従って現在をも瞬間の充実の外に放逐することに他ならぬ。むしろ永劫回帰の世界時間を際断するこの瞬間の中へ一切の過去・現在・未来は収斂し、円融する。「おお我が魂よ――未来と過ぎ去りし事とが汝におけるほど近くに相寄り合っている所がどこに有ろう」（Za: VI$_1$ 275）。この瞬間こそ運命愛の体現される〈大いなる正午〉であり、「南中の瞬間としての〈神〉」(VIII_2 9[8])、キリスト教の神ではない「善悪の彼岸」の「神」を産む「無時間的瞬間(zeitlose Augenblicke)」(VIII_3 17[4])である。それ故運命愛における〈永劫〉とは瞬間の無時間性に他ならず、畢竟、瞬間即永劫であって、この永劫の瞬間こそが時間の無尽蔵の深み、時間の根源そのものなのである。そしてこの瞬間、人間の「絶えざる自己超克」が「私への帰還」(EH: VI_3 274)を果たす。それ故〈超人〉とは、従来の「人間」の根拠・目的を求める有り方を超え出た者、即ち、瞬間現成者と理解されるべきである。そしてこのとき逆に過去・現在・未来は「なぜ」「何のために」の鎖から解放されて、過去は「百もの意味と暗示をもった文書」「多くの未来への道」(VII_1 22[3])、未来への意味付与は過去への意味付与、そして現在は「過去を孕ませ、未来を産む」(VII_1 16[88])瞬間となる。〈過去の救済〉は、「創造的意志」が「一切の〈かく有った〉」を〈だが私はかく有ることを意志したのだ〉へと、更に〈だが私はかく有ることを意志する。かく有ることを意志するだろう〉(Za: VI_1 177)へと変形することによって果たされると言われるとき、この過去はもはや三次元的時間の過去なのではなく、瞬間に円融し瞬間から発現する過去へと変貌している。そしてここでの意志も、現に有たざるものを目的として志向する伝統的概念の意志[反意志]、「精神の三態の変身」(Za: VI_1 25ff.)の「我欲す」ではなく、むしろ超人の権力への意志、即ち瞬間現成、そして「子供」の「我有り」の自由自在な有り方と見るべきであろう。但し、運命愛は、運命を受け止め愛する自己無しには現成せぬにせよ、「我々の魂がたった一度だけでも絃のように幸福の余り震えて音を立てたことが有ったとすれば、この一つの出来事を条件付けるためには、全永劫が必要だったのだ」(VIII_1 7[38])とあるように、一切の事物の相依相属的生起即ち運命の贈りによることを忘れてはならぬ。

さて、永劫回帰の時間は一切の時間的に有る諸力の相互関係が円環を成す〈一即多〉の世界時間なのだった。そして今や力は量的にのみ理解される機械論的な力ではなく、質的な「権力への意志」つまり瞬間現成と理解されねばならない。しかもここで瞬間とは今連続の今のような前後関係をもたず、継起もしない。瞬間は世界時間を際断する「無時間的瞬間」として、時間がそこから出てそこへと帰る時間の中心、過去・現在・未来の円融する時間の根源である。それ故、無始無終の世界時間の一瞬間が一切瞬間を有らしめて世界時間を成すと同時に一切に有らしめられつつ、しかも一一の瞬間が前後際断の瞬間として各々絶対的に時間の中心・根源であって、この時間の根源に立つ超人的自己においてのみ瞬間は連続する。自己転換を果たした永劫回帰において、前節で論じられたあの三つの時間性格もその相貌を変えたことはもはや明瞭だろう。即ち第一に、無限に長い［永劫］時間は、無限に短い、無時間的［永劫］瞬間へと、第二に、無意味・無駄な一次元的動きは、意味の充満せる瞬間における世界時間の円融の動きへと、第三に、諸力の一即多的で必然的な諸相互関係の織りなす世界＝生起＝時間は、「諸瞬間」の〈一瞬間即一切瞬間〉的で必然かつ自在な「相入関係」の世界＝生起＝時間の「過程」へと。人間は諸瞬間現成体から成る時間の海の一波浪として、大いなる遊戯を共に遊戯している。「生成の意義は各瞬間に満たされ、達成され、完了しているに違いない」（VIII_2 11[82]）。「世界はある〈必然的〉かつ〈算定しうる〉経過を辿るが、それは世界を法則が支配しているからではなく、むしろ法則が絶対的に欠けており、各権力が各瞬間に己の最終的帰結を引き出しているからだ」（JGB: VI_2 31）。従って、直線的時間を捏造する人間の日常的有り方である「反意志」も、一つの「権力への意志」で有る限り、常に既に「権力への意志の絶対的瞬間性」（VII_3 40[55]）を有る［有即時］。「決して完成されることなき未完了」も、直線的時間の捏造も、その都度瞬間において「完了」しているのだ。

　ニーチェは、伝統的な現在中心の直線的時間論を徹底的に破壊するのみならず、円環的世界時間という原初的時間を継承しつつ、それを西洋には類例をみない新たな形で思惟した。時間は瞬間現成体としての人間および諸事物の一即一切的相互関係としての世界遊戯から思惟される。キェルケゴールにも時間の内なる「永遠性の原子」たる瞬間という独自な瞬間論があるが、絶対的な「外」から意味付けられている限り、未だ不徹底なように思われる。ニーチェの時間理解は瞬間の重視と瞬間の遍在を説く点で、むしろ仏教、特に中国華厳宗第三祖、法蔵の「十世」という思惟[10]、つまり三世（過去・現在・未来）の各々が三世を含む「九世」と、これらをその都度瞬間的に内に集めて統一する「一念」との相即相入の思惟に類似しているように思われるし、また同様に、道元禅師の「而今」と「経歴」という思惟[11]にも接近しているように思われる。今はただ指摘のみに留めざるを得ない。

註

（1）Physica, 219b2.
（2）ibid., 220a3.
（3）ibid., 220a10.
（4）Augustinus: Confessiones XI 11.
（5）Hobbes: Leviathan IV 46.
（6）Vgl. J. Stambaugh: The Problem of Time in Nietzsche, 1987, S. 73.
（7）この一文を引用してハイデガーが、ニーチェは〈かく有った〉によっていわゆる過去ではなく、時間の「全時間的本質」を特徴付けている、と語るのは正しい。Vgl. M. Heidegger: Was heißt Denken? 1971, S. 40. だがこの事は、後述の通り、ニーチェが（ハイデガーの解釈に反して）伝統的な今連続の時間を踏襲していたことを何ら意味しない。
（8）Vgl. M. Bauer: Zur Genealogie von Nietzsches Kraftbegriff, Nietzsches Auseinandersetzung mit J. G. Vogt, (Nietzsche-Studien Bd. 13), 1984, S. 211ff.
（9）無と一即一切については、本書「いかにして世界は本来有るところのものに成るか」を参照のこと。
（10）『華厳五教章』（鎌田茂雄国訳、大蔵出版、一九七九年）義理分斉、十玄縁起十世隔法異成門、参照。
（11）『正法眼蔵』「有時」巻、参照。

「神の知的愛」と「運命愛」

――スピノザとニーチェにおける必然性概念

一　課題・観点・方法

スピノザとニーチェの如く、時代・伝統はもとより、哲学的方法も叙述の形式も、要するに殆ど何らの共通点も見出せぬ二人の思想家を比較する場合、先ず問題となるのは、両者の何を、いかなる観点から、いかなる仕方で比較するかであろう。これらあらゆる点での両者の相違にもかかわらず、これまで両者の類似性が指摘されなかったわけではない、否、むしろ指摘されるのが常であった。だがそれとても大抵の場合、哲学的基調がどことなく似ているという読者の側の漠然とした印象であるか、それとも、表題に掲げた二つのラテン語（Amor Dei intellectualis, Amor fati）の類似から来る勝手な連想にすぎなかった。踏み込んだ議論としては、管見するところW・S・ヴルツァー著『ニーチェとスピノザ』[1]有るのみであり、そこにF・カウルバッハの『ニーチェとモナド論的思想』[2]とG・アーベル著『ニーチェ』の一節「スピノザとの対決」[3]が加わる程度というのがスピノザ－ニーチェ関係研究の現状である。この三者のうち、ヴルツァーとカウルバッハとの両者は、関心の在り処も、それゆえ観点ないし方法もかなり異なる。アーベルの論は、論文構成の制約上致し方の無いことだが、これら両者の折衷あるいは総合となっている。

「神即自然」の「汎神論」あるいは「全一論」で知られるスピノザ主義が、生前ばかりでなく死後も長く唯物論・無神論の汚名を着せられて、スピノザの信奉者レッシングの言によれば「死せる犬」の如くに扱われていたこと、しかし漸く一八世紀末に至り、即ち、スピノザ主義を無神論・運命論と論難する一方で、同時にまた首尾一貫した稀有の合理主義的体系と評価しもするヤコービ、彼のメンデルスゾーン宛書簡『スピノザの学説について』（一七八五年）の出版に端を発する「汎神論論争」によって、一躍脚光を浴びるに至ったこと、これらは周知の通りである。また、この論争がハーマン、ヘルダー、カント、フィヒテ、ゲーテ等、当時の名だたる思想家・著述家を巻き込み、シュライアーマッハー、シェリング、ヘーゲル等ばかりでなく、その後の思想家達にも大きな影響を与えたこと、これも哲学史の常識と言ってよい。したがってスピノザ―ニーチェ関係をこの汎神論論争の伝統の中に置き入れてみること、あるいは同じことだが、カウルバッハの言うように「ニーチェをスピノザとライプニッツとの媒介の大いなる試みという伝統の中に引き入れようとすること」(4)は、確かに興味深く、また重要な試みであろう。筆者も既に、概括的にではあるが、文献的に跡づけたことがある。(5)だがこのような試みは、ともすれば論者自身のスピノザ観とニーチェ観との恣意的で外面的な比較に堕する危険を伴う。では、これとは対照的に、ヴルツァーの如く、先ずはクロノローギッシュに、ニーチェのスピノザ言及箇所のほぼ全部を、しかもニーチェがスピノザについてもち得た情報源を可能な限り徹底的に洗い出しつつ、時期を幾つかの段階に分けて各時期の特徴を論じ、次いで、両者の哲学的基礎、思惟と身体、コナートゥス（欲）と力への意志、善悪、同情、そして運命愛と神の知的愛などの類似していそうな項目を選び出し、その項目ごとに両哲学の思想を別個に論じた後で両者の類似点と相違点とを論じるというような、半ば内在的、半ば外在的な研究が望ましいのであろうか。本稿はそのような包括的な比較の場でもないし、筆者の関心もそこには無い。本稿の意図するところは、このような両者の類似点を枚挙しつつ比較するといった方法によっては往々にして取り逃され勝ちな、〈核心〉目掛けて求心的に突進することである。ではその核心とは何を意味するのか。それは、ニーチェという星がスピノザという星に最も接近し、瞬時に遠ざかる限界点、あの「星の友情」（FW: V_2 203）の在り処、つまり一切の類似と相違との窮まる処を意味する。独創的であることを運命づけられたニーチェには、自分に極度に近いと感じた類縁者の中にこそ敢えて遠さを、疎遠な部分を見出そうとする志向が顕著である。そうしてこそ最も自己に固有な思惟の事柄が露わになるからだ。ショーペンハウアーに対する、そしてヴァーグナーに対する彼のあの態度もそうではなかっただろうか。筆者はそういう事例を、他にもエマーソンおよびブールジェに対するニーチェの関わり方について既に論じたことがある。[6] スピノザにおいてニーチェが見出した〈近さの中の遠さ〉、つまりスピノザへのアンビヴァレンツを浮彫りにすること、これが本稿の当面の課題である。そして最終課題がニーチェ固有の思惟の事柄を露わならしめることにあることは言うまでもない。

二　近さ

ニーチェが生涯を通じてスピノザの原典を通読したか否か、確たる証拠は何も無いが、ともかく彼がスピノザ哲学の全体系に初めて触れたのは一八八一年七月末だということは判っている。同年七月八日、彼はバーゼルの友人オーファーベックに宛て、シールス・マリーアの自分の元にクーノ・フィッシャー著『近代哲学史』第二巻『デカルト学派。スピノザの生涯・著作・学説』いわゆる『スピノザ・ブーフ』[7]、この七〇〇頁にもなろうかという今日なお学術的価値を失わぬスピノザ便覧とも言うべき名著を送ってくれるよう依頼した。[8] 七月二三日、未だ届かず。[9] だが七月三〇日のオーファーベック宛葉書から、既にこの日には同書を読了していたらしいことが知られる。[10] ニーチェ－スピノザ関係が実質的に始まるのはこの時以後、しかも専らフィッシャー上掲書を介してである。

だがこのことは、彼がそれ以前スピノザについて何も知らなかったということでは無論ない。ニーチェのスピノザ言及は七二年夏－七三年初頭執筆の断片 III_4 19[47] に始まり、八一年七月までたった九回あるだけだが、六〇年代から七〇年代初め、既に彼はショーペンハウアー『意志と表象としての世界』（一八一九年）、A・シュピア『思惟と現実性』（一八七三年）等におけるスピノザ言及を熟知していたはずだし、特に、七〇年代半ば頃から交友関係にあったパウル・レー――その著書『道徳的感情の起源』（一八七七年）は、当時「スピノザ主義的」だと見なされていた[11]――の影響の下に、スピノザの学説についてある程度の予備知識をもっていたものと推測される。ここで筆者が八一年以前のニーチェ―スピノザ関係について特に強調しておきたいことは、次の二点である。第一に、スピノザが「知的天才」（MA I: IV$_2$ 149）、「最も純粋な賢者」（ibid. 320）、即ち、自由精神、知的誠実の模範として概ね肯定的な評価を得ていること。第二に、ニーチェはスピノザ自身というより、むしろスピノザがゲーテに与えた影響の方に関心があること[12]（vgl. III$_4$ 19 [47]）、ないし「エピクロスとモンテーニュ、ゲーテとスピノザ、プラトンとルソー、パスカルとショーペンハウアー」(MA II: IV$_3$ 170)、「プラトン、スピノザ、パスカル、ルソー、ゲーテ」(M: V$_1$ 289)、「プラトン、スピノザ、ゲーテ」(ibid. 296) のように、ニーチェが肯定するにせよ否定するにせよ、天才達を列挙するとき、スピノザとゲーテ両者を近親関係で捉えようとしていること、この二点である。

　では八一年七月末、フィッシャー上掲書を読んでニーチェのスピノザ像に何か変化が生じたのだろうか。先の七月三〇日の葉書でニーチェは言う。「全く驚きだ、全く嬉しくなってしまう。私には先駆者がいるのだ。しかも何という先駆者だろう！　私は今までスピノザを知らぬも同然だった。私が今彼を求めたというのは一つの〝本能的行為〟だったのだ。彼の全体的傾向――認識を最も強力な情動とする傾向――が私の傾向と同じであるだけではない。彼の学説の五つの主要な点に私は私自身の姿を見出したのだ。この最も異常で最も孤独な思想家は、まさに以下の事柄において私に最も近いのだ。即ち、彼は意志の自由を否定する――、目的を――、倫理的世界秩序を――、非利己的なものを――、悪を――。勿論相違点はとてつもなく大きいが、これらはむしろ時代や文化や学問上の違いにあるのだ。要するに、極めて高い山に登った時のように、しばしば私を息苦しくしたり、血を流させたりした私の孤独が、少なくとも今は二人連れの孤独なのだ」(KGB: III$_1$ 111)。まさに興奮覚めやらぬ調子である。六月末に出版された『曙光――道徳的先入見についての考察』を繙くなら、ニーチェがまさにこの時期にスピノザを本能的に求めたというのも充分頷きうる。後年ニーチェ自身「この書とともに道徳に対する私の戦闘が始まる」（EH: VI_3 327）と語る『曙光』の箴言群はまさに彼がスピノザに認めたあれら五つの類似点に分類できるほどだからだ。即ち、彼は伝統的道徳つまりキリスト教道徳に対する己の孤独な戦闘の伴侶および先駆者をスピノザに見たのだ。だがそれなら自由精神・知的誠実の模範という以前のスピノザ像がK・フィッシャー読書の成果として個々の点でより鮮明になったとは言え、基本的には何ら変わってはいないのではないか。確かにそうなのだ。

むしろ変化は、その一か月後の八一年八月末の二つの断片 V_2 11［193］［194］から顕著になる。これらの断片は『スピノザ・ブーフ』からの抜き書きに基づく[13]スピノザ批判で埋め尽くされている。要約すればこうなる。――スピノザは言う、「我々の行為は欲望と情動によって規定されている。認識は［行為の］動機となるためには情動でなければならない」と。だが「私は言う、認識は［行為の］動機でありうるためには」スピノザが受動的情動（Passio）として軽んじる「情熱（Leidenschaft）でなければならないと」。スピノザは、情熱は人間同士の分裂・抗争をもたらし、我々の理性こそが我々の最高の力であって、理性においてのみ万人は一致しうる、と言う。「だが私は［言う］。これは全て先入見だと。［人間という］種の理性など決して存在しない、そして闘争と情熱無しでは、一切が弱くなる、人間も社会も」。また、スピノザは「自己保存への欲が一切の徳の前提である」とか、「他の存在者のために自分の存在を保存しようと努める者などいない」とか、「自己保存への欲こそが徳の第一で唯一の基礎である」とか言うが、「これに反対して私は［言う］。利己主義以前のもの、即ち畜群衝動の方が、〝自己―自身を―保存せんと―意志すること〟より古いのだ」（V_2 11［193］）と。そして挙げ句の果てに、スピノザが目的論を批判するときに用いる「無知の避難所（asylum ignorantiae）」[14]という語をスピノザ自身に向けてこう皮肉る、「スピノザ、即ち、無知の避難所としての目的論」（V_2 11［194］）と。敢えてスピノザに言い掛かりを付けようとしているニーチェの姿勢は明瞭だろう。

K・フィッシャー読書の数か月前から、ニーチェはJ・R・マイヤー『熱力学』（一八七四年）、W・ルー『有機体内部における諸部分の闘争』（一八八一年）等の自然科学的文献[15]を読み、ダーウィニズムにおける「生存競争」「種の保存」、あるいは有機体形成における闘争の役割という問題に確かに関心をもってはいた。だがだからと言って、フィッシャー読書の当初から気づいていたはずの相違点をわざわざ一か月後に敢えて書き連ねるというのも妙な話ではないだろうか。ともかくこの時以後、ニーチェのスピノザに対する批判的論調が彼の著作活動の最後（八八年）まで一貫して続くのは事実である。ではニーチェがスピノザに自分の先駆者を認めたというのは、あれは単なる錯覚にすぎなかったというのであろうか。決してそうではない。批判の間に間に、例えば次のような言葉が散見されるからである。八一年秋には「プラトン、パスカル、スピノザ、ゲーテについて語る時、私は彼らの血が私の中にも流れているのを意識する」（V_2 12[52]）とあり、八四年春にも「私の先祖、ヘラクレイトス、エムペドクレス、スピノザ、ゲーテ」（VII_2 25[454]）とある。

　では批判の底に一貫して流れ続けるスピノザへの親近感とは結局スピノザの何に対する親近感なのか。八四年にニーチェはこういう謎めいた言葉を記している。「スピノザの言う神の愛（amor dei）の如きことが再び体験され得たことは、彼の大いなる出来事である。そういう出来事が既に現に有ったのだということについてのタイヒミュラーの嘲笑[16]に反対する！　最も貴い事物が二度現に有るとは、何という幸福！――全て哲学者とは！　それは何かとてつもないことを体験した人間達なのだ」（VII_2 26[416]）[17]。また同時期にこういう断片もある。これは『ツァラトゥストラかく語りき』第一部「三態の変身について」（Za: VI_1 25ff.）を踏まえていると思われる断片なのだが、その第三段階として、「善悪の彼岸。彼は機械論的世界考察を援用し、自分が運命の下に屈服していないと感じる。彼が運命で［を］有る。彼が人間の命運を握っている。／ただ少数の者達にとってのみ。大多数の者達は既に第二の道で没落しているであろう。プラトン、スピノザは？　ひょっとして成功した？」（VII_2 26[48]）。もう明らかだろう。ニーチェが、最も貴い出来事が再び体験された、と語るとき、最初はスピノザの神の知的愛、二度めは自分の運命愛だ、と言いたいのだ。そしてこのことと次の言葉、「スピノザに関するゲーテの言葉を聞け。それは己の観察と探究の内に安らぎと幸福を見出すために、万物と生とを神化せんとする意志。……ゲーテには一種のほとんど嬉しげで、信頼に満ちたとも言えるような運命論がある」（VIII_2 9[197]; vgl. GD: VI_3 145f.）とを突き合わせるなら、ニーチェが終始一貫スピノザとゲーテとを抱き合わせで理解しているのはなぜだったかも理解される。即ち、一切を神的と見なすスピノザ－ゲーテの汎神論、あるいは必然性への愛、これこそニーチェがスピノザに最初から予感し、後にはっきりと認めるに至った〈近さ〉なのだ。

だが、それならなぜ八一年八月に、ニーチェは急にスピノザに対して言い掛かりをつけ始めるのか。七月と八月との僅か一か月弱の間に、ニーチェに何が起こったというのか。八一年八月初め、彼にあの〈永劫回帰思想〉が到来したのだ。彼は思想到来直後にこう記している。「新しい重し、即ち、同じ事の永劫回帰。一切の来たるべきものにとって、我々の知・迷い・我々の習慣・生き方がもつ無限の重要性」（V_2 11[141]）、あるいはまた「〝だが一切が必然的だとしたら、私はどうやって自分の行為を意のままにし得るというのか？〟この思想と信仰とは、他の一切の重しと並んで、否、それ以上に汝にのしかかる重しである」（V_2 11[143]）。このようにニーチェは、己にとって楽しく好ましい事ばかりでなく、苦痛で醜い事も、要するに、有りとあらゆる事が、現にそう有るのと寸分違わず、必然的に、しかも無数度繰り返すというこの思想ないし信仰を、〈生存の意味への問い〉として受容した。この最も極端なペシミズムを肯定しうるか、それとも呪詛して逃避を企てるか、これがニーチェに突きつけられた問いだったということは、「最大の重し、――或る日もしくは或る夜、デーモンが……」で始まるあの有名な箴言（FW: V_2 250）からしても明らかである。「運命愛」という語が著作上初めて登場するのは八二年出版の『悦ばしき知識』（FW: V_2 201）であるとしても、遺稿・書簡を含めた最初の用例はそれに先立つこと半年前の八一年秋のこと、つまり永劫回帰到来直後である（vgl. V_2 15[20]）。この語がスピノザの「神の知的愛」という先例を踏まえているだろうことは、先に引用したあの謎めいた言葉からいっても、想像に難くない。スピノザとニーチェはこれら二つの〈必然性への愛〉ないしその前提たる〈神即自然の汎神論〉と〈永劫回帰説〉とにおいて限り無く接近する。だがニーチェはその近さの窮みにおいてスピノザから離れて行く。自分に近ければ近いほど最小の違いにも彼は気づかざるを得ないのである。そして以後全てのスピノザ批判はそこを源として流れて行く。神の知的愛と運命愛、この二つの言葉こそ、スピノザとニーチェの〈近さの中の遠さ〉を物語る言葉である。そして、そのニーチェの微妙な、しかし決定的な態度の変化を最も良く示しているのが、あの有名な断片、「一八八七年六月一〇日」の日付をもつ「レンツァーハイデ」草稿（VIII, 5[71]）である。では、両者の〈近さの中の遠さ〉とはいかなるものであろうか。その前に我々はスピノザの哲学体系を概観しておかねばならぬ。

三　神即自然と神の知的愛

スピノザ哲学の目標は、初期の『神、人間およびその幸福についての短論文』の表題からも明らかなように、神の認識および神との合一における人間の幸福にあった。これは主著『エティカ』までほぼ一貫している。最終目標は人間の幸福にあるとして、スピノザ哲学全体を支える根本洞察とは何であろうか。K・フィッシャーは言う。「諸物の永遠の秩序（ewige Ordnung）および諸物の一なること（Einheit）への洞察、これこそスピノザの生涯と思惟全体を占有しているテーマである(18)」と。

では、永遠なるものとは何か。神の本性から必然的に生じるものである。では必然的、したがってまた自由とは何か、神とは何か。神とは無限の属性から成る実体である。では実体とは何か。属性とは、様態とは。実体とは、それ自身において有り、それ自身によって把握されるもの、即ち、他のものによって把握される必要の無い、他のものによって限定されざるものである。したがって、それ自身において有る実体は、自己自身の原因であり、これに対し、他によって限定されるものは有限的である。それゆえ、実体概念は、自己原因（根源性）と有限性という両概念の説明を予め必要とする(19)。諸物の永遠性への洞察に導かれた『エティカ』の叙述が「自己原因（causa sui）」から始まる所以である。その際スピノザもまた哲学に数学的方法を応用したデカルトの先例に倣って、最も確実な命題から幾何学的論証によって一切を演繹せんとする。即ち、「自己原因とは、その本質が存在を含むもの、即ちその本性が存在するとしか考えられぬもの、と解する」[20]以下、有限性、実体、属性、様態、神、必然と自由、永遠性、これら八つの定義から出発し、次に公理を立て、これらの基礎から幾多の定理を順次論理的に演繹するという方法である。

さて、スピノザにおいて神は唯一の実体にして自己原因である以上、神無くしては何も有り得ず、一切は神の内に有りかつ神から生じる。万物は神という実体の変様、即ち様態に他ならず、神とその様態以外には何も無い［神とその様態の外には無が有る］のであるから、神は万物の「作用因（causa efficiens）」「第一原因（causa prima）」[21]だということになる。だが、神はいかにして万物を生ぜしめるのであろうか。神は己以外に何らの原因ももたぬ以上、他の何ものにも強制されて働くことが無い。それゆえ神は「自由原因（causa libera）」[22]とも呼ばれる。だがここで、自由とは単なる恣意を意味しない。神はただ己の本性の必然性のみによって働くからである。神において自由と必然とは一致する。他による強制を「外的必然性」と呼ぶならば、この自由即必然の「神的必然性」はスピノザによって「永遠性」[23]という語で言い表される。それゆえ彼は神の自由意志や世界創造という従来の考え方を、神の目的論的解釈として断固拒否する。なぜなら神の本性に意志が属するなら、神が行為において理想として則り、あるいは一定の目的としてそれに向かって努力する或るものを己の外にもつことになるが、これは不条理だし、また神が現に有る世界とは別の世界をも創造し得たとするなら、この世界の創造を神は決意したことになるが、この場合にはこの決意の「以前」と「以後」が有ることになり、これは神の「永遠性」と「完全性」に反するからである。[24]神を人間との類比で考えてはならない。「神の本性には知性も意志も属さない」[25]のである。それゆえまた神の働きは善悪無記である。かくして万物は神の働きによって必然的に生じるのであり、偶然的なものは何一つ存在しない。このように神と諸物とは因果関係にあるわけだが、もとよりこれは有限的諸物相互の時間的因果ではなく、永遠から永遠に亙って生起する超時間的・論理的因果である。物は神を離れて有るのでも、神は物の超越因なのでもなく、物は恰も三角形の本性から内角の和の二直角なることが帰結するように[26]神の内的必然性によって有る。それゆえ神と世界とは決して切り離し得ない。神は世界の「内在因[27]」として「能産的自然」と呼ばれ、また神の様態の総体たる世界は「所産的自然」と呼ばれる[28]。そして原因としての能産的自然と作用および結果としての所産的自然とは等しいと見なされる。これこそ「神即自然（deus sive natura）[29]」のスピノザ的汎神論である。ここでは「神概念が完全に自然化されている[30]」。

さて、神は無限の属性から成る実体だと言われていた。属性とは「知性が実体についてその本質を成すと認識するもの」と定義される[31]。この神の無限の属性のうち我々人間には「思惟」と「延長」の二つしか知り得ない。この両属性は相互に全く本質を異にし、互いに独立しているとスピノザは考える。ところで個物の世界は神の「様態」であったが、様態は思惟と延長の両属性から生じるがゆえに、各々独立的に精神界と物体界を形成している。ただし、属性が神の永遠の本質なのに対し、様態は単に神の限定・変様にすぎない以上、個々の精神も物体も有限的・時間的・可変的、要するに偶然的である。とは言え、有限的諸物は神の様態であり、神は己自身の内的必然性によって働くのであるから、偶然的と見えるものも結局は神から発する厳密な因果系列の内に有る。それゆえ世界には本当は何らの偶然も恣意も無い。一切の事物の生成消滅は神の必然性によって決定されているのである。そしてこの因果必然性を悟らずして「神の意志、即ち無知の避難所」へ逃げ込むことをスピノザは厳しく戒める。自然現象のみならず、精神現象もまたこの機械論的因果の理法を免れ得ない。人間の自由意志など存在しない。人間が己の自由意志から行為すると思い込むのは、己を行為へと決定する原因を悟らざるためである。

ところで思惟と延長の両属性が相互独立的である以上、様態の二つの領域も相互作用をもち得ないはずである。思惟の様態は他の思惟の様態のみを原因とし、延長の様態は他の延長の様態のみを原因とする。しかも各々無限の時間的因果系列を成し、両因果系列には相互交流は無い。しかるにスピノザは、思惟と延長とは唯一の実体の両属性であるから、精神と物体の両様態の因果系列は同一の因果系列の両面に他ならぬと見なす。「観念の秩序と連関は物の秩序と連関と同一である」[32]と彼は言う。いわゆる物心並行論である。

では、このような決定論的世界において、人間はいかに有り、何をなすべきなのだろうか。人間の精神と身体との間に相互関係が無いのは物心並行論からの当然の帰結である。スピノザは、精神とは身体の観念に他ならないと言う。[33]即ち、彼は精神と身体とを、観念（idea）と観念の対象（ideatum）との対応関係で捉えるのである。思惟の諸相のうちでも特に観念を中心に据えるところに、デカルト主義の継承者スピノザの理性に対する絶対の信頼が現れているのだが、しかし人間の本性は認識作用のみに尽きはしない。彼が倫理および幸福の考察を目指す以上、人間の情動をも考察せねばならぬのは当然である。かくしてこれら認識論と情動論の両者が彼の人間論の二本の柱を成す。

先ず、認識論について。スピノザは三種類の認識を挙げる。[34]第一は、単なる風聞・意見に基づく「想像力（imaginatio）」、第二に、事物の特質について、共通観念あるいは十全な（明晰判明な）観念をもつ「理性（ratio）」、そして第三種の認識として最も確実な「直覚知（scientia intuitiva）」である。このうち第一種の認識はいわゆる感性的認識作用であって、混濁した不明晰な知識しか与えず、虚偽のもとである。それゆえ認識としては何の価値も無い。これに対し、第二種・第三種の認識は真・偽の区別、真・偽の十全なる観念を有する。先ず、「事物を偶然としてではなく、必然として観想することが理性の本性に属する」[35]とか、「事物を永遠の相の下に（sub specie quandan aeternitatis）覚知する」[36]とか言われるように、各々の事物の内に有る共通観念（思惟と延長）を基に全てを必然的な因果連関の下で理解するのが理性である。それは事物の十全な認識であり、我々は事物の十全な観念をもつ。だが理性は未だ究極ではない。なぜなら、理性は己の依拠する共通観念の根源、自然の因果必然性の根源を未だ知り得ないからである。共通観念とは神の属性であり、自然の因果必然性の根源は神の本性の必然性である。かくして理性が己の根源を覚知すれば、全てを神へと立ち帰って認識することになる。だがこれはもはや理性ではなく、第三種の認識即ち直覚知である。直覚知は「神の諸々の属性の形相的本質の十全な認識から、事物の本質の十全なる認識に進む[37]」と言われる。この時「我々の精神はそれ自身および身体を永遠の相の下に認識する限り、必然的に神の認識を有し、また自ら神の中に有り、神によって考えられることを知る[38]」。直覚知とは、神と精神との神秘的合一に基づく諸事物の本質の絶対的認識、神の完全性・必然性・永遠性の認識だと言えよう。

次に、情動論について。「情動（affectus）とは、我々の身体の活動能力を増大あるいは減少し、促進あるいは阻害する身体的変様、また同時にその観念[39]」と定義される。基本的情動としては「喜び」「悲しみ」「欲望」が挙げられる。そしてこの区別の基準は、「欲（conatus）」つまり「自己の存在に固執せんと欲すること[40]」ないし「自己保存への欲[41]」に置かれる。「欲」は全ての様態の、即ち全ての「事物の現実的本質[42]」であり、単に他から己を護ろうとする消極的な欲だけでなく、生存の肯定への欲という積極性をも併せもち、この欲の増大・促進の場合には「喜び」が、減少・阻害の場合には「悲しみ」が生じる、とされる。また「欲望」とは、言わば意識的な欲そのもの、つまり自己保存欲である。以上を情動の価値的性格ないし機能による区別付けとするなら、原因による区別付けも論じられる。即ち、事物とその観念を原因とする「受動［情熱］（passio）」と、我々自身がその原因である自発的な「能動（actio）」との両者である。前者は、外的原因に左右されるために不十全な観念に他ならないから、人間の幸福および徳（＝力）の実現にとっては克服の対象と見なさざるを得ない。ではその克服はいかにしてなされうるのであろうか。情動は反対の、しかもより強力な情動によって必然的に抑制されるとスピノザは考える。それゆえ能動的情動で、しかも自己保存欲を増大する最も強力な善き情動によってこそ、一切の悪しき情動は抑制され、かくして人間的生の目標たる至福も達せられるはずである。ところで人間の本質は、事物の本質を、永遠の相の下に認識するところに有り、そして認識の最上位に位するのは神の永遠性の認識としての直覚知であった。これこそ人間精神の最高の欲であり、これによってこそ有限な人間は最高の喜びの情動において、神の永遠性と自由とに与かることができると同時に、このような状態の原因である「神に対する愛

(Amor erga Deum)[43]」を生ずる。「愛」とは「外部の原因の観念」つまりここでは神の観念を伴う「喜び[44]」だからである。だがこの神に対する愛も、神の無限の愛の一部に他ならない。神は我々の神への愛において、その様態たる人間精神の内の、永遠な部分としての知性を通して、永遠に己自身を愛するのである。かくして神への愛は、神の愛、「神の知的愛(Amor Dei intellectualis)[45]」と呼ばれる。即ちこの神の(*Dei*)という属格は、補足語的属格[神を]であるとともに主語的属格[神が]でもあって、神は知的愛の対象かつ主体なのである。しかも神への愛は人間同士を結合させ、人間を最も内的一致へともたらす。それゆえ神の知的愛は、人間相互の愛であり、これはまた人間に対する神の愛でもある。ただしこれは人間の愛に対する神の側からする愛し返し・報いとしての愛などではない。かくして神の知的愛は、神に対する人間の愛、神の自己愛、人間に対する神の愛のトリアーデを成す。これこそ人間の「至福(beatitudo)」、精神の最高の自由であるとスピノザは考える。

四　近さの中の遠さ

K・フィッシャーはこう述べている。「スピノザの観方においては、現に有るのとは別様に有るもの、また有るべきものなど何も無い。それに、ひとが本気で笑ったり、泣いたり、憤激したりしうるものも何も無い。これまでスピノザのあの力強い言葉、〝ひとは人間の行為を嘆き、笑い、憎むのではなく、認識するのでなければならぬ[46]〟という言葉を口真似した者は数多いが、彼のようにその言葉通りのことを履行した者はいない。あらゆる事物はそれぞれの有り方において完全である、なぜならそれは必然的であるから。あらゆる行為はそれぞれの仕方において善である、なぜならそれは現に有るのと別様には有り得ぬからである[47]」と。

ニーチェは言う。「人間のもつ偉大さを表す私の定式は運命愛(Amor fati)である。即ち、人間は何事も別様に持つことを意志せぬこと、前にも、後にも、永劫に亘って意志せぬこと、必然的なことを単に耐え忍ぶだけでなく、まして隠匿するのでもなく、……愛することである」(EH: VI_3 295) と。

スピノザ的汎神論を概観した我々は、今や一層明瞭にスピノザとニーチェとの近さに気づかざるを得ない。彼らはいずれも、普通人のように現に有る世界の中から自分に不都合なものは除外し、自分に好ましい部分だけを肯定する者達ではない。このような現実の二分化から帰結するのはせいぜい次の二つのこと、即ち、自由意志を信じて現実に反抗するが、結局は思い通りに事が運ばぬことを思い知らされて意志の不自由をかこつか、それとも、最初から、現実は人間の自由意志とは何の関わりもなく動いていると達観あるいは諦観してしまうか、のどちらかであろう。このような通常の運命論（ニーチェの言う「トルコ人の運命論」）の根本的錯誤は、「人間と運命」とを対置・分離する点にある（vgl. MA II: IV_3 218)。これに対し、スピノザもニーチェも、自己自身が常に既にその中に巻き込まれ、その一部を成してしまっている世界＝運命＝全体を考えている。ニーチェはこれを「ロシア的運命論」と呼ぶ。つまり「自己自身を一個の運命の如く受け取り、自分が〝別様で〟有ろうなどと欲しないこと」(EH: VI_3 271)、即ち〈自己即運命〉ないし〈自由即必然〉。そして、別様には有り得ぬ世界全体の有るが儘の肯定[48]、〈万物の絶対的必然性〉の是認、ここにスピノザとニーチェとの〈近さ〉は窮まる。

だが、ニーチェはこの近さの窮みにおいてスピノザから離れて行く。我々はその消息を「レンツァーハイデ」草稿に認めうる。「ヨーロッパのニヒリズム」という表題をもつ全一六節のこの長い遺稿断片において、ニーチェはヨーロッパの歴史全体をニヒリズムの運動と捉える。即ち、ニヒリズムの病根はキリスト教道徳および神という極端な仮説に認め得るが、その仮説なることが露見し、道徳が崩壊すると、生存の無意味・無駄が現れる。現代的ニヒリズムである。ニーチェはこの病を最極端にまでもたらし、苦悩し抜いた後、それからの回癒ないし克服を示唆する。この草稿は以上のような道程を示した重要な遺稿だが、その全体の一つの頂点を成す第七節・第八節（実質的には第七節のみ）にスピノザが登場する。第六節で、生存が有るが儘に、意味も目的も無く、不可避的に回帰し、無への終末も無い、「永劫回帰」、即ち無（無意味な事）が永劫に！ というこのニヒリズムの最極端な形式が述べられた後、いよいよ第七節が始まる。「すると、ここでは汎神論と張り合おうと努められているのだということが解る。というのも、〝一切は完全、神的、永遠だ〟もまた同様に〝永劫回帰〟への信仰へとひとを強いるからだ。問題。道徳と一緒に万物に対するこの汎神論的肯定の立場もまた不可能にされているのだろうか。根本においてはただ道徳的な神が超克されただけではないか。〝善悪の彼岸〟に立つ神なるものを想定することに意味は有るか。この意味での汎神論は可能だろうか。我々は目的表象を過程から取り除いても、それでもやはり過程を肯定するだろうか。——そうであるのは、その過程内部の或る事が、その過程のあらゆる瞬間（Moment）に到達［達成］される——しかも常に同じ事が——場合だろう。／スピノザはこのような肯定的立場を勝ち取ったのだが、それはあらゆる瞬間が論理的必然性なるものをもつ限りにおいてであった。そして彼は己の論理的な根本本能によって、そのような世界状態に勝利したのである」（VIII, 5[71]）。

ここに我々はスピノザの汎神論を自分の永劫回帰説にできるだけ引きつけ、肯定的に評価しようとしているニーチェの態度を認めうるだろう。肯定的評価とは次の点である。スピノザ哲学は、（1）万物への肯定的立場であること、（2）キリスト教の道徳的神を超克したこと、（3）善悪の彼岸、即ち道徳の外に立つ汎神論であること、（4）目的表象の無い世界をあらゆる瞬間に肯定すること、これら四点である。しかしより重要なのは、スピノザ汎神論も「永劫回帰への信仰へとひとを強いる」と言われていることである。つまりニーチェは、目的論を排除し、厳密な必然性を説くスピノザの神即自然の汎神論が、世界過程内部において常に同じ事があらゆる瞬間に到達されるという自分の永劫回帰説に、当然行き着くはずだ、事実行き着いてもいる、と考えているのである。だが更に重要なことは、スピノザがこの肯定的な立場を勝ち取ったと言えるのも、「あらゆる瞬間が論理的必然性なるものをもつ限りで」なのであって、条件付きでなのだということである。既に見たようにスピノザは確かに論理的である。『エティカ』の正式の表題は『幾何学的秩序に従って論証されたエティカ』であって、しかもスピノザにおいては実体も様態も、要するに一切が論理的に思惟されるだけでなく、現に論理的に有る。そしてその論理性、即ち論理的必然性とは、取りも直さず因果必然性に他ならなかった。つまりスピノザとニーチェとを結ぶのは「論理的」必然性、即ち「因果」必然性である。ところがニーチェは別の箇所でこうも語っているのである。「要するに、因果関係への信仰にひとを向かわせる心理的強制は、意図を持たない生起など表象できないということによるのだ。……原因への信仰は目的への信仰とつるんでいる（スピノザと彼の因果論に反対する）」（VIII_1 2[83]）。するとこうは言えないだろうか。ニーチェは、スピノザ汎神論が己の永劫回帰説に最も同質的なところ、まさにそこに異質なものを感じた、あるいは見ようとしたのだと。換言すれば、ニーチェがスピノザに対して〈近さの中の遠さ〉を見たとすれば、それはまさにスピノザの必然性概念ではなかったかと。そして必然性概念が異なるとすれば、両者の類似した〈必然性への愛〉には、実は大きな裂け目があるのではないかと。

いずれにせよ、ニーチェのスピノザ批判の根は因果必然性に有る。だがこのように言うとすぐ次のような異論が出るだろう。ニーチェのスピノザ批判は多岐に亙るが、それらも皆根は同じなのだろうか。例えばニーチェは「余計な目的論的原理に用心せよ！――自己保存衝動も、そういったものの一つだ（これはスピノザの不首尾一貫性のお陰だ――）」(JGB: VI_2 22) などと言っているが、この目的論批判も因果論批判から出てくると言うのだろうか。もしそうならそれは目的論批判が機械論批判から出てくると言うのと同じで不可解なことではないか、と。だが先に引用された記述の中に「原因への信仰は目的への信仰とつるんでいる」という言葉があったことを想起されたい。ニーチェは因果論と目的論との素姓は、実は同じだ、と言いたいのである。だからこそニーチェは、因果論に基づいて目的論を徹底的に拒否したスピノザになおも隠れた目的論を嗅ぎつけるのだ。ここで思い出すのは、八一年八月のあのスピノザへの皮肉「スピノザ、即ち、無知の避難所としての目的論」という表現である。ニーチェは永劫回帰思想到来直後から、自分の思想とスピノザ汎神論とが必然性理解の点で異質だということを既に直感していたのではないだろうか。

ともかく因果論と目的論との共通の素姓をニーチェがどう看破するかを見てみよう。

ニーチェは、因果関係は一種の「時間の逆転」(VII$_3$ 26[35])、換言すれば「原因と結果とを混同する錯誤」(GD: VI$_3$ 83) によって生じると言う。誰しもが原因が先で結果が後で、しかも原因から結果が生じると考えている。ところが実際は逆だと彼は言う。即ち、何かが生起する、ないし体験される。しかる後に我々はその事が、いかにまたなぜ生起したのか、その原因・理由・動機を捜す。そうして何か特定の事象を探索し終えた後に、初めてそれを時間的前後関係に従って、先のものを原因、後のものを結果と見なし、こうして原因と結果とが連結されて、ここにいわゆる因果関係が生じる。だから実際は原因が結果であり、結果が原因なのであって、因果関係は何ら事実ではなく、むしろ遠近法的偽造ないし信仰なのである。だがなぜこの信仰は我々の生存条件を成すほど根強いのか。ニーチェはこれが「復讐 (Rache) の本能」(VII$_1$ 12[1] 124) から来ると言う。復讐心は本来有るべきものの欠乏・損失に悩み、その損失を補填して、有るべき自己の全体性を回復しようとする苦悩者の根本本能である。しかもその際、苦そのものが耐え難いのではなく、「苦の無意味」(GM: VI$_2$ 320) が耐え難いのである。確かに苦の意味・理由が解れば苦の大部分は耐えられたも同然ではなかろうか。そこで苦悩者は現在の自分に苦をもたらした加害者・責任を負うべき相手、つまり原因を自分の「外」に求めて復讐を果たそうとする。だが外への捌け口をもたない場合、本能は自己自身に内向し、自己分裂を引き起こす。この場合、苦の原因はどこに捜し求められるのだろうか。それは自己の内の外、つまり過去以外には無い。だが損失を補填しようにも過去は常に既にもはや無い。復讐しようにも仕様が無い。「時間とその〝かく有りき (es war)〟とに対する敵意、これが、否、これのみが復讐そのものなのだ」(Za: VI$_1$ 176)。ではそのとき復讐はどうなるだろうか。三つの可能性が考えられる。一つは、原因と結果とをただ次々と繋ぎ合わせて行く限り無き欲求不満、しかしこれは結局不可能である。二つは、眼を手つかずの可能性の領野としての未来に転じて、いつかは損失回復という目的が達成されると願望すること、もう一つは、時間の彼岸に超時間的永遠、つまり背後世界を捏造して自己の救済が果たされると願望することである。第二・第三は、いずれにせよ、現在の生存に充実を覚えない苦悩者の復讐欲から来る願望の投影にすぎない。以上のことから、目的への欲求と原因・根拠への欲求とは同一の本能から来ているというニーチェの主張が理解されただろう。

因果論の素姓が以上のようなものであるとしたら、ニーチェはどのようにスピノザ批判を展開するのであろうか。その具体相を見ることによってニーチェのスピノザからの〈遠ざかり〉を浮き彫りにすることにしよう。

ニーチェは「自己原因（causa sui）というものはこれまでに考え出された最良の自己－矛盾（Selbst-Widerspruch）であり、一種の論理的暴行にして不自然である」と述べ、それは「自分の髪の毛を掴んで無の沼から我が身を助け出そうとするミュンヒハウゼン顔負けの向こう見ず」（JGB: VI_2 29）だと語っている。これは『充足理由律の四つの根について』におけるショーペンハウアーのスピノザ批判を踏まえた表現であることは疑い無い。というのは、ショーペンハウアーは「私からすれば、自己原因とは一種の形容矛盾、後なるものを先とすること、無限な因果連鎖を断ち切れという不遜なる厳命としか見えない」と述べた後で、「ミュンヒハウゼン男爵」の先の例を挙げ、「自己原因こそまさにこれと同じだ」と記しているからである[49]。ショーペンハウアーのスピノザ批判の論旨は明瞭である。スピノザは認識根拠と原因とを混同している、あるいは、原因と言うからには無限遡行するはずなのに自己原因をもって因果連鎖の始まりとするのは矛盾だ、というのである。これに対してニーチェは敢えて「自己－矛盾」と評している。つまりショーペンハウアーとは眼の付け所が若干違うのである。ではどこが自己－矛盾だというのであろうか。ここで我々はこの「自己－矛盾」が連字符で繋がれていることを見落としてはならぬであろう。なぜなら、先述の通り、「原因」とは本質的に〈自己の外〉であり、自己分裂、即ち〈自己に－抗言すること〉だからである。したがって、スピノザが「神は万物の内在因であって、超越因ではない[50]」と力説しても、原因そのものが自己を自己自身の外に立てることであらざるを得ぬ以上、スピノザの神はスピノザ自身の主張に反して、本質的に超越神だということになるのである。ニーチェが「どこかしらやはり世界は、昔から愛されてきた、無限で、無限定的で－創造的な神に等しく、――どこかにやはり〝昔の神はなお生きている〝と信じたがる一種の憧憬——〝神即自然〟（スピノザは〝自然即神〟とさえ感じたのだが——）という言葉に表現されているスピノザのあの憧憬」と語り、その憧憬を「世界の無目標性をさえ……またしても意図だと想定する」目的論的習慣の根強さと結び付けるとき（vgl. VII_3 36[15]）、ニーチェは、創造神・人格神・超越神を否定して神を徹底的に自然化したスピノザ汎神論になお残存する目的論的残滓を看破しているのである。

　このようなスピノザの彼岸への憧憬、背後世界の捏造をニーチェが最も強く批判するのは、スピノザの認識論および情動論である。そもそもスピノザの前提は「様態は実体の内に有るが、実体はその様態の内に有るのではない[51]」というものであって、この前提からすれば、本来、有限な様態の因果系列を無限に辿って行っても決して神に至ることは有り得ない。それにもかかわらず、神の知的愛が物語るように、人間精神は直覚知によって神の永遠性と自由に与かりうるとされる。それは「人間精神は身体とともに完全には破壊されず、その中の永遠な或るものが残る[52]」からだ、と言われる。この点を捉えてニーチェは言う、「認識者としての自己を神的と感じたスピノザ」（FW: V_2 80）、あるいは「スピノザは全てを絶対的に認識したと信じた」（VIII_1 7[4]）と。また、K・フィッシャー『スピノザ・ブーフ』からのニーチェの抜き書きにはこうある。「喜びが永遠になるのは、私が世界を私の所有物に、そして一切を私のものに変え、こうした私の全てについて、いつでも〝私とともに持っている〟と言いうるときである」（ibid.）[53]。このようなスピノザの自己絶対化において、神の知的愛とは結局「彼の［スピノザの］知恵への愛」（JGB: VI_2 13）に他ならず、要するに、スピノザにおける神と人間知性の合一は、たとえスピノザが「神の本性には知性も意志も属さない」と言おうと、結局は神の人間化、神の知性化に他ならないのである。事実、スピノザ解釈において屢々上掲引用文との関係で問題とされるように、一方では「思惟は神の属性である、即ち神は思惟する物である[54]」（傍点引用者）とも言われている。この点を捉えてニーチェは言う。「これら形而上学者達がかくも長きに亙って神の周りに蜘蛛の巣を張りめぐらした結果、神は彼らの動きによって催眠術を掛けられ、自ら蜘蛛となり、形而上学者となった。今や神は自分の体内から再び世界を紡ぎ出した

——スピノザの相の下に（sub specie Spinozae）……」、つまり形而上学者自身が「神を支配するようになった」と言うのである（Vgl. AC: VI_3 182）。するとスピノザが思惟と延長の両属性、精神と物体の両様態に相互交流を持たせなかったのも、人間精神の自己絶対化・永遠化を意図してのことだった、というわけである。だがこのような精神の永遠化へと彼を駆り立てているのは何であろうか。それは、「情動」「非合理的なもの・恣意的なもの・偶然的なもの」あるいは「変転や過ぎ去りやすさ」への恐れ（Vgl. VIII_3 18[16]）であり、また「感覚」への恐れ（FW: V_2 306）である。このような情動への極度の恐れゆえに、スピノザは「脱感性化（Entsinnlichung）」即ち感覚排除を遂行して行く。「諸君はスピノザのような人物においてさえ、何か深く謎めいた、無気味なところを感じるのではないか？……その背後に、長い間隠れていた吸血鬼のような者、つまり感覚を手始めとして、ついには骨と骨の鳴る音しか残さぬ者のいることを何となく感じるのではないか？——私はカテゴリー、公式、言葉のことを指しているのだ。（なぜなら、敢えて言うなら、スピノザで残ったもの、即ち神の知的愛は骨の鳴る音であって、それ以上の何でもないからだ！　何が愛であるか、何が神であるか、それらに血の一滴も通っていないならば？……）」（ibid.）。「有るが儘の世界に満足しようとする試み」である「スピノザ主義」は、以上の如く「幸福と認識とを素朴に依存関係にあるとする」が、このような「オプティミズムへの意志の表現から、当人が深く苦悩しているということが露見する」（VIII_1 2[131]）と、ニーチェは喝破する。即ち、直覚知および理性を重視し、感性的認識を軽んじるスピノザの認識論は深い苦悩の産物に他ならず、また最高の喜びを神の知的愛に認める彼の情動論は情動への復讐に他ならぬ、と言うのである。

それゆえニーチェが、自己保存は目的などではない、それは生の高揚・促進、彼自身の言葉で言えば、〈力への意志〉の結果に過ぎぬ、という批判を繰り返すとき、たとえスピノザの真意が単なる自己保存のコナートゥスの現状維持にではなく、その増大・高揚にあったとしても、その目指すところが神の知的愛の静けさ・安息に有る限り、自己保存は目的でなくて一体何だというのであろうか。ニーチェが「自己保存についてのスピノザの命題に従えば、本来は変化の停止が起こらざるを得なかっただろう」（VIII_3 14[121]）と言うのはそのためである。

ではニーチェは自分とスピノザの二つの愛、必然性への愛の裂け目をどこに見たのか。これを端的に表現したのは、「スピノザに寄す」という一篇の詩であろう。

〝一切の内なる一〟に愛もて対《むか》へば
知性より来る、至福なる、神の愛――
靴を脱げ！　三重に聖き土地なるぞ！――
されど、この愛の下に燃え広がれるは
無気味に燃ゆる復讐の火（Rachebrand）。
――ユダヤ人の神を蝕めるはユダヤ人の憎悪！――
――隠者よ、我は汝を看破しつるや？
（VII_3 28[49]）

ここにもまた「復讐」が登場する。復讐とは、時間と〈かく有りき〉（過去）への復讐に他ならなかった。畢竟、ニーチェとスピノザの二つの愛の裂け目とは〈時間〉への問いなのである。ニーチェの思惟の根本には時間への問いが有る。それゆえ我々が、因果必然性ならざる必然性、ニーチェ的必然性とはいかなるものであるかを問う場合、我々は時間への問いから、したがって因果的な時の前後関係を否定し去る永劫回帰思想から問わねばならない。そして永劫回帰の「永劫」はスピノザ的「永遠」とどう違うのかも。

五　ニーチェの思惟の事柄

ニーチェは言う、「永遠に同じ儘留まるものの価値（スピノザの素朴さ、同様にデカルトの素朴さを見よ）に反対して、最も短いものと最も過ぎ去り易いものの価値、即ち生という蛇の腹にきらめく誘惑的な黄金の閃光」（VIII_2 29[26]）と。ここにはニーチェのスピノザへの訣別から己自身に固有な思惟の事柄への帰入が暗示されている。だがそれはいかなる意味においてなのであろうか。

ニーチェによれば、スピノザが永遠不変なるものに価値を置いたのは生生流転、無常、不信や不幸に満ちた現にかく有るこの生に充実を感じ得ず、むしろそれを呪い、かくして自己の生の欠損を補い、自己の有るべき全体性を回復せんと欲して、生への呪いからの救済の根拠と目的を実体（神）に求めたからである。しかもその際、スピノザは感性的情動を排除し、知性を絶対化することによって人間知性の永遠性を確保し、そこから身を翻してこの永遠性を実体（神）に逆投影する。かくして神即自然の内在性の哲学は構築されるに至った。したがって、スピノザ的〈有るが儘〉の肯定とは、変転・無常の否定に基づく〈有るが儘〉であって、ニーチェからすれば、スピノザの因果論および自己保存説は、即今当処の生の充溢・肯定を意志しつつ果たさず、自己の外（たとえそれが自己の内の外であろうと）に生の意味・根拠・原因を求める苦悩者スピノザの〈自己－外化〉、したがって即今当処そのものの自己分裂の結果に他ならない。

だが、当のニーチェはどうなのか。彼はスピノザとは反対に、「力に充ち溢れ、遊戯的な有り方をする者は、まさに情動と不条理と変転とを、それらの帰結たる危険、差異、没落等ともろともに、幸福主義的な意味で是認するであろう」（VIII_3 18[16]）と言う。

ところで、自己保存へのコナートゥスもまた本来はそこから発現しつつ、そしてその本来性を全うし得ず、却ってその結果として現象するにすぎぬような根源的生の動向、つまり絶えず自己を高揚・強化せんとする自発的力、換言すれば、即今当処の充実・肯定への意志をニーチェは〈力への意志〉と呼ぶ。端的に言えば、力への意志とは、本来有るところの自己に成らんとする人間の根本動向、即ち〈自己−超克 Selbst-Überwindung〉に他ならない。したがって、苦悩者が己の生の損失を補填しようとして背後世界を捏造するのも、過去に対して怨恨を抱き、復讐せんと欲するのも、根源的には人間が自己自身で有らんと欲するがゆえに、即ち、力への意志で有るがゆえになのである。しかし、力への意志は人間の根本動向であるばかりでなく、世界全体の根本動向に他ならない。ニーチェは語る、「この世界は力への意志で有る——そしてそれ以外の何ものでも無い！ (*und nichts außerdem!*) そして汝らもまたこの力への意志で有る——そしてそれ以外の何ものでも無い！」(VII_3 38[12]) と。ただしここで注意されるべきことは、人間というもの、世界というものが先ず有って、しかる後に力への意志というものを持つのでも、また、力というものを意志というものが欲求するのでもなく、更には自己というものが自己というものを超克するのでもない、ということである。ニーチェは世界を諸々の力への意志（力・力量子 (Machtquantum) などとも呼ぶ）の諸相互作用の連関全体として捉えるのだが、それら力への意志・力・力量子そして自己とは、原子でも個体でも自我でもなく、要するに独立自存する自己同一的・実体的存在者では何らない。力への意志・力・自己は他との絶えざる相依相属関係においてのみ有る動きそのものであって、他己が無ければ自己も無い。自己が自己で有るのは自己で無いものによってであり、言わば自性即無自性なのである。その限りでニーチェは「限定は否定である」というスピノザの命題を受け容れるだろう。ただしそれは、スピノザの様態相互の関係のように、自己（他己）が他己（自己）を原因として生じた結果だというのではない。自己（他己）には初めから他己（自己）が関わり込んでいるのである。ニーチェにおいて有の根底には常に無が有る。これは重要な洞察である。このことは一体何を意味するのであろうか。

有（存在）全体への問いを己の哲学的課題として立てる者は、常に同時に無への問いに突き当たっている。スピノザ、ニーチェの両者も同様である。スピノザにおいては、実体（神）とその様態以外には何も無い(55)、即ち、その外は無、という形で。ニーチェにおいては、世界は力への意志で有る、それ以外の何ものでも無い（*nichts außerdem!*）、即ち、その外は無、という形で。だがスピノザは己の突き当たっているはずの無への問いを容易に無視あるいは忘却する。即ち、彼は「或る本性の存在の部分的否定」である「有限で有ること」[56]に対して、無限定ないし「無限で有ること」つまり「何らの否定も包含し無い」[57]それの「絶対的肯定」[58]へと向かうのみなのである。スピノザにおいて、無は有の端的な外である。これに対して、ニーチェはどう語るか。「この世界、これは力の怪物だ。始め無く終わり無く、青銅の如く堅き力の量で、増大すること無く、減少することも無い。……己の限界としての〝無〟に取り囲まれ、消滅したり濫費されて無くなることも無く、さりとて無限に延長しているのでも無く、一定の［規定された］力として一定の空間を占めている。故にどこか〝空虚な〟空間を占めているのでは無い。むしろ至る所で力として、諸力と諸力波の戯れとして、一にして同時に〝多〟……己の中に荒れ狂い潮を満たす諸力の海だ」（VII_3 38）。そしてこの断片は上掲の「この世界は力への意志で有る——そしてその外は無！　そして汝ら自身もこの力への意志で有る——そしてその外は無！」で締めくくられている。何という〈無〉(nicht, nichts, un-, ohne) の氾濫！　あるいはこうもある。「ひとは必然的で有り、一片の運命で有り、全体に属し、全体の中に有る——我々の有（Sein）を裁き、測り、比較し、断罪しうるような何も無い［無が有る（es gibt Nichts）］……しかし全体の外には何も無い！［全体の外には無が有る！（*Aber es gibt Nichts ausserdem Ganzen!*）］」（GB: VI_3 90）。このように、ニーチェは全体の外に無が有ると考えるだけでなく、全体が無の中に有り、全体が無に徹底的に浸透されて有る、と考える。したがってニーチェ的世界は、スピノザ的実体の如き無限の有に取り囲まれた閉じた全体ではない。無に取り囲まれた全体として一方では閉じながら、他方、無との同一性において常に開かれた全体である。即ち、世界は内外を絶している。したがってまた、世界は無限の有によって限定されているがゆえに有限だというのでもない。ニーチェ的世界は徹頭徹尾有限なのである。彼自身、世界とは「ある有限で、規定された、不変的に等しい大きさの力」（VII_3 36[15]）だと述べる。なるほど、ニーチェにおいても無限性が問題にならないわけではない。しかしそれは有限性の端的な外としての無限性ではなく、むしろ、そのような無限性によって搦め取られたり、それによって初めて意味付けられたりすることのないような有限性の限り無さ、即ち〈有限性の無限性〉と考えられねばならない。ともあれ、ニーチェにおいて、無は有のただ中にある。したがって無は或る種の総合概念だと言える。このような〈有即無〉こそが諸力の有り方であり、また諸力の相依相属的生起としての世界の有り方なのである。力への意志とはこの〈有即無〉という動向そのものに他ならない。

以上のことから重要な帰結が導かれる。スピノザとニーチェの両哲学はともに、否、少なくともスピノザに関しては〈全一論 All-Eins-Lehre〉の名称で呼ばれてきた。だが両者においてその形態は全く異なっている。スピノザにおいては、全（様態）は一（実体）の内に有る、とは言えるが、一は全の内に有る、とは言えない。これは既に見た通りである。「スピノザの全—一の存在論においては、多の要素ではない一と、多の要素である全との間に、因果的内在という一義的な存在論的落差が支配している[59]」、即ち、「スピノザの全—一論は、多が一から究極的に根拠付けられるという仕方で、多を正当化する理念以外の何ものでもない[60]」。スピノザ的全一論がこのような形態を取らざるを得ぬのは、その「一」が有るもの「全体」を有機化する唯一絶対の超越的原理として、とは言えキリスト教の超越神のようにではなく、むしろ全体の「外」に言わば全体を包む被膜として存在するような一であるからに他ならない。このような一切の有るものの根拠としての「一」という世界外に有るものの認識を自己の唯一絶対の課題とし、また直覚知によって認識したと確信したスピノザが、その当の「一」がそこにおいて有る〈無〉という場を忘却したのは蓋し当然である。この〈有と認識との一致〉の確信、即ち〈無〉の忘却は人間理性の自己絶対化の裏返しに他ならないからである。神の永遠性と合一した全知なる人間は、そのとき既に有限であることをやめている。ニーチェがこのようなスピノザ的「一」なるものを、願望の形而上学の捏造による彼岸・背後世界として断罪するであろうことは以上からも明らかである。ニーチェにおいては、一切の外が無である限りは、一切即一切であり、かつまた、一切が無に限られて或る纏まった全体を成している限りは、一切即一である。ただし、ニーチェ的「一」とは「有機化と戯れ合い」（VIII, 2[87]）にすぎず、したがって世界が力への意志として一であるにせよ、それは常に既に「諸力と諸力波の戯れ」としての一、即ち差異的諸力の相互関係全体としての一であるにすぎない。それゆえ「諸力の海」として世界は「一にして同時に〝多〟」である。そして「我々自身の内にも事物の内にもそれだけで孤立したものは何一つ無い」（VIII, 7[38]）と語るニーチェの全一論において、有るもの一つ一つが相寄り相俟って一切を有らしめ、一切に有らしめられると同時に、一つ一つがその都度各自性において絶対の一であり、したがってまた一が一切でもある。しかし、ニーチェにおいては、数としての一だの多だのが問題なのではない。真に究竟なるものは、「同時に」つまり「即」「不二」であって、「一」や「多」ではない。ニーチェのいう「一」とは、むしろ「一如」として数からの解放を意味する。そしてまた彼は「即」を離れて「多」くの事物を見ているのでもない。要するに、力への意志説とは、〈一即一切〉〈一切即一〉〈一切即一切〉〈一即一〉の相互に絡み合うニーチェ的全一論に他ならない。まさに重々無尽の縁起・関係性の世界の顕現である。[61]

そして、以上のような〈有即無〉の洞察およびこれと一体を成す〈全一論〉をニーチェにもたらしたものは、〈永劫回帰思想〉即ちニーチェ的時間論[62]であった。

永劫回帰思想を論じる場合何よりも重要なことは、「この思想が私［ニーチェ］に到来した」（EH: VI_3 333）のであって、ニーチェが様々な前提を比較考量した結果として産み出した思想などではないということである。極端に言えば、一切の事物の無目的・無根拠・無意味・無駄を説く永劫回帰思想そのものが、無根拠・無前提・無原因的にニーチェを襲い来たったのである。それゆえ、このように根源的に偶然的なるものは、因果必然性・根拠・意味への問いからの、したがってまた客観的知、そしてこれが通常「知」と等置される限りでは、知の「内」からの接近を始めから拒まれた「外」なるものである。しかし端的に「外」なるものは未だ「内」に対する「外」にすぎない。この思想にはこのような意味での「外」も一切許されていない。永劫回帰は、有と認識との一致を前提とする形而上学の「内」をも「外」をも拒絶する、己自身が無意味・無駄に成り切る他には手の無いような類の思想ないし信仰なのである。

永劫回帰の世界においては、一切の有ったし、有るし、有るだろう物事が、始め無く、終わり無く、厳密に同じ儘、同じ順序で、無数度繰り返す。何をしても無意味・無駄である。生まれたのも無駄なら、生きているのも無駄、死ぬのも無駄である。格別の理由があって生まれたのでも、死んで天国、地獄に行くでも無く、涅槃寂静に至るのでも無い。いっそ死んでしまったらどんなにか楽だろうと思って自殺したとしても、再三再四死んではまたしても生まれ変わるのだから、死んだことにもならない。それゆえ、死という終末、「無へのフィナーレ」も無い（VIII, 5[71]）。一切は偶々生じ、偶々滅する、ただし同一の儘に。そこには何の因果も理由も目的も無い。時間は、一般に理解されているような均質的な「今」連続の直線ではない。直線的時間は、いかに遠くからいかに遠くへと伸びていると考えられようと、それでもやはりどこか遠くに始まりと終わりとを意味の座として設定せざるを得ない。永劫回帰の世界時間においては、未来は同時に過去、過去は同時に未来であって、誕生は未来から至り、死は過去から戻る。しかも一切の事物を措いて他に永遠な時間、無限な空間が有るわけではない。ニュートン的絶対時間・絶対空間など存在しない。一切の事物は「空虚な」〈容器〉としての時間・空間の「内」に有るのではない。一切の事物は、即今当処を措いて他に有りうる場処をもたず、当処にて忽然として起滅する即今（瞬間）そのもので有って、一瞬一瞬この場この場がその都度無に繋がっている。世界で有る〈時—空〉は、諸々の〈即今—当処〉の「相入関係（Ineinander）」（VIII, 2[139]）に他ならない。即ち、諸々の〈時—空—力〉の相互関係が、世界—時—空を形造るのである。そして生まれたからには必ず死なねばならぬ。いつかそのうちどこかで死なねばならぬというのではない。刻々のこの場の生そのものが同時に刻々のこの場の死で有る。しかも、このような生（即）死は現に有るのと別様には有り得ず、同じ生（即）死を無数度繰り返す。無意味・無根拠の永劫回帰の反復、同一事物の永劫回帰とは正に〈有限性の無限性〉の窮みである。

このように永劫回帰の時間とは、まず第一に、無限に長い時間［永劫］にして無始無終の円環的時間［回帰］である。

これは当然キリスト教的有始有終の直線的時間の否定であるとともに、時間の彼岸に有るプラトン的イデアの、キリスト教的神の、スピノザ的実体の「永遠」の否定でもある。したがってニーチェ的「永遠」は、インド思想において極めて長い時間を意味する「劫」およびギリシア的「アイオーン」と類似しており、プラトニズム的―キリスト教的な「永遠」即ち恒常的現前性から区別するためにも、「永劫」と訳し分けられるべきであろう。いずれにせよ、「永劫」に耐え得ぬ苦悩者が時間の彼岸に捏造した背後世界に他ならない。第二に、永劫回帰の時間は、通俗的時間理解における時間の前後関係、したがってまた、それに基づく因果論ないし因果応報の否定である。過去は未来から到来し、未来は過去から戻り来る。奇妙な表現だが、現在は過去にも有るだろうし、未来にも有った。だから、過去は「かつて現在せるも、もはや現在しない現在」で、未来は「未だ現在せざるも、いつか現在する現在」だという現在中心の一般的時間理解は、ここでは通用しない。中心はどこにでもあり、過去―現在―未来という区別付けがそもそも意味を成さないからである。かくして、過去という根拠、未来という目的を何らもたない現在は一義的意味をもちえず、意味の中心の座を喪失する。したがって時間を前後関係で捉える試みの一切は、「昔は良かった」という過去追想、「そのうち事態は好転するだろう」という未来待望、「今のうちに」という刹那的快楽主義をも含めて、全て無根拠・無目的・無意味な時間からの逃避、「無」意味な時間の「有」意味化、裸形の時間の粉飾に他ならない。だが、このような因果的必然性からすれば全く偶然的に見えざるを得ない永劫回帰の時間は、「同一事物の」永劫回帰の時間として、それにもかかわらず厳密に必然的に生起する。一切の事物は無根拠にしてかつ必然的に有る。現に有るのと別様に有り得るものなど何一つとして無い。「人間存在の運命性は、有ったもの、有るであろうもの一切の運命性から解き放たれ得ない」(GD: VI_3 90)。ニーチェ的必然性とは偶然性と必然性との全き同一を意味する。〈必然性〉は因果律・充足理由律以前の場処、無根拠の場処で、無根拠を根拠として言われているのである。我々がこの新しい必然性・偶然性概念への配慮を欠くなら、ニーチェ的世界が、あるときはアポロン的コスモス、あるときはディオニュソス的カオスのように言われ、更には両者の総合統一とさえ語られるとき、全くの矛盾・理解不能だという印象を受けることになるのも当然であろう。我々は自由無き必然性のみの世界にも耐えられないが、その一方で、偶然性を何とかして無矛盾性・必然性の内へと取り込もうと努力し続けるほど、偶然性をも忌避して来たのである。ともあれ、永劫回帰の時間は、第三に、瞬間そのもので有る一切の諸事物（諸力）相互の厳密な必然的関係が円環を形造る〈一即一切〉の世界－時間である。まさに「ニヒリズムの最も極端な形、無（〝無意味な〟こと）が永劫に！」（VIII$_1$ 5[71]）の世界、徹頭徹尾無意味なる時間世界である。

だが、以上はニーチェの思惟へのほんの入口にすぎない。永劫回帰に直面してニーチェが吐き気を覚えたことが示すように、その〈必然性〉は未だ忍従すべく課せられた宿命に留まる。人間は自己が生死輪廻の一部を成すとは捉え得ても、未だ自己を運命そのものと同一化するには至らない。ここには〈必然性〉への「否への意志」（VIII$_3$ 16[32]）が、したがって意志と〈必然性〉との乖離が有る。そこでは無意味・無駄の「無」の絶えざる反復は未だ自己と乖離するものとして対象的・実体的に観られており、即今当処の相入関係の形造る永劫回帰の世界時間は円環、即今当処は点という空間表象を残している。この乖離は、自己自身で有ろうとしつつそう有り得ない自己自身への敵意、自己分裂として、「かく有る」現在の根拠である「かく有りし」過去への復讐と「かく有るべからざる、別様に有るべき」未来の願望との、即ち通俗的時間理解および時間への復讐の根源である。だがニーチェは己に襲い来たり、喉に入り込み、窒息させた永劫回帰思想という「蛇」の頭をあの牧人の如くに噛み切って、遠く彼方へ吐き出す。そして「もはや牧人にあらず、人間にあらず、――一人の変身せる者、光もて囲繞されたる者、呵呵大笑せし者！」（Za: VI$_1$ 197f.）、つまり〈超人〉と成るのである。だが、永劫回帰を噛み切るとは何を意味するのか。それは、生死の各瞬間が生死輪廻の円環時間を際断することを意味する。しかも時間を際断する瞬間とは、〈無〉生死の「無時間的瞬間（zeitlose Augenblicke）」（VIII$_3$ 17[4]）であって、むしろ生死の時間がそこから発現し、そこへと帰入する時間の〈無〉時間的根源にして、かつまた中心でもある。一切はこの瞬間を肯定しうるか否かに掛かっている。なぜなら「あらゆる事物は一切と結び付いているがゆえに、ある何かを排除せんとすることは、一切を排除せんとすることだ」（VIII_3 14[31]）からである。「瞬間」という「門道」こそは、逆向きに走る過去と未来という二筋の道、「二つの永劫」が激突する場処であり（vgl. Za: VI_1 195）、この〈無〉時間的な即今当処を中心として世界−時−空は渦動する。しかも中心たる即今当処は至る所に有り、あらゆる即今当処が時空の原初にして終末である。それゆえ「現在の事が未来の事のために、あるいは過去の事が現在の事のために是認されるのであっては断じてならぬ」（VIII_2 11[72]）。むしろ一切の過去・現在・未来の方こそが、この原初的時空の中へと収斂・円融するのである。この原時空こそは「包括の包括（Umfang der Umfänge）」また「時間の臍帯（Nabelschnur der Zeit）」であって、「おお、我が魂よ、汝より愛の力強く、包容力有り、包括的な魂はどこにも無い！　将来と過ぎ去りしものとが、汝におけるほど近くに相寄っている処がどこに有ろう？」と語られる処に他ならない（vgl. Za: VI_1 275）。この原時空において、いわゆる過去・現在・未来は、却って根拠と目的の連鎖から解き放たれて自由となり、過去は解読を待つ無尽蔵の意味をもつ文書として幾多の将来に開かれ、未来はもはや別様には有り得ぬ変更不可能性という既在の性格を帯び、そして現在はと言えば「過去を孕ませ、未来を産む」（VII_1 16[88]）瞬間へと変貌する。この原時空の身現の時こそ、上述の〈必然性〉という困窮さえもが転ぜられ、「困窮の転換（Wende der Not）」もしくは「運命（Schicksal）」、つまり最もニーチェに固有な《必然性（Notwendigkeit）》が現成する時である。なぜなら、この時、意志（自由）と〈必然性〉との区別は〈無〉根拠となっているからである。人間はもとより一切の有るものは、各々原時空現成体として世界−時−空の海を成すと共に、またその海に立つ波浪として、大いなる世界遊戯を共に遊戯している。ニーチェが「子供は無垢であり、忘却であり、新たな始まり、遊戯、自ずから転がり出でる車輪、初めの動き、聖なる肯定である」（Za: VI_1 27）と言うのも、「成に有の性格を刻印すること——これが最高の力への意志である」とか、「一切が回帰するということは、成の世界が有の世界へと最も極端に接近することである。即ち、考察の絶頂」（VIII_1 7[54]）とかのように、「生成の無垢［無罪］」「力への意志」「超人」「子供」の「我有り」等を語るのも、全て自己が〈有る〉ところのものに〈成る〉自己即運命、その〈運命愛〉の絶対肯定が身現される〈大いなる正午〉、即ち〈無〉時間的原時空の現成からなのである。したがって、力への意志における〈意志〉とは、〈必然的なこと〉という客体を欲する主体でも、目的到達への努力などという通俗的意志概念でもない。むしろ主—客の未だ分たれざる処、またそういう努力がそこから発動する処を指し示す語である。それゆえまた〈運命愛 amor *fati*〉も、〈自己が運命を愛すること〉と〈運命が運命自身を愛すること〉と〈運命が人間を愛すること〉とのトリアーデを表現したものと見るのでなければ、その二重の属格〈運命の〉を捉えたことにはならない。そしてこの二重の属格およびトリアーデが、スピノザの「神の知的愛」における「神の」の二重の属格およびあのトリアーデに由来しているであろうことは、K・フィッシャー『スピノザ・ブーフ』の該当箇所[63]から見ても、恐らく間違いあるまい。ともあれ、〈運命愛〉としての〈永劫回帰〉において、ニーチェを襲った「永劫回帰」の無限に長い世界時間［＝「永劫」］は、時間がそこから発現し、そこへと帰入する時間の中心としての、無限に短い〈無〉時間的［＝〈永劫〉］瞬間へと変貌している。これは、「無数—度 unzählige-Male」の回帰が意味する〈数の極致〉から、「無—数度 Un-zählige Male」の瞬間現成が意味する〈数の否定〉への転換に他ならない。ここでは、一瞬間はもはや数量の一ではなく、言わば数量の地平へと垂直に射し込み、それを照らし出す稲妻の如き質的な〈一〉なのであって、一瞬間が全時間の凝縮であるとともに、今・此処が全時間・全空間を己の内に凝縮する。それゆえ、一切は因果的に繋がっているのではなく、その都度、今・此処において常に既に完了し、全現しているのである。つまり一即一切、一切即一である。ここには全くニーチェ独自の〈瞬間即永遠〉概念が有ると言えよう。そしてまた、敢えてなお因果という語を用いるなら、〈因果一如〉とでも言うべきこれら各々独一な諸〈瞬間〉の、《必然》かつ《自由》で〈一即一切〉的な相入関係そのものが、ニーチェ的世界時間なのであり、このような時間論ないし時空論こそが、既に述べた「一切の生起の新しい解釈」としての「力への意志説」の基礎なのである。端的に言えば、「永劫回帰」から〈永劫回帰〉〈運命愛〉への転換、これこそが時間の根源への突入からなされる〈必然性〉から《必然性》への一大転換に他ならないのである。

しかしここで、この自由即必然という考え方は必ずしもニーチェ独自のものではない、という反論が出るかも知れない。そもそもデカルトの物心二元論が惹起した問題とは、物（必然性）と心（自由）との対立という問題に他ならなかった。この問題に対して、例えば機会因論、並行論、予定調和説など様々な立場が出現したが、これらは一方では機械論的自然観ないし世界の法則性を堅持しつつ、他方では人間の自由を確保しようという両者の調停の試みの初期に位置する立場だと言える。このような伝統ゆえにこそ、人間の自由意志を否定するスピノザの学説は「唯物論」「運命論」と誤解され、忌避されもしたのである。さて、この伝統において転換を成すのはカントである。シェリングはカント哲学についてこう述べる。「そもそも観念論［ここではカント哲学］が初めて自由の教説を唯一理解可能な領域へと高めた。あらゆる事物の、そして特に人間の叡知的本質は、この観念論によれば、一切の因果連関の外に有るとともに、一切の時間の外もしくは上に有る。したがってそれは、決して何らかの先行するものによって規定されることなど有り得ない。というのも、むしろ叡知的本質自身は、己の内に有るか生じるかする他の一切のものに、時間上というよりは概念上、絶対的統一として先行しており、この絶対的統一は常に既に全体的にして完成された姿で現に有るのでなければならず、かくしてこそ個々の行為や規定がその内で可能となるからである」(64)と。カントが叡知的世界と現象的世界の二元論に立ち、人間はこの両世界に等しく属し、前者においては自発的に自由であり、後者においては因果関係による限定を免れ得ないとしたことは周知の通りである。彼において自由と必然との関係という問題は、叡知的存在者として自由な主体たる人間が己の理性の要求に基づいて自発的に己自身に対して道徳法則を課する自己律法という形で、即ち、人間の内的必然性から発する絶対的必然性としての自由という形で解決される。この必然性が因果必然性より高次の〈必然性〉であることは論をまたない。そしてこの〈自由即必然〉が、フィヒテにおいて、絶対的に自己自身から自己を措定する自我の絶対的自発性として捉え直されようと、またシェリングに至って、この人間的自由や悪の問題を、更に神の自己啓示と世界創造から根拠付けるという方向へ進もうと、実はこの方向自身、根本的にはスピノザにおける、自己の内的必然性から「永遠から永遠に亙って」働く「自由原因」たる神、という考え方によって既に規定されているのである。だが問題なのは、〈必然性〉が結局のところ未だ「根拠−帰結」の関係および超時間性を前提している、ということなのだ。神の、意志の、自我の絶対的自己同一を根拠とすること、自己自身から自己を根拠付けること、根拠を「時間の外もしくは上」に求めること、そもそも「何故かく有り、別様には有らぬか」という充分な根拠無しには、いかなる事実も真あるいは実在的であることができず、いかなる命題も真実であることができない」という「充足理由律」[65]つまり根拠律を前提することは、それほど自明なことなのだろうか。根拠律は根拠付けを唯一免ぜられた自明な命題なのだろうか。この場合、根拠律は無−根拠であることになろう。では、根拠律には根拠が有るのか。だがこの問いが無限遡行に陥り、究極の根拠に行き着くことが無いという意味で、我々はまたしても無−根拠に突き当たらざるを得ない[66]。〈必然性〉への、根拠への、永遠性・恒常的現前性への問いは、己が常に既に出会っているはずの根源的に偶然的なもの、〈無〉根拠的なもの、〈無〉時間的瞬間という〈時間の内もしくは下〉を忘却・隠蔽しているのではなかろうか。

「人間」という「深淵［脱根拠（Abgrund）］に懸かる一条の綱」が偉大にして愛しうべきなのは、彼が「超え行き（Übergang）」で有り、「下り行き（Untergang）」で有り、「根拠へと行く（zu Grunde gehen）」ことを欲するからである。だがこの「根拠」は、「星の背後に」捜し求められるようなものではない。ツァラトゥストゥラ＝ニーチェは語る、「我は愛する、将来のものどもを是認し、過去のものどもを救済する者を。というのは、彼は現在のものどもにおいて根拠へ行かんと欲するからだ」と。根拠とは、人間がそこにおいて「超人」と成る「大地」、また将来と過去と現在とがそこへと帰入し、そこから発現する即今当処、即ち「脱根拠」に他ならない（vgl. Za: VI, 10ff.）。畢竟、こう言えるだろう。一切は「何故」〈無〉しに〈有〉る[67]、一切は、それが美しかろうと、醜かろうと、美しい儘、醜い儘、即今当処に挙体全真、有るが儘に有る、と。だがまさにこのことが、因果・根拠への欲求という我々の自縄自縛、否、無縄自縛ゆえに、我々自身には隠蔽されてしまうのだ。唯ニーチェの言う超人、あるいはまた臨済の言う「六種の色声香味触法の皆な是れ空相なるに達」せる「此の無依の道人」（「一無位の真人」）のみが、「色界に入って色惑を被らず、声界に入って声惑を被らず……法界に入って法惑を被らず」（『臨済録』）という一切事の有るが儘・自在を覚する。ニーチェは幾度か、決定的に重要な箇所でこう語っている。「生成の意義は各瞬間に満たされ、達成され、完了しているに違いない」（VIII_2 11[82]）、「世界は或る〝必然的〟かつ〝算定しうる〟経過を辿るが、それは世界を法則が支配しているからではなく、むしろ法則が絶対的に欠けており、あらゆる力があらゆる瞬間に己の最終的帰結を引き出しているからだ」（JGB: VI_2 31; vgl. VIII_3 14[79]）と。ここには、〈人と時との彼方六〇〇〇フィート〉、近親者スピノザの因果的〈必然性〉概念との対決によって到達した、ニーチェ固有の因果一如的《必然性》が鳴り響いている。

註

（1）W. S. Wurzer: Nietzsche und Spinoza (1975).

（2）F. Kaulbach: Nietzsche und der monadologische Gedanke, in: Nietzsche-Studien Bd. 8. (1979).

（3）G. Abel: Nietzsche—Die Dynamik der Willen zur Macht und die ewige Wiederkehr (1984) S. 49-59.

（4）Kaulbach: a. a. O. S. 127.

（5）本書「権力への意志説の成立と展開――永劫回帰思想の体現過程として」を参照のこと。

（6）本書「ニーチェとエマーソン」および「ニーチェとニヒリズム――P・ブールジェとF・ニーチェのニヒリズム理解をめぐって」を参照のこと。

（7）ニーチェが読んだのはKuno Fischer: Geschichte der neuern Philosophie I, 2, Descartes' Schule. Spinozas Leben, Werke und Lehre. Zweite völlig umgearbeitete Auflage（1865）だが、本稿では第五版（1909）［= KFS］を用いざるを得なかった。

（8）Vgl. KGB: III_1 101.

（9）Vgl. ibid. 110.

(10) Vgl. ibid. 111.

(11) Vgl. Wurzer: a. a. O. S. 52.

(12) 恐らく典拠は Goethe: Dichtung und Wahrheit, XIV, XVI; Goethes Gespräch mit Eckermann, 28. 2. 1831.; Goethes Brief an Knebel, 11. 11. 1784. (vgl. KGW: VIII2 9[176]); Goethes Brief an Jacobi, Nov. 1816.; Goethes Brief an Zelter, Nov. 1816. などだろう。

(13) Vgl. hierzu Wurzer: a. a. O. S. 14f.

(14) B. Spinoza: Ethica[=Eth.] I. Appendix. Vgl. KFS S. 356.

(15) 上掲「権力への意志説の成立と展開」二一頁、参照。

(16) Vgl. G. Teichmüller: Die wirkliche und die scheinbare Welt (1882). ニーチェはこの時期本書を再読しているが、本書はスピノザとヘーゲルへの悪意ある批判に満ちている。タイヒミュラー—ニーチェ関係については、中原道郎・新田章共編『ニーチェ解読』(早稲田大学出版部、一九九三年) 所収の中澤武「ニーチェとタイヒミュラー——遠近法の問題」を参照のこと。

(17) E・ヘラーは、この断片がゲーテのことを述べたものと解している。Cf. E. Heller: The Importance of Nietzsche (1988) p. 30. だが、KSA (Nietzsche. Sämtliche Werke, Studien-Ausgabe) の編者は、この時期の他の断片との比較に基づき、筆者と同様これはニーチェ自身の永劫回帰思想を指している、と見ている。Vgl. KSA Bd. 11, S. 719.

(18) Vgl. KFS S. 343.

(19) ibid. S. 344.

(20) Eth. I. Definitio. I.

(21) ibid. Propositio XVI. Corollarium I et III.

(22) ibid. Prop. XVII Coroll. II.

(23) Vgl. KFS S. 362.

(24) Vgl. Eth. I. Prop. XXXIII. Scholium II. Vgl. KFS S. 370.

(25) Eth. I. Prop. XVII. Schol.

(26) Vgl. ibid. Prop. XVII. Schol.

(27) ibid. Prop. XVIII.

(28) ibid. Prop. XXIX. Schol.

(29) Eth. IV. Praefatio.

(30) KFS S. 371.

(31) Eth. I. Def. IV.

(32) Eth. II. Prop. VII.

(33) Vgl. ibid. Prop. XI.

(34) ibid. Prop. XL. Schol. II.

(35) ibid. Prop. XLIV.

(36) ibid. Prop. XLIV. Coroll. II.

(37) ibid. Prop. XL. Schol. II.

(38) Eth. V. Prop. XXX.

(39) Eth. III. Def. III.

(40) ibid. Prop. VII.

(41) Eth. IV. Prop. XXII.

(42) Eth. III. Prop. VII.

(43) Eth. V. Prop. VIII. Cor.

(44) Vgl. Eth. III. Prop. XIII. Schol.

(45) Eth. V. Prop. XXXII. Coroll.

(46) Spinoza: Tractatus politicus I. § IV.

(47) KFS S. 354f.

(48) トルコ人の運命論とロシア的運命論との対照、またスピノザとニーチェとの近さが「別様に有り得ぬ」運命の肯定に有ることを指摘した論文としては、J. Stambaugh: Spinoza and Nietzsche, in: Studies in Nietzsche and the Judaeo-Christian Tradition (1985) p. 130-142.

（49）A. Schopenhauer: Über die vierfache Wurzel des Satzes vom zureichenden Grunde, in: Schopenhauer. Sämtliche Werke, F. A. Brockhaus（1948[2]）Bd. 1, S. 15.

（50）Eth. I. Prop. XVIII.

（51）K. Cramer: Gedanken über Spinozas Lehre von der All-Einheit, in: All-Einheit— Wege eines Gedankens in Ost und West（1985）［=CGS］S. 177. スピノザはオルデンブルク宛書簡で、実体と偶有性（様態）とに関して『エティカ』とほぼ同一の定義を述べた後でこう続けている。「以上のことから次のことが明らかになります。第一に、実体は本性上その偶有性（ihre Accidentien）に先立つということ、なぜなら偶有性は実体無しには有り得ず、また考えられ得ないからです」と。Vgl. Spinozas Brief an H. Oldenburg（Brief 4）, in: B. de Spinoza. Briefwechsel（1977）PhB 96a. S. 13.

（52）Eth. V. Prop. XXIII.

（53）KFS S. 553.

（54）Eth. II. Prop. I.

（55）「第二に、実体と偶有性以外に現実にはあるいは知性の外には何も存在しないということ［が明らかになります］（Zweitens, daß es außer Substanzen und Accidentien in Wirklichkeit oder außerhalb des Verstandes nichts gibt）」。Vgl. Spinozas Brief, a. a. O. S. 13.

（56）Eth. I. Prop. VIII. Schol. I.

（57）ibid. Def. VI. Explicatio.

（58）ibid. Prop. VIII. Schol. I.

（59）CGS S. 178.

（60）ibid.

（61）このような全一論を我々は東洋、特に華厳仏教に見出し得るのであるが、西洋においては辛うじてライプニッツに認め得るのみである。冒頭で触れたように、ニーチェはライプニッツ哲学、否、むしろ当時の俗流ライプニッツ主義から多少の影響を受けていると考えられる［註（5）の拙論を参照のこと］。ただし、ニーチェ的全一論は彼の永劫回帰体験無しにはそもそもその深みに達することはなかったであろう。ところで、我が国のスピノザ研究において、華厳とスピノザとの近さを指摘する向きがあるが、それが読み込み過ぎであることは、本稿本文からも明白である。プロティノス、クザーヌス、スピノザ、更にはエマーソン、そしてライプニッツにおいてすら、全一の「一」が究極においては常に神という無限者であることから見ても、いかに西洋的思惟が有限性を無限性から意味付けようという志向が強いか、裏から見ればいかに人間理性が有限性を脱して無限性へと自己絶対化しようという志向が強いかは明らかであろう。逆に言えば、徹底した有限性への問い無くしては、ニーチェ的あるいは華厳的全一論は現れ得ないと言えるのではないか。なお、この問題と因果ないし根拠との関わりについては、本稿第五節を参照せよ。

(62) 本書「ニーチェにおける時間の根源への問い」を参照せよ。

(63) Vgl. KFS S. 542ff.

(64) F. W. J. Schelling: Philosophische Untersuchungen über das Wesen der menschlichen Freiheit und die damit zusammenhängenden Gegenstände (1975) Suhrkamp Taschenbuch Wissenschaft 138. S. 76.

(65) G. W. Leibniz: Monadologie, in: G. W. Leibniz. Die Philosophischen Schriften (hrsg. v. Gerhardt), Bd. 6, S. 612.

(66) Vgl. M. Heidegger: Der Satz vom Grund (1978^{5}), S. 27f.

(67) 「何故無しに」と題されたA・シレジウスの有名な詩句「薔薇は何故無しに有る……」、あるいはゲーテの詩句「汝は故にに留まり、何故と問ふ勿れ」Vgl. Heidegger: a. a. O. S. 68ff. und S.206f. 薔薇の花に託してこの〈何故無しに〉を詠んだ者には、シレジウスの他に、エマーソンや北原白秋などがいる。それはともかくとして、ここで問題となるのはニーチェ―ゲーテ関係である。ニーチェが〈必然性への愛〉という点でスピノザとゲーテとを対で捉えたことは上述の通りだが、ニーチェのゲーテに対する態度は、時代の近さの故か、ゲーテの豊穣さ・多面性の故か、スピノザに対する態度よりずっと微妙である。ゲーテに対する様々な言及を纏めれば、肯定的評価としては、一個人の中に相矛盾する多様で巨大な欲望が、敵対し合うことなく渚和しているルネサンス型の〈総合的人間〉であり、したがってドイツ的現象に留まらぬヨーロッパ的規模の巨人だという点に有る、と言えようが、さて批判はどこに向けられているのだろうか。ここで詳論はできないが、筆者はこの問題を〈ニヒリズム〉への対処という観点から捉え得るのではないか、と考えている。即ち、パスカルにおいて初めて真に自覚された無限の世界空間の無気味さ、およびこの世界に直面する人間存在の疑わしさを、ゲーテもまた深く自覚していた。そこでゲーテは、この近代ヨーロッパ人の運命たるニヒリズム、つまり全き無意味と化した世界・生存からの〈永遠に女性的なるものによる救済を説いたのだが、これがニーチェの眼には不徹底と映った。ニーチェにおいてニヒリズムは、ゲーテの言う救済さえ逃避と見えざるを得ぬほど深刻化するに至った〈時代の症候〉と捉えられただけでなく、人間存在・生そのものに根差した無・死という〈存在論的・実存論的次元〉にまで深められた（Vgl. M. Djurić: Nihilismus als ewige Wiederkehr des Gleichen, in: Zur Aktualität Nietzsches（1984）, Bd. II, S. 65ff.）。そこには本来いかなる逃げ道も無い。それゆえ、ニーチェは永劫回帰説という選抜の思想によって、存在の無意味そのものに耐え得る強い人間こそが、無意味の場そのものを己の足場とすべきことを説く。ゲーテ、ニーチェ両者の〈必然性への愛〉の微妙な違いは以上のように理解され得るのではなかろうか。なお、パスカル、ゲーテ、ニーチェという系譜における問題連関に関しては、E. Heller: a. a. O. p. 27-37. を参照せよ。

「ヨーロッパの仏陀」対「インドの仏陀」

――ニーチェの初期仏教における輪廻・縁起説との対決

「私はヨーロッパの仏陀になるかもしれない、勿論インドの仏陀とは対蹠的人物だろうが」(VII, 4[2])。ニーチェは『ツァラトゥストゥラ』執筆直前に、そう記している。自ら「永劫回帰」を「仏教のヨーロッパ的形態」(VIII, 5[71])と呼ぶ程だから、彼が仏教及びインド思想に共通の「輪廻」に親近感を覚えていたとしても不思議ではない。また、自我・霊魂・神の如き永遠不変で自己同一的実体及び形而上学的存在の否定(諸行無常・諸法無我)、苦の重視(一切行苦)、一切の現象の相依相属的生起(縁起)の主張等の点でも両者は類似している。

では、どの点で「インドの仏陀とは対蹠的」だと言うのだろうか。本稿は、一八八一年八月ニーチェを襲った永劫回帰体験が、仏教の輪廻・縁起思想との対決を通して真に「思想」と成ったこと、しかしその仏教批判ゆえに、却って彼が仏教に限り無く接近するに至った逆説を証示するものである。(1)

一 ニーチェの仏教知識

意外にも、『反キリスト者』の数節を例外として、ニーチェには纏まった仏教言及が無い。彼は仏教をどの程度知っていたのだろうか。八万四千法門を「仏教」の一語で括るのも乱暴な話だが、まずは『反キリスト者』の要約から始めることにしよう。

キリスト教も仏教も「ニヒリズム」「デカダンス」の宗教という点では同類だが、両者を混同してはならない。仏教はキリスト教より百倍も現実主義的だ。何百年もの哲学運動の後に現れた仏教は、客観的、冷静に問題設定するという遺産を持っているから「神」概念には既に片が付いている。仏教は唯一の「実証主義的」宗教で、その認識論（厳密な現象主義）も然り。仏教は「罪との闘争」を叫ばず、むしろ現実認識に立って「苦との闘争」を主張する。つまり道徳概念の自己欺瞞を既に脱却し、「善悪の彼岸」に立っている。ところで、仏教の根底にあり、仏教が注視する生理学的事実は、第一に、苦への過敏さ、第二に、精神的になり過ぎ、概念と論理的手続きの中で長く生き過ぎた結果、「非個人的なもの」の利のために個人本能が害されたことなのだが、これらの条件から「抑鬱」が生じた。仏陀はこれに「衛生学的処置」を講じる。遍歴の勧め、飲食の節制、酒類及び血を沸かせる全欲情への用心、自他への恬淡がそれである。仏陀は平静にするか快活にするかする想念だけを要求し、善良＝健康促進的と理解する。祈祷も苦行も定言命法も無い。全く強制が無い。還俗も可。また、異説への論難を説かず、特に「復讐・嫌悪・怨恨の感情」からは身を衛る。「〝敵意によりては敵意は終わらず〟、これが仏教全体の感動的復唱句だ」。仏陀は巨大な「客観性」（個人的関心の弱化、重心・「エゴイズム」の喪失）として現れた「精神的疲労」に気づき、その克服のために、最も精神的関心をも「個人」へと連れ戻す。仏陀の教えにおいてエゴイズムは義務となる。即ち「いかにして汝は苦から離れるか」、これが精神的摂生全体を規整・制限する。この点で仏陀は、個人的エゴイズムを道徳にまで高めたソクラテスと似ている（AC, Abschn. 20）。仏教は温和な風土、習俗の柔和・鷹揚さから育った。その支持層は上流の、しかも知識階級である。仏教では快活・静寂・無欲が最高目標であり、しかもその目標は「達成される」。仏教は完全性を得ようと躍起にならぬ。完全が常態なのだ（AC, Abschn. 21）。キリスト教は野蛮人征服のために野蛮な概念・価値を必要とした。仏教は末期的人間、善良、柔和、過度に精神化した人間、すぐに苦痛を感じる種族向きの宗教だ。ヨーロッパは仏教を受容するには未成熟過ぎる。仏教は末期的人間に再度平和と快活さを与え、精神面では摂生を、肉体面では程よい鍛練を課す。キリスト教は猛獣を、病気にさせて支配する。弱化が調教・文明化のためのキリスト教的処方だ。仏教は文明の終結・疲労倦怠向きの宗教だが、キリスト教は文明すらまだ見たことがない（AC, Abschn. 22）。

この他に、「意志の病化」による仏教とキリスト教の発生・急激な伝播（FW: V_2 264）、「涅槃」と「無」の同一視（GM: VI_2 280; vgl. FW: V_2 18）、更に、「ヨーロッパの仏教は恐らく無しでは済まされまい」（VII_3 35 [9]）、「人間的努力のヨーロッパ的体系全体が、一部は無意味、一部は既に〝非道徳的〟と感じられる。新しい仏教出現の公算大。最高の危険」（VIII_1 1[131]）、「第二の仏教。／地上の文化と訣別するニヒリズム的大変動。／その前兆……」（VIII_2 9[82]）等、仏教及び「古代インド人」を「〝現代的〟ヨーロッパ人」の状況と関係づけ、「没落・頽廃の、出来損ないの、疲労し弱化した本能の症候」「生存の価値に関する大疑問符」（GT: III_1 6）を読み取る記述もある。以上がニーチェの最終的な仏教観である。

要するに、ニーチェの仏教評価は専らキリスト教道徳及びその崩壊という観点からなされている。キリスト教とは対照的に、復讐・怨恨を克服し、善悪の彼岸に立つから肯定され、キリスト教と同類の、存在よりむしろ無を渇望・憧憬し、生存の無意味・無駄を説くニヒリズム的宗教だから否定される。とても仏教自体に興味があったようには見えない。何しろ、「四諦（苦集滅道）」では「苦」だけ、「四法印（諸行無常・諸法無我・一切行苦・涅槃寂静）」では「涅槃寂静」しか登場せず、「縁起」「輪廻」に至っては一言も触れられていないのだから。しかも、この「仏教（あるいはインド思想）＝無の宗教」という図式は、ショーペンハウアーを含む当時のヨーロッパの一般的仏教観に他ならない。更にこれは、前期には「インド対ギリシア[2]」、後期には「仏教対キリスト教」と比較の相手を変えつつも彼の仏教観の基調を成している。結局、彼は仏教を知らぬのではないか。だから、スタンボーは「永劫回帰思想」と仏教との類似を認めつつも、この思想への到達は「東洋思想研究を通してではなく、彼自身の経験を通してだ[3]」と見るし、スプラングはニーチェ所蔵のインド関係文献の書き込みの有無等を綿密に調査し、『道徳の系譜』の「ヴェーダンタ哲学」言及はドイセンが贈った Das System des Vedanta, Leipzig, 1883 に、『偶像の黄昏』の「マヌ法典」言及は L. Jacolliot, Les legislateurs religieux. Manou-Moise-Mahomet, Paris, 1876 に基づいているが、その他の蔵書を彼が「確かに読んだと言える証拠は無い。……開かれた形跡が無い[4]」と言う。だから、ニーチェには彼自らが語る「超ヨーロッパ的な眼差し」への関心など本当は無い し[5]、そのインド理解も当時の常識と同レベルで、彼自身の思想の展開には何らの影響も無かった、と断じている[6]。

だがこれは甚だしい誤解である。ニーチェは「開かれた形跡が無い」はずの書物を現に読み、メモまでしているのだ。例えば、『悲劇の誕生』草稿群 III_3 5[30]〜5[71]、ゾロアスターの宗教のメモ（5[54]、[55]）や「全ての神々は死なねばならぬ」（5[57]）の言葉も含むこれらの断片群は、①ミュラー『エッセーズ』(Max Müller, Essays, 2 Bde. I: Beiträge zur vergleichenden Religionswissenschaft; II: Beiträge zur vergleichenden Mythologie und Ethologie, beides Leipzig, 1869）の読書成果であり[7]、仏教の章（Bd. I S. 162-252）からは引用までしている。「全ての神々は……」も然り。また、III_3 5[31]、13[3] の涅槃会の描写は、七〇年十月バーゼル大図書館から借りた、②ケッペン『仏陀の宗教』(Carl. F. Koeppen, Die Religion des Buddha, 2 Bde. Berlin, I-1857, II-1859)[8] の Bd. I 574-575 の要約である[9]。ニーチェは①②の他に何を読んだか。インド思想のうち仏教だけ挙げるなら、③英訳本『スッタ・ニパータ』（七五年十二月ヴィーデマンから借用[10] Vgl. M: V, 285)、④オルデンベルク『仏陀』(H. Oldenberg, Buddha. Sein Leben, seine Lehre, seine Gemeinde, Berlin 1881)。勿論、情報源は他にもあるし[11]、僅か数行の記述が時には重い意味をもちうる。二つだけ挙げておく。⑤タイヒミュラー『現実世界と仮象世界』(G. Teichmüller, Die wirkliche und die scheinbare Welt, 1882, Breslau) と、⑥ブールジェ『現代心理論叢』(P. Bourget, Essais de Psychologie contemporaine. 2 vols. Paris. I-1883, II-1885)。

特に重要なのは、④オルデンベルクである。「一度も開かれたことが無さそうな[12]」この書物が、なぜ重要か。まず、『反キリスト者』の仏教言及のほとんどがこの書物を踏まえているからである。例。仏教以前の諸思想・遺産（17-83 算用数字は第四版頁数[13]）、インド人の風土と体質、特に神経過敏・老い易さ・闘争嫌い（12）、肥大した思惟による意志と行為の圧迫（13）、疲れ易さ・永遠の休息への欲求（251）、永遠のアートマンは報いと罰・善と悪を超える（54）、苦行の否定（201）、最高立法者の意志も、「定言命法」も無い（333）、強制無し、還俗の自由（403）、『ダンマパダ』の「敵意によりては敵意は終わらず」という言葉（338）、仏陀＝医者（217）、類型の優位・個人性の貧困、仏陀は例外、ソクラテスと類似（158 f.）。勿論「苦からの解脱」や「意志の滅却」は夥しい。ギリシアとの類似、キリスト教との対比も目立つ。これに、④を参照した⑤の「仏教＝実証主義・現象のみ」という理解[14]と、⑥の「生の否定の精神＝ニヒリズム・デカダンス」[15]の点での現代ヨーロッパと古代インドとの類比を混合すれば、ニーチェの最終的な仏教観が出来上がる。だが、彼が当時の「仏教＝無の宗教」という図式をすんなり受け入れた、と速断してはならない。なぜなら、④オルデンベルクは、正にこの図式、即ち②ケッペン等の当時の仏教誤解を、初期仏教に叙述を敢えて限定しつつ、サンスクリット、パーリ語経典の厳密な読解によって徹底的に批判しているからだ。上座部（Theravâda）を中心とした初期仏教についてなら、ニーチェは意外に深く知っていると見て間違いない。

二　オルデンベルク『仏陀』と『ツァラトゥストゥラ』

「〝全て合成されたものは滅び行く〟、これが仏陀が語ったという最後の言葉である。／〝全て合成されたものは滅び行く〟は、しかし仏教徒にとっては〝一切は滅び行く〟を意味する。というのは、仏教徒にとって、いかなる単一の、合成されざる存在も無いからだ」（Koeppen, I 218）。「仏教の倫理はネガティーフだ。それは、既にしばしば強調されたように、諦念と自己誹謗の道徳であって、努力と創造の道徳ではない。それは苦しむことと耐えることは教えるが、行為と活動は教えない。……それゆえ、それはあらゆる他の僧侶倫理と同様、結局、弛緩させ、疲れさせ、げんなりさせ、弱める。……更にそれは、彼岸的なるがゆえに、そして現実世界、大地がそれの生み出す一切とともに何らそれ自体で価値をもたぬがゆえに、本質的にネガティーフだ」（I 479-480）。以上はケッペンの言葉である。これに対して、「一九世紀ドイツ最大のヴェーダ学者・仏教学者」[16]であるオルデンベルクは、「もし仏教を無の宗教と呼び、これが仏教の本質の中核とばかりに、ここから仏教を展開しようものなら、実際には、仏陀自身及び仏弟子の原始教団にとって要点が何だったかを全く逸することになってしまう」(Oldenberg, 308) と批判する。ニーチェは当時の仏教像を一新する彼の『仏陀』を読みながら、しかもなお先の図式を結局は捨てなかったことになる。それは一体なぜか。本論に入る前に、まず『ツァラトゥストゥラ』成立における『仏陀』読書の関与を文献的に跡づけねばならない。

ここで大胆な仮説を提示しよう。

『ツァラトゥストゥラ』の「根本構想」は「永劫回帰思想」である (EH: VI_3 333)。ところで、ツァラトゥストゥラ（ゾロアスター）を主人公に選んだ理由を、ニーチェ自身は「なるほどツァラトゥストゥラは道徳というこの最も宿命的な誤謬を創造した。しかしまた、だからこそ彼はこの誤謬を看破した最初の人であるに違いない」(ibid. 365) から、と言う。これは、歴史上のツァラトゥストゥラが善悪の彼岸と対極をなす〈善悪二元論〉の創始者だと承知の上での言である。ところが、歴史上のツァラトゥストゥラに帰せられる思想はもう一つある。それは〈終末論〉である。[17] ニーチェはこれを①ミュラー『エッセーズ』第一巻におけるパルシー教徒（インドのゾロアスター教徒）記述から知っていたはずだ。するとこうは言えまいか。有始有終のキリスト教的〈直線的時間論〉という誤謬を創始したツァラトゥストゥラは、この誤謬を看破するばかりか、その対極をなす無始無終の〈円環的時間論〉即ち「永劫回帰思想」を抱いていた、と。だが勿論歴史上のツァラトゥストゥラには円環的時間など説くべくもない。ニーチェはどうしたか。円環的時間と言えば輪廻、輪廻と言えばやはりインドだろう。そこで彼は、オルデンベルク『仏陀』の詳述する仏教の「輪廻説」に着目した。ギリシア、特に「ヘラクレイトス」[18]の「万物は流転す」と「永劫に生きる火」という「二つの比喩」(Oldenberg, 299 f.) との類似（と差異）が語られているのも気に入った。と同時に彼は仏教の輪廻思想と自分の永劫回帰体験との徹底的比較・吟味に着手した。

もしそうなら、『ツァラトゥストゥラ』には仏教及び『仏陀』を意識した記述がなければならない。

ニーチェは『ツァラトゥストゥラ』第三部執筆の後、八四年春～秋、全く別の『新ツァラトゥストゥラ』を計画した。これは結局実現せず、紆余曲折の後『ツァラトゥストゥラ』第四部（八五年一月）となった。この『新ツァラトゥストゥラ』草稿中彼は、ツァラトゥストゥラ描写のために「自らの作品への満足を示す最高の形式――彼はその作品を打ち砕き、そしてそれを何度も繰り返し組み立て直す。　仏陀　四四、四六頁。／死と苦と滅却の新たな克服」（VII_2 26[220]）と書き、「第二部のために／道徳外の考察」と題された草稿では、道徳外の諸対概念を列挙して、例えば「善と悪　二、浄と　不浄として　仏陀　五〇頁／三、敬うべき　と　軽蔑すべき　二九八頁」、また「善　六、俗世からの脱却として／俗世を捨てる／（〝行為する形成〟ではない）五〇頁／悪＝世俗的」とか、「浄＝幸福／悪＝不幸　一〇頁」と記した後、「最高の力は、バラモン教とキリスト教においては――俗世から背を向けること。五四頁」（VII_2 26[221]）とメモしている。ここの「仏陀」も「頁数」もオルデンベルク『仏陀』とその頁数である。[19] 因みに、「四四、四六頁」では、バラモン教の「ペシミズム、霊魂の輪廻」が論じられており、特に「新たな、絶えず新たな死というような思想は、……死からの解脱という思想を呼び起こすことなしにはほとんど考えられぬであろう――この思想なしには最後は絶望だったろう」とか、「死の国からは一本の逃げ道が開けているという考え」等の言葉も見える。また、「五〇頁」では主に「業（Karman＝行為）」と「輪廻」の関係に触れている。もしニーチェが『新ツァラトゥストゥラ』のために『仏陀』乃至仏教を利用する積りだったとすると、その前の『ツァラトゥストゥラ』第一部―第三部の場合にも利用した、と見るのが自然だろう。『仏陀』は八一年の出版だから、年代的には可能である。実際、証拠は幾つかある。（1）『ツァラトゥストゥラ』第一部の舞台は「斑牛」という町だが、「ツァラトゥストゥラの好きな町たる〝斑牛〟は、仏陀が遍歴の途中立ち寄った町 Kalmasadalmya（パーリ語で Kammasuddamam）の逐字訳である」[20]。但し情報源は未詳。（2）「ツァラトゥストゥラは一人の覚者（ein Erwachter）だ」（VI_1 6）の「覚者」は『仏陀』の「仏陀という名、即ち〝覚者、認識者〟」

(113 u. 57) に由来 (vgl. VI$_4$ 864)。(3)「全てこれら名声ある講壇の賢者にとって、知恵とは夢なき眠りだった。彼らはこれ以上の生の意味を知らなかった」(Za I: VI$_1$ 30) と皮肉られる「夢なき眠り」も『仏陀』(54 f.) から (vgl. VI$_4$ 869)。(4) 八二年夏〜秋の断片 VII$_1$ 2[1] はパーリ語「弥勒 (Metteyya)」の一語だが、普通はケッペンの如くサンスクリットの Mâitrêya (Koeppen, II 398) と表記する。これは『仏陀』の表記に一致。『仏陀』には「遠い将来地上に現れる次の仏陀、弥勒について仏陀が授記した言葉、〝彼、数十万の弟子集団の指導者とならん、我、今、数百人の弟子集団の指導者たるが如く〟(Cakkavattisuttanta)」(161 Anm. 1)[21]、「弥勒の出現がなお待望される」(376 Anm.1)、俗世を捨てる力の無い信者は「未来劫 (künftige Aeonen)」に現れる「弥勒」他の仏陀による救済に希望をもっていた (438) 等の弥勒言及もある。

他にも、「仏教」の痕跡が『ツァラトゥストゥラ』にはある。例。(1) ペシミストの諸類型を論じた「死の説教者」の章[22]の言葉、「魂の肺病患者がいる。彼らは生まれるや否やもう死に始める。そして疲労と諦念とに憧れる。／彼らは死にたがっている。彼らのこの意志を賞賛しよう。……／彼らは病人、老人、死人に出くわすと直ちに言う、〝生は論駁されている!〟と」(Za I: VI$_1$ 51)、「〝生は苦なるのみ〟——と言う者もいる、彼らは嘘をついてはいない」(52)。後者は『仏陀』ならずとも仏教的だが、前者の最後の一文は釈迦の出家の機縁となった「四門出遊」(Oldenberg, 120 ff.) を想起させ、その他は『スッタ・ニパータ』(574〜576) その他に頻出する言葉への揶揄だろう。(2)「毒蛇の咬み傷」の章冒頭で、ツァラトゥストゥラはここでは例外的に「龍」に警えられている (Za I: VI$_1$ 83) が、龍は仏陀の一名号で仏典に頻出する (vgl. Sutta Nipâta, 522)。また、この章のテーマは「報復」であり、ツァラトゥストゥラは「汝にもし敵あらば、彼の悪に報いるに善をもってなすな。これは敵を辱めることになろうからだ。むしろ、敵がこれによって汝に善きことをなしたと証せよ」(VI$_1$ 83) と語っている。これは、キリスト教の「敵を愛し、迫害する者のために祈れ」(Mt. 5, 44) への揶揄だが、『仏陀』でキリスト教と仏教との違いを論じた箇所「仏教は、己の敵を愛せよと命じるよりは、己の敵を憎むなと命じる。……悪人に辱められる者は、〝汝等は善い、汝等はとても善い、……〟と言うべきだ」(336 f.) に酷似している。但し「決して復讐せぬよりは、小さな復讐の方が人間的だ」(VI_1 84) と揶揄も忘れない。(3)「死ぬべき時に死ね」と説く「自由なる死」の章の「[己の生を]完成させる者は勝ち誇って、希望する者・誓約する者達に囲まれて、己の死を死ぬ。／……これは我欲するがゆえに我に来る。／ではいつ我はこれを欲するのか。——目標をもち、後継者をもつ者は、目標と後継者のために、しかるべき時に死を欲する」(VI_1 89) という言葉や、「自ら死にたいと思う」ツァラトゥストゥラが、己の教えが更に広まるのを見るために、なお生き永らえる (91 f.) と語る件は、釈迦成道時の悪魔の誘惑、釈迦入滅に先立つ悪魔との対話、入滅の予告 (Mahâparinibbâna Sutta, 3, 7-9 u. 51; vgl. Oldenberg, 135 ff. u. 223-230) に雰囲気が似ている。(4)『ツァラトゥストゥラ』第二部終章「最も静かな時刻」(VI_1 183-186) は永劫回帰の告知を促す「声なき」声の語り掛けとツァラトゥストゥラの躊躇を語っている。これは釈迦成道時の説法の躊躇と梵天の勧請 (Mahâ Vagga I, 1, 5; vgl. Oldenberg, 137 ff.) に符合。だが最も重要なのは、(5)「まことに、我は百の魂、百の揺籃、百の陣痛を経て我が道を行った。我は既に多くの別離をなした。かの胸の裂ける最後の時刻を我は知っている」(Za II: VI_1 107) が輪廻転生、「生存もまた永劫に繰り返し行為であり罪であらざるをえぬこと、これこそ〝生存〟という罰における永劫だ」(177) が過去の行為(業)による因果応報、「予言者」即ち「世界に疲れた者・死の説教者」の語る「一切は空だ、一切は同じだ、一切は[かつて]有った。……我等は既に死ぬことにさえ疲れた」(168)、「知恵は疲れさせる、何の甲斐も無い、汝欲求すべからず!」(Za III: VI_1 253 f.)、「一切は同じだ、何の甲斐も無い、世界は無意味だ、知は窒息させる」(Za IV: VI_1 296) が輪廻の苦と対応し、しかも「高人 (höhere Menschen)」に属する予言者は、来るべき「永劫回帰」「超人」の前段階に位することである。そこに登場するのは、常に、輪廻、疲労、死、そして苦。

『新約聖書』のパロディーたる『ツァラトゥストゥラ』の底に、『仏陀』経由のインド及び「仏教」が流入しているのは間違いない。勿論、エマーソンの影は濃い。ブールジェその他も重要だろう。(23) だが、ひょっとしたらニーチェは当初、

「超人―ツァラトゥストゥラ―ニーチェ―高人」を「弥勒―仏陀（釈尊）―阿難―十大弟子」に見立てていたのではないか。仏典が大抵「如是我聞」で始まることを思えば、昔の『如是説法ツァラトゥストラー』なる翻訳も一概に笑止とは言えまい。

三　輪廻と永劫回帰

問題は、「永劫回帰」である。だがそれはいかなる体験だったのか。

到来直後の断片にはこうある。「新しい重し、即ち、同じことの永劫回帰。一切の来るべきことにとって我々の知、迷い、我々の習慣、生き方のもつ無限の重要性。残りの生を我々はどうするか――その大部分をひどい無知の中で空費した我々は？　我々はこの教えを説く――これこそが、この教えを自ら体得する最強の手段である。最大の教えを説く者としての、我々独自の至福」（V_2 11[141]）、「私の教えはこうだ。汝が再び生きようと願わざるをえないように生きよ――いずれにせよ汝はそうなる！」(11[163])。ここには永劫回帰受容におけるニーチェのディレンマがある。一切は必然だ、私は生きてしまった、既に有った「ことは我々にはどうしようもない」(11[141])、取り返しようがないという決定論と、「この食物・場所・空気・社会へと汝を向かわせているのは汝の意見の方だ」と決定論を逆手に取り、「私はこれを無数度為そうと欲するか？」(11[143]）に然りを言うこと、即ち私の今ここでの決断が、回帰全体を創造し、有ったことを変容しうるという自由、しかしそれもまた既に決まっているという絶望感。これと軌を一にするように、ニーチェは瞬間を生んでは無慈悲に殺す時の流れを恐れ、嘆くかと思えば、時の連鎖自身を形成する瞬間の偉大な力に歓喜し、また永劫回帰の自然科学的証明を企てるかと思えば、同一のことなど有りえないと証明に疑念を抱いている。彼は、確かに〈自由即必然〉〈瞬間即永遠〉等の「様々の崇高な状態」(11[141]）を体験したし、事態をはっきりと観た。だが彼はそれを「思想」へと展開するには至らず、決定論的必然性と人間の決断の力、極度の自由との相剋に呻吟せざるをえなかった。その消息を端的に示すかのように、著作上最初の永劫回帰の告知は「デーモン」の口を通して「もしも……ならば、どうか?」と、躊躇がちになされている(vgl. FW: V_2 250)し、著作に自然科学的証明は一度も登場しない。

それゆえ、体験直後のニーチェが、J・R・マイヤー、W・ルー、A・ランゲ、O・カスパリ、J・G・フォークト、O・リープマン、A・シュピア、K・フィッシャー、エマーソン等、自然科学関係を含む広汎な読書をしたのは、先のディレンマを解消し、永劫回帰体験を思想へと高めるためだったに違いない。その中の一冊が、オルデンベルク『仏陀』であったのである。

「精神は、全永劫にわたって己の運命を決定する一度限りの決断を待ち受けてじっと耐えることができる。だがそれは再び回帰する絶滅の不気味な力との絶えざる闘争でもある——このような思想は勇敢な人の心をも、多分終わり無き活動全体の無益さについての戦慄で満たしただろう」(Oldenberg, 49)。ニーチェの永劫回帰と『仏陀』の詳述するインドの輪廻とは、死を生の終末と見る唯物論や死を彼岸の生への橋梁と見るキリスト教的目的論とは全く異なり、生まれては死ぬ、生と死の果てしない繰り返しの苦、「終わり無き過程全体の不毛さへの恐れ」(ibid.)、言わば生のサンサーラ的解釈の点で共通である。またインドにおいて輪廻と解脱とが一体(vgl. 48)であるように、ニーチェもまた「永劫の流れからの解脱」(VII, 4[76], [94], 5[1] 160 usw.)を語る。即ち、輪廻も永劫回帰も、ともに上述の両契機、回帰の必然性への恐れと決断の自由への歓びを有する。ところが、ニーチェは「最大の思想からの逃避と逃亡の試み/涅槃。無への思いは幸せな気分にする」(21[6])と仏教ないしインド思想とは一線を画そうとする。これは、「涅槃は霊魂の無であり、仏教は絶滅の福音である」(Koeppen, I 306)と言うケッペンの仏教理解と同一である。オルデンベルクからすれば、勿論これは誤解である。

オルデンベルクは『仏陀』第二章「仏教の教説」(231-380)で、四聖諦を順次述べる。仏教は世界が時間・空間的に有限か無限か等の形而上学的問いには無記としか答えない。心の平安と悟りを得る実践には無益だからである。むしろ仏教は、その問いに対し、世界は生老病死等の苦そのものだ（一切行苦）という現実的、経験的根本洞察（苦諦）から出発して、煩悩がいつから生じたか認識不可能な限り生死輪廻は劫初から続いており、その意味で無始と答える。この輪廻の苦の成立根拠を述べた真理（集諦）が縁起（paticcasamuppâda）説であり、十二支縁起が遂次解明される。無明（Nichtwissen）から行（Gestaltungen）が生じ、行から識（Erkennen）が生じるという具合に、名色（Name und Körperlichkeit）・六処（Sechs Gebiete）・触（Berührung zwischen den Sinnen und ihren Objekten）・受（Empfindung）・愛（Durst）・取（Ergreifen der Existenz）・有（Werden）・生（Geburt）・老死等に至る、各々一瞬たりとも自己同一でない十二支の因果連鎖の教説。この縁起説は、我々の現在の状態が過去における我々の業（＝行為）によるという「倫理的応報の法則の教説」いわゆる自業自得に基づく。行為は無知・渇愛の結果で、苦は行為の結果である。苦ゆえに新たな無知・渇愛を生じ、それがまた新たな行為を生じ、更に新たな苦を生み出して六道輪廻は尽きない。だが仏教はこの因果応報が何に基づくかは問わない。ただこの世の苦なる生存を事実として受けとめるのみである。いかなる永遠不変の有も無も無い。有るのは、時間と空間の中にあって、我々に認識されうる現象のみであり、即ち、あらゆる瞬間に尽きては新たに生まれる生起の因果法則に支配された「世界過程」である（諸行無常）。だからバラモン教が個我（Âtman）や宇宙的実体・絶対者（Brahma）の存在を主張する「因果無き実体」論だとすれば、仏教は「実体無き因果」論だと言える。仏教は一切の実体論を否定する（諸法無我）。かくして、無明あるいは愛から行やら有の業が生じ、その報果として識・名色・六処……生・老死等が生じる（流転縁起）とすれば、逆に無明・愛が止滅すれば生死輪廻の苦の炎が消え（還滅縁起）、永遠の平安の静けさ（涅槃寂静）に帰入しうる。これを説くのが滅諦であり、また涅槃に至るための手段（八正道）を説くのが道諦である。

だがオルデンベルクの仏教論の独自性はその涅槃論にある。彼は「地上的生存のこの終末は生存一般の終末を意味するか？」（309）と問い、マックス・ミュラーの答え「涅槃は生存の完成だ、生存の廃棄ではない」（310）に賛意を表す。仏教的涅槃はウパニシャドの説く「永生」でもなければ、「永遠の無」でもない（307）。「むしろ、人間の地上的生の瞬間、即ち罪責無き状態・苦無き状態に到達する正にその瞬間、これこそが真の涅槃である」。だから「無のための無への帰入は断じて仏教徒にとって憧憬の対象でなかった。彼にとって目標とは……生滅の苦なる世間からの解脱のみだった」（306）。このようにオルデンベルクは「解脱した聖者を待ち受ける彼岸だけでなく、彼が此岸で携わる完成が既に涅槃と呼ばれる」（306）と語り、此岸における涅槃を強調する。実際、この理解は初期仏教の本質を突いている（vgl. Dhammapada, 89）。

すると、ニーチェと仏教両者にとって、輪廻からの解脱は今ここで生じるのであって、現世の彼岸においてではない。この点で両者は全く同意見のはずである。だがニーチェはそれを認めない。意志の滅却による世界からの離脱を説くショーペンハウアーと、ケッペンの仏教理解との影響下にあった初期に、涅槃が「空間・時間・個体を超越せるかの稀有なる脱我状態」（GT: III$_1$ 129）と見なされるのは無理からぬことだが、『仏陀』精読後になお「神との神秘的合一への欲求は、仏教徒の無、涅槃への欲求だ——それ以上ではない！」（GM: VI$_2$ 280）と語られるのは、もはやそれがニーチェの仏教への無知に帰せられぬ以上、奇妙である。彼は、ドイセン著『ヴェーダンタの体系』の説くシャンカラのヴェーダンタ哲学における涅槃＝梵我一如が、仏教からは無明と批判されることを承知の上で、わざと両者を等置しているのである。それはなぜか。なぜ彼はなおも仏教の涅槃を無と見なそうとするのか。彼は仏教のどこに違和感を抱いたのか。

それを突きとめる前に、インド仏教とヨーロッパ仏教（永劫回帰）の違いを列挙しよう。（1）輪廻の形態。インド仏教は不生不滅の霊魂は否定するが、輪廻の主体として業や経験に従って常に変化しつつ連続する有為法という形ではこれを認める。従って、仏教の説く劫初から続く六道輪廻は、螺旋運動である。これに対し、同じことの永劫回帰は無数度の同一円運動と言える。（2）解脱。仏教では、涅槃は此岸において到達されはするが、輪廻からの「逃げ道」

(Oldenberg, 49) であることに変わりはない。これに対して、「我は汝等に永劫の流れからの解脱を教える。流れは何度でもそれ自身へと流れ戻り、何度でも汝等は同じ流れの中に入る、同じ者として」(VII, 5[1] 160) とあるように、永劫回帰からの「逃亡は可能ではない!」(24[7])。換言すれば、仏教は輪廻からのないし輪廻における解脱、ニーチェは輪廻におけるないし輪廻への解脱を説く。(3) 目標。仏教では、輪廻は脱却されるべきもので、涅槃こそがその目標ないし終極状態なのに対し、永劫回帰には「意味も目標も無く」「無への終末も無く」、「終極目標」は否定される (VIII, 5[71])。従って、(4) 仏教では、輪廻は本来有るべからざるものであり、業あるいは縁起の理法によって生じるものなのに対し、永劫回帰は有ったし、有るし、有るだろうもので、無くなることは無い。だからインドの仏陀は輪廻の教師ではなく、輪廻からの解脱の教師であるのに対し、ヨーロッパの仏陀は輪廻(永劫回帰)の教師を自称する。

四　二つの縁起説

以上を踏まえた上で八六年夏のメモを見てみよう。「仏教的特徴、無への憧憬。(インド仏教は根が道徳的な展開に片をつけていない、だからインド仏教の場合そのニヒリズムには克服されざる道徳があるだけだ。即ち、罰としての生存、誤謬としての生存が結合される、それゆえ誤謬としての罰——一種の道徳的な価値評価)」(VIII, 2[127])。

ここにも「無への憧憬」が登場するが、重要なのは仏教が生存を罰・誤謬と見なす「道徳」を克服していないという指摘である。確かに仏教には生滅する現実世界を超えた実体的梵・我は無い。だが生滅世界自体が肯定されるのでもない。なぜなら、仏教の根本には現在の生存が過去の罪業への罰だとする因果応報観があり、従って涅槃は縁起・輪廻自体ではなく、むしろ縁起の彼岸、縁起せざるもの、即ち〈縁起の無〉への憧憬だからである。ここにニーチェが輪廻―涅槃の仏教的二世界説を看破したことは無論だが、彼の関心はむしろ仏教が二世界説にならざるをえず、涅槃を求めざるをえぬその根本機構にあるのである。仏教は現実の苦から出発し、苦の原因と滅却の根本機構を流転縁起と還滅縁起として語るのだった。縁起は単なる自然法則ではなく、苦の因果連鎖の道徳的探究である。否、道徳的にせよ自然科学的機械論的にせよ、因果への信仰そのものが、現在を過去の諸原因に遡って説明し意味付けして、現実の苦から逃避せんとする衰弱・疲労した生の症候なのだ。苦が耐え難いのは「苦そのものより、苦の無意味さ」(GM: VI$_2$ 320) だから。この弱化した生の無能力が、仏教では涅槃への憧憬として現れるだけだ。だから真の問題は縁起・因果への信仰の方である。これこそニーチェが仏教に対して抱いた違和感の正体なのだ。

だがこれこそはまた、永劫回帰到来時にニーチェ自身煩悶せざるをえなかった当の問題ではなかったか。むしろ涅槃の如き逃げ道が無いだけ、その問題は一層痛切だったのではないか。「一切の〝かく有りき (es war)〟が再び〝かく有り (es ist)〟に成る。一切の到来する事の尻尾に過ぎ去りし事が噛みつく」(VII$_1$ 4[85])。過去の業が現在を、現在の業が未来を決定する。「時が逆流せぬこと、これが意志の憤怒である。〝かく有りし事〟——意志が転がしえぬ石はかく呼ばれる」(Za: VI$_1$ 176)。「時のあの法則」、一時とその〝かく有りき〟への敵意、これが、否、これのみが復讐そのものなのだ」(ibid.)。これらの言葉と既に引用した「生存もまた永劫に繰り返し行為［=業］であり、罪であらざるをえぬこと、これこそ〝生存〟という罰における永劫だ」、あの予言者の言葉「一切は空だ、一切は同じだ、一切は有った」を見れば、ヨーロッパの仏陀の業・縁起説が「かく有りき」の因果連鎖だったことは明らかだ。彼がこれと格闘したことは永劫回帰到来後に因果律への問いが急増することからも判る。彼は仏教の不徹底な因果説を、一切の逃げ道の無い「仏教のヨーロッパ的形態」という「最極端なニヒリズム」(VIII$_1$ 5[71]) 的因果説へと尖鋭化した。それゆえ『ツァラトゥストゥラ』に『仏陀』の痕跡が見出しにくいこと、有るにしても永劫回帰の絶対肯定の前段階に位置付けられていることは、彼が仏教の縁起説をいかに「かく有りき」に引き付けて理解し、克服しようとしたかを、逆に証している。つまりニーチェの仏教との対決は、彼自身の永劫回帰のディレンマとの対決だったのだ。

では「かく有りき」・因果連鎖はいかにして克服されたか。彼の答えは単純である。「かく有りき」は何ら事実でも真理でもなく捏造・妄想にすぎぬ、これである。それは決定論的永劫回帰の自己崩壊、従って必然性と自由とのあのディレンマ自体の不成立を意味する。

一般に時は不可逆的今連続[24]と理解される。だが単なる今連続は未だ時ではない。時はその流れが一度分断された後、その断片が過現未の連鎖を成して初めて時と成る。これを端的に示すのが「かく有りき」である。「かく有りき」は「過ぎ去り」と「再び」の両契機を含む。単なる過去は未だ過去ではない。過去は過ぎ去るとともに再現されて初めて過去と成る。過去は常に現在との関係で生じるのである。従って「かく有りき」は「かつての現在が現在する過去として再現する」機構なのであって、時の単なる一契機（過去）ではない。これは「もはや今でない」の必然的関与に基づく時自体の成立機構を意味する。とすれば、過現未の時の流れの不可逆的前後関係は何ら真理を表現していないということではないか。

ニーチェは因果律が「時の逆転」（VII$_3$ 20[35]）即ち「原因と結果を混同する錯誤」（GD: VI$_3$ 83）だと看破する。「因果への信仰は本能の中で最強力な復讐本能に根差す」（VII$_1$ 4[53]）。復讐は、自己の欠損を補って自己の全体性を回復せんとする苦悩者の根本本能である。彼はその欠損を、その「原因」「加害者」（GM: VI$_2$ 391）を捜すことで補填しようと「外」へと向かう（ibid. 285）。だが外への捌け口をもたぬ本能は内攻し、かくして人間の最も癒し難い病気「自己自身への苦」即ち「良心の呵責」（ibid. 339）が生じる。自己分裂せる苦悩者は欠損（苦）の原因を外に求めえぬ以上、どこに苦の原因を求めるのか。それは自己の内部の外つまり「過去」を措いて他にはない。ところで「かく有りき」とは「かつての現在が現在する過去として再現すること」だった。それゆえ「現在」が中心的位置を占めた。だがこれは時が「現在」から始まることを意味しない。なぜなら、「かく有る」現在の原因を突きとめたそのとき初めて、現在が「現在」として意識されるからである。従って「かく有りき」とは、厳密には「かく有る現在」と「かつての現在が現在する過去として再現すること」との動的統一なのである。現在の無意識的知覚が現在の外に原因を捏造し、その捏造物から現在が意味付けられて「現在」と成る。我々の意識に入るのは時の逆転によって生じた最後の形姿にすぎず、逆転自身は常に忘却される。それゆえ「時の逆転」とは、過去を過去たらしめ、現在を現在たらしめる動きである以上、それは既成の時の秩序の逆転なのではなく、むしろ過現未の不可逆的な時の流れという秩序そのものの捏造と見るべきである。

「かく有りき」がその原因「かく有りき」を捜し求めるのは、「かく有る」現在の欠損を補填するためだった。だが「かく有りき」は常に同時に「もはや無い」。原因を欲する復讐本能は、自己の全体性を回復せんと欲しても常に不首尾に終わる、かくして原因への意志は因果の鎖に次々と新たな鎖を継ぎ合わせて尽きることが無い。これが最極端なニヒリズムとしての永劫回帰の姿、「無（無意味なこと）が永劫に！」（VIII, 5[71]）である。だが「時が逆流せぬ」のも、「かく有りき」への怨恨も、そしてそもそも「かく有りき」が有るのも、復讐本能即ち原因への欲求自身が現に「かく有る」からではないか。それは客観的事実でも主観的妄想でもない。我々凡夫の生そのものの自縄自縛・自業自得の姿なのだ。

だが想起しよう、仏教は無明がいつから始まり、因果が何に基づくかを問わなかったことを。仏教において苦なる生存は自業自得であり、何ら実体的有でも無でもない。従って苦の生滅はともに苦自身の中に求められている。オルデンベルクによる此岸での涅槃は正にこれを語らんとしたのだった。この点で現在の生の条件を過去の業に求めることを拒絶するニーチェは仏教に近い。それのみではない。彼が「かく有りき」に見たものは、小乗仏教の体系的著述『倶舎論』「分別世間品第三」の説くいわゆる「三世両重の縁起」に当たるのだが、過現未に実体性を認め、それらの間に業による因果を見るこの見解は、仏教本来の縁起たる諸法の相依相属の立場ではないがゆえに、後に大乗仏教の空観によって批判される。例えば、龍樹は『中論』「観時品」において、時も諸法と同じく無自性空であり、過現未の三世が相依相属に因って成ずると説く。

ではニーチェの到達した「思想」としての永劫回帰において、時と因果はいかなる相貌を現すのか。彼はこれを自己と運命との乖離を前提する「トルコ人の運命論」(MA II: IV_3 218) に対して、別様には有らぬ自己即世界の肯定としての「運命愛」ないし「ロシア的運命論」(EH: VI_3 271) という形で語る。「前後関係 (Nacheinander) など問題ではない——そうではなく相入関係 (Ineinander)、過程が問題なのだ。その中で連続する個々の瞬間が原因と結果として相互に条件付け合うのではないような過程が」(VIII_1 2[139])。「世界は〝必然的〟かつ〝算定しうる〟経過を辿るが、それは世界を法則が支配しているからではなく、むしろ法則が絶対的に欠けており、あらゆる力があらゆる瞬間に己の最終的帰結を引き出すからだ」(JGB: VI_2 31)。ここには業の時間的因果性の否定とともに即今当処・瞬間性の強調が顕著である。このとき過現未は業・因果の繫縛から解き放たれて「瞬間」に収斂・円融する。瞬間はもはや時の流れあるいは円環の中の点ではない。そもそも時は円環を成して流れはしないのだ。「あらゆる瞬間は一切の変化の必然的な全転位を意味する」(VII_3 39[11])。ニーチェにとって時とは一瞬間即一切瞬間の現成に他ならぬ。因を源として時を経て果が現れるのではなく、因と果は同時同生・因果一如なのである。「生成の意義は各瞬間に満たされ、達成され、完了しているに違いない」(VIII_2 11[82])。業即ち行為の力は即今当処に発揮されている。人間は自由で世界は必然だというのではない。万物と我とは同根であり、自由と必然にはいささかの乖離も無い。ここに至ってニーチェは大乗仏教の煩悩即菩提、生死即涅槃の時性に限り無く接近する。とりわけ『華厳経』「離世間品」及び法蔵『華厳五教章』「義理分斉、十玄縁起十世隔法異成門」における「十世」の思惟、即ち過現未の三世各々が三世を含む九世と、これらを内に集めて統一する「一念」との相即相入の思惟、また禅、特に道元『正法眼蔵』「大修行」巻における、いわゆる「百丈野狐」の公案を踏まえた「不落因果」と「不昧因果」との関係の思惟、また「有時」巻での「経歴」と「而今」に近づく。ニーチェは永劫回帰の体験から思想への展開において、我知らず、「三世実有」を説く初期仏教・小乗仏教の実体論的な「十二支縁起」・「三世両重の縁起」から、無自性空において三世の一と他とが同生同死するを説く大乗仏教の縁起特に華厳の法界縁起へと至ったのである。そして因果一如・因果同時の具体相、仏教で言う第一義諦に対する世諦こそが、諸事物の相互関係を説く「力への意志」説だと言えるだろう。

「一歩一歩より包括的になり、より超国家的に、よりヨーロッパ的に、より超ヨーロッパ的に、より東洋的になり、ついにはギリシア的になれ——なぜならギリシア的なるものは一切の東洋的なるものの最初の偉大な結合かつ綜合であって、それでこそヨーロッパ精神の原初、我々の〝新世界〟の発見だったのだから」(VII_3 41[7])。

ニーチェが到達したと信じたギリシアは、ひょっとしたら極東に有るのかも知れない。

註

(1) ニーチェと仏教の包括的比較に関しては F.Mistry, Nietzsche and Buddhism, Berlin. New York, 1981 と湯田豊『ニーチェと仏教』(世界聖典刊行協会、一九八七年)を見よ。

(2) 例えば「仏教的意志の否定」(GT: III_1 52)、「インド仏教……無への憧憬」(III_1 129)、「生存への吐き気……生存を償われるべき罰と見る見解、生存と有罪との同一性への信仰……これらにおいてギリシアがインドと、総じて東洋と触れ合っている」(UB III: III_1 354)。

(3) J. Stambaugh, Nietzsche's Thought of Eternal Return, Baltimore. London, 1972, S. 115 f. und S. xvi.

(4) M. Sprung, Nietzsche's Trans-European Eye, in: Nietzsche and Asian Thought, ed. by G. Parks, Chicago. London, 1991, S. 82.

(5) ibid. S.84.

(6) ibid. S. 88 f.

(7) Vgl. KSA (=Nietzsche: Sämtliche Werke. Kritische Studienausgabe), Bd. 14, S.534 f.

(8) Nietzsches Bibliothek. 14te Jahresgabe der Gesellschaft der Freunde des Nietzsche-Archivs, 1942, S.48.

(9) KSA, Bd. 14, S. 535.

(10) KGB (=Nietzsche: Briefwechsel. Kritische Gesamtausgabe), II_5 S. 127 f.

(11) その他のインド・仏教関係文献に関しては Mistry, a. a. O. S. 12 ff. また遺稿には読書予定の本として「ケルンの仏教」(VII_1

15[60]）があり、H. Kern, Der Buddhismus und seine Geschichte in Indien, Leipzig, 1884 のことと思われるが、読んだかどうか判らない。

（12）Sprung, a. a. O. S. 77.

（13）H. Oldenberg, Buddha, 4te Auflage, Stuttgart und Berlin, 1903.

（14）Teichmüller, Die wirkliche und die scheinbare Welt, Breslau, 1882, S. 347 f.

（15）本書「ニーチェとニヒリズム」を参照のこと。

（16）湯田・伊藤著『インド思想および仏教　第二』（錦正社、一九七五年）七六頁。因みに同書には、湯田氏によるオルデンベルク『古代インド――その言語と宗教』の第三エッセイ「仏教」の紹介と全訳が収められている。

（17）岡田明憲『ゾロアスター教』（平河出版社、一九八二年）七頁、メアリー・ボイス（山本由美子訳）『ゾロアスター教』（筑摩書房、一九八三年）三九－四〇頁を見よ。

（18）周知の通り、ニーチェは、ヘラクレイトスが永劫回帰を説いていた可能性に触れている（Vgl. EH: VI_3 311）が、これは多分オルデンベルクの記述の影響だろう。

（19）KSA, Bd. 14, S. 705.

（20）Mistry, a. a. O. S.17.

（21）KSA, a. a. O. S. 665.

（22）Vgl. Mistry, a. a. O. S.119.

（23）Vgl. KGW VI_4 863f., 866, 871, 874 ff., 882, 885, 887, 893, 896 f., 899, 901, 904, 922, 925, 927, 931. 本書「ニーチェとエマーソン」及び「ニーチェとニヒリズム」（上掲註（15））をも併読のこと。

（24）詳しくは、本書「ニーチェにおける時間の根源への問い」を参照のこと。

*註（20）について

ミストリーがこのような怪しげなサンスクリットやパーリ語の知識をどこから仕入れたか驚くほかないが、ともかく今日の定説では「斑牛・斑のある牝牛」（Bunte Kuh）はパーリ語の「カンマーサダンマ」（Kammāsadamma）」、サンスクリットでは

「カルマーサダムヤ」(Kalmāsadamya) のドイツ語訳だということになっている。但し、ニーチェがこの地名をどこで知ったかは未詳である。カンマーサダンマは釈尊の生存当時、バラモン教の勢力の強い保守的なクル国 (Kuru) の中心都市で、現在の土地で言えばインドのデリー (Delhi) と目されている。初期仏典に何度か登場するが、釈尊の伝道経路からすればかなり遠方の北西部に位置しており、また釈尊がその地で説いたとされるのは「(十二支) 縁起」や「四念処」のような比較的高度で抽象的な教説が多い。しかも、これらは釈尊滅後かなり経過した後に展開された。以上からすると、釈尊がカンマーサダンマを訪れたというのは単なる伝説ではなかろうか、と私は密かに思っている。因みに、初期仏典の中でも古層に属する『スッタ・ニパータ』に同地名は登場しないが、その註釈書でブッダゴーサ (Buddhaghosa, ca. 5c.) の著した『パラマッタ・ジョーティカー』(Paramattha-jotikā) には登場する。

ニーチェのニヒリズム論とその射程

一　問題

「ニヒリズム」という場合先ず問題となるのは、我々（特に限定して現代の日本人）がこの語をどう理解しているか、共通の理解が果して有るかどうかだと思われる。例えば、ネットで知り合ったメル友が車内に七輪を持ち込んで仲良く自殺するのはニヒリズムか、ペシミズムか、それとも別の何かか。日本の伝統的無常観はどうか。そして私に与えられたテーマ「テロリズム」はどうか。自爆テロとそれに対する報復としてのアルカイダやハマスの掃討はどうか。テロリズムがニヒリズムだとすれば、その場合ニヒリズムとは何を意味するのか。総じて人の「死」、物事の「滅」というだけでニヒリズム的現象と言えるのか。これらを論じるに際し、私はニヒリズムという語を世に広めたニーチェ（一八四四―一九〇〇）のニヒリズム論を手がかりにしようと思う。

ところがニーチェが「私の物語るのは次の二世紀の歴史である」と語り、それを「ニヒリズムの到来」と呼ぶとき、それは飽くまでも「全ヨーロッパ文化」の「破局」を意味しているのであって、地球規模のそれを指しているわけではない。つまり、「ニヒリズム」とは差し当たりキリスト教道徳の崩壊、いわゆる「神の死」という現象を意味しているのである。しかし彼のニヒリズム論は、宗教・道徳に関する時代批判という枠を遥かに超えて人間の存在構造の根本に肉迫する点では超ヨーロッパ的射程をもち、今なお傾聴すべきところが有るように思われる。

二　ニヒリズムとペシミズム

「ニヒリズム」はニーチェの造語ではない。今この語の来歴を述べている余裕は無いが、ニーチェがこの語を受容したのは、主として①ロシア・ニヒリストのテロ活動を報じた当時の新聞記事、②トゥルゲーニェフ『父と子』『処女地』の仏訳、③ブールジェ『現代心理論叢』であり、彼のニヒリズム論はこれらとの関連で形成されてゆく。しかもそれに伴い、「ニヒリズム」とその類義語たる「ペシミズム」との関係も微妙に変化してゆく。

先ず、一八八〇年、ニーチェはロシア・ニヒリストたちのテロ活動に関する新聞報道およびトゥルゲーニェフの二つの小説を読み、ニヒリストに対して世間の評価とは逆に、既成道徳の徹底的破壊者、自由精神という肯定的評価を下す。彼によれば、ニヒリストも現代のペシミストも、現状に不満を抱き、世界は快よりも苦の方が多く、出来損ないで最悪だと誹謗する点では同じだが、ペシミストが力衰え、疲労・倦怠を感じて「善人」に成り下がり、同情の道徳によって辛うじて生を維持し、「思想」を説くだけなのに対し、ニヒリストは血統正しく、自由で力強く、現存の世界を「行為」によって破壊する「悪人」だ、こういう悪人こそが歴史を創るのだ、と言う。つまりニーチェは当初ニヒリズムをロシア・ニヒリスト絡みで理解し、自由精神として肯定しよう、良い面を見てやろうとする一方で、現代的ペシミズムを痛烈に批判しようとしていた。

ニーチェがニヒリズムを多用し始めるのは八六年夏以後だが、その間にニヒリズムの語義の変化が顕著となる。ブールジェの『論叢』に触発されたためと考えられる。ブールジェは「生の否定という同一の精神」が現代のヨーロッパ社会全体を覆っていると看破し、それがロシアではニヒリズム、ドイツではペシミズム、フランスでは神経症として現れているると捉える。ブールジェはニヒリズムとペシミズムとをほぼ同義的に用いているのである。この影響を受けたニーチェは、生の否定の精神を「ペシミズム」と理解する一方で、ニヒリズムをロシア・ニヒリストの自己破壊的態度として、ペシミズムの一下位概念或いは一特殊形態と見なすに至る。その際ペシミストは『ツァラトゥストゥラ』で「高級人間」(höhere Menschen) の諸類型へと造形される。高級人間とは、字義通りには「比較的高級な人間」であるから、低級人間と最高級人間の中間種である。勿論ニヒリストもその一類型として、今や賞賛と疑念とが入り混じった扱いを受ける。それは八一年のニヒリストによるロシア皇帝暗殺、その報復措置としてのロシア政府による弾圧、弾圧による彼らの壊滅(死刑・シベリア流刑)という一連の事実と無関係ではあるまい。彼らの既成秩序の破壊は、確かに将来を準備する偉大な行為だが、依然として近代的諸理念(自由・平等・人類など)を掲げるに留まり、何一つ新しい価値創造を行なってはいない点で、結局彼らは自殺しているだけだとニーチェは見る。

そして八六年、ペシミズムとニヒリズムは再び分離するとともに、ニヒリズムの多用が始まる。その契機の第一は、「永劫回帰」思想との格闘にあると思われる。一切の同一事態の絶対的・必然的な無数度の回帰を説くこの思想をニーチェは「生存の意味への問い」として受容した。もし一切が同一のまま必然的に循環するなら、自由の領域たるべき未来も既に無数度生きられた過去に他ならず、「一切は同じだ。何をしても無駄だ。世界には意味が無い。」ということになるだろう。これは快と苦一切の無意味、世界そのものの苦を説くのであるから、世界における快に対する苦の優位をペシミズムと解するブールジェ的ペシミズム概念とは違って、確かに「最も極端なペシミズム」であろう。だが彼はこのペシミズムに雄渾に耐えるだけでなく、これを愛しさえする生の絶対的肯定（運命愛）へと突き抜ける。するとこれをペシミズムと呼ぶことには些か無理が有ろう。そこでニーチェは永劫回帰のペシミズムを従来のペシミズムから区別して「ニヒリズム」と呼ぶ。最早ロシア・ニヒリズム絡みではなく、「最も世界否定的思考法」として。だが、彼のニヒリズム概念形成にとって重要な第二の契機は、ブールジェがペシミズム＝ニヒリズムの原因と見なす社会的困窮・生理学的退化・道徳的堕落は現代的暗鬱化の原因ではなく症候にすぎず、原因はキリスト教的・道徳的価値評価の崩壊、即ち「神の死」だと洞察したことである。こう洞察したとき、ニーチェはブールジェの等式を放棄し、ペシミズムをニヒリズムの先行形式と見なす。

それでは、神の死のニヒリズムと、既にニヒリズムと呼ばれていた永劫回帰とはどう関わるのか。永劫回帰到来後、ニーチェはキリスト教や仏教の如き従来のペシミズムを、永劫回帰という最も徹底的なペシミズムからの逃避の試みと見なした。キリスト教は、世界と生存そのものの全き無意味を説くこの思想に耐えられずに破滅してゆくはずの弱者たちの生を維持すべく、この悲惨な仮象の世界の背後・彼岸には真の世界、永遠の浄福の世界が有ると説き、救済主たる神を捏造した。それはかれらに「神の誠実さ」への信仰を強いた。だがその誠実さへの信仰が「聖書への信仰」から「自然科学」への信仰に変わったとき、「科学はキリスト教的神の誠実さへの懐疑を呼び起こした。この懐疑ゆえにキリスト教は死ぬ。」つまりキリスト教は自己自身の育んだ誠実さの徳の「無制約的性格」ゆえに崩壊する。ニーチェの論理を辿れば、現代的暗鬱化現象がペシミズム、その原因は神の死のニヒリズム、その原因はキリスト教による神・真の世界の捏造、その捏造の究極的根拠は最も極端なニヒリズムたる永劫回帰に耐えられぬ無力、ということになる。こうしてペシミズムとニヒリズムとが分離するとともに、ペシミズムもまた、生の貧困ゆえに苦しむか、生の充溢ゆえに苦しむかに応じて二分される。勿論この区別は永劫回帰を肯定しうるか否かによる。従ってニヒリズムとペシミズムはともに「生存の意味への問い」に関わる点では共通だが、前者はより普遍的な観点から、後者は生存の「苦」という観点から見られているという違いが有ると言えるだろう。仏教語を借用すれば、ニヒリズムが諸行無常、ペシミズムが一切行苦に相当するのではないか。いずれにせよ、ニーチェは永劫回帰思想によって、現代だけでなく、キリスト教道徳的ヨーロッパの歴史全体をニヒリズムとして射程圏内に捉えることができるようになったのである。

三　ニヒリズムの分類

以上を踏まえてニーチェはニヒリズムの分類を試みる。第一は「正常な状態」としてのニヒリズムであり、これは目的と根拠の無と規定しうる。しかもこのニヒリズムは「両義的」であり、「精神の高揚した力の徴としてのニヒリズム、即ち能動的ニヒリズム」と「精神の力の衰退と減退としてのニヒリズム、即ち受動的ニヒリズム」とに分けられる。この正常な状態とは「神の死」としてのニヒリズムであり、そのうち受動的ニヒリズムとは、従来の諸価値が自分に適合しなくなったことを自覚しつつも支え無しでは生きられず、依然としてキリスト教道徳とその代替物たるヨーロッパ的諸目標にすがっている弱者たちの態度一般を意味する。また能動的ニヒリズムとは、既存の諸価値を行為によって破壊する強さをもつが、破壊のための破壊に終始して自分も破滅してゆくロシア・ニヒリスト、アナーキストの態度である。即ちところが以上の「正常な」ニヒリズムは「仮説」にすぎない。というのも、これには「前提」が有るからである。そして「真理など存在しないこと、物の絶対的性質など存在せず、『物自体』など存在しないこと」である。そして「これ自体が一つのニヒリズム、しかも最も極端なニヒリズムである」とニーチェは言う。するとニヒリズムを二分し、前者彼はニヒリズムを二分し、前者を更に二分し、計三分していることになる。以上から「能動的ニヒリズム」がニーチェ自身の立場でないことは明白である。それはテロリズムである。さて、ニーチェは正常なニヒリズムを「一種の中間状態」とも呼ぶ。それは、神・真の世界というキリスト教道徳的な一つの解釈が従来解釈そのものだと、即ち唯一絶対の価値基準だと信じられてきたために、それが崩壊しただけであたかも世界全体が全くの無意味・無価値と化したかのように錯覚された状態である。だが神・真の世界は世界の完全な無目的性・無統一性・無根拠性、即ち「最も極端なニヒリズム」に対抗すべく虚構されたのであるから、たとえ神や真の世界への信仰が崩壊しても、我々が絶えず生滅する現実の世界・生をまさに絶えず生滅するものとして直視・肯定できずに、生成の彼岸・背後に常住不変なものの「存在」を想定する限り、或いはそういうものを想定することが人間の生存条件を成している限り（例えば、言語も、対象認識も、神の死を招来した自然科学における物質・客観性・因果律などの諸前提もそうである）、人間存在には根源的に「無」が食い込んでいる。人間が希求するのは生成・変化・差異ではなく、永遠性・固定性・同一性・確実性・実体性などだが、一切は絶えず生滅し、しかも現に生滅している通りに生滅しているのであって、「私」の思い通りにではない。ところが人間は現状への不満から、怨恨と復讐心に駆られて、生滅の動きを止めよう、別様たらしめよう、自己の意のままにしようと執着する。だが一切は別様には生起しえない。ここに一切の事象の絶えざる生成と「私」の思惑とのずれが「無意味」或いは「苦」と感受されざるをえぬ必然性がある。

四　能動的ニヒリズム

こういう徹底的立場から見るとき、能動的ニヒリズムつまりテロリズムはどう論じられうるのだろうか。最後にニーチェの言葉を紹介しつつ、現代のテロリズムにも簡単に言及しよう。

ニーチェによれば、道徳はかつて「出来の悪い者ども」を世俗的階層秩序とは別の秩序の中に位置づけることによって、彼らが没落することから守ったが、道徳への信仰が没落すると、彼ら「出来の悪い者ども」は慰めを見出すことができずに没落するようになる。ただしこの没落は自己破壊への意志に由来している。その際自己破壊は自己解剖、薬物中毒、陶酔、特に「能動的ニヒリズム」という形をとる。能動的ニヒリスト（テロリスト）は低い階層の出ではなく、相当程度の精神文化と相対的な裕福さを前提としているために、「神、道徳、恭順」は既に克服済みである。そもそもニヒリストたちが出現する基盤は、仏陀が現れた当時のインドの状況がそうだったように、様々な哲学的見解が長い間闘争し合った結果、哲学に対して希望を失い、懐疑的となるほど精神的に疲労していることである。ニヒリストは悲惨な生存に意味を与えてくれていた道徳から切り離されてしまったために、権威に恭順を誓ったり自分を卑下する根拠を失っている。その限りでは誇り高い。しかし彼らは新しい価値創造を行なうほど強くはない。彼らは、もし永劫回帰の信仰に触れるなら、それを呪いと感じるはずだ。だが彼らは受動的におとなしく滅んでゆくわけではない。彼らは現段階で意味を失い目的を失ったすべてのものをテロ行為によって消滅させながら自己破壊を行なう。彼らは権力者たちが自分たちの死刑執行人になるよう仕向けることを通して、自分たちも力を求めるのである。つまり何も意志しないよりは、むしろ無を意志するのだ。だが、ここで言われる「出来の悪い」とは何を意味するのだろうか。それは最早政治的な意味においてではなく、生理学的な意味において、つまり「健康の立場」からの呼称なのだ、とニーチェは言う。つまり「出来の悪い者ども」とは「最も不健康な種類の人間」だと言うのだが、これだけだと彼の真意が解らぬばかりか、誤解されることになりかねない。それゆえ、これとは逆の類型つまり「最強者」をニーチェがどういう人間だと理解しているかを見ておく必要があるだろう。彼は言う、「それは最も中庸の者たちである。つまり極端な信仰箇条を必要としない者たち、相当量の偶然、無意味を容認するだけでなく、愛する者たちであり、人間についてその価値を相当に割引いて考えることができ、かといってそのことで卑屈になったり脆弱になったりしない者たち。大抵の不幸を乗り越えることができ、それゆえ不幸をさほど恐れない、そういう意味で健康に最も恵まれた者たち――自分の力を確信している人間」である、と。要するに「有るがままで、差引勘定も、例外も、選択も無い世界」を如実に知見し、現に有る生存を別様にもつことを欲せず、これを肯定し愛しうる人間だということになる。

テロリズムの根底に「永劫回帰への呪い」が有るなどと言えば、荒唐無稽の誇りを免れかねないが、しかしこれは別の言葉で表現すれば「ルサンティマン」であり、「復讐の精神」である。人間は順境にあるときは幸福の永続を願い、逆境においては不幸が一刻も早く過ぎ去ることを、さもなければ自分の生存の断滅を切望する。だが一切は本質的に自分の望み通りにはならない。即ち「苦」である。「私」が生まれたことからして「私」がそれを望み選んだわけではない。偶然である。老・病・死もまた「私」が望まないものであるにもかかわらず、いずれも避け難い。だが人間は愚かにも避け難いものを避けようと躍起になり、一瞬一瞬生じては滅する無常な事象の動きを止めよう、遅らせよう、或いはいつそ元に戻そうとし、自分の思い通りになりえぬものを思い通りにしようとする。もとよりそれは成功するはずが無い。

ところが人間は自己の愚かさを認めぬばかりか、その挫折の責任を何ものかに（時としては自分自身に）負わせ、復讐しないでは気がすまない。これが極端に走り「行為」を伴うとテロリズムになる。だから復讐する相手を見つけさえすれば実は相手が誰であってもよく、復讐の理由も実は何でもよいのである。なぜならテロリズムの、そしてニヒリズムの本質は「自己破壊」にあるからである。つまり、生成消滅する世界自身、生存それ自身がニヒリズムを惹起するのではなく、思い通りになりえぬものを思い通りにしようとする人間の執着と、思い通りにできない無力にこそニヒリズムは巣食っているからである。だから、何事もそれが生滅する通りに生滅することを欲し執着を去った者はニヒリズムを超えている。一方、執着とその無力感ゆえの苛立ちが激怒となり、破壊欲となって噴出したのがテロリズムである。ともあれ今日のテロリストも、ニーチェの言うように極端な信仰箇条をもち、「……原理主義」を標榜している。彼らは比較的裕福で（ビン・ラディン）、比較的教養があり（旅客機を操縦したり、サリンを製造したり）、民衆に蜂起を促して「聖戦」を叫ぶが、民衆のためになることはほとんどしない。彼らの行為は結局のところ敵を強化することによる自殺である。自爆テロがその何よりの証拠だろう。

だが、ニーチェの予言したニヒリズムは予想以上に速く深刻化した。地球温暖化や環境破壊、人口爆発や食糧危機、民族紛争の勃発や核軍縮の遅延など。だがこれらはむしろニヒリズムの症候であって、原因は背後に隠れており、何よりも幸福と効率のよさとを求め、安楽さ・便利さを享受している現代人にその本当の不気味さが自覚されることは稀である。それを批判しようものなら「原始時代に戻れというのか」とか「非現実的だ」と一蹴されよう。神は本当に死んだのか。むしろ大小様々な神々が、神の代用物がその後も続々と現れているのではないか。今日のテロリズムを考える上で、宗教の名を借りた民族間、国家間の世俗的利害の衝突、あらゆる種類のエゴイズムの激突、報復の連鎖も確かに重要だと思われるが、一層深刻なのは、テロを行なう側もそれに報復する側も、ともにテクノロジーに巻き込まれているということだろう。テクノロジーは自然科学における自然の対象化・算定化と結合して、自然支配による人間生活の維持・安楽化を促した。だがそれは対象化・算定化の主体たるべき人間自身をも容赦なく算定的思考へと巻き込んでゆく。人間がその呪縛から解き放たれようとしても、その試みさえもテクノロジーによって誘導されている。ニーチェの時代にもロシア・ニヒリストはダイナマイトで皇帝を暗殺したが、現在の武器のレヴェルは比較にならない。テクノロジーに主導された戦争に最早勝利者はいない。ニーチェが到来を予言したニヒリズムという「最も不気味な客」の正体とは、実はテクノロジーだったのではなかろうか。いずれにせよ今後なおニヒリズムの克服が可能だとすれば、ニーチェの言う「生成の無垢」が鍵となることだけは間違いないように思われる。

ショーペンハウアーとニーチェ
――いわゆる実践理性のアンティノミーに関して

一　序

古来、善悪および吉凶禍福のズレ、正不正と幸不幸との不一致、いわゆる「徳福問題」（カントの言う「実践理性のアンティノミー」）は、人生の苦・不条理の象徴として倫理学および宗教学上最大の問題となってきたように思われる。何が「義」であり、何が「悪」であるかという概念規定を一応度外視するとすれば、『旧約聖書』「伝道の書」では、「私はこの空しい人生において様々なことを見た。そこには義人がその義によって滅びることがあり、悪人がその悪によって長生きすることがある。」（Ecclesiastes 7.15）と言われ、「ヨブ記」（Job）では、義人ヨブの理不尽な受難（と見神・救済）が語られている。また、ギリシア悲劇の悲劇たる所以は、正しい人が正しい行為によって陥る苦難（pathos）、あるいは複数の正義（dike）の激突が生む不幸にある、と言えるのではなかろうか。

このズレ・不一致の伝統的な解決法として真っ先に念頭に浮かぶのは〝応報審判説〟であろう。しかも、その第一形態の代表としてキリスト教の〝最後の審判説〟を挙げ、第二形態の代表として古代ギリシアおよびインドの〝輪廻転生説〟を挙げることには、些かの異論も無いと思われる。そして、この両形態はともに、もし生存を現世に限定するならば徳と幸福との不一致という事態は到底解消不可能であるから、その解決の場を来世もしくは他界に移すことで帳尻を合わせようとする試みであるに違いない。

では、生存を現世のみに限るとしたらどうであろうか。

些か唐突ではあるが、ここで司馬遷の『史記』を覗いておくことにしよう。もちろん本論への導入とするためである。司馬遷は『史記』「列伝」冒頭に「伯夷列伝」を置いた。伯夷・叔斉は殷末の孤竹という小国の君主の子で、伯夷は長男、叔斉は三男だった。父は叔斉に跡を継がせたいと考えていたが、父が死ぬと叔斉は兄弟の序列を重んじて辞退し、兄の伯夷を立てようとした。だが伯夷は父の遺志を重んじて叔斉に位を譲るために国を去った。すると叔斉も兄の後を追ったので、国人は残った次男をやむなく君主に立てた。その後、周の武王が殷の紂王を討つために挙兵したとき、伯夷・叔斉は臣が君を弑することは不義であると諫めたが、武王は耳を貸さず武力革命を断行した。周が天下を統一した後、伯夷・叔斉は周の禄を食むことを恥として首陽山に隠れ、蕨を採っていたが、やがて餓死したと伝えられている。要するに、伯夷・叔斉は正義を行ないながらも不幸のうちに一生を終えた人物なのである。

だが、ここでの問題はこの伯夷・叔斉に対する孔子の評価であり、それに対する司馬遷の反応である。

孔子は、「伯夷・叔斉は旧悪を念はず（人の行なった昔の悪事を心に留めず）、怨み是の用（＝故）に希なり。」（『論語』公冶長）と語り、弟子の子貢と次のような問答をも行なっている。子貢「伯夷・叔斉は何人ぞや。」孔子「古の賢人なり。」子貢「怨みたるか。」孔子「仁を求めて仁を得たり。また何をか怨まんや。」（同、述而）伯夷と叔斉は仁を行なおうとして仁を行なうことができたのだから、何を怨むことがあろう（伯夷・叔斉には世の中や人を怨む心など無かった）というのである。要するに、孔子は道徳的行為の実践に伴う満足感をそのまま幸福と見なし、幸福に独立した意義を認めない。かの有名な「朝に道を聞かば、夕に死すとも可なり」（同、里仁）という言葉も、孔子のそうした厳粛で崇高な精神から発せられたものであろう。

ところが、司馬遷は孔子のこのような見解に懐疑的である。というのも、逸詩として、伯夷・叔斉が臨終に際して詠んだとされるものが伝えられており、その中で彼らが、神農・堯・舜の王道が今や失われてしまったことを歎き、西山に蕨を採って食い、終に餓死せざるをえぬ天命を怨んでいること（「于嗟、徂（＝逝）かん、命の衰へたるかな」）は明白だからである。しかも、清廉潔白でありながら不幸のうちに生涯を終えたのは、何も伯夷・叔斉だけではない。例えば、孔門十哲の第一と謳われる顔回は「学を好み、怒りを遷さず、過ちをふたたびせず」と孔子も認めるほどの有徳の士であったが、その生活は赤貧洗うが如く、結局「不幸、短命にして死せり」と孔子自ら述べている（『論語』雍也）ではないか。逆に、春秋時代の大盗賊だった盗跖は何千人もの手下を従えて、毎日罪の無い人を殺し、人の肉を料理して食うなど、悪事の限りを尽くしたが、それでも天寿を全うしたというではないか。確かに、「天道、親無く（依怙贔屓が無く）、常に善人に与す」（『老子』第七九章）という意見が有る。儒教もまた、「天道は善に福ひ（＝幸い）し、淫しき（＝悪しき）に禍ひす」（『書経』）とか、「積善の家には必ず余慶あり、積不善の家には必ず余殃あり」（『易経』）とかと述べ、一種の因果応報の理を説いてはいる。もしこれが本当であるなら、善行は必ず福を以て報いられ、悪行には必ず天罰が下るはずであろう。だとすれば、伯夷・叔斉は善人ではなかったというのか。仁徳を重ね、正しい行ないをしたことは上述の通りなのに、しかも餓死する羽目に陥ったのだから、天道が味方しているなどと言えないではないか。逆に、盗跖が徳行を守り行なったとでもいうのか。試みに近い時代を見てみよ。悪事を犯してばかりいながら、死ぬまでのうのうと遊び暮らし、財も豊かで、その家も代々続いて絶えない者がいる一方で、慎重に立場を選んで立ち、時に適って初めて意見を出し、常に正しい大道を歩み、公正でなければ憤りを発しない人であるのに禍災に遇うというようなことが、数え切れないほど有るではないか。そこで司馬遷は「伯夷列伝」を締め括るに際し、天の摂理を疑って言う。「余、甚だ惑ふ。もしくは所謂天道、是か非か。」と。

これは実に重い問いである。この問いに司馬遷自身がどう回答したか、それは分からない。ただしここでは、後漢時代に王充という合理主義的思想家が現れて〝吉凶安危は天に在り、人には無し〟という孔孟の天命思想（運命論）の立場から、人の行為の善悪は「性」に属し、他方、吉凶禍福は天に由来し、「命」に属する事柄であるから、徳と幸福とは交差することも接することもない相異なる二つの系列であり、両者が一致するように見えるとしても、それは偶然に過ぎないと述べ、両者の間の因果関係を徹底的に否定して、それが世間の常態なのだ、といともサラリと片付けたこと[1]、更にはまた、王充によって尖鋭化された儒教的運命随順思想に対する不満・反発が中国六朝時代に広がったことで、仏教の三世因果応報説が中国に浸透してゆく切っ掛けとなったこと、これら二つの歴史的事実のみを指摘することでよしとしよう。

むしろここで重要なのは、上に登場した孔子の立場が、『実践理性批判[2]』(vgl. S. 198ff.) でカントが徳福問題に関連して批判した「ストア学派」の立場に酷似しているということであろう、と思われる。

そこで以下では、先ずカントにおける徳福問題およびそのストア批判を導入部とし、次いでショーペンハウアーとニーチェの各ストア批判を検討することで、徳福問題に対する両者のスタンスの違いを際立たせることにしよう。最終的に徳福問題の問題そのものとしての疑わしさ・いかがわしさが露呈するはずである。

二　カント――実践理性のアンティノミーとストア批判

本来ならここで直ちにカント哲学に言及すべきなのだが、行論の都合上どうしてもエピクーロス、ストア両哲学について必要最小限の要約をしておかねばなるまい。

ポリス崩壊後の不安定なヘレニズム時代に求められた哲学は、個人に内面的な幸福と魂の救済を与える倫理的・宗教的な実践哲学であった。当時の思想状況を最もよく反映しているのは、実はピュローン(Pyrrhon)の懐疑主義である。彼は幸福な生活、心の平安(ataraxia アタラクシアー)に達するには、事物の真理が把握不可能である以上、あらゆる見解・信念を捨てて判断中止(epoche エポケー)すべきことを説いた。エピクーロス派とストア派とが当時の人々に思考と行為の規範を示そうとしたのは、こうした状況下においてであった。両学派とも〝自然と一致して生きよ〟をモットーとする点では同じだが、正反対の道を選ぶことになる。

哲学史上〝小ソークラテース学派〟と呼ばれた諸学派のうち、キュレネー学派の流れを汲むエピクーロス（Epikouros）は、真と善の規準として与えられた感覚に従いながら〝自然と一致して生きよ〟と説いた。それゆえ、エピクーロス哲学は感覚論あるいは快楽主義として展開する。ただし、彼らの求める快楽とは永続的な快楽であるから（というのも、瞬間的な快を追求してそれが満たされると、却ってその後に不快を感じなければならないから）、こうした不快を感じないように、何事にも乱されない平静さ（アタラクシアー）を保つことを重視して「隠れて生きよ」と説いた。

他方、キュニコス学派からは魂の自由を、メガラ学派からは論理学を継承したストア派の祖キティオンのゼーノーン（Zenon）は、〝自然に従って〟つまり神の理法に、諸物の秩序に、摂理に、理性に従って〝生きよ〟と説いた。それゆえ、ストア哲学は唯物論あるいは倫理的合理主義として展開する。ストアによると、理性に従って生きることこそが人間にとって絶対に要求される徳、唯一最高の善であり、逆に反自然的・非理性的に生きることが絶対の不徳、悪である。善はまた有用なものとも規定されるが、これは人間を尺度とする技術的価値のことではなく、自然・理性・摂理・運命に適うものを意味する。したがって我々が通常「善」と見なしている、例えば健康・快楽・美・力・富・栄光・高貴、更には生命でさえ、それ自身価値あるものではない。逆に、病気・苦痛・恥辱・弱さ・貧困・無名・卑賤、更には死でさえ、何ら悪ではない。これらはともに我々の権能の外、意志の外にあるものであるから我々には何ら責任も関係も無く、ただ人間の想像と先入見とによってのみ価値もしくは無価値と思われるに過ぎない。それらはそれ自体では有益でも有害でもないため、「善悪無差別（無記）」（adiaphora, indifferentia）と呼ばれる。要するに、善とは世界の内的調和、諸物の摂理的調和の現れであり、幸福とは〝生の淀みなき流れ〟であり、各人の守護神（daimon）あるいは良心（hegemonicon）と世界形成者（demiourgos）あるいは神（deus）の意志との調和である。それゆえ、幸福は非理性的なもの、特に霊魂の自然本性に逆らう衝動（horme）である「パトス（感情）」（pathos）から解放されることで獲得される。こうして獲得されるアタラクシアーが、ストアにおいては「不動心」（apatheia アパテイア）と呼ばれ、ストア学徒共通の理想となる。

なお、ストア哲学は、世界が因果的自然法則によって支配され必然的に経過すると見る運命論でもあるから、ここで、彼らの自由意志説とその運命論とがいかにして両立しうるか、という疑問が湧くのも当然であるし、その他、パトスが現に非理性的で反自然的な衝動で悪だというのに、当の衝動が本来は自然的で理性的な活動で善だというのは自己矛盾ではないのか、どうして自然から反自然が、善から悪が生じうるのか、等々の疑問が湧くのも当然であるが、それはそれとして、ここでは、ストアが徳だけで幸福に到達するのに充分だと考えて他のあらゆるものを退けるため、義務と克己心とを重視する極めて厳格な倫理学をもっているということを指摘するだけでよしとしよう。

さて、いよいよカントである。

カントがエピクーロス派、ストア派の両者に言及するのは『実践理性批判』の「純粋実践理性の弁証論」においてであり、「最高善」の概念規定を論ずる一環として「実践理性のアンティノミー」つまり徳福問題を論じた場面である。

『純粋理性批判』において伝統的形而上学を徹底的に否定したカントは、『実践理性批判』では一転して形而上学の新しい基礎づけに向かう。もちろん、理論的認識によって物自体の世界を把握することはできない。そこでカントは、万人に〝かく為すべし〟と命ずる普遍的な道徳法則が存在するという事実に着目し、その道徳法則の可能性の条件として「自由」の存在を見出す。このことは人間が、一方では感性界・現象界に属して自然因果律に支配されておりながら、それと同時に他方では自由意志をもつ者として物自体の世界・叡智界にも属しているということ、つまり、人間は欲求能力の対象によって惹き起こされる快・不快の感情に規定され、自己愛あるいは自己の幸福という目的達成のための手段として行為する他律的存在であるにとどまらず、自己を自己自身で決定しうる自由な自律的存在でもあるということを意味している。かくしてカントは『純粋理性批判』の「超越論的弁証論」で否定された三つのイデー（霊魂の不死、自由の存在、神の存在）のうち、自由のイデーを基礎づけることができたと考え、それだけでなく更にはここから、残る二つのイデーをも実践的立場から肯定しようとするのである。

カントによれば、実践理性は「純粋実践理性の対象の無制約的総体」として「最高善」（das höchste Gut）の実現を求める（S.194）。「最高」（das Höchste）とは「最上」（das Oberste）ということと「完全」（das Vollendete）ということとを意味している（S. 198）。「最上善」とは「意志が道徳法則に完全に一致すること」、つまり意志が感性的質料からの一切の強制を排除して自己立法的な自由意志になることを意味するが、この最上善が「徳」（Tugend）と呼ばれる。これは「幸福に値すること」ではある（ibid.）が、未だ「完全善」ではない。完全善であるためには、最上善に基づいて、更に「幸福」（Glückseligkeit）が実現されねばならない。これが「最高善」である。ところが、もちろん感性界に属する「幸福」は道徳法則の規定原理ではありえない。それゆえ我々は幸福を度外視しつつ善のために善を為さねばならない。しかし真に道徳的生活をした結果として幸福にも与るとすれば、これは道徳法則に反することではない。それどころかむしろ人間の実践理性は徳と幸福との一致を求めるのである。なぜなら、常に無制約者を求める理性にとって、最高善こそは実践理性の対象としての無制約者だからである。

したがって、最高善は徳と幸福という二つの種的に異なる要素の結合であるわけだが、古代ギリシアの諸学派の中には両要素を同一律によって統一しようとする学派が二つあった。エピクーロス派とストア派とである。ただしその方向は正反対である。エピクーロス派は幸福を、ストア派は徳をそれぞれ根本概念として選択し、エピクーロス派は幸福へと導く自分の格率を意識していることが徳であると言い、ストア派は自分の徳を意識していることが幸福であると言った。ストア派が徳の実現に伴う自己満足を幸福とする立場を採った、とカントは理解するのである。この意味でカントの理解するストア派の立場は、明らかに先に触れた孔子の立場と酷似している。いずれにせよ、徳と幸福との不一致という実践理性のアンティノミーが生ずるのは、両学派が種的に全く異なる要素だということを洞察していない限りにおいてであって、アンティノミーというのも実は見かけ上のことに過ぎない。エピクーロス派は両要素の結合を感性界に求めた点で「絶対に誤り」であり、ストア派は結合を叡智界に求めた点で「相対的に誤り」である（S. 206）。要するに、「最高善」は「最上」と「完全」という二つの条件を満たすものでなければならないのに、ストア派は「最上善」を、エピクーロス派は「完全善」をそれぞれ「最高善」だと考えた点で両学派とも誤りだというわけである。ただし、等しく誤りであるとはいっても、最高善の実現は、先ず意志が道徳法則に一致する最上善が完全に実現されることを必要とするのであるから、エピクーロス派は「絶対に」誤りだが、ストア派は「相対的に」誤り、つまりまだマシだという評価である。

さて、最上善の実現は感性界への従属を脱しえぬ人間にとって、その生存のいかなる時点においても不可能である。それゆえ、それの可能性の条件として、人間の無限に継続する人格性、即ち「霊魂の不死」を要請せねばならない。したがって、最上善は霊魂の不死という前提の下に実践的に可能である。だが、これによっても最高善は現実には必ずしも実現しない。道徳的意志に関する徳と感性界の事柄に属する幸福、これら両者を完全に一致させることは人間には不可能であり、しかもなおかつその一致は実践的に必然的に要求されるのであるから、この徳と幸福との一致の実現を可能にするものとして、自然全体の〝原因〟となる者、即ち「神」が存在しなければならない。

カントはこのように徳福問題を、霊魂不滅と神の存在とを要請することによって乗り越えようとしたのだが、世界の究極的道徳的目的の保証者である神が自然界の究極原因でもあると想定する限りにおいてのみ、この世における徳と幸福との一致は可能だ、という論理は、まるでデウス・エクス・マーキナーにご登場願うことで問題解決を図る茶番劇のようなものであろう。カントのこういう決着のつけ方が涙ぐましくも滑稽に見える最大の理由は、実は極めて単純である。それは、カントが現象界を最初から感性界と等置し、道徳および宗教の領域から切り離してしまったことによる。もちろんこれはキリスト教の霊肉二元論の影響であり、ニーチェから言わせれば背後世界論者の、身体の軽蔑者のなせる業だということになろう。

三　ショーペンハウアーと徳福問題

ショーペンハウアー(3)における徳福問題はストア派批判から始まる。

ところで、ショーペンハウアーによるストア派への言及が主著『意志と表象としての世界（正編）』第一巻の最終節つまり第一六節とその註釈である『意志と表象としての世界（続編）』第一六節とに集中していることからも解るように、「実践理性」と関連している。つまり、『正編』の「付録　カント哲学の批判」（Anhang Kritik der Kantischen Philosophie）でカントの倫理学を論じた箇所とも密接な関係があるということである。

初めに『正編』第一巻第一六節を追ってゆこう。ショーペンハウアーは先ず、自分が「カント哲学の批判」の中で、「カントが（……）すべての徳の直接的な源泉であり絶対的な（つまり天から降ってきた）当為の座であると述べるカントのいわゆる実践理性の存在を論難せねばならなかった」と指摘する（W I § 16, S. 137）。では、ショーペンハウアーにとって「理性」とは何か。それは動物の直観的表象の能力から人間を区別する概念的認識能力である。したがって、行為が理性によって導かれる場合、それは「実践理性」として現れる。しかし、それは善意でも悪意でも、賢明な格率でも愚かな格率でも、等しくそれらを方法的に首尾一貫して遂行するのであるから、「理性的な行為と有徳の行為とは二つの全く異なる事柄である」（ibid. S. 140）。当然、非理性的な行為だからといって、それが必ずしも悪徳というわけではない。このように、ショーペンハウアーはカント倫理学の生命線とも言うべき実践理性を否定し、徳と理性とを切り離してしまうのであるから、ストア倫理学は、カントの理解とは違って徳論などではなく、「幸福」を目的とした「理性的な生活への指示」に過ぎない（ibid.）、と捉え返されることになる。そして、彼はストアの賢者が（ショーペンハウアー的な意味での）「実践理性の最も十全な展開」（ibid.）だと一方では褒めておきながら、他方では「ヴェーダ、プラトーン、キリスト教およびカントの教説のような直接的に徳を要求する倫理体系とは根本的に違っている」（ibid.）と貶す。ショーペンハウアーは続いて「理性」をキーワードとしてストア倫理学を様々に記述してゆくのだが、さほど独創的な見解を述べているわけではない。

　それにしても、ストア倫理学と徳自体を目的とする「ヴェーダ」などの倫理体系との「著しい対立」（ibid. S. 146）とは何を意味するのであろうか。また、ストアに向けて投げつけた「苦しまずに生きることを欲することには、むしろ完全な矛盾がある」（ibid.）という彼の言葉は何を意味するのであろうか。ヴェーダなどの倫理学が本格的に論じられるのは、ショーペンハウアー自身予告しているように、ようやく『正編』の「第四巻において」（ibid. S. 147）なのであるから、第一巻のこの段階では思わせぶりな表現に留まっているのも止むを得ない。しかし、解明のヒントが無いわけではない。それを与えてくれるのは、例の「カント哲学の批判」の或る箇所である。その箇所でショーペンハウアーは、カントの「功績」を「彼が倫理学を経験界のあらゆる原理から、殊に直接的な幸福説であれ間接的な幸福説であれ、すべての幸福説から解き放ち、徳の王国というものはこの世のものではないということを本来あるべきように明示したこと」に認め、「唯一プラトーンを例外として、古代のあらゆる哲学者たち、とりわけペリパトス学派やストア派やエピクーロス派が、実に様々な技巧を弄して、徳と幸福とを或る場合は根拠律に従って互いに依存させ、また或る場合は矛盾律に従って同一視しようとしただけに、この功績は一層大きい」（ibid. S. 701）と最大限にカントを持ち上げる。だが、褒めるのもここまでである。というのも、ショーペンハウアーは、「カントが後になって論ずる最高の善において、我々は徳が幸福と結婚していることに気づく」と述べ、これは「不首尾一貫」だ（ibid.）、と非難へと転ずるのであるから。では、どこが不首尾一貫なのであろうか。例えばキリスト教の説く非利己的で無報酬の徳とカントの言う徳とを比べてみよ、と彼は言う。なるほど、カントの場合、最高善における幸福は徳への動機であってはならぬ、と言われてはいるが、ショーペンハウアーは、そこにイカサマがあると勘ぐるのである。というのも、「幸福はもともと徳の報酬ではないが、それでもやはり自発的な施し物であって、その施し物は徳がまだ仕事らしい仕事も終えないうちに密かに欲しがるようなものである」(ibid.S.702)から。そして彼はこう記す、「これと同じ傾向をカントの道徳神学全体ももっている。そうであるからこそこの道徳神学によって道徳は己自身をぶち壊してしまうことになる。というのも、(……)何らかの仕方で報酬のために行なわれる徳というものはすべて、抜け目の無い、順序だった、先を見越したエゴイズムに基づいているからである。」(ibid.)と。

要するに、ショーペンハウアーにとって〝幸福主義〟は〝エゴイズム〟に他ならないのである。この点が明確になるのは『正編』第四巻においてなのだが、ここで行論の都合上、どうしても指摘しておかねばならないことが二つ有る。

第一に、ショーペンハウアーの「意志」(Wille)という概念だが、これは通常の人間的意志とも違うし、カントにおけるような行為の原因でもなく、それ自体としては「意図」を伴わないものである。「意志は、純粋にそれ自体に即して考察するなら、認識を欠いており、盲目で止まることなき衝迫(Drang)に過ぎない」(W I § 54, 380)。ショーペンハウアーの言う「物自体」としての意志は、あらゆる現象に伴う個体を衝き動かす「力」であって、世界の様々な段階、大別すれば無機物・植物・動物・人間の四段階の中で自らを示している。しかもこの世界に現象する個体は、無機物を含めて互いに他者を道具・手段として扱おうとして闘争状態にある。(4) ショーペンハウアーは世界を徹頭徹尾エゴとエゴとの闘争の場として捉えているのである。

第二に、世界の内的本質が意志であるといかにして知るか、という問題に関連して、ショーペンハウアーは「身体」(Leib)という特殊な存在が意志と表象という二つの概念の結節点を成している、と捉える。各人(つまり各々の私)が身体を動かすとき、その動きは「客観の法則」つまり因果律に厳密に従っている。その点で身体は他の物体と何ら異ならない。しかしそれと同時に、身体を動かしている力は「各人に直接的に知られているかのもの」であり、それこそが

「意志」という語によって表示されている当のものだ（W I § 18, S. 157）とショーペンハウアーは言う。もちろん、ここで言われる「意志」も意図的意志のことではない。意図的意志のような常識的な意味での意志は、ショーペンハウアーにとってはむしろ「理性の熟慮」と呼ばれるべきものである。以上を纏めると、こうなる。つまり、生起している現象としては、何らかの認識が動機となって身体が動く、というただそれだけのことなのだが、それを各人（各々の私）は、一方では物理的法則に従う表象・客観と捉える、と同時に、他方ではその動きを可能ならしめる力つまり「意志」（ただし正確に言えば「意欲」（Wollen））を直接的に知っているということである。そしてショーペンハウアーは、身体におけるこのような意志があらゆる事物の内部にも存在する、と見るのである。意志と表象の両世界がこのように身体（Leib）を介して結ばれていることの意義は大きいと思われる。なぜなら、世界つまり生（Leben）が此岸に、即ちこの世に限定されることになったからである。しかも、「本質的に一切の生は苦（Leiden）である」（W I § 56, S. 426）。身体・生・苦は三者一体なのである。かくして、ショーペンハウアーに言わせれば、「苦しまずに生きることを欲することには、むしろ完全な矛盾がある」（W I § 16, 146 前出）ということにならざるを得ない。したがって、しばしば用いられる「浄福なる生」（seliges Leben）なる言葉も形容矛盾でしかない（ibid.）。

このように辿ると、その延長線上に「永遠の正義」（ewige Gerechtigkeit）なる概念が浮上してくる。これはショーペンハウアー哲学における徳福関係を論ずる上で決定的に重要な概念だと思われる。というのも、そこには次のような事情が控えているからである。即ち、『正編』全体の構造が実はそうなのだが、特に第四巻は、エゴイズムに満ち満ちたこの苦なる世界においてエゴイズムの否定、意志の否定、世界の否定がいかにして為されているかを同情＝共苦（Mitleid）、禁欲（Askese）、救済（Erlösung）として説明してゆくという構造をなしており、その場合にエゴイズム論としての国家論・立法論と同情＝共苦論との間に位置して、その両者を繋いでいるのがこの「永遠の正義」論だということである。

ところで、「永遠の正義」とは何を意味するのか。ショーペンハウアーは、それを「罪の害悪（malum culpae［Übel der

Schuld］）を罰の害悪（malum poenae［Übel der Strafe］）と分かち難く結びつける天秤の竿」（W I § 63, S. 485）だと言う。罪を罰と結びつけるバランスこそが永遠の正義だとされるのである。したがって彼はこうも述べる。「もしも我々が世界のすべての悲嘆を一方の天秤皿の上に載せ、そして世界のすべての罪をもう一方の皿に載せることができるとしてみよう。そうすると秤の針はきっと釣り合うことだろう。」（ibid. S. 481）と。この世に無実の罪に泣く者など存在しない。万人は例外無く罪を犯しているからだ。しかもその罪は特定の罪の結果ではない。人間が存在すること、生まれてきたこと自体が既に罪だからである。(5) これは紛れも無くキリスト教の〝原罪説〟であろう。それゆえ、或る人がいかに苦しんでいようと、その人はその罪に値する。そこには永遠の正義が存在している。あらゆる種類の非道と残酷さとの挙句、悪人が楽しく暮らし安楽にこの世を去ってゆくとしても、またこれとは逆に、復讐や報復をしてくれる人もおらず、虐げられた者が苦しみに満ちた生涯を送るとしても、そこには永遠の正義が支配している、とされるのである。

ただ「個体化の原理（principium individuationis）を見抜き、現象の諸形式は物自体に帰属しないということ」に気づいた者のみが永遠の正義を把握するだろう（ibid. S. 483）とショーペンハウアーは言う。個体化の原理に基づいて自己と他者とは厳然と区別される。この区別を頑なに固持するのがエゴイズムであり、したがって個体化の原理を見抜いた者は、苦を与える者と苦を受ける者との同一性に気づく。これが同情＝共苦（Mitleid）であり、他者の苦を動機とする人間が有徳者なのであるが、ここには、道徳的であればあるほど苦しまざるを得ず、喜びを感じられなくなるという逆説がある。個体性を克服しあらゆる他者に共苦を抱く有徳者のあり方が、徳と幸福との完全な分離をもたらすどころか、苦しむことと道徳的であることとは同義にさえなってしまうのである。(6) それとも、これもまた永遠の正義なのであろうか。もしもここに救済があるとしたら、それは「意志の否定」（Verneinung des Willens）という形を取る以外にはありえないのであろうが、その時、意志の否定は意志自身の自己否定として生起するだろう。それゆえショーペンハウアーが、「意志の否定」を「意志の自己廃棄」（Selbstaufhebung des Willens）と呼び、それをキリスト教教会の言う「恩寵の働き」

(Gnadenwirkung)と置き換え、それが「突然、外部から飛んできたもののごとくにやってくる」(W I § 70, S. 549)と述べるとき、彼は「救済」あるいは「解脱」という事態を熟知していると言わねばならない。

いずれにせよショーペンハウアーにおいて、徳福関係は破綻していると見られているか、あるいは初めから度外視されている、と言えるだろう。

四　ニーチェのストア批判

以上の流れを踏まえるなら、こうなるだろう。即ち、ショーペンハウアーはカントの「最高善」にエゴイズムを、つまり「報復の原理」を看取したが、ニーチェはそのショーペンハウアーの「永遠の正義」に、それゆえ「同情＝共苦」にエゴイズムを、報復の原理を、ニーチェ自身の語を用いるなら「復讐の精神」「ルサンチマン」を看取した、と。「復讐」(Rache)とは、ニーチェによれば「被害者の観点のみに目を留めて、それのみを通用させる」(GM, VI2, S. 328)という偏狭な解釈なのだが、ドイツ語の〝苦しむ〟(leiden)という語がもともと〝受ける〟即ち〝受動〟である以上[7]、ショーペンハウアーの根本洞察〝すべての存在者は苦しんでいる〟は、〝すべての存在者は被害者である〟ということになるだろうからである。

大学生時代ライプツィヒの或る古本屋で『意志と表象としての世界』を手にしてから若きニーチェに大きな影響を与えたショーペンハウアーではあったが、『人間的、あまりに人間的なるもの』(Menschliches, Allzumenschliches I, II)以後、ニーチェは生涯にわたってショーペンハウアーを批判し続けるようになる。彼のショーペンハウアー理解には(今日の緻密なショーペンハウアー研究から見れば)なるほど明らかな誤解も多い。だが、ショーペンハウアー哲学と格闘することは、ニーチェにとって自己自身の哲学を形成する営みと歩を同じくしていたという側面も否定できないのである。〝権力への意志〟しかり！　〝大いなる理性としての身体〟しかり！　なのだが、ニーチェ自身「例のショーペンハウアー的な問い」と名づけた「生存にはそもそも意味などというものがあるのか?」(FW: V_2, S. 282)は、やはり決定的に重要である。言い換えれば、ニーチェがショーペンハウアーから受け継いで格闘した最大の問題こそ〝苦〟(Leiden, Leid, Schmerz, Qual)という問題だったのである。

この点をニーチェのストア批判にテーマを絞って炙り出したいと思うのだが、実はニーチェのストア言及はさほど多くない。しかも当該問題である〝徳と幸福との関係〟についての言及は皆無である。ただしそれは、表面的には、なのであって、背後にニーチェ的洞察が控えていることは言うまでも無い。

ニーチェのストア言及は、ストア派の二つの主張、即ち①〝世界の「合法則性」および「合目的性」〟、②〝パトスの否定〟、これらに対する批判であると纏めることができる。もちろん両者は一体をなしている。

さて、ストアは世界の必然的因果法則に従う生起・運命を説き、「自然に従って生きる」ことをモットーとしたのであったが、『善悪の彼岸』第九アフォリズムにおいて、ニーチェはこのモットーそのものを攻撃の標的にしている。ニーチェは、「自然」とは「限度無く浪費的で、限度無く無頓着で、意図も遠慮も無く、慈悲も正義も無く、豊饒かつ不毛でしかも同時に不確かである」(JGB: VI_2, S. 15)と述べる。これはもちろん、永劫に自己創造と自己破壊を繰り返しつつ永劫に回帰する権力への意志(der Wille zur Macht)としての世界(vgl. VII_3, 38[12])、つまりニーチェ自身にとっての〝自然〟を言い換えたものであり、自然は人間の思惑に無関心なものと性格づけられている。ところが、「生きること」とは「こうした自然の有り様とは別様に有ろうと欲すること」であるから、ストアが〝自然に従って生きる〟と説くことができるのも、その〝自然〟とやらが、実はストア的道徳によって歪曲ないし理想化された「ストア的な」自然に過ぎないからだろう、と揶揄する(JGB: VI_2, S. 16)。こうなるとストアの主張する世界の法則性ないし運命なるものも、俄然怪しくなってくる。たしかにニーチェも、ストア学徒やニーチェと同時代の物理学者と同様に、世界が「或る〝必然的〟にして〝算定可能な〟経過を辿る」と解釈することに吝かではない(JGB: VI_2, S. 31)。だが、とニーチェは付言する、それは世界が「法則」に従って生起するからではなく、「それらの諸法則が絶対的に欠けているからであり、そしてあらゆる権力はあらゆる瞬間に己の最終的帰結を引き出すからである」(ibid.) と。つまり、絶えざる生成のこの世界には、ストアが想定するような生殖的原理 (spermaticos logoi) や衝動 (horme) のような〝種の保存〟や〝自己保存〟のシステムも存在しないし、〝神の摂理〟や〝善意ある秩序〟のような「合目的性」も、物理学者が解釈し入れる因果法則のような「法則性」も存在しない。世界や自然にあたかも調和やバランスが有るかのように見えるのは、世界や自然を統一的全体へと有機統合化しうる一なる力が有るからではなくて、各々が自己の権力拡大を図る諸々の権力意志相互の闘争のその都度の結果に過ぎないからなのである。このような世界解釈の根底には、「一切の生起、一切の運動、一切の生成は度 (Grad) の諸関係および力 (Kraft) の諸関係を確立することとして、即ち闘争 (Kampf) として」理解されねばならない (VIII_2, 9[91]) というニーチェ自身の〝権力への意志〟説がある。世界は常に飽く無きエゴのせめぎ合いの場であり、諸力の諸凝集と諸分散との無法則性であり、その限りでは混沌なのである。ショーペンハウアーのエゴイズム論が（しかも倫理的要素を排除する形で）摂り込まれていることは明白であろう。

　実は、〝権力への意志としての世界〟という以上のような世界解釈は、ニーチェ自身の〝運命愛〟(amor fati) という或る特定のパースペクティヴから為された特定の世界解釈に他ならない。「運命愛」とは「何事も別様にもつことを意志しないこと、前にも、後ろにも永劫にわたって意志しないこと、必然的なことを単に堪え忍ぶだけでなく、まして隠匿するのでもなく、それを愛すること」(EH: VI_3, S. 295) という定式なのだが、彼はここから〝万人の完全なる無責任性〟と〝生成の無罪（無垢）〟という極端な結論を引き出す。彼の論理はこうである。即ち、「人は必然的であり、一片の運命であり、全体に属し、全体の中に有る、――我々の存在を裁き、測り、比較し、断罪しうるものは何も無い。なぜなら、そうすることは全体を裁き、測り、比較し、断罪することだろうから……ところが、その全体以外には何も無いのだ！」(GD: VI_3, S. 90f.)。それゆえに全体を裁く神も、神における責任も否認される。しかも、ここからニーチェの論難は更にまた、生成からその無罪を剥奪する〝自由意志〟論へと向かうのである。

ニーチェによれば、自由意志論とは、狡智に長けた僧侶どもが権力の座に就こうとして編み出した懲罰システムであり、彼らはこれを駆使して、有るがままの生存を是認できずに苦しむ人間どもに苦の原因（しかも彼らが偽造した原因）を割り出してみせ、現に有る無罪の世界とは別の、無苦浄福の世界をこの世の彼岸に案出してやることで人間を手なずけたのだ（vgl. ibid. S. 89）。人間をこのような原因の探索へと駆り立てているのは、責任追及つまり原因追及への欲求であり、その根底にあるのは苦なる生存、不条理な（だがニーチェからすれば生成の無罪の）現実への怨恨と復讐の精神だ、というのである。復讐の精神がキリスト教道徳および諸学問の根本にある、というのがニーチェの洞察である。

だが、それならニーチェは〝苦〟〝パトス〟を自分の哲学の中にどう位置づけるのであろうか。それとも排除するのであろうか。ここでもニーチェは「全体においては一切が救済され、肯定されている」という「総体性」（Totalität）の立場に立つ。その只中に立つ者、「彼はもはや否定しない」（er verneint nicht mehr）とニーチェは言う（ibid. S. 145f.）。しかし、このことは〝彼はもはや何ものをも否定しない〟（er verneint *nichts* mehr）ということでも、また万物の無差別的同一性を肯定するということでもない。世界には苦や悪や不正が無いわけではない。それどころか、世界は矛盾・対立・差異・多様性に満ち満ちている。そして正と不正、善と悪、美と醜、生と死、苦痛と快楽のように相対立するものは、自己の存立のために必然的に他を必要とする〝諸対立の和合〟なのだが、人間は現にそれを生きていながら、それを覚らぬために「全体」の相依相関性つまり「総体性」を解体・分離して「個別的なもの」だけに目を止め、それらを実体化してあたかも善なるもの自体、悪なるもの自体が有るかのように錯覚してしまう。それは善を欲して悪を憎み、快楽を求めて苦痛を避ける二元論的態度である。それはニーチェからすれば卑俗であり、真の生ではない。つまり「死と転変とを超え出て、生に向かって勝ち誇りながら然りと肯定すること」ではない。現実の生存の苦は、力と生命力溢れる強者にとっては「なお刺激剤として作用する」（ibid. S. 154）とニーチェは言う。つまり、苦を被害者という狭いパースペクティヴから見る（これが復讐の精神でありルサンチマンなのだが）のではなく、最大多数の、あるいはせめて複数の諸パースペクティヴの総体から見よ、と言うのである。もしこの自分だけの偏狭なパースペクティヴのみからの世界解釈をエゴイズムと解するなら、ニーチェは全体性・総体性の立場からエゴとエゴとの闘争を捉えるのであるから、エゴイズムを乗り越えようとしたことがわかる。それだけではない。「一切の必然的なものは、高みから見れば、そして大きな経済という意味では、有益なものそのものでもある」。「大いなる苦痛にして初めて精神の最後の解放者である」（NW: VI_3, S. 434, vgl. FW: V_2, S. 18）とさえニーチェは言う。

かくしてニーチェは運命愛、生成の無罪において苦あるいはパトスを肯定する。ところが、アパテイアというストアの理想はパトスからの逃避であり、パトスに対する過小評価である。彼らは、一方で自分の意志外の自然を、運命を、神の摂理と善意ある秩序との支配する〝ストア的〟自然に仕立て上げ、他方で意志内のパトスは人間の自由なる意志、人間の小さな理性によって統制可能なものへと引き下げた。だが、パトスは生存において本質的で必然的な要素である。それゆえパトスは簡単に切り捨てられないというのがショーペンハウアーのストア批判の根本であろう。ニーチェもこの点でショーペンハウアーに同意するはずである。パスカル（B. Pascal）がエピクテートス（Epiktetos）は「人間の無力」を知らなかった、と批判したのも同趣旨だと思われる。[8] ストアにとって理性は人間の身体の中に投げ込まれた神的精神の一片である。これは不条理な生を条理・理性への信仰によって解決済みと見なすことである。それゆえストアの説く運命は不条理な運命ではなく理性的な運命であり、要するに何ら運命の名に値しない。

ニーチェにおいて徳と幸福との一致は「総体性」において達成された、と言えるであろうが、徳福関係というこの問題は本質上〝道徳的〟問題に他ならないのであるから、ニーチェが〝道徳の彼岸〟に立つ以上、彼はむしろ問題そのものを〝解体〟してしまった、と言えるかもしれない。

五　結語

以上、カント、ショーペンハウアー、ニーチェのストア批判を辿ることによって徳福問題に少しく光を当ててみた。その結果として言えるのは、通常〝因果関係〟で捉えられることの多い〝徳―福―関係〟ではあるが、現世において両者を一致させることができないからこそ、輪廻転生説のように三世思想や霊魂不滅説や神の存在を要請せざるを得ないということだった。いや、むしろ王充の見抜いたとおり、両者の一致は願望に過ぎず、徳と幸福とは初めから因と果との関係に無いのではなかろうか。あるいは、仮に現世で両者の一致が可能だとしても、それは一切の分節つまり我々人間の分別智を超えた絶対無分節の、つまり仏教の言うような無分別智の出来事であるように思われる。あるいは更に、徳と幸福とが交差することも接することも無い二系列を成すという以前に、問題を因果関係のような二項対立図式で捉えようとすること自体が、我々人間の必然的な誤謬なのではなかろうか。というのも、因果応報説の原型である〝私は苦しんでいる、私は何か罪を犯したに違いない、それゆえ私は罰を受けてしかるべきだ〟という論理、要するに生存を罪と罰との関係で因果的に捉えようとする解釈自体が何ら自明ではないからである。ショーペンハウアーはこう記している。「もし我々の生存そのものに纏わりついている罪（Schuld）の程度を測ろうとするなら、この生存と結びついている苦（Leiden）に目を留めよ。あらゆる大きな苦痛（Schmerz）は、肉体的であれ精神的であれ、我々が何を受けてしかるべきかを物語っている。というのは、我々が苦痛を受けてしかるべきでないなら、その苦痛が我々を襲うことなど有り得ないだろうから。」（W II § 46, S. 743）と。何と奇妙な論理ではないか。しかるに、苦は無意味・不条理・偶然ではなく、しかるべき意味・根拠が有り必然的だとする道徳的解釈こそが、実は古今東西を問わず、人間の血肉と化した誤謬だというのがニーチェ独自の洞察である。とすれば、因果応報を超脱することは、あらゆる二元論的図式をも超脱することを意味する。するとどうであろうか。これは我々の常識に反して、迷いを脱して悟りへ到るとか、生死輪廻を脱して菩提涅槃へ到るとか、修行に励んだ暁に解脱を得るとかという方向をいくら辿っても、初めから求めている当のものは得られないということではないのか。ショーペンハウアーの「意志の否定」が恩寵のように外からやって来るのか、ニーチェの場合のように対立項の底が抜けるのかはともかく、先ずエゴイズムを脱却して善悪の彼岸即ち宗教性の次元に到り、そこから還って（例えば仏教の後得智としてのように）語るしかないのではあるまいか。その往相と還相との〈間〉は直接経験の事柄だとしか、もはや筆者は言う術をもたない。

ただ、ショーペンハウアーとニーチェがいわゆる〝永遠の今〟を言い止めようとするとき、前者が〝時間の外〟を強調するのに対し、後者が過去と未来の二つの永遠が激突する瞬間として〝時間の只中〟の出来事であることを強調するという違い、また、前者が「永遠の正義」即ち〝万人の例外無き罪責性〟を語るのに対し、後者が「生成の無罪」を、〝万人の完全なる無責任性〟を語るという違い、これらは何か重要なことを暗示しているように思われる。それは、例えば華厳仏教の術語を借用するなら、両極を成す挙体全妄と挙体全真とは「挙体」という一点においてのみ一致すると解されるべきであるのか否か、換言すればニーチェの言う「星の友情（Sternen-Freundschaft）」（FW: V_2, S. 203）だと積極的に受け止めるべきなのか、それともやはり邂逅することも、したがって和解することも決して有り得ぬ仇敵関係だと捉えるべきなのか、これはショーペンハウアー－ニーチェ関係を考える上で今後検討されるべき大問題であろう[9]。いずれにせよ、絶対無分節に立つこと無くして徳福問題を論ずれば、徳福関係はアンティノミーに留まるのみだ、とだけは断言して良いように思われる。

註

（1）王充『論衡』の以下の記述を参照のこと。「夫性与命異、或性善而命凶、或性悪而命吉。操行善悪者、性也、禍福吉凶者、命也。或行善而得禍、是性善而命凶、或行悪而得福、是性悪而命吉也。性自有善悪、命自有吉凶。命吉之人、雖不行善、未必

無福。凶命之人、雖勉操行、未必無禍。」（命義篇）および「故人之死生、在於命之夭寿、不在行之善悪。」（異虚篇）

（2）I・カント『実践理性批判』（I. Kant: Kritik der praktischen Vernunft）からの引用は、Kants Werke Akademie-Textausgabe, Band V, Walter de Gruyter, Berlin 1968 に依拠し、引用頁数はアカデミー版ではなく慣例（フォアレンダー版）に従い、丸括弧の中に算用数字で示して本文に組み込むことにする。

（3）A・ショーペンハウアーの著作からの引用は、A. Schopenhauer: Sämtliche Werke, Suhrkamp Taschenbuch Wissenschaft 1986 に依拠し、Band I〔Die Welt als Wille und Vorstellung I（『意志と表象としての世界（正編）』W I）〕、Band II〔Die Welt als Wille und Vorstellung II（『意志と表象としての世界（続編）』W II）〕から引用箇所を明示する場合には、丸括弧の中に略号（W I, W II）・節番号（略号§と算用数字）・頁数（算用数字）を付し、本文に組み込む。

（4）例えば、『正編』第二巻第二八節冒頭の、「……それどころか我々はそれら〔＝意志の自己客観化である諸現象〕相互の終わり無く宥和し難い闘争を見た」という文と、その数行後の「物質をめぐる諸々の形相の闘争」という語句（W I § 28, S. 226）を参照せよ。

（5）この点に関してショーペンハウアーが詩人カルデロン（Caldelon）の『生は夢の如きもの』（Leben ein Traum）から「人間の最大の罪は、生まれたことなのだから」（W I § 63, S. 484）という詩句を引用していることは有名でもあるし、重要でもある。

（6）この逆説を鋭く指摘した論文として、多田光宏「〈同情＝共苦〉の哲学」（斎藤智志・高橋陽一郎・板橋雄仁編『ショーペンハウアー読本』法政大学出版局、二〇〇七年）が有る。特に一四五頁を参照せよ。

（7）ドイツ語の〝Leiden〟〝Leid〟だけでなく、「苦・苦難・感情」を意味するギリシア語の〝pathos〟もラテン語の〝passio〟も、もともとは「受動・受難」を意味する。

（8）Vgl. Entretien de Pascal avec Saci sur Epictète et Montaigne, entrait des “Mémoires pour servir à l'histoire de Port-Royal” de Fontaine.

（9）したがって、板橋勇仁「意志の否定性――ショーペンハウアーと西田」（上掲『ショーペンハウアー読本』所収）の説得力ある論旨に対しても、本稿の元原稿を口頭で述べた公開講演後に同氏が筆者にされた御質問および懇親会で披瀝された御意見に対しても、今は回答を留保せざるを得ない。

第二部　R・ヴィッサーのニーチェ論

フリードリヒ・ニーチェ
——超人は現れるか

一　序

フリードリヒ・ニーチェは一九〇〇年八月二五日、つまり我々の世紀、二〇世紀の初頭に死去した。彼が全くの精神錯乱のうちに死んだために、後世の人々の中には今日なお、ニーチェの哲学そのものにも「妄想」というレッテルを貼り、それで事が済んだと思っている人もいるし、また、ニーチェに対する特に批判的な論難者を自認する人の多くは今日なお、ニーチェを、もしひとが「傲慢」を野放しにすればどうなるか、の恐るべき一実例と見なしている。そして彼の断罪者のほとんどは、自分達がニーチェと同じようなものの考え方をしないことを理由に、発狂したニーチェとは違って自分達は正常だと安心する。しかしまた、いつの間にか二〇世紀も終盤を迎えた今日、ニーチェを超えたという意識を持っている人達もいる。それはヘーゲル及びヘーゲル右派・左派によって主張された弁証法を信奉する人達である。弁証法によれば後人は当然先人を超えるとされ、したがって「後から生まれた者（Epigonen）」は後ろを振り返って自分の進むべき方向を知る必要を全然認めない。

　中でもニーチェの「超人」の主張は、あらゆる意味での正常人からニーチェが明らかに狂っていたことの証拠と見なされている。彼らはまともな人間がそうであるように自分達をまともだと思っているが、それというのも彼らは自分の制約を超えねばならない理由に全然気付かず、また自分達こそが時代の頂点に立っており、時代の動きによく通じているかのように思い込んでいるからなのである。

だがニーチェを傲慢もしくは時代錯誤的と見なし、彼を呪うかもしくは古くさいと言う者だけではない。他方、自分をニーチェの信奉者だと思っている輩、彼と共に同じ歩調で或る新しい時代に邁進していると思い込んでいる彼の言説の受け売り屋・賛同者もいる。彼らは「神は死んだ」のような力強く響くニーチェの語句を、意味も問わずに使ったり、「おまえは女達のところへ行くのであるか？　それなら鞭を忘れるな」のようなニーチェの語句を聞くと、横柄にわざと男っぽく振る舞ったりする。なるほどニーチェの「超人」という語は、人口に膾炙した数あるニーチェの語句のうちの一つにすぎない。しかし「超人」においてこそ恐らく彼の哲学の諸根本一命題および原理的端緒が頂点に達するのであるから、他ならぬこの問題語〔超人〕をも詳細に解明しておく必要があるのである。

二　方法的予備考察——「羽の生えた語句」からその羽をむしり取る

だがその前に、私はまず始めに少なくとも二つの例を挙げつつ、上のようないかにもニーチェ的な語句の幾つかについて一般にそう思い込まれている事柄の過誤を正しておきたい。例えばかの有名なゲオルク・ビュヒマンの作品集『羽の生えた語句』の表題にもなっている、いわゆる「羽の生えた語句」から言わばその羽をむしり取っておこうというわけである。

鞭を忘れるな

第一に、平易な例の方を挙げよう。ニーチェの『ツァラトゥストラかく語りき』にある語句「おまえは女達のところへ行くのであるか？　それなら鞭を忘れるな」を読んで昂然とツァラトゥストラを気取り、いい気になる傲慢な者がいる。この語句は「年老いた女と若い女について」の章にあるので、これは女達の間に或る明白で著しい区別のあることを示そうとしている。この章の内容は同章に見える語句通り「小さな真理」である。ツァラトゥストゥラは「若い女達」との交際についてこの真理を、長年の経験からよく知っているに違いない或る「年老いた女」から学び知るのである。

ところで、この「小さな真理」はどの点にあるのだろうか。それは本文によれば、「若い女達」と付き合う男は彼女達からどんな仕打ちを受けねばならないかを、ツァラトゥストゥラが教えられるという点にある。我々は普通この有名な語句を、もし男が女達のところへ行くなら鞭を手にして行くべきだ、と受け取っている。だが言われているのはそれとは正反対のことなのである。つまり、男は、しかも或る「年老いた女」――ただしどっちみち彼女のところへ「向かう」男はいないが――から、「若い女達」は決まって鞭を手にして男に命令し、指図するものだということを忘れるな、と諭されているのである。

ニーチェとその友パウル・レー、両人の女友達ルー・アンドレアス・フォン・ザロメの三人が写っている一八八二年の記念写真がある。一九三〇年既に出版業者オイゲン・ディーデリクスが自伝の中で、文芸批評家ゲオルク・ブランデスと交わしたという会話についてこう述べている。「この方は私に言った、『例のニーチェの鞭は、普通引用されるのとは全く違った意味だということをご存じですか。私は例の言葉が生まれることになったあの写真をつい先ごろ見たのです。ニーチェとパウル・レーの二人が手押し車を引き、それに乗ったルー・ザロメは鞭を手にして立っていました。そしてその下に正しくあの語句〈おまえが女のところへ行くのなら、鞭を忘れるな〉があったのです』と」。その写真は今日広く知られているが、ニーチェの語句がもつ『ツァラトゥストゥラ』本文通りの真の意味は一般にはあまり知られていないであろう。

第二に、我々のテーマに関してもっと有益だが、それ程分かり易くはない方の例を挙げよう。ニーチェが「力への意志」を人間的諸行動の根本動機と語り、それどころか存在する一切のものの本質だとさえ主張したことを盾に取って、彼を極端に主観主義的な権力意志の典型、言わば目的のためには手段を選ばぬ哲学者だと叱責する小心な「教養の俗物達」もいる。「力への意志」という語が、主観的にはそう連想され易い悪魔の如き獣性を表現しているかのように思ったり、またこの語を「権力意志」や「権力獲得への意志」という表現と同一視したりするなら、ニーチェにとって「力への意志」という問題とともに何が問われているか、を正当に評価しているとは到底言えない。例えば、ニーチェがここで、当時世界観を支配していた哲学者にして彼の「最良の教育者」でもあったアルトゥール・ショーペンハウアーと対決しているという知識を持たない者は、「力への意志」という表現をきっと狭めて用いるだろうし、各自の憶見から自分自身がひょっとしたら共鳴できそうなニーチェのいわゆる主意主義（Voluntarismus）と力動主義（Dynamismus）とに対して拍手喝采するか、それとも逆に「意志の魔力」を大声で告発するかのどちらかだろう。それゆえショーペンハウアーとの関係を少し詳しく解明しておくことにしよう。

ショーペンハウアー（一七八八－一八六〇）がニーチェに深い印象を与えたのは、ショーペンハウアーがニーチェ自身経験せねばならなかったこと、しかも生の苦性格を強調したからだった。そしてこの生の苦性格こそ、ショーペンハウアーを苦からの救済への問いに向かわせた当のものである。ショーペンハウアーは主著『意志と表象としての世界』（一八一九年、最終稿一八五九年第三版）で二つの原則を述べる。①世界は私にとっては表象である。②世界はそれ自体においては意志である。つまりこういうことである。我々は認識者としては、存在するもの一切つまり世界全体を、何らかの主観との関係に立つ客観と見なす。この限りで世界は私にとって何ものかである。それゆえこのように我々が認識論的に「世界」について語る場合、「世界」とは、世界を直－観し、或る何かの表－象を作る或る誰かの直観のことであり、したがって己を原理的と見なす主観が或る客観について作る表象のことである。表象（*Vorstellungen*）とは、私が諸対象を何らかの知覚可能なものとして私の前に（vor）立てる（hinstellen）ことのできる限りでの、即ち私がそれを表－象する（vor-stellen）ことのできる限りでの、私の思惟・感情・意欲の諸対象、私の構想力の諸対象である。

ところでショーペンハウアーは、世界が私によって表象されてあることのみに、つまり認識論的観点のみに尽きてしまうわけではないこと、世界はなるほど私にとっては表象だが、それ自体においては何か別なものだということに注意を喚起する。だがいかにして我々は世界のこの自体存在の経験に至るのであろうか。ショーペンハウアーによれば、世界の本質への一つの通路を我々は我々自身においてなしうる経験を通して見出す。我々は身体を持っている。だがこの身体は我々に様々な仕方で与えられている。表象としては、身体は数ある客観中の一つの客観にすぎず、また我々は身体と関わる際に、あたかもそれが私の身体ではなく、数ある物事中の一つの物事でしかないかのようにも関わりうるのである。しかし同時に身体は私の身体として私にとって直接的に周知のものであり、またあれやこれやを意欲するものとして私に固有であって、ショーペンハウアーの言うように、身体は私に意志として与えられてもいる。そして私の身体が私に、表象として、それゆえ任意の主観にとっての客観として与えられているのみならず、同時に意志としても私に直接意識されるように、つまり身体が認識者としての私にとってはなるほど一対象であるが、しかし自体的には生ける意志であるように、存在するもの一切についても事情は全く同じである。既述の身体経験をもとに、一切を表－象たらしめる認識論的態度と、存在するもの一切の内的本質として意志を経験する生の態度との間の重要な区別が把握された以上、ショーペンハウアーによればあらゆる現象の本質を捉える鍵が見出されたことになる。

要するに、意志とは、長い間捜し求められても決して見出されることの無かった物自体なのである。つまり、普通我々が植物を「成育」させ、「駆り立てる（treiben）」と言っているその力、また結晶を結晶化させ、我々の言い方では、結晶を「合生（zusammenwachsen）」

させるその力、更には磁石をN極へと牽き付ける、我々が「方向付ける（ausrichten）」と言っているその力、それらだけがその本質上意志であるばかりではない、という認識に至るまで。一切の逃走と捜索、一切の分離と結合の根底にあり、また力学においてあらゆるレヴェルで作用しているその力も意志である。ショーペンハウアーによれば、存在するもの一切はこの原意志の客観化であり、自然の諸力からプラトンのいわゆるイデアに至る一切がこの意志の客観化なのである。意志は自らに諸目標を与え、かつ自らが投企する諸目標に至ろうと努め、目指すのだが、意志は意志である限り自己を放棄することも、またそれら諸目標のうちに吸収されて消滅することもない。

かくしてショーペンハウアーは意志こそ世界の原理だと気付いて貫えたと考えて、――しかもこれは先述の「鞭」の如き「小さな真理」ではなく、或る大きな真理、それどころかショーペンハウアーからすれば真理そのものなのだが――いよいよ奥の手を出す。彼にとって高次の問題とは、既に暗示されたように、苦ばかりの全くもって厭わしい世界を、世界からの離脱によって救済するという問題、したがって「ニルヴァーナ」への到達である。意志としての意志は常に努力せざるをえない、なぜなら努力こそが意志の唯一の本質だからである。それゆえ意志は本質上いかなる到達目標にも満足せず、絶えずいわば自らの背後に退いたままであって、いかなる終結を見出すことも、意志以上のものを見出すこともない。したがって意志はいかなる幸福も真に得ることはできない。それゆえショーペンハウアーによれば、意志は本質上、意味も理由も無く、目的も認識も無く、絶えず一層意志することを意志するどこまでも盲目的であり続ける盲目的意志なのである。我々の世界生存全体は、盲目的意志のこの悲劇性を特徴としている。生の苦の一切は、しかも生の様々な形態および活動の隅から隅まで、この終わり無き、たゆまず努力し、己自身によって駆り立てられる意志の本質に基づく。「さまよえるオランダ人」（ショーペンハウアーとリヒャルト・ヴァーグナーとを参照せよ）こそ、この終わり無き不安の象徴である。この不安は己を己自身では救済できずに、――リヒャルト・ヴァーグナーの場合は――女、しかも鞭を手にした女ではなく、進んで我が身を犠牲にする女を頼りとするのである。

ショーペンハウアーは、苦を終わらせるためには生への意志の滅却に取り掛かれ、またそれを通して非-存在、ニルヴァーナ、無へと移行せよ、と勧める。ただしここにいう無とは、何か或るものではなく、むしろ意志無きことであり、また何らかの場所ではなく、むしろ意志が己自身に取り憑かれていることの終結に他ならない。そしてショーペンハウアーによれば、我々が他者の中に己を再認することによって、即ち世界の苦性格に気づくことによって、人間だけでなく被造物一切への一貫した共苦〔Mitleid 同情〕の内から、意志を否定することが肝要だという洞察が生じる。しかもこれによって意志としての世界と表象としての世界とからの救済の道が開かれる、とショーペンハウアーは考える。

以上の背景を踏まえるなら、ニーチェが「意志」「力への意志」と言う場合、誰にまた何に反対しているかは一層明瞭だろう。ニーチェは、意志が世界の根本本質だとするショーペンハウアーの解釈の方は受け容れるが、ショーペンハウアーのペシミズムの方は共有しない。むしろニーチェは生の苦性格を含み考えるからこそ、或る新しい生への肯定に至るのである。ここには既に、「超人（Übermensch）」という術語中にも見られるような、ニーチェのいう「超えて（Über）」、超え出て（Darüberhinaus）が暗示されている。ニーチェはショーペンハウアーのように、世界に対する吐き気と嫌気からニルヴァーナへの、無への哲学的退却および後退を説くのではなく、むしろニヒリズムを通って或る質的により高い形式へと至る超え行き（Übergang）を説くのである。

ニーチェは、存在の最も内的本質とは「力への意志」だと看破したと信じるからこそ、一切の変化の究極の根拠としての力への意志に、一切を産出する意志に、そして創造的である意志の「力」に全幅の信頼を置く。この力こそ、原形質ないしもっと原始的なものから人間に至る一切、更には人間を通り「超人」に至る一切を駆り立てる、言わば蒸気である。それゆえ超人によってこそ人間という類型は、ショーペンハウアーの場合のように後ろ向きに自己を後退させて終わるのではなく、むしろショーペンハウアーより一歩前進して自己を超え出るのである。ニーチェにおいては意志は決して盲目的意志ではなく、創造的なものの根本動向なのである。我々がこの意志を経験し、それを真摯に受け止めるならば、この意志によって我々はぐちを言うこともなくなり、また生の苦性格だけに気を留めることによって自分で自分の視野を狭めることもなくなる。要するに、この意志は我々が我々自身を超–克し、ペシミズムの無力から自由になるのを助けて、我々が我々自身を超え出るという課題、即ち、従来我々が自分をそういうものとして理解してきたところの人間を超え出るという課題に対して自由にしてくれるのである。換言すれば、この意志によって我々は、ちょうど蝶が蛹から出て来るように、己を超人へと展–開するのである。

ショーペンハウアーを参照したことで、いかにもニーチェらしい表現として広まり、目的のためには手段を選ばないことと解されている「力への意志」が、ひとが思っているようなおぞましい合成語でも、一切を踏みにじる獣性の表現の極でもないということがはっきりしただろう。「一切の語は、時にはこれが、時にはあれが、時には多くが同時に詰め込まれたポケット」だというニーチェの定式を借りるなら、我々は「力への意志」という語に関してもそのポケットを裏返したことになる。我々は語の罠にはまる危険を追い払った。我々が言わば語に躓くようになるときだけ、ニーチェの哲学を今後、日曜午後の楽しい散歩や或いは「金髪の野獣」の行軍と混同しないで済む見込みも出てくるのである。

以上の方法論的考察の成果を確認すれば、我々は「羽の生えた語句」からその羽をむしり取り、刈り取るときだけ現実的に前進する、ということになる。ニーチェが「超人」という術語によって指示している問題の方へ、我々は既に大事な数歩を踏み出している。

三　超人を巡る争い——未解決の問い

超人という問題

「超人」という語には何と様々なことが詰め込まれてきたことか。ニーチェ自身の語る「超人」とは、道徳を「己の下に」感じる即ち己の背後にする「人間」である。人間が「超動物」であるように、超人とは、ニーチェによれば、いかにも道徳家じみた人間と比べて不道徳な（a-moralisch）者のことではなく、むしろ非道徳的（*immoralisch*）な者、つまり道徳の上におり道徳を超えているがゆえに道徳に飽き飽きしている者のことである。生と力への意志を飼い慣らす道徳によって――ニーチェの考えでは道徳が人間を病気にし、道徳ゆえにこのように病気にされた動物として人間は一つの終結である――人間は超克されるべき、またされざるを得ぬ存在者になった、と把握した者なら、ツァラトゥストゥラの次の言葉はすぐ分かるだろう。「そこでツァラトゥストゥラは民衆に語った。〈私は君達に超人を教える。人間は超克されるべき或るものである。人間を超克するために君達は何をしたか？　従来の存在者一切は己を超え出て何かを創造した。だが君達はこの大きな上げ潮の引き潮たろうとし、人間を超克するよりはむしろお動物に戻ろうとするのか？猿とは人間にとって何か？　お笑い種、悲痛な恥辱である。そして人間は超人にとって正にかくの如きものであるべきだ。つまり、お笑い種、悲痛な恥辱。〉」

己自身を超人（*Übermensch*）と見なす非人（*Unmensch*）によって人間が下人（*Untermensch*）に貶められた時代、ないし貶められている時代においては、ニーチェが志向したことをじっと見据えることは困難かも知れないし、反動としてニーチェ非難が出てくるのも尤もなことである。だがひとはニーチェに関する自分達の思い込みと実際にニーチェが看取していたこととを区別せねばならない。ニーチェが解明しようとしているのは、人間とは、従来の人間には収まり切らないような何か、しかもまた、いまだに最終目標とはなっていない人間が到達すべく向かっているような何かへのきっかけだ、ということである。ニーチェにおいて、人間は或る未解決の原理として経験されているのである。確かに、過去に正しく我々ドイツの歴史において起こったこと、だがまた当時他のところでも起こったことを引き合いに出して、人間をより人間的たらしめることこそ人間の最も人間的な課題だ、と見なす人々がいる。彼らの言い分を理解することはさして難しいことではない。しかし、誤解から、重要なことつまり未解決な問いを看過するなどということがあってはなるまい。

「超人」という語は語としても古く、ニーチェのツァラトゥストゥラはこの語を「途中で拾い集めた」と明言しているが、ともかく今は「超人」という語についての言語歴史的概観をしている暇はない。「超人」は、問題としても古くから在るのであって、考え方も素姓も正反対の陣営の代表者いずれもが取り組んだという点で一致を見ている問題である。ただ勿論不一致はあるのであって、それは明らかに、目指されていることの本質、およびこの本質に到達し、この本質を実りあらしめるための方法の不一致である。

二つの立場

二つの陣営、勿論歴史的に特に影響力が大きく、そのためニーチェの批判の矛先も向けられる陣営だけを取り上げよう。それらはたとい他の名称で呼ばれはしても彼に批判されることに変わりはない。第一の陣営は、類型的に言うならキリスト者である。彼らは、彼らの師が彼らに要求したように、「新しい人間」を目標として目指さねばならぬと考える。「有神論者」たる彼らが自分達をそう見なしているように、彼らが救済される者達である限り、彼らはキリストつまり「新しいアダム」の力を借りて「新しい人間」を産み出すことが出来ると考える。そしてもう一方の陣営は、これも一まとめにして言えば、マルクス主義者である。彼らにとって重要なのは「新しい類型の人間」つまり彼らの言う「ヒューマニスト」であり、またカール・マルクスがそう呼ぶ「本当のヒューマニズム」の「社会的人間」である。——この両陣営へのニーチェの批判が鮮明となり、またニーチェ自身の観点がくっきり際立つように、以上の点を概観することにしよう。

キリスト教的超人

最初にキリスト者。彼らがキリストを「新しいアダム」「最後のアダム」(『コリント前書』第一五章四五)、即ち「復活した最初の者」「死人の中から最初に生まれた者」「眠っている者達の中の初穂」(『コリント前書』第一五章二〇、『コロサイ書』第一章一八、『使徒行伝』第二六章二三)と解釈することからも、キリスト教的人間理解がどういうものかの察しがつく。本質的人間・本来的人間とは、主の御業によって「信仰する者が主自身の根源的似姿へと前進的に変様して行くこと」である。つまり救済主キリストのまねびこそが重要なのだ。――このような思想ゆえに初期キリスト教においてキリスト教的超人という理念が語られたとしても不思議ではあるまい。それは例えば紀元二世紀のモンターヌス派教会の設立者にしてパラクリト、調停者にして助力者だったモンターヌスによって語られた。モンターヌスは彼の弟子達に、千年王国が迫りつつあること、より適切には、「新しい」イェルサレムの到来を告げたし、「新しい」人間つまり超人を告知した。

この「新しい」人間、正しい―信仰の(ortho-dox)人間、即ち真実の教えからのみ告知され、引き出されなければならない正しい方向を進む人間とは、その人の生命の中へとキリストの生命が入り込み、働き始めるような人間のことである。例えば、パウロは『コリント後書』で「もし誰かがキリストの中にあるならば、その人は新しく造られた者である」(第五章一七)と書いている。また彼はエペソ人達に「神に型どって造られた新しい人間を身に付けなさい」(『エペソ書』第四章二四)とも書いている。またコロサイ人達はパウロから次のような戒めを受けている。「古い人間をその行いと一緒に脱ぎ捨てて、造り主の形に従って新しくされ、真の知識に至る新しい人間を身に付けなさい。そこにはもはや、ギリシア人とユダヤ人、割礼と無割礼、未開人、スクテヤ人、奴隷、自由人の差別はない。キリストがすべてであり、すべての中にいますのである。」(『コロサイ書』第三章九―一〇)と。

そしてもう一方にはマルクス主義者がいる。彼らも、自分達の知を信じている限り、いずれにせよ信仰を免れてはいない。彼らは、人間性を喪失した人間を産み出した諸法則を発見したと、したがってまた新しいタイプの人間、真の人間、つまり自分自身からも同胞からも疎外されることなき人間、即ち自己自身へと達した人間、自己自身に達した人間、「社会的人間」、またこの語を説明してマルクスが語っている「人間的人間」、このような人間を可能にする諸法則を発見したと信じているのである。

カール・マルクスは『ヘーゲル法哲学批判』（一八四三年／四四年）の有名な緒言で、明確にかつまた宗教的・キリスト教的人間観を断固拒否してこう書いている。「以前人間は天国という素晴らしい（即ち単に空想されただけの、ゆえに虚構的な）現実性に超人の在りかを捜し求めたが、結局そこに彼が見出したのは己自身の投影像（*Widerschein*）でしかなかった。人間は、彼が己の真の現実性を現に捜し求めており・また捜し求めねばならぬその場所に、ただ己自身の仮象（*Schein*）だけ、非人だけを見出す（ただし「非人」とは道徳的に劣悪な人間ではなく、自己自身から疎外された人間のことである）気にはもうなるまい。」と。

それゆえマルクスは、「新しい」人間、真の人間のためにこそ宗教を拒絶する。というのは、彼の解釈によれば、宗教は人間に対して、宗教的に待望される超人（*Übermensch*）――マルクスがこの語を用いていることは明白である――と、マルクスが正確に定式化している非人（*Unmensch*）との間にいかなる中間的場をも宗教は認めないからである。非人つまり地上において己自身の影にすぎぬ非―人間と、この影の投影像で、天国における聖なる仮象にすぎぬ超人との間に、更には天国における仮象の存在者と地上における仮象の存在者との間に、宗教はいかなる中間的場をも認めず、憂き世と楽園との間にいかなる活動の余地をも認めないのである。マルクスは宗教的超人という意味での「人間的本質の空想的現実化」、彼の言う「人間的自己疎外の聖なる形態」だけでなく、また彼の言う「聖ならざる形態をとった自己疎外」

をも拒否する。彼ははっきりと人間的本質の現実化を要求する。そして彼はこの現実化を、彼の言う「人間の自己自身への再統合(Reintegration)或いは帰還、つまり人間的自己疎外の止揚として」、しかも「社会的な、つまり人間的な人間」(一八四四年の『経済学的－哲学的草稿』)である自己自身への帰還として要求するのである。

したがって将来の人間――将来とは今の場合根源的なものの到来、革命、即ちこの根源的なものへの立ち返り、帰還と理解されている――は、自分にとって此岸が地獄となっているから世の中に背を向け、彼岸に逃避するような人間ではなく、むしろ、自己自身へと立ち返った人間、再－統合された人間、マルクスの言う「自分の周りを、したがって己の現実的太陽の周りを」回る人間である。勿論歴史を通り抜けていくことが必要である。人間が犬に成り下がったとき初めて、即ちプロレタリアートにおける「人間の完全な喪失」がこれより下のない最深部に達したとき初めて、「復活の日」が始まる。人間が他の一切の名称、歴史学的名称も、歴史的名称も、階級上の名称も要求することがもはや出来なくなったとき、つまり人間が「辛うじて人間という名称で呼ばれうるにすぎなく」なったとき、初めて人間は「人間にとっての根本は……人間自身だ」ということ、別言すれば、「人間の完全な再生によってのみ自己自身を獲得しうる」ということに気づくのである。社会化された人間、即ち自己自身へと立ち返った人間、再統合された人間、自己自身を自己の目的として定立する人間、「新しい」人間は、マルクスによれば超人と非人との神学的分裂にもはや囚われてはいない。そうではなく、そのような新しい人間が始まるのは、まず宗教批判が「真理の彼岸」を排除して「此岸の真理」を確立してからなのである。

だが此岸においてもこの分裂はまだ止揚されない。それどころかこの分裂こそ人間を破滅させかねないものなのである。従来の神学的分裂は階級分裂になるからである。それゆえ階級分裂が止揚されて初めて人間は自己自身へと帰還し、マルクスが「再統合」と呼ぶことも生じる。この人間的真理を確立し、分裂を超克するのが、マルクスによれば共産主義の使命である。ゆえに彼は共産主義を「人間の媒介された現実性」と呼ぶ。共産主義こそ、人間を自己自身に関係づけ、交流させ、交わらしめうるものなのである。

「信仰」において先取りされるキリスト教的未来像と「知」において予見されるマルクス主義的ユートピアとを比較すれば次のようになる。超人へと至るキリスト教の道は「元のものへの復帰」である。それは古い堕落したアダムを、新しい復活したアダム即ちキリストにより超克することによってなされる根源的人間の再建であり、それゆえ、罪を犯して神から離反した非人を、救済の神人および神人のまねびによって超克することである。これに対しマルクス主義の道は、この神学的図式に明らかに弁証法的に依拠しつつも、「人間の自己自身への再統合或いは帰還、つまり人間的自己疎外の止揚」に他ならない。人間的自己疎外は、従来の歴史において、経済的基盤から、つまり〈黄金の子牛を巡る舞踏〈金銭欲の虜になること〉〉によって生じたのであるから、疎外が最深部に達したそのときこそ、我々は人間的自己疎外の止揚、つまりマルクスの言う人間的「解放」の「復活の日」に最も近づいているとされる。

四　ニーチェの超人論——進歩ではなく「前進」

ニーチェの批判的立場

いよいよニーチェに向かおう。ただし予想通り、差し当たってはニーチェが行なう「批判」へと向かう。というのは、ニーチェが超人を語る場合、彼は弁証法的に関係し合っている上掲二つの道両方に批判的態度を取っているからである。ニーチェにとっては、キリスト教の場合のように、神が関心事なのではない。つまり、一切がそれを中心に回っている場合に、人間もそれのお陰で秩序ある状態にあるというような神が重要なのではない。また、マルクス主義の場合のように、人間が関心事なのでもない。ニーチェにとっては、人間が己の「真の太陽」たる己自身を中心に回る場合に、一切の空想的なもの、ゆえに神をも排除するような人間が重要なのではない。むしろニーチェにとっての関心事は、神の克服と人間の超克の両方、ニーチェ自身の語で言い換えれば、超人なのである。ニーチェは「超人」という語を字義通りに受け取る。そしてその点でこの語は、神と人間、キリスト教的－有神論的交わりとヒューマニズム的共産主義両方の抹消の表現なのである。

そもそもニーチェがマルクスを読んだから彼についての知識をもっていたのか、それともマルクスの思想を踏襲している著述家達を介して彼のことを知っていただけなのかについて、今は問わずにおかざるをえない。また、ニーチェがキリスト教を知っていたのは事実だとしても、果たしてどこまで知っていたか、その本質をどの程度故意に誤解しているかも、問わずにおこう。どちらについてもいろいろ言えるだろう。むしろ今は、超人を見据えつつニーチェが上掲の相対立する二つの立場に対して取った批判的立場を、文献学的にではなく、体系的に略述することにしたい。

ニーチェの眼には、キリスト教も、マルクス主義も——ニーチェは社会主義者と共産主義者という言い方をしているのであるが——結局は超人という問題から眼を逸そうとしているように見える。というのは——どちらもニーチェには同じに見えるのだが——一方にとっては神のみが、他方にとっては人間のみが重要だからである。ニーチェの眼から見れば、上掲どちらの解釈も超人という問題を単に反－転（Per-version）させるだけ、即ち、発展を逆－転（Um-wendung）させ、逆－行（Um-kehr）させ、退－行（Rück-kehr）させるだけなのである。定式化して言えば、上の両者は神へと退歩（*Rückschritt*）する（元のものへの復帰）か、それとも人間へと退歩する（人間の再統合）かのどちらかであって、進歩（Progreß）もしなければ、より高き発展にも向かわず、具体性をもった超人にも向かいはしない。

確かに、ニーチェによれば、両者とも各々の流儀で進歩（Fortschritt）を論じはする。だがその進歩とは、一方においては、善人が確固たる地位を占めて此岸への進歩が遂行されるために是非とも変革されねばならぬと言われる諸関係の社会構造、その諸関係から離れ去って（*fort*）行く（Schritt）という意味での進歩なのであり、他方においては、人間の己自身への不適切な関係、同胞および神への不適切な関係から離れ去って行くという意味での進歩、つまり彼岸への進歩なのである。それゆえ「進歩」と思われているものも、よく見れば、それぞれ或る革―命的な〔re-volutionär 元に―戻す〕退歩に他ならない。それが人間の自己への退行であるか、それとも神的秩序への退行であるかが違うだけである。ところでニーチェは、ヘーゲル以来支配的となり、マルクスによって受け継がれた弁証法、ただしニーチェから見れば単に虚構にすぎぬ一つの歴史法則を脱却しようとする。自分自身のこの企てをニーチェは何と命名するのだろうか。類似した事柄の違いを明確にした方が良い場合、適切な表現を見付けるのに困ったことのないニーチェは、ここでも、先の進歩（Fortschritt）と区別して「前進（*Vorschritt*）」という語を用いる。彼の著作『曙光――道徳的先入見についての諸考察』（一八八一年）にはこうある。「我々が進歩を礼賛する場合、我々はそうすることによって、単に動きと、我々をその場に立ち止まらせない者達とを礼賛しているだけなのだ――確かに事情次第ではそれも有益である。特にエジプト人（ここでは不動の静力学者という意味である）の問で生活する場合には。だが、動きが〈自明なこと〉と言われているヨーロッパ――ああ、我々がせめてその幾分かだけでも理解しているならいいのだが！――変動し易いヨーロッパにおいて、私が賞賛するのは、前進と前進する者達である。つまり、自己自身を何度も何度も追い越し、誰か他人が自分の後について来るかどうかなどと考えもしない者達だ。〈私が立ち止まるとき、私は一人だ！　どうして私が立ち止まらねばならないことがあろう！　砂漠はまだ広い！〉――そのような前進者はこう感じる」と。それゆえ上の考えを定式化するなら、退―行ではなく、自己―自身の―追い越し（Sich-selbst-Zurücklassen）、自己―超―出（Über-sich-hinaus）となろう。そして、唯一本質的な「彼岸」および唯一現実的な「此岸の真理」という考え方についても、ニーチェの目標を表すために格好の定式がある。その定式とは、彼岸と此岸との彼岸、即ち、此岸と彼岸との超出である。

キリスト教批判

まず第一にキリスト教に関してであるが、ニーチェは上述の反―転つまり退歩の責任をその最高責任者、彼の言い方によるなら、「僧侶達」に負わせている。カール・マルクス同様ニーチェも「宗教批判」を書いたが、しかし批判の対象には、後述のように、社会主義も共産主義も含まれる。ニーチェの非弁証法的「宗教批判」――これはいわゆる主著『力への意志』の第二書「従来の最高の諸価値の批判」の第一部である――の中で、彼は「僧侶とは、或る何らかの超人的なものを演じる俳優にすぎない」と定式化している。

このことでニーチェは何を言おうとしているのだろうか。「俳優」とはニーチェにとって、なるほど民衆に取り巻かれはするが、表現すべき感情を持ちあわせない者達のことである。ニーチェが鋭く批判する俳優をひとが三文舞台俳優と混同しないように、彼は別の箇所で皮肉たっぷりにこう要求する、「俳優達を讃えよ、ただし最良の俳優達を舞台の上などには捜すな！」と。かくしてニーチェは、例えば古代ギリシア・ローマの古典的哲学者をも「俳優（Schauspieler）」と見なす。というのは、他の全ての哲学者より遙かに優れたプラトンと同様に、彼らもイデアで演技する〔mit Ideen spielen イデアをもて遊ぶ〕からである。

〈イデアで演技する〔イデアをもて遊ぶ〕〉という語句は、「イデア」という語が言葉上「見かけ（Schau）」を意味しているために、イデアの―演技者（Ideen-spieler）は見かけの―演技者（Schau-spieler〔俳優〕）に他ならない、ということを示唆している。したがってニーチェによれば、「徳のイデア」の哲学者として彼らは「俳優」にすぎず、おまけに「議論好きな者」にすぎなかった。というのも、彼らは、自分達が「理論的〔観想的〕に（theoretisch）」つまり「見ながら（schauend）」徳として提示したその当のもののせいで、「実践がこの上無く下手な」者になってしまい、しかも行為という問題を提起するだけで肝心の解決ができない者になってしまったからである。「実践にかけては、結局全てが俳優的演技になってしまった」と、ニーチェは約説している。

ところで以上のような俳優、したがって（実践への）解放を演技するだけで、その演技が山場を迎えたときに図らずもへまをする俳優、つまり扮装だけ、言わば役作りだけはやるが、役柄を現実化することはない俳優に対して、ニーチェは「舞踏者（Tänzer）」を対置する。舞踏者とは、――『ツァラトゥストゥラかく語りき』の多くの箇所が証示しているように――己を意のままに操る者、つまり安心して自制心を失うことができる程並外れて自制心が強く、しかもなお運動の形式と内容とを失うことのないような者のことである。ニーチェは、「ただ舞踏によってのみ、私は最上の物事の比喩を語りうる」と言い、他の箇所では、「私は、舞踏する術を心得ているような神のみを信じる」とも言っている。

ニーチェはひとに現実化を迫る、決定的に大切なのはこのことである。ニーチェにとって重大なのは、自分を通して或る種の神＝超人が舞踏すること、即ち、作動－可能〔現実的 wirk-lich〕になることである。ところが僧侶達は、舞踏、即ち、ニーチェにとっての実在性を忘失してしまった。彼らは、ニーチェの眼から見れば、彼らが持ってもおらず、そうでありもしないものの見かけを－演技する者〔俳優〕にすぎない。しかし、僧侶達は彼らの見かけの－演技〔Schau-spielerei 俳優的演技〕を、人間が「自分の強く、驚嘆すべき要素の全て」をもはや「自分の能力に数え入れなくなる」ほどまでに、完璧にやり遂げた。「宗教的人間の未発達の心理学」の中でニーチェが言うように、宗教は、この限りで彼にとっては「人格の統一（Einheit）に対する懐疑（*Zweifel*）の一産物」なのである。

「懐疑」という語はここでは文字通りに取られねばならない。というのも、この語は、宗教が一なる存在（人格）の二－分化（Ent-zweiung）だということを暗示しているからである。宗教は様々の人格を演じ、存在せぬものを装い、捏造する。宗教は見かけを演じる見かけの－演技（Schau-Spiel）である。宗教は「人格性の変質化」であり、それゆえ存在するものの歪め－立て（Ent-stellung）である。宗教は仮象であり、この仮象は、仮象こそが存在そのものであるかのように振る舞う。宗教的二分裂（Zwiespalt）は、人格の統一に対する懐疑のせいである。懐疑は、「人間の極めて憐れむべき弱い面と極めて強い驚くべき面という二つの面を二つの領域に分裂させて、前者を〈人間〉後者を〈神〉と呼んだ」。ニーチェは、上述の「宗教的人間の未発達の心理学」を暴露することが主題のこの箇所で、宗教に関しては、「人間のあらゆる強さと偉大さとが、超人的なもの、外来のものとして考えられるようになった」のは宗教のせいだと語る。その結果、必然的に人間自身が己を「矮小化」するに至った。ニーチェはこう明言する。「宗教は〈人間〉という概念を低劣にした。その極端な帰結が、優れた・偉大な・真なるもの一切は超人的であり、それらは恩寵によってのみ贈与されるという考え方なのだ……」と。このことによって、自己を超え出て〔ニーチェ的意味での〕超人へと向かおうという衝動は人間から奪われてしまう。

　ニーチェが「僧侶」を、或る何らかの超人的なものを演じる「俳優」と呼ぶ場合、彼はこのことで次の二つのことを表現しようとしている。①彼は、人間から奪い去られて、何らかの非人間的なもの、そういう意味での超人的なものへと置き移された性質のもつ虚構的性格を証示しようとしている——この点は或る意味でカール・マルクスと一致している。②彼はまた、このようにして産み出されたいわゆる只の超人的なものが何ものでもないということ、しかもそれがツァラトゥストゥラの目指す超人とは全く関係ないということに注意を喚起しようとしている——これこそニーチェをカール・マルクスから分かつ点である。或る何らかの超人的なものを演じる俳優的演技は、人間達をちょっと誑すだけでなく、なお悪いことには、人間達が以下のことを洞察する可能性を奪う。その洞察とは、先のような意味での超人的なもの、つまりそれによって人間が矮小化されるどころか、この虚構物によって人間が自己自身を矮小化してしまうような超人的なものなど全く存在せず、むしろ、人間自身のうちに己を超え出て突き進む或る力が存在するということ、それゆえ重要なのは、事実的な超人であり、つまり人間的－余りに人間的なものを超克することだ、ということである。いわゆる只の超人的なものは、実はまだ全く人間的－余りに人間的なものに属しているのである。

　ニーチェにとっては、事実的な人間の改善が問題なのではない。問題は、いわゆる超人的なものを止揚すること、人間的なものを人間外的なものへと置き移すことである。彼の関心事は、従来己の目標を彼岸か此岸のどちらかに見ていた人間、或いは現に見ている人間の超克なのである。彼岸と此岸との彼岸、より適切に言えば、此岸と彼岸とを超え出た彼方こそが現実的超人の実現される場所である。僧侶の理解する「改善」を、ニーチェは他の箇所で、飼い馴らし・

デカダンス・病気にさせること、と語っている。要するに、僧侶の言う「改善」とは、展開されるべき超人から眼差しを逸して、謙遜と服従という点から捏造された原理上到達不可能な代替－目標、つまり普通に言われる意味での超人的なもの、即ち、神へと眼差しを向けることである。

社会主義批判

他方、第二に社会主義的ユートピアに関して言えば、社会主義自身の思惑とは異なって、ニーチェのような人からは、それが「宗教」の超克のために有効だとは全然思われない。ニーチェはそれを「キリスト教的道徳理想の愚かな誤解」としか見なさない。彼が暴露しようとするのは、上掲の二方向を正にその弁証法的連関性によって結び付けているものは何か、互いに批判し合っている両者がその際大抵見落としていることは何か、更に、両者どちらもその弁証法的関係ゆえに互いに認めようともしなければ、認められずにもいることは何か、なのである。そしてニーチェは、両者が実は仲の悪い兄弟でしかなく、それゆえにまた一層強く互いに依存し合っているのであって、つまり両者は切り離されてもいなければ、切り離せもしないということ、しかもこのように相互依存関係にある両者だからこそ戦い合う場合もあるということをも暴露しようとする。ニーチェは「社会主義」のうちに「最も卑しい者達の考え抜かれた圧制」、下からの専制政治、自分を超え出ようと意志しないで、むしろ、有り余る程の物を所有しながら他人に分け与えようとしないような人の持ち物を所有しようとだけ思っている者達の独裁しか見ていない。ニーチェにとって「社会主義」とは正に反動であり、最も反動的な態度一般であり、個人的になることに対するルサンチマンなのである。

ニーチェは、自分が決して熱心に研究したこともなく、相対的にではあれキリスト教に対してほど批判的に取り組んだこともない社会主義を、簡単に扱い過ぎているのではないかという疑問も出されようが、ここではそれを問わないでおこう。我々の議論の連関にとって重要なのは、社会主義が人間的自己関係の弁証法に由来し、キリスト教的俳優的演技の猿真似にすぎないために、ニーチェが社会主義を批判にさえ値しないと見なしているということなのである。ニーチェは、常に――皮肉な言い方をすれば――見応えのある僧侶－俳優と区別して、社会主義者達をいわゆる「四分の三－俳優」と呼ぶ。というのは、彼らが素朴に「〈真・善・美〉を」夢みているからでもあるし、また、彼らが「従来の〈秩序〉が廃棄されさえすれば、と密かに待機している〈善人〉についての愚かなオプティミズムを」もっているからでもある。

それゆえニーチェは、彼が社会主義者と呼ぶ者達と――特に区別しようとはしていない――共産主義者と呼ぶ者達とを笑い種にしようとするし、また彼らが、前に笑い種にされた僧侶達に依存していることを暴露しようともする。ニーチェが社会主義者を攻撃するのは、社会主義の次のような教説のためである。即ち、人間への再統合つまり人間への帰還こそが、新しい類型の人間つまり此岸の人間を産み出すという教説と――ただし水で薄められたキリスト教しか問題となっていないのに、ここで「新しい」とはどういう意味か、とニーチェは皮肉たっぷりに問うだろうが――、更にまた、「社会的（ニーチェの場合は社会主義的という意味である）ごたまぜ」が、傲慢かつ浅薄・軽率にも、真の人間と僭称されているという点である。具体的人間、即ち、ニーチェにとっては区別或いは個性が消失すれば、人間を超え出ようとする意志、つまり超人を欲し、超人を実現しようとする意志も失われていく。かくして、このことを欲し行なう意志たる「力への意志」が、大衆社会、つまりニーチェの言う「平均化」の中へと反転しつつ落ち込んでいくのである。

ニーチェの眼から見れば、キリスト教は超人のパロディーにすぎない。標語は、俳優的演技である。社会主義はニーチェにとって、パロディーの戯画化にすぎない。標語は、四分の三の俳優的演技である。しかも、福音書は「卑しい者達と貧しい者達とに幸福への道が開かれている」との告知であり、それゆえ「上層階級の制度・伝統・監督から自分達を解放すること」が重要なのであるから、「キリスト教の到来は典型的な社会主義者の教説以外の何ものでもない」とニーチェは主張する。

換言すれば、キリスト者が己の神に弁証法的に背を向けるとしても、彼は卑しい者達の前から姿を消すわけでは決してない。逆に、キリスト教の遺産は社会主義の第一主題になるのである。幻滅したキリスト者は、事が弁証法的に進展すれば必然的に社会主義者になる。それは決して己の力や決断からではない。そして社会主義者は、今度は最下位のものを最上位に置き戻し、「再統合」即ち「真の人間」への帰還を通して「人間的な人間」を明るみに出そうとする。しかもそれは、社会主義者が「革命」を通して、人間によって引き起こされた隷属化と疎外とを――疎外に導いた諸関係を社会主義者が変革する限りで――止揚するという形で行われるのである。『ツァラトゥストゥラかく語りき』以来またそれ以後考えられ、形成され、先取りされて、最終的に「力への意志」に基づく一切の希望の目標として提示される「超人」概念は、キリスト教的人間理解とマルクス主義的人間理解とは違って、追求される最高の実在性の表現となる。この実在性は、キリスト教的に神を通して現実化されるのでも、マルクス主義的に疎外的諸制度の廃止によって産み出されるのでもなく、人間が「力への意志」つまり一切のものの原理に仕えることによって、いずれにせよ力への意志に逆らわないことによって産み出される実在性なのである。

ニーチェにとって何が重要かをツァラトゥストゥラはこう語る。「超人が私の切実な問題である。かの者こそ私の最高かつ唯一のものである――人間がではない――、即ち、隣人がでも、最も貧しい者がでも、最も悩める者がでも、最も善なる者がでもない。――」ニーチェはこの言葉の過激さを自覚しているし、自分が何に誰に反対しているかも承知している。だがニーチェが敢えてそう語るのは、人間は神と人間どちらのためにも、神と人間どちらの許にも立ち止まり停滞してはならない、ということを明瞭にするためである。

ニーチェの超人論

以上では、キリスト教とその人間的－超人的な諸表象への批判、および社会主義とその人間的－余りに人間的な諸態度への批判、これらニーチェの意味での反動的反動が論じられたが、もう一言進歩（Progreß）について付け加えておこう。ただしそれはニーチェが人間を超え出ることを名指して言う進歩、つまり彼の言う「前進（*Vorschritt*）」のことであるが。

その際私は、一般にニーチェの「超人説教」と呼ばれる『ツァラトゥストゥラかく語りき』第一部「ツァラトゥストゥラの序説」第三節、第四節から引用を行なう。勿論それで「超人」問題全体に決着がつくなどとは全然思っていない。だが私の考察の主眼は、ニーチェが「超人」という語に結び付けている批判的意味を際立たせることに置かれているのであって、彼が「超人」を論じている箇所全部を繋ぎ合わせることにも、「超人」像の素描にも、また例えば「ナポレオン、この非人と超人との総合」という問題に現れるような区別付けの問題にも置かれていない以上、今のような論の進め方で充分なのである。

人間とは「超克されるべき或るものである」とツァラトゥストゥラは語る。したがって人間とは、此岸的なものにも彼岸的なものにも――これら両者は弁証法的に関係し合った捏造物であり、虚構であり、単なる「解釈」であって、根拠ある現実ではない――収まり切らない何か、逆－行も、退－行もしようとしない何か、そういう何かへのきっかけなのである。ニーチェは、人間的－余りに人間的なものをだらだら続けることにも、超人的－空想的なものを虚構することにも、けりをつけたがっている。もし人間が己自身に満足すれば、人間はこれまで己を己自身にまで導いてきた推進力つまり「力への意志」を放棄することになる。力への意志は制限された諸目標のための一手段でしかないと評価されてはなるまい。もしそうなら、人間は「従来の存在者一切が自分を超え出て何かを創造した」その力動性に逆らうことになるからである。

だが、もし人間に大地の意味が顕現し、人間が大地に忠実であり続けるならば、即ち、もし人間が超地上的なものにも、単に此岸的でしかないものにも向かわないならば、つまり、人間がニーチェの言う「探究できないものの内臓」つまり彼岸をほじくり返すのをやめて、かつまた単なる此岸の「不潔な流れ」にも嵌まり込まないならば、そのときこそ人間、この超動物にしてもはや動物ならざるものに、人間とは――ツァラトゥストゥラが語るように――「動物と超人との間に張り渡された」一本の「綱」であり、「深淵の上にかかる一本の綱」だということが仄見えてくるのである。人間の目標は、より以上の人間になることでは決してなく、人間より以上即ち超人になることである。たとい途上に在ることと超え行きとに伴う危険が、後ろを振り向き、ぞっとして、勇気を失い、立ち止まるという人間の傾向性を強めて、その結果人間達が此岸か彼岸のどちらかに安住することになろうとも。ツァラトゥストゥラの言うように、人間は「橋」であって、決して自己目的ではないのだから、仮にどんなに居心地よく設備を整えたとしても人間を一つの宿に留めおくことは出来ない。人間は「過渡」なるがゆえに進まねばならず、また、人間は「没落」なるがゆえに消え去らねばならない。

それゆえツァラトゥストゥラの心痛の種は、彼の語り掛ける人間達が彼を理解しないということであり、彼ら自身が、動物と超人との間に張り渡された綱（Seil）かつ舞踏者（Tänzer）だということに気づかずに、むしろアクロバティックな綱渡り師（Seil-Tänzer）を見物していることである。彼らは、綱渡り師の曲芸を見るときに覚える満足が、本来なら彼らに一切の人間的課題のうちで最も人間的な課題を思い出させねばならないのだ、ということを見過ごす。その課題とは、人間を超え出て、彼岸の人間をも此岸の人間をも超克し、超人という目標のために己を人間から遠ざけ、人間の全体的疎外ではなく、人間からの全体的疎外を完遂して、人間がそれであるところの「綱」を超え渡る、ということである。

超人についてツァラトゥストゥラが行なう二つの説法の内容は何か、いつかそのうち「人間を超えて憧憬の矢を放つ」ような人間をニーチェがどう見ているか、弓の弦がそのそばにあって「鳴り響くのを忘れた」ことがないような人間をニーチェがどう評価しているかについては、簡単だがこの位にしておこう。

我々の課題

人類に対して、人類とは超克されるべきものだと気づかせたニーチェは、生前、自分の言わねばならないことが、大抵の人間の耳には調子はずれのようにしか聞こえないということを極めて冷静に捉えていた。彼が『ツァラトゥストゥラかく語りき』を公刊したとき、彼はこの書物に副題として、それ以上の説明を必要としない「万人のためにして、何人のためでもない書物」という特徴付けを与えている。ニーチェは、一八八五年―八八年執筆のいわゆる〈序文草稿〉の一つに数え入れられている或るメモ用紙で次のように語っているが、それは自分が何を語っているかよく承知した上でのことである。「ツァラトゥストゥラは二、三千年の諸価値評価を敵に回している。私は、今日彼の全―楽音が鳴り響いているのを聞くことのできる者がいるなどとは断じて信じない。事実また彼を理解するには、その前提として、時間の不足から今日誰ひとり彼の理解のためなどに費やすことのないような文献学的研究、いや文献学的研究以上のものが必要なのだ。」

このような定式化を貴族主義、エリート的態度、傲慢な物言いだと告発することは簡単である。それに、超人に関するニーチェの説法を無視して具体的状況の方に眼が向けられるならば、彼の説法は正に、その時代時代が告げる音から我々の注意を逸らそうとする陽動作戦のようにも、攪乱音楽のようにも聞こえるだろう。けれども、ニーチェの哲学的根本思想を、思いつきで平凡なことを哲学に仕立て上げるだけの雑文主義と混同するとしたら、それは余りに短絡的な捉え方である。超人を巡ってニーチェが人間と行なう格闘は宇宙的な広がりをもっていると言っても過言ではあるまい。ともかくニーチェは事態を以下のように見ている。「私は或る恐るべきことを予見する。混沌がすぐ近くまで来ている、万物は流転する……それ自体で価値を持つものは何もない……それは耐えられない……変転する様々な目標に我々は一つの目標を対置し、またそれを創造せねばならない……超人を創造せねばならない、自然全体を超人へと向けて考え、考えうるようにした後で……いかにして私は生を耐えたのか？　創造することで。何が私に生を正視させたのか？　生を肯定する超人の方を見やることが。私は生そのものを肯定しようと試みた——ああ！」この感動詞「ああ」からも分かるように、ニーチェは決して諦念から解放されてはいない。しかしこの「ああ」は、叙情的詠嘆以上のもの、劇的絶叫以上のもの、つまり、伝統の喪失という経験と、まだ達成されていないものについての苦痛なのである。

だが、大地とその資源とは人間に消費され利用し尽くされるためにだけ存在しているわけではない、という現代の認識のうちにこそ、もしかしたら、人間こそ創造の究極目標だとする見方を問題にしようとしないような考察様式を感じ取る勘が、目覚めるかも知れない。そしてもしかしたら人間は、現代の絶滅兵器に直面して、人間的生それどころか恐らくは地上の生全体を絶滅させることが人間的生の意味などではない、と思い至るかも知れない。ニーチェが説こうとしているのは、今日盛んに引き合いに出される「生活の質」などではない。彼の関心事はむしろ、生の意味、生の高揚であり、力の成長形式であり、結局は、存在するもの一切、彼の考えを総括するなら「力への意志」なのである。

ニーチェが自分を超人の最初の具現者と見なしたなどと思うのは、大きな誤解、恐らくは最大の誤解だろう。彼自身自分のことをこう語っている。ニーチェの言葉を引用して本稿を締めくくることにしよう。「私は最高の人間の魂から若干のことを察知したと思っている。恐らく彼を察知した者は誰でも没落するだろう。しかし彼を見たものは、彼を可能ならしめるように力を貸さねばならない。」

＊本稿は、一九八八年十月早稲田大学の招聘により来日したリヒャルト・ヴィッサー教授（西ドイツ、マインツ大学）が、同年十月四日（火）に文学部第一会議室で行なった講演 Friedrich Nietzsche:Übermensch in Sicht？の翻訳である。原テクストにはかなり詳細な註が付されているが、本稿では紙数の制限上割愛せざるをえなかった。

ニーチェの教説「万人は完全に無責任にして無罪なり」

序言　ニーチェに「責任を負わせよう」という意図について

フリードリヒ・ニーチェによる「すべての人のための、そして誰のためでもない」諸々の探索は、従来の精神史の根幹を揺るがし始めるような諸現象の到来に照準を定めたものであったが、ニーチェがそのような探索を行なって以来、文明の没落、非人間性の蔓延およびニヒリズムの拡大の責任はニーチェにもあるのだという強調が断固たる調子で繰り返しなされてきた(1)。また、人間に対する軽蔑が単に政治的に制度化されただけでなく、技術の新しい諸可能性によって人間の想像を絶するほどの強さで、実際に比類なき人間の撲滅に達したために、今日においてもなお時々、ニーチェに対して、「今世紀における世界のカタストロフィーに関する直接的な共犯の罪」とはいわぬまでも、「今世紀の諸々の独裁制」のための心理的風土を準備するような諸教説を宣伝したことの「責任」が帰せられている。そのような見解によれば、「ニーチェの責任」の最たるものは、まさしく彼が「責任を放棄した」こと、つまり彼が「普遍的拘束力を持つ法廷を前にして人間が負うべき自分の思想と行為とに対する責任性を否認したこと」によって、人間が「自己の罪を―免れたり、ないしは責任逃れをする」近代的流儀を「流行させ」たことだとされる(2)。

しかしながら、ニーチェは「陰気に責任をもて遊んでいる」とか、「挑発・恥知らず・厚かましさ・偽善・良心の遠慮・責任放棄と結び付いた」彼の「無罪への偏愛」、また彼の「過ぎ去り易さへの偏愛」、これらはみな、「真の宗教・確固たる道徳・責任に満ちた政治のどれもが根本から望んでいること、つまり人間の共同生活に安定状態を作り出すこと」の価値を奪ってしまうというような主張が執拗になされるとき、ニーチェは正当に評価されているのだろうか？[3] ニーチェに嘘つきの汚名を着せ、またそうすることによって、彼の計略を見破ったと信じている場合、果たしてニーチェに接近したことになるのだろうか？ さらに「ニーチェは、何によっても証明されえず暗示的であるに過ぎない彼のデカダンス－パースペクティヴが持つ人を堕落させる力を、責任性への情念で偽装する術を心得ていた」のであろうか？ここで言う責任性とは「死の唯一の〝意味〟を」責任および世間的な正義［司法］の介入から逃れることの中に見出すような責任性だとされているのである。このように解釈されるならば、「イデオロギー的な道案内人」としてニーチェは「人間本性の禽獣化」にとっての「風土を開拓するのに加担した」と主張されるのも当然の理である。[4] もしこのように、ニーチェの責任は彼が責任を放棄したことであるのならば、「万人は完全に無責任にして無罪なり」というニーチェの教説がいかなる重要性を持つのかが是非とも問われるべきであろう（MA II: IV_3 226）。

一　完全な無責任性についての教説

ニーチェが「完全な無責任性の教説」を説いたのは、「自由精神のための」彼の著書『人間的、あまりに人間的なもの』（一八七八年）の第二章における「道徳感情の歴史」についての論究という枠内でのことである。ニーチェはこの論究を通して倫理の根源を分析したい、そして人類に「心理学の解剖台およびそのメスと鉗子との恐ろしい光景」を見るよう要求しなければならないと考えていた。[5] この教説は、「道徳的人間は肉体的な（physisch）人間よりも叡知界（形而上学的世界）により近く立っているわけではない」という一つの「主題」に定式化することもできるのだが、ところで、一体この教説が人類にもたらすのは福なのかそれとも禍なのか、利益なのかそれとも不利益なのかという道徳的問いについては、明らかにニーチェは解答を与えず決定を下さずに置いている。

これにはいくつかの理由がある。第一に、ニーチェが彼のこの教説を、一つの「偉大なる認識」、一つの「必然的な考察」、一つの「学問的」根本命題ととらえていることである。ニーチェが敢然と気概を持って問いつつ進めた学問は目的から自由であるということ、まさにこのことのゆえに、彼は自分を「最も大胆にして最も冷静な思想家のうちの一人」だと考える。ニーチェは単に有益な考量によって「人間の福祉」に貢献しようとするのではなく、「時代に対して、それを映し出す鏡および自己を反省する道具として」奉仕することを好むのである（MA I: IV_2 59f.）。第二に、まさしく有益さの判定基準そのものが両義的である。時代の変遷を通して妥当性を持つ価値評価が逆転することは確実だからである。このことによって禍福について決定的な判断を下すことは不可能となる。最後に――そしてこれが最も重要な理由であるのだが――有益さという観点は、ニーチェが真理を顧慮して切り開くことに努めた問いの方向に背を向けているからであり、またそのような［ニーチェの］認識がもたらすいわゆる否定的な諸帰結ばかりが絶えず気になって、洞察から首尾一貫した結論を引き出せなくしてしまうからなのである。

なるほどニーチェは「完全な無責任性」という彼の教説によって、数千年も通用してきた確信に対して反旗を翻す愉悦を味わいはした。しかし彼は認識の最も苦い杯をも飲み干したのである。ニーチェは「自分の行動と自分の本質に対する人間の完全な無責任性」を「最も苦い滴」と名付け、「認識する者は、人類の高貴さの証しを責任と義務との中に見ることに慣れているならば、この滴を飲み込まなければならない」と言う(6)。道徳感情の歴史は「或る誤謬の歴史、責任という誤謬の歴史」である。この誤謬は、誰かに何かの責任を賦課すべく奮闘してきた倫理学のこの発展の端緒においてすでに生じたのに、今ではとっくの昔に忘れ去られてしまった一つの根本的決定に根差している。その根本的決定とは次のことである。当初、ひとは諸々の行動を有益な結果あるいは有害な結果のゆえに、「善い」あるいは「悪い」と呼んでいたのであって、結果を生じさせた動機のゆえではなかった。しかしまもなく行動自身そして行動「自体」が、「善い」あるいは「悪い」と呼ばれるようになり、そのことによって「善い」と「悪い」とは原因と称されるようになった。本来これらの呼称は結果を性格づけるものだったのにもかかわらずである。それどころかさらに事態は進んで、行動の動機が、最終的には人間一人の本質全体までもが、「善であるか、それとも悪であるか」と呼ばれるようになったのである。

このようにして人間は何かに対して責任を負わされているわけだが、その何かとは、或るまったく特定の、だが今では顧みられなくなり忘れ去られた観点がかつて人間に課したものに他ならないのである。この歪みを取り除き、この自己欺瞞を暴いたときに初めて、人間のこのような本質なるものは単に「合成された」もの、つまり歴史的所与の影響下に合生したものに過ぎないのだという洞察から、この人間本質なるものは、その責任を人間に賦課することなどまったくできない代物なのだという認識が生まれる。責任賦課の歴史の正体は、結果と原因、帰結と根拠、有益さと善であること、福祉と道徳との転倒だったと暴露される。責任賦課の歴史は、必然的に「完全な無責任性」の教説へと流入するがゆえにそれ自身を終結させる。重要なのは、結局最後に現れるのが最初からなるほど明瞭ではないにせよすでに確実だったことなのだという点である。つまり、なるほど或る点では倫理学の上述のような根拠づけで間に合うかも知れないが、しかし真理の相の下では決して充分とは言えないのである。にもかかわらず、誰も自分の行為と自分の本質――つまり合成されたもの――とには責任がないという洞察に対しては、ひとはその帰結を恐れるあまり拒絶反応を示す。しかも、誰かを「裁き」たいと欲することは、例えば文化の発展を人間の本質と偽称するのと同様に、まったくもって「不公平である」という事実を、ひとは白状しないのである (Ebd. 61f.)。

道徳や文化といった事柄の信奉者たちが、ニーチェに対してはあらゆる断固たる手段をとっても当然許されるし、また、当然そうせねばならないと思ったのはなぜなのか、それは、古典への反逆を開始し、同時に一九世紀が誇りとした進歩意識に決定的一撃を加えた彼の「ニヒリズム的な」否定的態度のゆえなのだということ、このことを明らかにするには、さしあたり以上の考察だけで充分だろう。［しかし］ニーチェは、諸道徳観念を拠り所にして幾世代にもわたって支持され、――それどころか恐らくは――実行に移されてきた一切の事柄を危険にさらしたのではないか？　文化の歴史的業績、「諸財貨の位階秩序」なるものの彫琢、および低級な財貨を高級な財貨よりも軽視せよと命じて恭順を道徳的だと布告する、つまりは物事に優先順位をつける優先倫理学、これらは単に、その人その人および「その時代時代の確定」の文化史的観点に過ぎないのだと暴露するような見解（Ebd. 64）を、何の異論もなく容認してしまって問題はなかったのだろうか？　「完全な無責任性の教説」は西洋およびキリスト教に対して、従来類を見ないほどあからさまな仕方で全面的な宣戦布告を発したのではないだろうか？

当時の倫理的な憤慨は今日では収まっているとしても、それでもやはり、ニーチェが「無責任性」によっていかなる問題群を実際に論じているのかは、是非とも明らかにされねばならない。今日でもなおニーチェの「無責任性」は安易に責任放棄と取り違えられているのだから。

ニーチェが、責任賦課の歴史の産物であり「超‐動物」・「何か高級なもの」として発生した人間に向かって、人間の中には「獣」が潜んでいると注意を促す場合、このような性格づけを短絡的に受け取って、ニーチェは多分人間の禽獣化を促進しようとしているのだなどと誤解してはならない。ニーチェが「我々の中の獣は欺かれることを欲する。道徳とは、我々が獣によって引き裂かれないために必要な嘘なのである」（Ebd. 62）と言うとき、ニーチェは人間が瀕している危機に注意を喚起しようとしているのである。そして、この危機を目の前にして他ならぬニーチェが求めているのは、嘘をつけということではなく、この根本状況に対応しまたそれを正当に評価するためには、責任賦課という従来の形式によって一体どこまで成し遂げられうるのかを熟思しろということなのである。正鵠を射ることが、「しかも人間本性の正鵠を射る」ことが肝心である。帰結に対する不安のゆえにどれほど多くのことがなされず、あるいは見過ごされ、あるいは揉み消されていることだろう。ニーチェが選び取る道は「福祉ではなく真理を」（Ebd. 57, 59）である。「誰も自分の行為に対して責任がない、自分の本質に対して責任がない。裁くということは不公正であることと変わらない」(Ebd. 62) というニーチェの命題を前にして、この教説がもたらすかも知れない帰結を恐れ、ニーチェは「無責任性」の確立をもくろんだのだから責任放棄をしているのだと言うか、それとも、そのような「根本命題」によってニーチェが何を考えていたのかを問うか、この二つはまったく別の問題なのである。いやひょっとしたら、彼の「無責任性」の教説は、責任を経験する一つの新しい方法にまさに対応しているのではなかろうか？

二　法廷的責任と状況的責任

そのように問う場合に我々は、まず責任という問題に関する若干の一般論を吟味せねばならない。まさしく今日、とかく責任ということが取り沙汰されているので、人が世間話に同調しない場合でも危うく無責任だと思われるような始末である。しかしながら、多用される「責任」という語は、この語をひとに何かを提案したり禁じたりするときの常套句として使っている人々が思っているほど単純では決してない。責任は少なくとも二通りに理解されうる。まずは、この語の通常の使い方である。この場合、疑問の余地のない要求および規範に合致する行為がなされたか否か、また、どの程度合致しているか否かに関しての弁明を責任という語で呼ぼうとしている。つまり、或る法廷「の前で」、また或る法廷「によって」答弁を求められうるような責任である。これと区別されるべき第二の意味における責任は、事情がどうなっているかよく知らないのに、状勢に迫られて決断を下さざるをえず、またその結果を引き受けざるをえぬ場合のような、言わば挑戦とでも呼ぶべきものを意味する。この場合、出来合いの返答を借用することは不可能であるか、それともふさわしくないかのいずれかだから、我々は言わば実存をも共に返答へと込めざるをえないのである。第一の場合に問題となっているのは、世に認められ、また広く知られている (bekannt) 法廷——しかもこの場合 "bekannt" の語義は二重であって、つまり〝よく知られている〟の意と〝公認されている〟の意を含む——を前にして申し開きをすることである。これに対して第二の場合に問題となっているのは、ここには確実な返答といったものは存在しない以上——現代の諸問題に際してそのような返答が一体どこに存在しようか——、「責任ある返答」をすること、またそれによって人間が自身の実存を賭けて或ることを請け合うことである。というのは、この或ることは、そのようにしてのみ明らかになるからである。しかしこれは同時に生死に関わる問題でもある。(7)

この第二の意味の場合、「責任」を引き受けることは、絶えず危険な賭けである。なぜなら、この「責任」は常に、支えとなるべき確たる知識がまさに欠けているときに、しかも気まぐれからではなく或る緊急事態に迫られて、一つの決断を「請け合う」ことだからである。したがって「責任」は同時に反駁にさらされるのであって、その反駁によって、責任を負う者は、単に一人の通りすがりの者として質問を受けるなどというのでは決してなく、当事者として尋問されるのである。それゆえ、「責任から逃避」するのも、「お定まりの答弁〔責任〕へと逃避」するのも、実は、自分の知っていることもそして自分自身もあやふやなのだと告白するだけの勇気がないからという場合が多い。人間世界および多様な世界連関の中で、予期も予想もできないことを待ち構える用意ができていないからという場合もある。さらには、予測可能なもの、および諸々の必然的なこと・やむをえないことから成る力の場とでもいうべきものの結果を凝視するだけでなく、責任は前人未踏の領域にも及ばねばならないと認めるだけの洞察が欠けているから、という場合もある。だが、この領域は、ことによると今なお立入禁止となっているか、またはとっくの昔に邪道と決めつけられた領域なのである。

したがって、責任とは、法廷としての効力を発揮する要請・法令・法律についての伝統的判定だけではない。現代の前途多難な紛糾に対して打開策を見出すためのいわゆる模範的解決方法がいまだ準備されていないような諸状況に直面すれば、創造的な義務、これもまた責任と言えるのだということが明らかになる。それゆえ、「法廷的な責任」と「状況的な責任」とを区別すること、つまり第一の責任と第二の責任とを区別することが適切であるように思われる。第二の責任はものごとを、確定されたものとも法廷によって課せられたものとも見なさず、また遺産とも提案とも見なさない。それは過去を処理しもしないし、合法的と確言される将来に関わりもしない。それは、処方箋と処方指示書および如才ない解答・返答を無効にするのであるが、これらを窮余の一策だと暴露するのはニーチェばかりでなく、第二の責任もそうなのである。すでに一切が生じており、あとはそれを引き受けるだけでよいという場合とか、すでに一切が与えられ、あとは把握されるのを待つばかりという場合とか、さらには、すでに一切の命令が最終的に下され、かろうじて遂行されないでいるだけの場合とか、これらの場合には第二の責任の次元に到達することはない。

それゆえ、諸々の教訓と要請とを却下するときにこそ第二の責任が登場するのだとしたら、どうであろうか？　責任という語のいい加減な用法がもはやこれ以上判然と暴露されることもなく、また、今日におけるこの語のまったく無理な使われ方に気づきながらも、たった今呼ばれて目覚めたばかりの例の［第二の］責任意識は他ならぬこの語の誤用ゆえに再び眠らされてしまうのではないかという検討を、諸々の研究が稀にしか行なわないというのは、変なことではないか？　もしかすると責任性は人間の根本情態であって、しかしこれが或る特定種の責任賦課によって露呈されず隠蔽されるのだとしたら、どうであろうか？　責任こそがそもそも初めて人間に省略のない現実、つまり現実についてなしうるどんなに多くの抽象にもまさり、現実に関する演繹的反省全体以上である省略のない現実への通路を与えるのだとすれば、どうであろうか？

責任は、法廷的責任と区別された状況的責任としては、もはや単なる弁明・弁護ではない。状況的責任には単に「責任を負わせる」ことももはやできないし、またそれを「裁く」ことももはやできない。人間はただ何か「を前にして」、何か「に対して」責任を負うだけではない。人間の知識を包括しはするが知識に解消されることのないような責任においてこそ、人間は現実の出来事の言わば沈澱物、つまり澱んで凝固したものを繰り返し溶解するのである。しかし人間は、これによって自身と同時代人とを混沌へと、また現代およびこの瞬間の深淵へと突き落とすのではない。そうではなく、まさにこの責任によってこそ状況の交替と時代の変遷との中にありながら、人間の最も内的にして最も極限の可能性である安定性を獲得するのである。

秩序あるいは、ともかくも整然とした状態を哀惜する人々の嘆きは、正しく理解された責任性から見ればまったく臆病なものと映る。責任の欠如が秩序の崩壊に関与しているとしても、秩序をまとめ保つのが責任であるとは限らない。このことをエーミル・ブルンナーは、誤解を招きやすいが、我々の文脈にとって役立つ一つの例を用いて、しかも道徳を顧慮しつつ次のように定式化した。「責任性とは何であるかを人間が正しく知っていないということの最も明瞭な証拠は道徳である」と。道徳はここではまさしく「失われた責任性の代用物」と呼ばれるのだが、それは道徳が責任性をもはや「人間を特徴づける本質的定式」とも「人間の現実性の定式」とも見なさず、わずかに人間の当為を表す一定式と見なすのみだからである。(8) ニーチェを顧慮すればこう定式化してよいだろう。すなわち、道徳に反対する人を、そのために直ちに不道徳だと呼ぶべきではなかろうし、また道徳に味方する人もまだまだ道徳的であると認められるには値しないのであると。

三　責任賦課の心理学

さて、ニーチェの「完全な無責任性の教説」はどちらの責任に分類しうるだろうか？　多分どちらでもない！　しかしこの教説を背景にすればニーチェが熟慮したことのいくらかがはっきりするだろう。ニーチェが道徳感情の起源と歴史との探求を通して闘っているのは第一の責任、すなわち責任賦課を主張する立場である。この責任賦課なるものは、一つの合成物に過ぎないものを事実と思い込む点で得体の知れない代物である。これに呼応してニーチェの「一切の価値の価値転換」もまた一切の価値を従来価値たらしめてきた原理を問いに付す。しかしニーチェは第二の責任の次元には到達しない。この次元は、歴史上現れた合法則的なものの数々を後から叙述することによっても、また従来価値と思い込まれていたものの真相を暴露するという反動によっても汲み尽くされることはないのである。完全な無責任性というニーチェの教説は第一の責任の破壊ではあるが、第二の責任を告げ知らせはしない。このことは、たとえニーチェが「必然性」の教説として展開した「生成の無垢［無罪］」の教説が構成主義的な特徴を示していようと変わらない。もっとも、この必然性は、人間は自由なのだというあまりにも見え透いた憶断によって人々から曲解されてはいるが。

しかし重要なのは、ニーチェの行なう破壊に関して、根拠のないものを斥け、偽られたものを暴き、隠れているものを露わにし、驕れるものからその名声を剥奪しようとする彼の熱心さを見過ごさないことである。その限りで、完全な無責任性というニーチェの教説すなわち彼の「責任」否認は、これもやはり責任の一形態なのである。そして彼の言う「無責任性」は責任放棄ではなく、むしろ彼が暴露せんとした誤れる責任に対する闘争なのである。「無責任性」は過渡期における責任である。

ニーチェは責任放棄を説くのではない。彼は、誰でも勝手気ままに振舞うことができると説くのではない。むしろ彼は、存在し生起するものに対しての無責任性を説き、我々の振舞いは我々自身に依存するのではないとする。これによってニーチェは、世界をその核心において繋ぎ保っているものは何かという問いを再度開け放ち、意志しないよりはむしろ無を意志する「力への意志」の発見を準備する。ニーチェはまさしく意志の必然的性格に注目させようと欲する。そのために彼は、なぜ我々はこのように行為するのであって別様に行動しないのかのその理由と動機とを追跡せよと要求する一方で、因果関係を嗅ぎ当てる必要が出てくるとすぐに議論が倫理的・道徳的になってしまうことを、自らにも我々にも戒めている。ニーチェは、永遠なる諸価値――根源的でない、合成された偽の必然性の権化――を不変の事実とは認めないからこそ、永遠なる諸価値とは何か、何と称されているのかと問うのではなく、それらは何を目的としているかと問うのである。彼は、永遠の価値のいわゆる絶対性格の罠にかからぬよう警告する。換言すると、ニーチェは、永遠の価値によって統制されるような愚鈍さを警戒せよ、と言うのである。ニーチェは、イデオロギーの信奉者たちの化けの皮を剥ごうとする。彼らは自分たちの観念のためにそれらの諸価値を利用つまりは悪用しているのだと。ニーチェは、これらの策謀を暴露して、人間には人間の本質つまりニーチェが「肉体的人間」と呼ぶものへと目を開かせ、また同時に「自由精神」つまり無責任な者たちには人間の「全存在」へと目を開かせようとする。

したがってニーチェの無責任性の教説は、恣意をかつぎ出すのでもなければ、ましてや安直な勝手気ままさを説くのでもなく、むしろ行為の必然性・意志の決定性・意志の被拘束性と不自由とを指示する。それゆえニーチェは、どんな人間にも覚えのある不本意さ（Unmut）、しかも行為の後にやってくる「罪の意識」に基づいて、責任性というものが存在するに違いないと推論するショーペンハウアーを嘲笑する。なるほどショーペンハウアーは、この不本意さが、必然的に経過する動作に関わるのではなく存在に関わるということ、つまりかくかくしかじかに行動する自由に関わるのではなく、かくかくしかじかに存在する自由に関わるということは見通している。しかしショーペンハウアーの根本命題、すなわち人間は自分がなろうと意志するものになるという存在の自由についての根本命題と、人間の意志はその実存に先立つという根本命題（サルトルを参照せよ）とは、ニーチェによれば誤謬推理を含んでいる。これらの命題は、我々の現状についての不本意さから存在の自由を根拠づけているのに、この不本意さがそもそも筋が通っているのかどうかは問われていないからである。それゆえニーチェは、不本意さという事実から「この不本意さの」正当性、および「この不本意さが理屈上許されるということ」を推論しはしない。彼はむしろ、人間が後悔と良心の呵責とを感じるのは、人間が自由であるからではなく、人間が自分は自由だと「思い込んでいる」からだということを暴露しようと試みる。したがってニーチェによれば、不本意さを洗練・昇華することが大事なのではなく、不本意さを脱却すること、しかも、人間は自分の行為の結果にも、自分の行為にも、自分の動機にも、自分の存在にも責任を負わないという洞察によって脱却することが肝心なのである（MA I: IV_2 62）。

しかし、もしそうなら、いかなる事情で責任性は話題に上るのであろうか？　ニーチェの著書『偶像の黄昏――あるいはいかにして人はハンマーを持って哲学するか』（一八八九年）は、特徴的なことに当初『或る心理学者の無為』という標題が付くはずであったのだが(9)、この著書の中でニーチェは、他人に何かに対しての責任を賦課するという前述の過程の背後で作動しているメカニズムを露わにしようとしている。「責任賦課の心理学」の核心部はいわゆる「自由意志」であり、これはニーチェによれば「世にありうる最もうさん臭い神学者流の芸当」である。というのは、この芸当は人類に「神学者の用いる意味で〝責任〟を賦課する」ことを目的としているからである。ところがよく見れば、これはニーチェにとって、人類を「神学者たちに依存させる……」ことに他ならないのである。人間は「自由だ」と言われる。だがそう言われるのは、人間に、自分たちが正しいと思うことを行為しうる自由を与えるためではない。むしろ人間を、特に奴隷化という目的のために捏造されたこの自由によって、鎖に、自由の観念という鎖にまさに縛るためなのだ。人間を「自由だ」と見なすのは、人間を裁き罰しうるようにするためであり、人間に有責・有罪の徴と烙印とを押しても差し支えなくするためなのだ。

したがってニーチェの主張によれば、諸々の責任が指摘・追及・訴求されるときにはいつも、罰し裁こうと欲する「本能」が働いている。「かくかくしかじかの何らかの有り様が、意志・意図・責任性の行為に還元されるとき、生成からはその無罪が奪い取られてしまった。意志の教説は本質的には刑罰を目的として、つまり罪ありと認めたいという目的のために捏造されたのである」（GD: VI$_3$ 89f.）。

なぜニーチェが責任性のうちに人類のいかなる高貴さの証しも見ることがまったくできないのか、なぜ彼が意志の自由とそこから帰結する奴隷化とからの解放としての「完全な無責任性の教説」を説くのかの理由はここにある。ニーチェが目指すのは、他ならぬいわゆる自由意志によって道徳および道徳家たちの鎖に縛られてしまった人間を本当に自由にすること、しかも、目的を強調する心理学、イデオロギー的な歴史および自然解釈、諸社会制度、なかんずく制裁処置、これらによって人間に良心のやましさを持たせ、さらに良心のやましさによって人間を制御する者たちから人間を自由にすることである。

四　生成の無罪

ニーチェが「非道徳家（Immoralist）」を自称するのは、不道徳（Unmoral）を説きたいからではなく、道徳家たちの道徳のうちに、罪と罰のような概念によって「生成の無罪」を「病毒で汚そ」うとする試みを暴露できると考えるからである。或る種の「必然性」に照らせば、道徳家の諸範疇など無用だと判り、その道具的で偏頗な性格が看破されるのだが、この「必然性」を見据えてこそ、善悪の彼岸に立つ非−道徳家は生成の無−罪にふさわしい者となる。彼は不道徳（unmoralisch）なのではなく、非道徳的（immoralisch）なのだ。彼は道徳の蜘蛛の巣に引っ掛かることも、責任賦課という糸で縛られることもない。彼は「生成」に身を置くのだ。ニーチェが『人間的、あまりに人間的なもの』の中で道徳家たちの誤謬推理を暴くのは、返報と罰とはただ威嚇と鼓舞とに役立つだけだということを示すためである。人が返報したり罰したりするのは、行為が善くあるいは悪くなされたからではない。そうではなく、行為が今後独自な善悪像に応じてなされるようにするためなのである。

もともと動機が何ら存在しない場合には、できる限り強力な動機が案出されるものである（MA I: IV$_2$ 100）。なるほど正義は各人に分相応のものを与えることだと主張される。しかし、誰にとっても分相応の返報と罰などは存在しない。返報と罰とは、むしろ或る人が欲することに他人が手を出せるようにと、功利的な理由から設けられたものなのである。ニーチェは、責任とは「自体的に」確実だと思われている事柄に対して負うべきものだという責任についての通常の観念を粉砕しはするが、第二の責任には到達することなく、むしろ、第一の責任の否定である完全な無責任性の教説に行き着く。ニーチェは、価値観を、その策を弄したり弄されたりというイデオロギー的性格ゆえに除去し、それに代えて、「自由精神」のみが耐えうる彼の新たな現実観、つまり「生成の無罪」への洞察をおく。生成の無罪を発見すること、そしてこれを目的重視的な価値の想定によって隠蔽しないこと、これをニーチェは大いなる課題と見なす。この課題を通してこそ人間は初めてその本来の姿になる。ところが、人間を自分たちの拵えたイメージと模像とに従って自分たちの価値観の被造物へと改造しようとする者たちは、この人間の本来の姿を望まない。つまり価値観は自由をもたらすのではなく、「叡知的自由という寓話」(Ebd. 60) によって束縛するのである。

かくして、「無責任性と無罪」(Ebd. 101) が責任と罪と同様に共属するものだという帰結は、ニーチェにとってはまったく当然のことである。そして肝心なのは、人間は「自由意志」を持つと見なして、一応人間に尊厳を認めておきながら、結局は尊厳を欠く廉で人間に責任を負わせうると考える者たちの巧妙な「贋金作り」の正体を、「生成の無罪」を顧慮しつつ暴くことである。逆説的に聞こえるかも知れないが、ニーチェが人間存在の「運命性」を指摘し、「何者も人間にその特性を与えない、神も、社会も、彼の両親・先祖も、彼自身も」と説くことによって言おうとしているのは、人間が「そもそも現に存在すること、あれこれの性質を有すること、これらの条件の下、この環境の中にいること」に対しての責任は「誰にもない」ということである。ニーチェはこの「人間の存在の運命性」を指摘することによって、人間の生成の無罪へと向けて人間を自由にしたいのである (GD: VI_3 90)。人間はかく在るのみであり、別様には在らぬというのであるから、人間は生成の無罪を認めるべきである。人間は生成と和解・調和すべきなのだ、人間が真に存在するようになるために、そしてイデオロギー——それがいかなる種類のものであろうとも——によって自分の存在、つまりは「生成の無罪」を奪われないために。

しかしニーチェは第二の責任つまり状況的責任にまでは到達せず、永遠の諸価値に代えて彼の発見になる生成の無罪をおき、あやふやな目的適合性なるものに代えて、一つの必然的な目的を、道徳に代えて非道徳を、功利性に代えて「諸概念による自然模倣」(MA I: IV_2 59) としての学問を、福祉に代えて真理をおく。なるほどニーチェは従来の道徳のメカニズムを暴露し、正当にも一非道徳家を自称することができる。だが、彼は道徳の心理学的分析に際して、倫理的現象を根拠づけうるような次元には進出しない。むしろ彼は倫理的現象をがらりと変革しうるような基礎へと進むのである。それゆえ、ニーチェは破壊の点では偉大であるが、一切の価値の価値転換を通して或る新しい根本的立場を目指そうとするニーチェの試みには何か抽象的なものが付いてまわる。ニーチェが、民主主義、社会主義、労働者の役割、権利の抑制といった彼の時代の歴史的大問題に対して無力なのはいわれのないことではない。

ニーチェの「心理学的考察」は、「心理学的箴言の偉大な巨匠たち」に範を仰いで「箴言の錬磨術」に熟達し、明敏かつ繊細な諸洞察へと到達する (Ebd. 55)。これらの洞察はまさしく人間に対する分析的教説のようなものであり、この教説から逃れたいと欲するならば、それは自己自身からの逃避に等しい。またこれらの洞察は、分解してはとりまとめ、疑っては嗅ぎ付け、貶しては褒め、不信を抱いては解体する。そういうわけで、ニーチェは神学者たちおよび彼らの比類なく激しい敵意相手に戦うが、それは、彼らが「倫理的世界秩序」とか神の正義のような概念によって「絞首刑吏の形而上学」を操るからであり、また彼らが掲げる「人間の理想」・「幸福の理想」・「道徳性の理想」のような標語によって、人間からその存在と生成との無罪を奪うからである。

ニーチェは、それを前にすると人間的なものがなるほどあまりにも人間的なものなのだと判るような或る究極の必然性を示す。しかしニーチェは、形而上学的非道徳主義とでも名付けられるべきものがこのように必然的であるにも関わらず道徳主義が事実上存在しえたのはいかにしてなのかという問いを解明しない。確かに、人間に意味を開示し、目標を明示し、生存の目的を提示しているのは自分だと信じている人々、さらには自分が「まともだ」と思い、価値を論じるくらいだから自分は価値ある人物だと思い込み、秩序維持に腐心している人々、これらの人々こそはニーチェによればまさしく理不尽な行ないをしている。「自分の存在を何らかの目的の中へと転落させようと欲するのは理不尽なこと」なのだから。彼らは不可能なことを行ない、要求する。彼らは別様にはなしえない人々を罰しうるために自由を欲する。彼らは、このような目的は捏造物なのであって現実に存在するものではないのだから、誰にも責任を賦課することはできない、という認識を回避する。しかしながら、事実的なものが実はこのように仮象なのだと言いうるその可能性の条件はどこにあるのだろうか？

生成の無罪はただ道徳感情の歴史に対する対立的現象としてのみ出現するのであるが、非道徳家ニーチェは、生成の無罪を盲信することによって、図らずも道徳家としての正体を現す。なるほどニーチェはツァラトゥストゥラを通じて「大いなる正午」の福音を告げ（Za: VI$_1$ 404）、また「未来の哲学への序曲」（一八八六年）たる『善悪の彼岸』(JGB: VI$_2$ 二）を著してはいる。しかしこれらはすべて、人類と地球とを脅かす具体的諸問題に関しては必ずしも提言とならないような感じを与える。特にニーチェは、経済的諸条件、実存的諸可能性、本質歴史的諸連関のどれをも顧みていないのであるから、なおさらである。

ニーチェの分析によると、事実的存在を causa prima つまり第一原因なるものに還元することは人間から自由を奪うことであるのに、これまで自由はこの［第一原因という］法廷によってこそ人間にこっそり手渡されるべきものとされていた。しかもそれは人間を自由にするためなどではなく、実は人間を操るためなのである。たしかに、ニーチェのこの分析は簡単に否定されるべきものではない。ニーチェによれば、目的思惟の理不尽と贋金作りとが暴露されたときに初めて、「偉大なる解放」が生じる。つまり諸々の想像上の価値・仮定上の法廷から解放されるにとどまらず、不公正な懲罰、さらには誤った称賛からも解放されるのである。「こうして初めて生成の無罪が回復される……〝神〟という概念はこれまで生存に対する最大の異議であった……我々は神を否認する、我々は神の内の責任性を否認する。こうして初めて我々は世界を救済するのだ」(GD: VI$_3$ 91)。

ニーチェが神の存在を認めないのは、今なおそういう主張が跡を絶たないのだが、傲慢不遜なニーチェが自分の他に神などというものの存在することに我慢がならないからではない。神が存在してならないのは、人間から生成の無罪を奪い、人間を測定して非常に軽いと判定するような偽りの尺度が存在してはならないからなのである。ニーチェにとって神とは法廷的なものの権化であり、しかもニーチェの目には神は存在しないと映る以上、神とは神の観念に過ぎない。存在するのはただ神の概念に過ぎない。そしてこれは、人間たちが自分たちのイメージと模像とに従って考えうる限りで最大にして最高、最も包括的で深遠な責任という法廷を打ち立てるために、たとえ実際にはそのような法廷など存在しなかろうとかまわずに拵え上げたものなのである。そんな法廷など存在しない。というのは、ただ生成の無罪だけが存在するのだから。

ニーチェが神の内の責任性と神の前での責任とを断固として否認するのは、生ける神に楯突く傲慢からではなく、人間たちが自分の偏狭な諸目的のために築き上げ絶対的なものと想定した法廷なるものに対する断固たる批判に基づいてのことである。ニーチェの批判の対象は現に存在しない神ではなく、あまりにも人間的な人間である。ニーチェは神に対して傲慢不遜なのではなく、人間に対して批判的なのだ。彼は諸々の神観念における目的の強調を看破し、そうすることで、「生成の無罪」を「病毒で汚す」べく繰り返し画策する根城としての法廷を切り崩そうとしている。ニーチェは第一の責任たる法廷的責任の仮面を剥がそうと欲する。ニーチェの態度は無責任的［責任廃棄的 *unverantwortlich*］なのであって、責任放棄的（*verantwortungslos*）なのではない。ニーチェは要求する、人間が自分と他人とに何かをごまかして信じ込ませることなく自分の存在を受け容れることを。人間が他人あるいは自分を罰するための理由を求めているに過ぎないときには責任という語を口にしないことを。そして人間がいわゆる自由意志の維持のためなどに、自己欺瞞あるいは贋金作りからの解放を断念したりしないことを。

だが、ニーチェは第二の責任という問題を正当に評価していない。そもそも、第二の責任によってこそ初めて具体的なものごとが経験され、またなされるべきものごとが具体的に、とは言え、諸々の条件・諸可能性・存在歴史的連関を顧慮しつつ決定されるのである。ニーチェという衝撃はどうしても必要なものかも知れない。だが彼のようにすべてを不当にも生成の無罪に帰するとすれば、人は小難を去って大難に遭うはめになるのである。

今こそ「涙を催させる道徳性」にけりをつけよう、今こそ、道徳的なお話を聞いてぐっしょりと「快い涙」を流す楽しみ、この「生の魅力」と呼ばれるものをおしまいにしようというとき、先頭を進んでいるのはニーチェである。というのはこの「生の魅力」は、「完全な無責任性への信仰が広まり」、またそれとともに、むず痒い道徳的なお話を聞いてあちこちが無性にむず痒くなるとすれば、必然的に消え失せるだろうからである（MA I: IV_2 87）。前述のとおりニーチェは、人間が「後悔と良心の呵責と」を感じるのは人間が自由であるからではなく自分が自由だと思い込んでいるからだと（Ebd. 62）、その「誤謬推理」を暴露することによって、このように想像する悪習をやめさせたがっている。彼は生成と存在との無罪を惑わす欺瞞の権化たる神を廃棄することによって、「良心の呵責の不本意さ」の根拠として案出されたものを露わにしようとする。なるほど人間の慣習・法令・秩序への違反はなされたかも知れないが、「だがそれだけではまだ〝魂の永遠の平安〟および神格への魂の関係が害されたことにはならない」という洞察を通して、ニーチェは罪責の感情から「最も鋭い刺」を折り取ってしまおうとする。ニーチェの最終的な願いは、人間に「一切の行為の絶対の必然性と完全な無責任性と」を経験させ、その結果、誰もがこの経験を血肉化した上で「良心の呵責の」最後の「残滓」をも抹消することなのである（Ebd. 128）。

しかし、ニーチェは人間をただ人間から解放するのみで、結局人間を必然性の鎖に繋いでしまうのではないか？　彼は完全な無責任性という彼の教説によって責任性の濫用をやめさせはするが、第二の責任にまでは進まない。第二の責任は生成の無罪を信頼もしないし、他の一切に不信を抱きもしない。そうではなくそれは、人間は人間と大地とを救済する心構えでいるのか、それとも灰燼に帰せしめるつもりなのか、この二者択一の責任が今日どの程度まで人間にあるのかを明らかにするのである。

ニーチェによれば「完全な無責任性」の「感情」を獲得するには二つの方法がある。一つは、キリストがしたように、神の子であるという想像によって、完全な無罪性の感情を自分の中に育成せんと試みる方法である。だがもう一つは――

ニーチェによれば、今日万人に開かれている道であるが――ニーチェの解する学問を通して、つまり「（人間）存在の運命性」（GD: VI_3 90）の認識を通して生成の無罪へと到達する方法である。ニーチェの完全な無責任性の教説は、肯定的と解される生成の無罪の教説の否定的な表現なのであるから、それは、従来の一切の価値評価の価値転換といったものを必然的に生み出さねばならない。人間が価値転換に携わるとき何が消滅するかを記述すれば、逆にこの「生成の無罪」とは何であるかについていくつかのことが鮮明になりうるのである。

人間が自分の行為と自分の本質に対して完全に無責任であるならば、従来の評価と栄誉、嫌悪と断罪とは根拠を失う。確かに、或る社会体制、或る特定の文化共同体の内部では相変わらず評価と弾劾とがなされるであろう。しかし、このことでもって本質が言い当てられるわけでも本質が否認されるわけでもない。ここで言い当てられたり否認されるような本質は一般に本質と言われているものに過ぎない。これらのイデオロギーを見通す者は「もはや褒めも叱りもしない、なぜなら自然と必然性とを褒め、叱ることは道理に合わないのだから」。そのとき人間は芸術作品の前に立つように自分自身および他人の行為の前に立つ。芸術作品は独力では何もできないのだから、人は芸術作品を「愛好するが、褒めはしない」（MA I: IV_2 101）のである。一時代が人間を縛り付けるような財貨の位階秩序はまた別の時代には覆されていく。これによれば［人間の］行為には制限があるようにも見える。だが、この覆りの過程の背後に必然性を感じ取り、見慣れぬ別の新たな倫理が近づいて来ても倫理の低下を嘆かぬ者は、無罪および無責任性を洞察する準備ができている。

なるほど、道徳的判断の被制約性を認識することは、深い痛みをもたらすかも知れない。しかし「そのような痛みは産みの苦しみである。蝶は自分の繭を突き破ろうとする。繭をむしり、引き裂く。すると見知らぬ光が、自由の国が蝶を眩惑し混乱させる」。だがこの悲しみの下には、人類の変身、つまり道徳的人類から賢明な人類への変身の兆しがある。「一切は必然性だ――新しい認識はそう言う。そしてこの認識自体が必然性なのだ。一切は無罪である。そして認識は、この無罪の洞察へと至る道なのだ」。道徳の領域では一切が「生成した、変転する、移ろいやすい……、流れの中に」あるものであろうとも、「一切はまた大河の中にもある」、つまりニーチェにとって、一切は従来の「賢明ならざる、不正で、罪を自覚せる人間」という必然的な前段階を克服して、「恐らく数千年のうちに」「賢明で、無罪の（無罪を自覚せる）人間」を生み出す途上にあるのだ（Ebd. 103）。

五　無罪を自覚した人間と、無責任性の責任

この人間はどんな人間なのだろうか？　第一に、この人間は過去の時代を裁かない。というのも、彼は、例えば今日では不正と思われる奴隷制度が、時代を経る間に形成された「正義の本能」を尺度にして測られてはならぬと知っているからである。「ジュネーヴ人カルヴァンがセルヴェ医師を焚刑に処したことを誰が責められようか？　それは彼の確信から生まれた理路整然とした行動であったのだ」。なるほど今日我々にとってこの理路整然は冷酷に見える。が、それは「当時の見解が我々にとって疎遠なものとなってしまった」からに過ぎない。我々には子供たちが残酷なように見える、それは疑いないことだとしても、もし我々が動物に対する子供の残酷さを咎めようとするならば、それがおかしいことくらい誰でも分かるではないか？　また、動物はその昔「言わば教会の教養の利益によって人間よりはるかに劣ったものとされていた」以上、当時のイタリア人が動物を虐待したからといって非難しようと思うだろうか？　さらに、我々の持つ隣人像がまだ非常に薄いために、我々がその隣人に対して「まるで植物か石に対するのと同様に」自分には「関係もないし責任もないと感じる」（Ebd. 95f.）とき、誰がそのエゴイズムを悪いと言えるだろうか？　したがって新しい人間は、事柄にも時代にもそぐわぬ非歴史的な尺度に従うことなく、むしろ「生成の無罪」に従い、全てを必然性の過程に任せる。要するに、新しい人間は他人を裁くのではなく、「運命性」によって自己を裁く［「運命性」に従う］のである。

第二に、この新しい人間は、自分がいかに孤独であるかを知っている。彼が人間の持って生まれた条件がいかに不平

等であるかを覚り、いかに「様々なきっかけでひとが誤解したり敵同士になったりする」かに気づき、また「我々の同盟・友情関係の一切が依拠する」基盤がいかに不確かであるかを知るとき、「性格・職業・才能・環境の密接な絡み合いから生じる様々な意見の内的必然性に向かう」彼の「眼光」は鋭くなる。その結果どうなるか？　死に際に平然と「友、友などいない！」という深い真理をもらす賢者の叫びを聞いたとき覚える苦々しい気持ちは、人間から消え失せる。だが同時に彼は、熱狂的に生きている楽観的な「痴れ者」が死に際に自信たっぷりに発する「敵、敵などいない！」という叫びを聞いたときに湧き起こる素直な歓喜をも振り捨ててしまうのだ。

友情の構造を――非常に個人的に――暴露しようとするときのニーチェの姿は感動的だ。「そう、友はいる、だが彼らがおまえのところへ来たのは、おまえを誤解し取り違えたからなのだ。だからずっとおまえの友でいるためには、彼らは沈黙を学び終えていなければならなかった。こういう人間関係はほとんどの場合、幾つかの点だけは決して言わず、触れることとさえしないということの上に成り立っているのだから。だが、一旦崩れ始めると、友情は堰を切って崩れ去る」。自分は孤独だと知っている新しい人間が他人の意見と折り合うのは、彼自身が自分とは「諸々の意見と気分とから成る一惑星」だとよく分かるときである。彼は、「我々は自分自身にさえ我慢しているのだから、互いに我慢し合おう」(Ebd. 268ff.) というニーチェの勧めにすんなり従う。

だが新しい人間は、「裁くなかれ！」という要求に従うだけではなく、また「孤独に耐えろ！」という命令を守るだけでもない。彼は第三に、「無責任であれ！」という呼び声にも従う。裁くことは不正であり、「物理的・歴史的に」説明可能なものを断罪することは不当だという洞察が、すでに「無責任性の感情」の幕開けを告げていた (Ebd. 34)。そして、人間は独りきりだという経験が新しい人間に謙遜を教えた。というのも、人間が完全に無責任であり、しかも人が作り出す善いものに対してさえ無責任だという思想は、「我々は我々自身の作品ではない」(Ebd. 350) という認識に他ならないからである。「一切の活動と存在とには根本的に責任も賞賛も帰する能わず」という洞察からは、人間の矜持の克服といかがわしい主観主義的権力感情の克服とが生じる。ニーチェによれば、矜持と権力欲とは、いわゆる自由意志説の「父母」である。[10] 人間ならざる人間は、哀れむべき他人とは違う自分に矜持を持ち、また自分の持つ権力と他人の無力とを小気味よく眺めうるようにと、いわゆる意志の自由を案出した。意志の自由は、他人を自分の要求に縛り付けるばかりでなく、同時にまた、我々自身がどれほど立派に偉くなったかの証拠でもある。

「無責任であれ！」というニーチェの要求は、道徳の正体とは、「人間の矜持を確立し」ようとする試みだと暴露する課題を含んでいる。人間は道徳の捏造および道徳とつるんだ自由意志説を通して、「自分の高等な状態・行為の原因は自分自身であると考える権利を得」たがっているのだ。ひとは自由意志説によって、人間が意識的に意志しなかったものは人間に帰属せず、それゆえ人間こそが意志として「第一原因」だと見なす。そう見なすのは自分に矜持を持ちうるためである。「要するに、人間は自分を尊敬しうるためには、悪くなることだってできなければならない」。これはニーチェが述べるとおり、「意志のみが原因である」と主張し、「そして自分が原因であると信じるためには、意志した覚えがなければならない」と主張する「素朴な心理学」である（VIII$_3$ 14[126]）。

したがって「無責任であれ！」は、ニーチェの場合、いわゆる高次の責任性を免れるような命令では決してなく、むしろ第一の責任を看破したと信じるもの、しかもそれを、不真実、後にサルトルが言うことになる「自己欺瞞」として、つまり人間が他人を欺くために自分を欺く不誠実として看破したと信じるようなものである。だがニーチェの要求だけでは、人間に第二の責任の存在に気づかせることはできない。というのは彼の要求は人間を生成の無罪の「運命性」へと向かわせるからである。

それゆえ新しい人間は不遜でも傲慢でもない。彼は矜持を捨てて、真実かつ誠実であろうとする。「責任性という中心存在」など存在しないという洞察は彼を「軽やかにさせ」（VIII$_1$ 5[63]）生成の無罪へと解放する。もちろんニーチェは生成の無罪を「自動的・機械的」（VIII$_3$ 14[126]）なものと想像しているのではなかろう。彼はただ責任性の教説を、人が他人から出された要求に応じない場合には、彼を自動的・機械的に断罪してよいと認めるメカニズムと考えているだけである。それにもかかわらずニーチェは、彼が責任賦課の心理学の自動作用に注目する際、自分の生成の無罪説のメカニズムを——恐らく看過してはいないのだろうが、それでもやはり——充分に明らかにしてはいない。

ニーチェは世俗的正義およびそのメカニズム全体を根本から変革するため、二つの道と、それに応じた二つの教説を記す。その一つは、「万人は完全に無責任にして無罪」という彼自身の教説であり、もう一つはイエス・キリストの「万人は完全に責任があり罪を負う」(MA II: IV_3 226)という教説である。キリストの警告「裁くなかれ！」は、神の前で罪深き者つまり原罪を負う者は、自分の隣人を裁くべきでないという彼の見解に合っていた。それゆえ彼には「罪がないという素振りは……非常に偽善的、パリサイ人的に」見えた(Ebd. 227)。彼にとって判断基準たりうるのは、ただ「神」、つまり彼自身のみであった。ニーチェの命令「裁くなかれ！」は、誰も自分の存在と行為とに対して責任を負わず、したがって「責任性という中心存在」(VIII, 5[63])など存在しないという彼の見解に合っている。ニーチェは神に対する冒瀆ではなく「世界に対する冒瀆」(MA II: IV_3 227)だけを唯一決定的な冒瀆と見なすのである。

しかしながら「悲劇の時代、諸道徳の時代」はまだ支配している。生存の目的は「人間という種の保存に役立つことをなす」ことだという真理全体を明るみに出そうとしない「良心の呵責の教師たち」がまだ権勢を誇っている。人間たちはまだ、「種がすべてであり、個々人は常に何者でもない」という命題を吸収しきっていないので、笑うことができない。「いつでも誰にでも開かれている最終的な解放と無責任性とに向かう通路」を人間たちはまだ歩き終わっていない。ところがニーチェによれば、人間が裁くことの不正を洞察し、孤独の共通性を把握し、無責任性の責任を引き受けるならば、そのときには恐らく「笑いは知恵と」結合し、「福音」は「悦ばしき知識」によって解消されるであろう(FW: V_2 43f.)。

しかし、生存の目的は種の保存だとするニーチェの教説は、幾分素朴で、単に倫理の領域に翻案されたダーウィニズムに過ぎないように見えるかもしれない。何をするにせよ笑われないようにしようとする人々の訓令を嘲笑するニーチェのその笑いの中に、あるいは狂気に近づいた彼の笑い声を聞き取る者もいるかもしれない。［だが、］ニーチェのいわゆるダーウィニズムと生物学主義および彼の賢明だがともすれば苦渋に満ちた笑いを、独善的に批判することによって見誤ってならないのは、ニーチェが彼の完全な無責任性の教説によって、責任のイデオロギー化から生じる危険に対してどれほど鋭い眼差しを向けているかということである。たとえニーチェが、第二の責任、つまり現代の具体的諸問題とそれらが根差す諸次元とに立ち向かう「責任ある責任」に関して、本質的なことを何も言わないにせよ。

「我々は神を否認する、我々は神の内の責任性を否認する。こうして初めて我々は世界を救済するのだ」(GD: VI_3 91)とニーチェは定式化する。彼はこの命題によって、「神」という絶対とされた法廷、つまり人間が世界と自然とを一つの偉大なる秩序、裁判秩序と解釈するときの根拠として案出された法廷に、致命傷を与えようとする。万物の思慮深き創造者としての神、万物に或る目的を刻印する世界建築者としての神、万物に或る目標を立てる神、そして、一切をこの目標に向かっているかどうか、要求した通りに行動したかどうかで裁くであろう卓越せる裁判官としての神、この神こそニーチェから見れば責任賦課の心理学の権化なのである。一切に対して責任を持つべき神は、神が決定した諸目的、神が課した諸目標、神が告げた方針に従わないすべての者に責任を負わせ釈明を求める。ニーチェはこの神を否認し、この目的の法廷に対して責任の無効を宣言することによって、人間を自己欺瞞から、自縄自縛の鎖から解放したと信じている。我々人間は責任賦課のメカニズムを分析・解体することによって「世界」を「救済するのだ」。

しかしどこに向けてニーチェは世界を救済するのだろうか？　ニーチェは答える、「一切は必然性だ」(MA I: IV_2 103)という洞察に向けてと。これまで我々は、一、完全な無責任性の教説を展開し、二、法廷的責任と状況的責任とを区別し、三、責任賦課の心理学を素描し、四、「裁くなかれ！」、「孤独に耐えろ！」、「無責任であれ！」の三つの要求を手掛かりにして生成の無罪を解明し、五、無罪を自覚した人間に言及してきたが、今や、引き続いて、六、少なくともさらに必然性および目的観点の教説を指摘しなければならない。

六　必然性と目的定立の必要性

そこでひとはこう問うはずである。「一切は必然性だ」という根本命題とともに、人間相互の間で必要とされる諸目的に納得の行くような形而上学的規準設定を行なう代わりに、つまり一切がその中にあって各々確固たる位置を占めるような網羅的・包括的な意味－秩序の代わりに、抽象的で冷淡、それどころか冷酷でぞっとさせるような、それが何であるか誰も正確には知らない必然性が登場するのではないか？　そして、もしニーチェの言うとおり一切は必然性であり、「我々自身は、自分の最も意図的な行為においてさえ、必然性の戯れを戯れること以上のことをなさない」(M: V_1 120) とすれば、ニーチェがかくも激しく批判した人間の従来の在り方すなわち、合目的性によってものを考え、ありとあらゆるものに神の内で保証された有意味性を認めるという在り方もまた、同様に必然的だったのではないか？

ニーチェにしてみれば、以上のように問われるのはかえって都合がよいだろう。彼は次の二つのことを指摘できようから。第一に、人間は「まだ確定されざる動物」(JGB: VI_2 79; vgl. GM: VI_2 385)、つまり普通の動物とは異なり、動物なら服従する掟に従う必要のない生物だということ。第二に、この「確定されざる動物」つまり人間は、人間自身が定立した諸々の合目的性なしでは、生き残ることも生き延びることも決してできまいということである。そもそも無拘束の状態、つまり普遍的な諸目的と自然の束縛とから自由な状態になって初めて、人間が生き延びるためには、自分から、しかも必然的に諸目的を定立せねばならないその理由が理解できるようになる。ニーチェはまさしく、人間が諸目的を定立するのはなぜなのかを説明しようとしているのだ。人間は、生き延びるためにはいかなる犠牲を払おうとも目的を定立し目標を置く。つまり、真理をすら犠牲にして、これらの諸目的・諸目標・諸価値が絶対で、自体的で、普遍的拘束力を持ち、客観的だと称する嘘さえもが必要となろうとしてもそれを行なうのである。

しかし、ニーチェも注意を促す通り、人間がこれら自分で勝手に仕立て上げた合目的性と功利性とを絶対的拘束力を持つものと僭称するか、それとも単に有用なものと説明するだけか、また、それらを客観的なものと称するか、それともそれらの主観性を白状するか、それらはやむをえないものだと筋道立てて形而上学的に主張するか、それともそれらは単に意図的で実用的で有益であるに過ぎぬと認めるか、ここには違いがある。言い換えるなら、ニーチェからすれば、人間たちが「目的という概念を捏造したのであって、実際には目的などないのだ」(GD: VI_3 90)。なるほど、「偶然の賽子壺を振る必然性のあの鉄製の手はその戯れを無限に続ける。すると、あらゆる程度の合目的性と合理性とにまったくそっくりなように見える目が出るに違いない」(M: V_1 120)。しかし、偶然の目的性と偶然の合理性というこれら偶然の出来事は、厳密な、ニーチェの言う意味での「学問的な」批判には耐えられない。というのは、目的・理性のように見えるものは単に偶然に由来するに過ぎないからである。「目的の秩序は……一つの幻想である」(VII_2 25[505], VIII_2 9[144])。

世界は諸目的の総体であり、一切を最終的に規制する秩序なるものが世界の内的意味を保証するという教説は、大部分の西洋哲学者が支持するものだが、ニーチェはこの教説を斥ける。合目的性という観点は、人間自身によって立てられた大きさを持ち出すに過ぎないからである(VII_1 8[25])。目的定立は人間存在の総体であり、一つの人間的偏見である。目的は単に或る「有益な仮説」(VIII_2 11[74])に過ぎず、実在性自身のうちに基礎を持つのだと言い張ることはできない。「哲学の過ちは、論理と理性範疇とを、功利的諸目的に(つまるところ、有益な虚偽に)合わせて世界を整頓するための手段と見る代わりに、それらの中に真理ないしは実在性の基準があると信じたことにある」(VIII_3 14[153])。

強調しておきたいが、ニーチェは、数千年間鍛錬されてきた目的思惟を単純に拒絶しその使用を斥けるのではない。ニーチェが斥けるのは、重要なのは目的であって、それは実在性自身のうちにあるのだという思い上がりであり、人間が目的ないし価値を定立する場合、人間はそれらを何らかの必要上「有益な虚偽」として用いているのに、あたかも目的自体・価値自体が問題となっているかのような根も葉も無い主張である。目的思惟と目的行為とは、目的から自由なものすなわち必然性に、ふさわしくないばかりか矛盾さえするものを持ち込む。必然性、この語でニーチェは、人間が自分から拵えたそのような諸表象など重要でないということを言おうとしている。必然性は万物に内在する不運なるものを意味しない。必然性は仕方なく甘受されるべき運命を意味するのではなく、また、いわゆる自然必然性として表象された「神話学的夢想の最後の逃げ場」（MA II: IV$_3$ 20）でもない。一切が必然性であるとは、むしろ紛れも無い実在性経験、在るものすなわち実在性を顧みつつ、独立自存的な真理などと言い触らされている価値目標の一切を根本的に解体することを意味する。そもそも目的思惟は真の思惟ではなく、現実性なるものに根拠を持ちうるようなもの、根本的なものではない。それはむしろ、「実在性を支配するための」（VIII$_3$ 14[153]）一つの方法に過ぎないのである。

現実性を経験するつもりならば、全力を挙げて、目的・目標・方針の世界、つまり法廷的責任を、なるほど有効ではあるが決して現実的ではないような世界だと看破し、しかも目的思惟によってまさしく覆われてしまった必然性を顧慮しつつ看破しなければならない。それゆえニーチェにとって必然性とは、肯定的な目的連関か否定的な目的連関かはともかく、有無を言わせずに経過し一切を金または鉄の鎖に縛り付ける目的連関を意味するのではなく、むしろ合目的性の観点から自由になって捉えられた実在性それ自身を意味するのである。したがってまた必然性とは、今後とも無意識的に衝き動かされるといったような素朴なことではなく、またよく自分の影を跳び越すことはできないと言われるが、そのようなほとんど本能的な束縛でもなく、何らかの法廷によって命令されたもののような浅薄な変更不可能性でもない。必然性とはまさしくそのような拘束・強制からの自由を意味するのである。

ニーチェが「世界の救済」を言い、完全な無責任性の教説を繰り返し講じるのは、同時に目的思惟を「実在性を誤解する巧妙なやり口」だと解明し（Ebd.）、なるほど有益ではあるが根拠のない虚偽についてその幻想を打ち砕くためである。けれども、そのように目的と生とに役立つものからしてすでに、ニーチェが必然性と呼ぶものに相当するのではないか？

ここではただ次のことだけを示唆するにとどめよう。この必然性は従来の語義での精神の「現実性」ではない。この従来の意味での精神は、実在性相手につかみ掛かり、結局つかみ損なったのに自分ではしっかりとつかんだつもりでいるからだ。また、この必然性は理性の「現実性」でもない。理性は自分で目的を案出しておきながら発見したと偽るし、捏造しただけなのに見出したと主張するからだ。さらに、この必然性は伝統的意味での霊魂の「現実性」でもない。この意味での霊魂は、本当は自分勝手な解釈を置き入れたくせに正しい解釈を取り出したと信じ込み、でっち上げたくせに体験したと錯覚しているからだ。真理・実在性・必然性のためにニーチェが立証しようとしているのは、従来の精神・理性・霊魂が自ら法廷をもって任じているのは実は分不相応な司法権に過ぎず、したがって人間がひとを裁こうと、普遍的拘束性を主張しようと、責任を負わせようと、そういう場合人間は実はひとを有益な虚偽という法廷の前へと召喚しているだけだということなのである。

その代わりにニーチェは、「身体」を比類なき発見器官として見出す。「おまえの身体のうちにはおまえの最良の知恵のうちによりも多くの理性が宿っている」（Za: VI_1 36）。完全な無責任性の教説によって、法廷的責任ばかりでなく、「責任性の異例の特権」、「良心」（VII_3 40[15]）も徹底的に看破され、もはや何ら隠しだてするものもなくなった暁には、身体こそが必然性への方向転換を可能にする「手引き」（GM: VI_2 310; vgl. JGB: VI_2 77）となるだろう。

「万人は完全に無責任にして無罪なり」という教説は、或る新しい実在性経験の表現である。それは「身体」の発見へと通じる。ニーチェの身体の教説については、我々は新たなる章を設けなければなるまい。

註

（1）Vgl. Herbert W. Reichert and Karl Schlechta, International Nietzsche Bibliography. Rev. and expanded ed.— Chapel Hill (Univ. of

North Carolina Press 1968; Studies in comparative literature, Nr. 45).

（2）Ernst Sandvoss, Nietzsches Verantwortung, in: Studium Generale, 18. Jg., 1965, 151f.

（3）Ernst Sandvoss, Hitler und Nietzsche. Eine bewußtseinsgeschichtliche Studie, Göttingen 1969, 123f., 167f.

（4）Sandvoss, 182, 185. — Zum Thema: Nietzsche und der Nationalsozialismus, vgl. Verf., Friedrich Nietzsche. Mißverständnisse eines Denker-Lebens, in: Zeitschrift für Religions-und Geistesgeschichte, XVII, 1965, 307ff., insbesondere 317-326.

（5）MA I: IV_2 87, 100, 101, 128, 140, 350.

（6）MA I, Abschnitt 107: Unverantwortlichkeit und Unschuld (IV_2 101).

（7）Vgl. Verf., Verantwortung im Wandel der Zeit. Einübung in geistiges Handeln, Mainz 1967, insbesondere: Über die Verantwortung, 1-10.

（8）Emil Brunner, Der Mensch im Widerspruch. Die christliche Lehre vom wahren und vom wirklichen Menschen, Zürich^3 1941, 39, 151.

（9）フォン・ザイトリッツ宛ニーチェの書簡（一八八八年九月一三日）、KGB: III_5 423ff.

（10）Morgenröthe — Gedanken über die moralischen Vorurteile (V_1 116).

第三部　そのつどの思惟の事柄

マルティン・ブーバーにおける〈間〉の生起

「時間上の、また空間上の全ての隔たりは収縮する。……人間は最短の時間のうちに最長の距離を後にする。人間は最大の隔たりを己の背後に押しやり、こうして全てを己から最短の隔たりへともたらす。……だが全ての隔たりの性急な排除はいかなる近さをももたらさない。

というのは近さとは隔たりの寸法の小さいことではないからだ。……近さとは何であるか。もし大きい隔たりの排除によって、全てが等しく遠く等しく近くなっているとすれば、そこでは一体何が起こっているのか。[1]」

ハイデガーは技術時代の本質的動向をこう特徴付けている。現代は遠さ解消の時代である。だがこの遠さ解消即ち近づけは自己と他者との親密性という意味での近さに住まうことであろうか。それはむしろ真の〈近さ〉[2]を遠ざけることではないのか。遠さ解消が同時に近さ解消でもあるというこの動向〔距離喪失〕は、特に近代以降の等質的空間・時間として現れる。人間と物は世界における各々に固有の場から脱中心化し〔故郷喪失〕、世界もまたこれらアトム化した個物の総体と見なされる。数・量の専横によって人間すら算定可能性へと押し込まれる。こうして人間という自己閉鎖的アトムは先ずは個人主義を掲げるに至るが、彼はその孤独に耐え切れず集団に身を寄せようとする。だが匿名の個人の集合においても孤独は克服されず、人間と人間、人間と物の本質的関係が成就されることはない[3]。そこにあるのは自己喪失した「大衆」・「畜群」・「ひと」の無責任性のみ、他人を計算・利用の対象とする〈無〉関係のみである。「水平化」・「距離のパトス」の喪失・「故郷喪失」という時代理解、人間と物相互の本来的関係回復の希求において、現代の諸哲学は基本的に一致していると言えよう。

だが問題は、人間と人間、人間と物、人間と世界の間の関係、この〈と〉〈間〉〈関係〉をいかに思惟するかである。これらは、個別的主観が先行的に措定され、しかる後にそれら相互が関係（Relation）を結ぶ、といった事態を意味するのでないことは明白である。ところで〈間 Zwischen〉こそは、マルティン・ブーバーが〈関係 Beziehung〉を名指す術語であり、彼によれば自己と他者相互の根源的関係が生起するのはこの〈間〉においてであるとされる。小論は、ブーバーにおける〈間〉の問題に着目することによって、その思想的意義と限界とを論究するものである。

一　後期ブーバー哲学の基本構造

『我と汝』（一九二三年）を核とする後期ブーバー哲学は各々対語として理解されるべき両根本語・根本態度〈我－それ〉〈我－汝〉の区別付けを基礎とし、〈我－それ〉関係の支配する現代への批判の根拠が、それによって忘却・隠蔽された本来的関係〈我－汝〉に置かれる。対語である以上、我が自体的に在るのではない。ただ我－汝の我（人格 Person）と我－それの我（我在 Eigenwesen）とが在るのみである（vgl. ID: S. 8 u. S. 65）。もとより純粋な我在も人格も存在せず、人間は我在と人格という「人間性の二つの極」「二重の我」（ID: S. 67）の緊張関係としてのみ在る。人間の関わる世界も我の二重の態度に応じて〈それ世界〉か〈汝世界〉として現れる。

先ず〈我－それ〉を論じよう。我在は経験（Erfahrung）と利用の主体として、人間を含む一切を対象化し、所有する。また、一切を〈過去 Vergangenheit〉において捉える。例えば一本の樹を観察する場合、我在＝人間は一全体を成すこの樹自身に向き合うことなく、この樹をその種一般の中の一本と見なして、その構造・形態・性質・法則・数的関係等の知識を得る。この樹は諸要素の総体として認識（経験）され、また人間生活の維持・安楽化・整備等の目的の〈間接的〉手段（例えば家を建てるため）として利用される（ID: S. 10ff.）。かくして人間を含む一切の存在者は有用性・利用価値の尺度で計られ、〈代替可能な〉物として固有性を喪失する。[4] この「目的語を取る他動詞の領域」（ID: S. 8）こそが〈それ世界〉であり、〈必然性〉〈因果性〉〈宿命 Verhängnis〉〈恣意 Willkür〉のはびこる〈秩序付けられた世界〉である。何が世界を秩序付けるのか。もちろん、我在の「自己意識」が。刻々と過去へ滑り去って行く状態を繋ぎ合わせているのは「自己意識」という「強い金の糸」（ID: S. 64）である。このような「対象物」のそれ世界は真の関係と現在とを欠いた「過去」の世界である（ID: S. 17）。

「人間はそれ無しには生きられない。だがそれと共にのみ生きる人間は人間ではない。」（ID: S. 38）一切を知識と利用の対象とし、そうすることで自らもエス化した人間、この非人間化した人間を真の人間たらしめるのが〈我―汝〉の邂逅（Begegnung）・関係である。

〈我―汝〉の我は人格として現れる。人格は、経験・利用の対象を持たない、「（従属的属格を持たない）主体性」として「自己を意識する」（ID: S. 65）。もとよりこの自己意識は上述のものと同義ではない。ブーバーは人格＝我の自己意識を〈覚知 Wahrnehmung〉と呼ぶ（vgl. EZ: I S. 278, UB: I S. 414f.）。それゆえ人格＝我の覚知する他者＝汝も客観化・手段化を脱した目的自体として、人格―主体性を意味する。では我―汝の〈邂逅〉・〈関係〉はいかなる根本特徴を有するのか。

我在が他者＝それをその構成部分たる形態・種類・法則等の総体ないし断片的知識内容の束と把握するのに対し、人格＝我は他者＝汝を〈全一性 Ganzheit und Einheit〉（UB: I S. 414f.）において、即ち「全体として、しかも同時に短縮的抽象化を行うこと無しに、全き具体性において」（EZ: I S. 278）覚知する。このような覚知即ち「総合的直観」（UB: I S. 414）が主観―客観関係に基づく対象知ではない以上、我と汝との間には概念的理解・予知・目的・欲求等の媒介物は存在せず、我と汝は〈直接的に〉関係し合う。「汝が私に邂逅する。だがそれは私が汝との直接的関係へと参入したからである。このような関係とは選ばれることであると同時に選ぶことであり、受動であると同時に能動である。」(ID: I S. 15) 即ち、汝は概念知によって把握されうる多様な内容の束として我の内に在るのでも、また、我は観念として汝の内に在るのでもない。主体=我が客体=汝に対立するのではなく、主体=我が主体=汝に対向するのである。我は汝との関係において人格として現れ、汝もまた我との関係において真の人格=汝と成る。我―汝関係は「間人格的 (zwischen-persönlich)[5]」であり、正に〈間〉〈相互性 Gegenseitigkeit〉において生起する。しかも汝は他との比較を絶しているがゆえに、我は汝という固有の一全体に対し、他の一切が背景として退くような形で〈専一的〔排他的〕ausschließlich〉に対向する。そして〈我―汝〉に基づく「諸実在」は「現在 (Gegenwart)」(ID: S. 17) に生きる、と言われる。

〈我―それ〉と〈過去〉、〈我―汝〉と〈現在〉の対照は明瞭であろう。だがブーバーは我―汝をなぜ〈現在〉に関係付けるのであろうか。――我の他者への態度の取り方次第で、その関係は我―それとも、我―汝ともなりうるのだった。そのかぎりで両根本語の交替変化は我の自由な〈意志〉によると言える。だが意志のみでは邂逅は生起しない。「汝が私に邂逅するのは恩寵によってである。――捜し求めることによっては汝は見出されえない。」(ID: S. 15) ここに人格=我が我在に、汝がエスにならざるをえぬ「我々の運命 (Schicksal) の崇高な憂鬱」(ID: S. 20, vgl. ID: S. 42) が在る。だが意志無くして邂逅は生起しない。「崇高な」憂鬱と言われるゆえんである。それゆえ邂逅・間・相互性の生起への問いは〈意志〉と〈恩寵〉との関係、〈自由〉と人間の計らいを越えたところに働く〈運命〉との関係への問いと同一である。もちろん、恩寵とは「永遠の汝」即ち「神」(ID: S. 76) の恩寵である。以上から、ブーバーが我―汝を現在 (Gegenwart) に関係付けるのは、この言葉によって、人間の〈対して―待つ gegen-*warten*〉意志的行為が同時に「汝が私に対向し (gegenüber) 至る」(ID: S. 76) 神の恩寵の業でもあるという、邂逅の生起における二重の事態の相即、つまりは〈待つ〉という行為の能動即受動を語ろうとしたためだと言えよう。

人間の側から言えば従容として邂逅を待ち受ける「関係力」によって、それ世界・「秩序付けられた世界」は汝世界へと変貌する。この世界は三領域（「自然〔鉱物・植物・動物〕との生」「人間との生」「精神的実在物〔芸術作品〕との生」）から成り、各々の領域は各々固有の仕方で神の際に至る。それ世界から汝世界への変貌は、世界〔人間〕の側からは「転換（Umkehrung）」と、神の側からは「救済（Erlösung）」と言われる（ID: S. 121）。

二　初期ブーバー哲学と神秘主義

間・邂逅の生起は同時に意志と恩寵との共属の生起である。ここに問いが現れる。勝義の邂逅は我と永遠の汝（神）との間に生じるのか、それとも我と単独的汝（自然物と芸術作品をも含むが中心は人間）との間にか、即ち我・世界内の汝・神、これら三者の相互連関への問いである。[6]「諸関係の延長線は永遠の汝において交差し合う。あらゆる単独的汝は永遠の汝への透き見の孔（Durchblick）である。あらゆる単独的汝を通して根本語〔我―汝〕は永遠の汝に語り掛ける。」（ID: S. 76）ブーバーは明らかに単独的汝を通しての我と神との邂逅を語っている。だが問題は「通して」の在り方である。もし単独的汝を我と神との邂逅という目的へ至る手段と見なすなら、単独的汝は媒介物となり、汝からそれに転落する。逆に我と単独的汝との邂逅を強調し過ぎると、我の意志が神の恩寵をも吸収して、神は邂逅を保証するだけのいわば自動恩寵付与装置になる。便宜上前者を神秘主義、後者を人間中心主義と呼ぶことにする。ここには二重の危険が在る。我々もレヴィナスと共に問うことにしよう。「ここにはブーバーの思惟における或る種の揺れが在るのか」[7]と。

だが、彼は「あなたは神秘主義者か」との問いに既に一九一四年にはこう答えている。「いや違う、私は、神秘主義なら却下するに違いない理性に、或る種の権利を認めるからだ。その上私には否定が欠けている。否定しうるのは諸状態だけであって、最も取るに足らぬ物ですら私には否定できない。神秘主義者は……世界全体、感官が彼に提供する一切を根絶・廃棄しようとする。或る全く超感覚的力を持つ新たな、肉体を離脱した感官によって神に迫るために。だが私には正にこの世界、私が見、聴き、触れるもの一切のこの充実こそが極めて重要なのだ。……体得される(erlebt)世界の現実性は、私がそれを強烈に体得すればするほど――それを現実化すればするほど強烈になる。現実性はいかなる固定的組織でもない、むしろ一つの増大しうる大きさなのだ。この大きさの度合いは作用上我々の体得の強度に依存する。」(EB: S. 30f.)ではブーバーは初期から終始一貫反神秘主義者だったのか。他方、人間中心主義というあの危険は初期においてはどうだったのか。(8)

世界の彼岸に神への道在りと信ずる世界否定的神秘主義を拒否し、ブーバーは神への道は世界を貫通していると捉える。これは理性に全幅の信頼を寄せることであるか。否。世界の概念把握を理性は全うしえない。概念把握の主体たる精神が世界を把握したと思ったそのとき、自らは既に世界の外に出てしまっているからである。「これは我々の生存の華々しい逆説だ……。」では世界は全く「認識」不可能なのであるか。「世界は概念把握可能ではない、だが世界はかき抱きうる(umschlingbar)。世界の諸物の一つをかき抱くことによって。」(EB: S. 28)「認識する」は、ヘブライ語ではまた「愛しつつ抱擁する(liebend umfassen)」をも意味する。(9) しかも概念把握可能な現実性だけでなく、それを越えた「大なる現実性」をもつのは人間だけではない。万物皆そうである。「あらゆる物と存在者は二重の性質をもっている。」第一に「受動的」で合理化可能な性質を、第二に「能動的」で合理化不可能な性質を。後者は「諸物における対向し来る要素・形成的要素・贈与的要素である。一つの物を真に体得した者は……その点で世界を認識した。」いかに些細な物であれ、それを体得(抱擁)することで概念把握を越えた「現実世界」(EB: S. 29ff.)も認識されるという。だが〈体得(体験)Erleben〉とはいかなる行為なのであろうか。『ダニエル』(一九一三年)の中で、己の体験に対して人間の取る態度は二重だ、と語られている。第一は「方向付け或いは目標設定」即ち「体験を、自分の諸目的のために経験の連関へと組み入れること」である〈したがってこれは、後の我―それ関係の〈経験〉と同義であろう〉。第二は「実在化或いは現実化」であり、「体験を体験そのもののためにそれ固有の力と光輝の点で把握すること」即ち「体験内容をそれ自身以外の何にも関係付けないこと」を意味する（Da: I S. 22 u. S. 25）。ゆえに後者を〈体得〉と呼ぼう。「そしてここ〈体得〉こそ、人間精神の力が覚醒し、集中し、創造的になる場である。」（Da: I S. 25）しかも「神は人間にとって或る体得内容の最も内的現在として以外には現実化されえない。」（Da: I S. 40）ここに人間の卓越性が在る。

　このブーバーの思想は、彼自身の言明および彼の神秘主義批判にもかかわらず、一種の神秘主義、いわば世界肯定的神秘主義ではなかろうか。彼は言う、今ここで「世界を抱擁し、しかも世界の多様性に接しても自らは多様となることなく、むしろ己の世界抱擁の力そのものによって合一的と成る、合一的に行為する者と成る」なら、人間は「世界という我（Ich der Welt）」と成る、と。「彼は世界を世界の自性（Selbst）へ高めもたらす。彼、合一者（der Einige）が、世界を一性（Einheit）へと造り上げる。」（EB: S. 21）この「合一者」はまた「全的にして合一せる者（ein Ganzer und Geeinigter）」（Da: I S. 26）とも呼ばれる。ブーバーにおいて、世界の生ける一性は多性の背後に見出されうるのではない。一性は多性から人間が行為によって現実化しうるものなのである。このような初期ブーバーの全一論・神秘主義をその人間主導的傾向ゆえに、我々は人間中心主義的神秘主義と特徴付けうるであろう。世界の神化、神の現実化すら、それを可能ならしめるのは人間なのである。これはブーバーが影響を受けたフォイエルバハの思想を我々に想起させる。――確定しておこう。初期ブーバーには神秘主義と人間中心主義との間に「揺れ」は無い。だが世界内の単独的汝・神への我の関与を重視した結果、人間の意志が神の恩寵を吸収する危険、神が自動恩寵付与装置に成り下がるあの二重の危険の一方がここには顕著である。

　だがブーバー自身この危険に気付いた。それは、主著『我と汝』（一九二三年）第三部（主題は永遠の汝）の約四分の一が、「大我没入説（Versenkungslehre）」の二形態（上述の世界否定的神秘主義と人間中心主義的神秘主義に相応）への批判に当てられていることからも分かる。そして主な批判は、没入説によれば汝が我を吸収するか、その逆かであり、両者の真の〈邂逅〉が成立しないという点に向けられる（ID: S. 85 ff.）。第二節で特徴づけたように、全一的・直接的・相互的・専一的関係としての邂逅は、各々自立的で一方に吸収されえない我と汝の〈間〉に、〈対向〉としてのみ可能となるからである。合一から間・対向へのこの転換は一九一九年頃になされた[10]、と言われる。だが、そもそも〈間〉・〈対向〉はいかにして生起するのであろうか。そして後期ブーバーにおいて、あの二重の危険に陥ること無く、我・世界内の単独的汝・永遠の汝はいかに関わるというのであろうか。

三　〈間〉の生起

では、間・対向はいかにして成立するか。

『原距離と関係』（一九五〇年）によると「人間存在の原理」は「二重の運動」即ち「原距離化（Urdistanzierung）」と「関係参入（In-Beziehung-treten）」とから成る。「原距離化が関係参入の前提だということから、ひとは距離化された存在者、より正確には、自立的対向（ein selbständiges Gegenüber）と成った存在者とのみ、関係へ参入しうるということが生じる。」(UB: I S. 412) 原距離化という根源的運動が人間を可能にする根拠である。この運動によって我と他者との距離・自立的対向、即ち他者の絶対的他者性と他者ならぬ我の我性とが同時に成り立つ。それゆえ我と他者との間も原距離化によって成立すると言える。「人間の経験の諸対象の根源的他者性は人間の側でなされる距離化の運動の結果である。[11]」だが原距離化に基づく我と他者との対向・間の成立、これが直ちに我と汝との対向・間の生起なのではない。間が我と汝の間として生起するには、原距離化を前提しつつ更に「関係参入」の運動も不可欠である。原距離化が人間存在の可能的根拠であるなら、関係参入は人間存在の現実的根拠だと言ってもいい (vgl. UB: I S. 416)。人間は飽くまで「距離と関係の共働から理解されるべきである。」(DW: I S. 449) だがまた原距離化が必然的に関係参入を伴うわけでもない。両運動が対立し、一方が他方を己の現実化への障害と見なすこともありうるからである。「人間は〔原〕距離化されたもの〈他者〉と本質的に関係すること無しにも距離化しうる」(UB: I S. 416) という事態が〈我―それ〉の成立を意味することは明白である。原距離化が関係参入を離れ、他者を知識と利用の対象と見なすならそこに主―客関係が生じるのである。だが「人間はまた〈原〉距離化の行為そのものを、それによって初めて可能となるところの関係への意志で満たすことも出来る。彼はまた原距離という根本的事実性を認めた上で関係の行為を遂行するとともに出来る。」(ibid.) これら両運動の共働、即ち、原距離化から生じる自立的対向・他者の他者性を関係への意志で満たすことによって初めて〈我―汝〉〈対向〉〈間〉が生起すると言えよう。

かくして、初期ブーバーに顕著だった傾向、他者と我との神秘的合一のあの危険は、後期ブーバーからすれば、原距離化を欠いた関係参入のみの独走だと却下されるだろう。関係参入とは汝・我の二が一如と化すことではない。我と汝は、共に自立的な二のままで、対向的関係の間において邂逅するのである。

では、対向・間において我・世界内の汝・永遠の汝、これら三者はいかに関わるのか。

「あらゆる単独的汝は永遠の汝への透き見の孔である。あらゆる単独的汝を通してあの根本語は永遠の汝に語り掛ける」のだった。「……各々の汝との接触を通して永遠の生命の息吹が我々に触れる」(ID: S. 65) ともある。

これらの言葉の背後にはユダヤ教のハシディズムが在る。「ハシディズムの教説は一つの命題に総括される。神はあらゆる物の中に観られ、あらゆる純粋な行為によって到達される、と。……いかなる物も神の火花無しには在りえず、この火花は誰でもいつでもいかなる行為、最も平凡な行為によってすら発見し、救出しうる。各人がその行為を純粋に、全的に神に向け、神に集中して遂行しさえすれば。」だが、これは「汎神論的世界観」ではない (MC: III S. 962)。「……世界を超在する神が、にもかかわらず世界に住まう、このことが世界を秘蹟にする。」(CB: III S. 746) ブーバーにおいて、神は超越者として世界の外に在り、火花としては世界の内に在る。万物に内在する神の火花を救出し、神の元に帰らしめるのは人間のみである。しかもそれは人間の世界の諸物・他者への具体的行為によってであり、その行為は同時に神への純粋な対向、全的集中によってのみ可能だとされる。ここで具体的行為とは、自立的対向者たる他者を経験と利用の対象＝それとして関わることではなく、汝＝人格として、全一的・専一的・直接的・対向的に関わることである。

だが個々の汝との対向が同時に神との対向たりうるのか。関係参入が〈専一的〉である以上、個々の汝に対向すれば神が、神に対向すれば個々の汝が背景に退くはずではないのか。――ブーバーはいずれの問いをも退ける。なぜなら、諸々の汝の延長線は永遠の汝において交差し合っており（ID: S. 76）、「神との関係においては無制約的専一性と無制約的包括性とは一つである」（ID: S. 80）からだ。神との純粋な関係に入ることは、全てを無視することではなく、神の内に全てを観ることである。ゆえに他者と専一的に関わることによってむしろ「他の全てがその汝の光の中で生きる」（ID: S. 79）。「神の内に世界を観る者は神の現在に立つ」（ibid.）。今や「世界から眼を背けることは、神へと至る助けとはならない」（ID: S. 80）という初期から一貫した世界肯定は、初期における我主導の〈我・世界・神〉の合一とは異なる新たな相貌を帯びている。万有内在神論に基づく〈神への集中〉と〈世界への出向〉の相即という相貌を。

だが、神との邂逅が我に覚知されるのはいつか。それは世界内の個々の他者に向かって汝と語り掛けても、相手が我をそれ化するとき、それゆえ汝自らがエス化し、そのことで我が深い憂鬱・孤独・幻滅に陥るときである。それはまた、逆に我の方でも汝をエス化せざるをえない己の運命と己の有限性を自覚するときである（vgl. ID: S. 105usf.）。そのときこそ我は、「本質上エスになりえない」〈永遠の汝〉（ID: S. 118）に呼び掛け、また神の呼び掛けを待つのである。神との関係を見出すことは「捜し求めること無き見出すこと（ein Finden ohne Suchen）」（ID: S. 81）であり、「ただ虚心の行為のみが神のための行為たりうる」（CB: III S. 75）。「捜し求めてではなく、待ち受けて（gewärtig）……人間は万物に対して従容たる態度（Gelassenheit）を取る……」（ID: S. 81）〈待つ〉という行為における能動と受動のこの相即が意味するのは、自立的対向・間・他者をもたらす原距離化と関係参入への意志との共働が、同時にまた永遠にエス化しない神の恩寵の働きによってのみ可能となるという事態に他ならない。我と世界内の汝との真の対向関係・真の間は、我の意志と神の恩寵の相即的生起によって初めて生起する。後期ブーバーにおいては、我・世界内の汝・神、これら三者は、どれかが他を吸収するのではなく、我と汝との関係は神の「認識根拠」、神は我と汝との関係の「実在根拠[12]」として、三者共働の関係にある、と言えよう。

四　ブーバー哲学の意義と限界

では対向の間によってあの揺れ、二重の危険は回避されたのか。——断じて否である。

神との邂逅が覚知されるのは、汝自身のエス化によって我に己の孤独・有限性の自覚が生じ、神の呼び掛けを「虚心で」〈待つ〉時だとされた。だが我々の本質は、決してエス化されない神をもエス化せざるをえない（vgl. ID: S. 101）。ここには〈待つ〉の成り立つ以前の、一切の事物の無意味の自覚があるはずだ。問題は、この根源的無の只中にあっていかに一切が再び現実へと転換されうる基盤が与えられるか、またいかなる基盤がか、である。これはニーチェ的に言えば「ニヒリズムの最も極端な形、即ち無（『無意味なるもの』）が永遠に[13]」の問題に他ならない。これは喪失せる意味に代わる新しい意味の投企に先立つ、またそれを超えた問題である。なぜなら〈無意味が永遠に〉は新しい意味を予め〈無〉意味化してしまっている以上、意味という観点自体の〈無化〉だからだ。〈無〉はその外から克服されはしない。この〈無〉をブーバーは直視したか。——彼はそこで身を翻すのだ。「永遠の汝は本質上エスとならない」と。これを語っているのは誰か。どこで語っているのか。神をもエス化した者がいかにして神に邂逅するのか。これは無意味を意味で補填するだけ、エスに汝を対置するだけに終わりはすまいか。そもそも後期ブーバー哲学には「揺れ」、否、分裂が潜んでいるのである。自己の態度次第で、他者関係は我―それとも、我―汝ともなるのだった。その限り、対向的・相互的とされる我―汝にも初期の我優位の傾向は残っている。そしてここに我―汝が我―それに変化する危険もあるのである。そこで彼はこの我主導の危険を避けようと、永遠にエス化しえない或る絶対的汝、個々の汝の延長線が交差し合う一点たる〈永遠の汝〉を我の対極に立てて、汝は永遠の汝の方から我に邂逅して来ると考える。この限りで、確かに汝は我に吸収されない無限の深みを帯びる。だがこれは我主導と神主導との貼り合わせにすぎず、我と汝の〈間〉を真に問うたことにならぬ。汝が我に邂逅するという事態を私は否定するものではない。根源的〈無〉において神が覚知される場がどこであり、また我の転換がいつ・いかにしてなされるかを問うているのである。ブーバーにはハイデガーにおける非本来性から本来性への転換を成す根本情態性の「不安」という契機、或いはニーチェにおける「永劫回帰」の〈無〉への問いが希薄である。ゆえに〈待つ〉における能動即受動、意志と恩寵の相即（これはニーチェの〈運命の愛 amor *fati*〉[14]、ハイデガーの〈存在の思惟 Denken *des Seins*〉[15]における二重の属格、即ち補足語的属格〈運命を愛する、存在を思惟する〉と主語的属格〈運命が愛する、存在が思惟すべく与える〉との相即を想起させる）には傾聴すべきものがありつつ、遺憾ながらそのいつ・どこで・いかにが問われていない。ブーバーの「捜し求めること無き見出すこと」もニーチェの詩句「私は捜し求めることに倦み疲れたときから、見出すことを修めた」[16]に近いが、後者の場合「見出す」は「捜し求める」の尽き果てた場に、〈何故無し〉の〈無〉が絶対肯定へと自己転換を果たす場に、初めて顕現するのである。ブーバーにおいては〈汝がエス化せざるをえぬ〉絶望と〈永遠にエス化しない神〉への希望とは互いに容易に反転しうる。これは彼のメシア主義的ハシディズム理解に基づく。

彼は「具体的なるものへの積極的態度」に「ハシディズム」と「禅」との共通性を認めつつ、両者の違いを、禅が「問答的」で「滅却」を説くのに対し、ハシディズムは「メシア信仰的」で「充実」を説く点に見、更に「禅では、ただ瞬間のみに現実性が帰属し……瞬間の前では時間の次元が消失する」のに対して、ハシディズムでは、瞬間とともに「啓示と結合して過去が……救済と結合して将来が」重視されているため、「ハシディズムこそ……時間が神聖化される唯一の神秘主義だ」（CB: III S. 894）と言う。この最後の主張が必ずしも正当でないことを、我々は道元禅師に「而今」[17]（「去来の相」にあらざる過去と将来とが現在にいわば集中し、現在そのものに成り切るこの今、瞬間）という語の在ることから知っている。ともあれ、ブーバーの〈間〉が〈間〉の全的現成となりえないのは、彼が自分を禅から区別した当の「滅却」、〈無〉・有限性の徹底とその突破が欠けているためである。「滅却」と「充実」とが相容れぬとしたところ、原距離化を内から突破する代わりにメシア信仰に基づく関係参入という外からの運動を導入したところに、〈対向〉が単なる乖離に終わる危険がある。むしろ、我性の滅却、〈何故無し〉の〈無〉の耐忍においてこそ、一切は〈何故無し〉に〈在る〉存在の顕現・生成の無垢へと転換し、そこから、我と汝の邂逅も絶対的独立にしてかつ相依相属の生起として真の充実を得るに至るのである。

註

ブーバーからの引用は、『我と汝』（Das Dialogische Prinzip, 1984 所収）を除き、主に Werke（3 Bde.）1962 に拠り、論文名（略号）・巻数・頁数を表記する。またブーバー関係論文は、主に Martin Buber (hrsg. v. P. A. Schilpp u. M. Friedman) 1963［=MB］を用いる。

Da: Daniel（1913）, EB: Ereignisse und Begegnungen（1917）, MC: Mein Weg zum Chassidismus（1918）, ID: Ich und Du（1923）, UB: Urdistanz und Beziehung（1950）, CB: Die chassidische Botschaft（1952）, EZ: Elemente des Zwischenmenschlichen（1954）, DW: Das Wort, das gesprochen wird（1960）.

（1）M. Heidegger : Vorträge und Aufsätze（1978）, S. 157 f.
（2）Vgl. E. Kettering: NÄHE—Das Denken Martin Heideggers（1987）.
（3）Vgl. G. Marcel: Ich und Du bei M. Buber［MB］S. 36.
（4）Vgl. E. L. Fackenheim: M. Bubers Offenbarungsbegriff［MB］S. 247.
（5）H. Schneider: Die geschichtliche Bedeutung der Buberschen Philosophie［MB］S. 415.
（6）Vgl. M. Friedman: Die Grundlagen von M. Bubers Ethik［MB］S. 153 ff.

（7）E. Levinas: M. Buber und die Erkenntnistheorie〔MB〕S. 130.

（8）この問題に関しては、vgl. H. Bergmann: M. Buber und die Mystik〔MB〕S. 265 ff.

（9）Bergmann: a. a. O. S. 266.

（10）ibid. S. 269.

（11）P.Wheelwright: Bubers philosophische Anthropologie〔MB〕S.74.

（12）谷口龍男『「われとなんじ」の哲学――マルティン・ブーバー論』（北樹出版、一九八〇年）一〇八頁。

（13）F. Nietzsche: Kritische Gesamtausgabe VIII1 S. 217.

（14）本書「ニーチェとエマーソン」六九頁参照。

（15）Vgl. Kettering: a. a. O. S. 157 ff.

（16）Vgl. Nietzsche: a. a. O. V2 S. 25.

（17）道元『正法眼蔵』「有時」巻参照。

都市の自己矛盾

――早稲田學生新聞会一九九五年二月一五日第四一六号

「因果律は、結局は事後処理なんだな」、阪神大震災の報に接してまず私が思ったのはそのことだった。倒壊するはずのないビルや高速道路が倒壊したという「結果」からその「原因」が探し求められ突きとめられて、今度はそれらが逆向きに並べられる。確かに因果の帳じりはこれで合ったように見える。だが、結果が常に原因を凌駕し、あらゆる出来事がそのつど未知なる部分をもつというのなら、因果律と予測とは本当に結びつくのだろうか。

ここで考えてしまうのは、「都市」が人間の合理的部分のほぼ純粋な外化、つまり等質的時間・空間の体現だということである。言いかえると、都市は、理性が感性や身体を排除するように、自然を排除して成立している。しかし、理性によって抑圧された暴力や性といった身体性がそのはけ口を求めるように、都市という人工的時間・空間によって抑圧された自然も反抗せざるをえない。すべてを同質化する都市に文字通り亀裂を走らせた不気味な「他者」。今回の地震の不気味さは、それが単に偶然襲った天災だという点にだけあるのではない。そこには都市であるのに、他方それは常に同時に「自己矛盾」が端的に現れているように思われる。つまり、都市は自然を排除してこそ都市であるのに、他方それは常に同時に自然の一部であらざるをえないという自己矛盾である。

ところで等質的というのは、本来近くにあるべきものや遠くにあるべきものが、一様にその近さと遠さを失ってすべてがノッペリしていること、それ固有の場所にないということである。物や他人や自然との関係と同時に、自分自身との関係をどう取り戻すか？　それをこれまでのようにまたもや科学技術（つまり理性）によって再建しようとするのか？　どうやらそうするだけでは片のつかない自己矛盾を我々の現代文明がかかえているということだけは、確かなようである。

輪廻の非神話化の試み

一　問題

本稿は「輪廻」（saṃsāra）の非神話化の試みである。ここで「輪廻」とは、個人が生まれ変わり死に変わりして恰も車輪が転ずるように果てしがないとする狭義の「輪廻転生」（Seelenwanderung）と、一切の事物が同じ通りに無数度繰り返すとする「永劫回帰」（ewige Wiederkunft）とを含む〝円環的時間論〟を意味している。従って、これはキリスト教を代表とする〝直線的時間論〟と対照的だと一応は言える。また本稿で輪廻説を「非神話化」し、輪廻「本来の」問題を究明するという以上、当然輪廻説には神話という形姿を纏った形態の有ることが前提となっている。そして一般に「輪廻」という場合、こちらの方こそが流布してきたように思われる。仏教も例外ではない。仏教は「輪廻」と「解脱」とに帰着すると見てよいだろう。仏教の求める解脱とは、三界・六道の生死輪廻からの解脱だろうから。ところがその三界・六道が生前の善悪業に応じて人間の死後もしくは来世に趣く場処則ち他界として実在するかのように見られるや、既に仏教自身の根本原則に抵触してくる。そもそも釈尊は死後の世界の有無や霊魂の不滅等の形而上学的問題には「無記」として答えなかったはずである。[(1)] 仮に輪廻を語る場合でも、束縛・煩悩を離れて人格を完成した聖者は最早生死輪廻（迷いの生存）に戻ることはない[(2)]とか、苦は渇愛に縁って起こり、これを離れぬ者はあれこれ流転して輪廻を超えられない[3]と述べるに留まり、輪廻はまだ教義として確立されてはいない。そもそも三善趣（修羅・人・天界）がいくら三悪趣（地獄・餓鬼・畜生界）よりましだとはいえ、出離されるべき境界であることに変わりあるまい。更に問うなら、仏教には輪廻を説くことが原理上不可能ではなかろうか。周知のように、仏教の根本原則は三法印（諸行無常・諸法無我・涅槃寂静）もくしは四法印（以上に一切行苦を加える）と呼ばれ、その一つに「諸法無我」が有る。これは、一切の存在者が恒常的で自己同一的実体（常一主宰の我《アートマン》）ではない、またはそのような我は存在しないと説くものである。ところがいわゆる輪廻は、その主体として常住なる我もしくは肉体から独立自存する不滅の霊魂を前提せざるをえない。これは明らかに自己撞着だろう。仏教自身これを自覚していたせいか、部派仏教になると輪廻の学的基礎付けが様々に試みられたが、全てこじつけにすぎないように思われる。とすればいっそ輪廻や因果応報など本当は有りえず、単なる神話、方便にすぎぬと切って捨てるのが賢明かと言えば、そうとばかりも言い切れない。因果の道理は世の中を限無く支配しているようにも見える。いずれにせよ、いわゆる輪廻は輪廻説本来の核心を却って隠蔽してしまっているように思われる。

ところで狭義の輪廻は仏教のみに固有の観念ではない。輪廻の体系化は古代ギリシアとインドでのみなされたが、特にインドでは主な宗教・哲学の共通の観念となり、仏教の伝播とともに輪廻説もまた広まった。元々輪廻説に無縁な民族がその対処に迫られたのである。しかも、広義の輪廻は「永劫回帰の神話」という形で世界のほとんどあらゆる地域に見られる原初的観念らしい。そこで我々としては輪廻説の非神話化を試みるに際し、先ず広義の輪廻説の要点を押えておく必要があろう。次いで、輪廻説に対して従来いかなる対処がなされたか、換言すれば輪廻はいかにして神話となったか、そして最後に、この議論の中にニーチェを置いた場合、彼の永劫回帰説はいかなる意味をもつかに論及したい。

二　永劫回帰の神話と苦の意味

エリアーデの『永劫回帰の神話』[4]によれば、古代の単純文化社会にほぼ共通して見出されるのは〝天地開闢の聖なるわざという祖型の周期的反復・再現〟という観念である。この永劫回帰神話の典型は正月儀礼であり、他に未開民族の通過儀礼・建造儀礼・王の即位式・医療儀礼等も同様である。ここで重要なのは、古代人が聖なる祖型を周期的に反復したのは俗的で無常なる時間・歴史を拒絶するためであり、自分の罪や穢れから清浄なる状態に立ち戻るためだったということ、それは彼らが俗的生存の無意味さに打ちのめされ、自己喪失を恐れ、天災・侵略・社会的不正等によって招来される「苦」を何とかして堪え忍ぼうとしたからだったということである。苦に堪えるにはいわれ無き苦など有ってはならず、苦には必ず原因と意味とが無ければならない。我々は輪廻説（永劫回帰の神話）の非神話化を試みるに際し、〝苦は決して非合理でも無意味でもないと信じられていた〟というエリアーデのテーゼを端緒とすることにしたい。というのも、これは古代人に特有の信仰ではなく、現代人をも規定する、いわば人間の存在構造に根差す信仰だからである。自ら永劫回帰を説いたニーチェも、苦が堪え難いのは「苦そのものではなく、むしろ苦の無意味さ」である[5]、と書き記している。

これは何を暗示しているのか。苦が原因ないし意味をもつには、それが或る特定の規範体系・意味連関に組み入れられていなければならず、単純文化社会の場合、聖なる祖型や神の意志を中核とする何らかの合理的意味連関が予め了解されていなければならない。さもないと苦が苦として了解されることは不可能であり、無常な時間を無化するはずの祭祀・供儀・儀礼・呪術・神への懇願も無意味となり、危機に瀕した共同体の秩序を再生・維持する力をもちえまい。そもそも天災や侵略などの偶発事が規範からの逸脱ないし神の怒りと見なされたということ自体、特定の意味連関の存在を前提としていよう。現代人の通念からすれば、大地震・大洪水などの天災は決して人間を苦しめるために生じるわけではないのだから。だが、苦が有意味なのは特定の意味連関の側からの意味付与によるというのはトートロジーである。また、単純文化社会においては有意味で実在的で聖なる祖型を再現する事物・行為のみが有意味で実在的で聖であり、祖型を欠くものは全て無意味で非実在的で俗であった。

するとここには循環さえ有ることになる。或る事象が無意味・非実在・俗なのは有意味・実在性・聖を〝因〟としているからであり、その逆でもある。聖俗・苦楽・有無・善悪・浄穢・生死など我々人間の言葉の根本をなす二項対立概念は、全て互いに他を前提し合うという同一構造をもち、いずれか一方を単独で用いることは決してできない。これらはいずれも一項が〝因〟となることで初めて他項が〝縁〟として成立する因縁所生のものである。それゆえ聖自体・俗自体など有りえない。ところが我々は通常これらの図式に従ううちに〝因〟を忘却することで〝縁〟を実体化し、それを実在的だと思い込む。こうしてその実在性が本来無根拠だということは隠蔽される。(6) トートロジーおよび循環とはそういう事態である。

これは輪廻説を論じる上で重要な示唆となる。(1) 苦は有意味化・合理化のシステムを前提して初めて有意味・合理的となる以上、何ら実体的でも実在的でもなく因縁所生のものである。(2) 祖型反復による秩序回復を求める周期的時間論にせよ、歴史を神の意志のその都度一回限りの示現と見る不可逆的な直線的時間論にせよ、いずれも無意味で無常な時間の有るが儘の把握というよりはむしろ裸形の時間の有意味化、不条理な出来事の合理化のシステムではないか。(3) 有意味化・合理化という形で、実は人間が無常な時間、不条理な出来事に絶えず突き当たっていながら、それを忘却しているのではないか。それゆえ、(4) 時間・歴史そのものは有意味化・合理化のシステムからその都度はみ出したものとして無根拠・無意味・不条理であるか、逆に、有意味化・合理化のシステムの方こそが本来無根拠・無意味・不条理なのではないか。

三　輪廻の本義

「苦」に話題を戻そう。苦に積極的意義を与えた思想としてはキリスト教倫理と仏教の業説とが挙げられうる。いかなる宗教であれ、人間を無苦安穏で清浄な境地へと導くことを目的としていよう。そのために宗教は現実の不完全さの正しい理解から出発するのを常道とする。キリスト教が人間の罪責・悪の自覚から出発するのも、仏教が世の無常・苦の透徹した認識から出発するのもそのためである。さて、苦が常態だという洞察の点で仏教を凌ぐ思想は他に有るまい。仏教が苦をどう考察し、苦にどう対処するかを例にとって、輪廻問題の核心へと肉薄したい。

仏典によれば釈尊の成道後最初の説法は〝四聖諦〟だった。四聖諦とは〝苦、苦の生起の原因、苦の止滅、苦の止滅に至る道という四つの聖なる真理〟である。このように苦聖諦が四聖諦の第一に置かれていること、また後の十二支縁起説の逆観が苦という結果から渇愛或いは無明へと原因を辿ってゆくことからも、仏教が一切行苦という認識をいかに重視していたかが判る。『転法輪経』は生老病死の四苦と、これらに愛別離苦・怨憎会苦・求不得苦・五取蘊苦を加えた八苦を説いた後、こう続ける。「次に比丘らよ、輪廻転生に導き、喜びと貪りとを伴い、至る処で快楽を求める渇愛が［苦の原因だということは］苦の生起の原因に関する聖なる真理である。渇愛とは欲望への渇愛、生存への渇愛、生存の死滅への渇愛［＝死への欲求］である。(7)」ここでは仏教が〝一切行苦〟という現実認識から出発してその原因を探り、その原因が渇愛だと突き止めるという手順を踏むことだけを確認するに留めておこう。

さて、苦楽は一般に個人的・主観的感情であって、人・時・場合によって異なると見られている。ところが仏教は一切行苦を基本的現実認識とする。これは明らかに常識に反している。一般に苦楽を比較して苦が楽より多いとする見方をペシミズム、その逆をオプティミズムないしは快楽主義と呼ぶが、仏教は特に西洋ではペシミズムの代表と見なされてきた。だが果たしてそうか。仏教では苦の認識の仕方に「苦苦」「壊苦」「行苦」の三苦が有るとする。「苦苦」とは望ましくないものについて生じる感覚的心理的苦痛であり、「壊苦」とは逆に、望ましいものが変化消滅することで生じる苦痛だが、これらは人間だけでなく他の動物も感じる点で普遍的ではあるが、常に感じられるわけではないから、一切行苦とは言えない。一切行苦とは第三の「行苦」に該当する。そして四苦八苦はこれら三苦のどれかに分類されることになる。さて問題は行苦だが、この場合の「行」（saṇkhāra）は「諸行無常」の「行」或いは十二支縁起の第二支の「行」でもあって、〝様々な因縁によって結果として作りなされたもの〟つまり〝縁起せるもの〟を意味し、「有為」と漢訳される。要するに〝現象〟のことである。但し、一切の有為法とか全ての現象とか言っても、原始仏教の目的が〝一切の現象は苦である〟という単なる客観的判断の提示に有るのではなく、飽くまでも〝苦を止滅して涅槃寂静に到る実践〟を説くことに有る以上、人間の具体的生存と無関係の普遍的・抽象的存在一般や自然的存在者の総体を意味するわけではない。桜部建はこう指摘する。「すべてとは、この人生においてわれわれによって愛喜染着され愁悲憂悩されている限りのすべて、すなわちわれわれの迷いの生存に関する限りのすべて、をいうのである。また、そのようなすべてが無常であるのを無常と知り無我であるのを無我と知ることによって、われわれがそれらに対する愛喜染着を離れそれらにおける愁悲憂悩から脱する、その限りにおいてのすべて、すなわち迷いの生存が真実の知慧によってさとりの境地に転ぜられる限りにおいてのすべての生存、をいまここにすべてというのである。[8]」この指摘は極めて重要である。仏教が一切行苦といい、全ての有為法が苦であるという場合、三界六道の輪廻転生の迷いの生存は全て苦であるということなのである。ここには、輪廻という迷いの境界を脱した涅槃の境界だけは苦でなく、これこそが真の楽[9]だという含意が有る。つまり、一切の縁起せる有為法が苦だということは、迷いの境界即ち凡夫の有り方に関してのみ言えることであって、悟りの境界即ち聖者にとって、縁起せる有為法一切は何ら苦ではないのである。このように仏教における苦楽は世間の相対的苦楽を踏み越えた事態であるから、仏教を一般的意味でペシミズムと呼ぶことはできない。他方、仏教にとって愁悲憂悩だけでなく愛喜染着されるものの一切、いわゆる苦楽全体が〝苦〟なのであるから、この点で仏教を徹底的ペシミズムと呼ぶことはできる。勿論仏教の理想が飽くまでもその〝苦〟の超脱に有る以上、徹底的とは言え、それは迷える凡夫のペシミズムにすぎない。

仏教には、苦は何ら実体ではないという洞察が有る。仮に実体であるなら、凡夫に苦界の出離は不可能だろう。苦は有為法と同様に因縁所生のものにすぎない。では苦はいかにして生ずるのか。換言すれば有為法はいかにして苦となるのか。原始仏典は、人間存在とその経験世界を構成する五蘊・十二処・十八界の一々が無常であり、苦であり、無我或いは非我であること、そしてそれらの一々を厭離して貪欲から離れ、解脱すべきことを説き示す。その際、無常と苦と無我の三者はしばしば以下のように定式化される。〝色［受想行識の五蘊］は無常である。無常なるものは苦である。無常で苦で変化する性質のものは無我である。だから、これ［色および五蘊］は我がものではない。我はこれではない。これは我が自我（ātman）ではない。[10]〟以上から、五蘊等の苦は無常から導出され、無我は無常と苦と変化する性質とから導出されていることが判る。無常が苦を、無常と苦とが無我を根拠付ける関係である。一切は生生流転する無常なるものであるにもかかわらず、人間は無常を無常として正しく理解せず、無常を常住不変だと転倒妄想してそれに執着する。この錯誤と執着とに、一切が苦だと感受されざるをえぬ根拠が有る。しかし、一切が無常かつ苦であるところに無苦常住の我《アートマン》のような実体を考えることはできない。それゆえ我とか我がものなどの観念もまた成立しない。そういう論理である。それでは、苦の根拠たる「無常」は何を根拠とするのか。原始仏典はその点を明確に語っていない。ただ「諸々の作りなされたものは実に無常である。生じ滅する性質のものである。それらは生じては滅するからである。[11]」と語るのみである。だがこれは明らかにトートロジーだろう。「生じ滅する」は「無常」と同義であり、「作りなされたもの」とは〝縁起せるもの〟のことである。それゆえ仏典の陳述はただ〝無常なるもの（縁起せるもの）は無常なるもの（縁起せるもの）なるがゆえに無常である（縁起する）〟にすぎない。だが桜部によれば、「これはけっして無意味な言葉ではない。なぜならそれは、〝すべては無常である〟という命題の根拠となっているのが〝すべては因果関係の上に生ずる〟という考え方である、ということを示しているからである。……〝すべてが唯一の究極的原因――例えば万物の創造主たる神――に由来する〟という考え方や、〝すべては原因なく、偶然にあるいはでたらめに、生ずる〟という考え方に対して、仏教自身がとる基本的立場である、と教典は主張する。仏教はすべての存在の基礎に決定性・所与性を見ようとするのでも、不確定性・偶然性を見ようとするのでもなく、因果性・論理性を見ようとするのである。それを仏教では縁起という術語で語る。縁起とは〝(原因に)縁って(結果が)起こること〟という意味である。(12)」

因果性・論理性の称揚で済めばことは単純だが、仏教にも〝トートロジー〟ないし〝循環〟の有ることは判明した。ともかく「苦」に関する原始仏教の洞察をまとめればこうなる。三界六道の輪廻転生は迷いの生存で、全て苦である。苦は神の怒りとして生ずるのでも偶然生ずるのでもない。無常を無常と知らず常住不変なるものに執着し、因縁所生のものを因縁所生のものと知らずに実在的なものだと妄執すること(渇愛)によって生ずる。それゆえ苦は実体的なものではなく、縁起せるものであるから、八正道および戒定慧の三学の修行によって渇愛が止滅すると同時に苦もまた止滅する。苦とは執着・妄執であり、無縄自縛としてのみ有る。かくして縁起する現実世界が苦であり、一切の有為法が苦であることは迷える凡夫にのみ言えるにすぎず、縁起を縁起と知る賢者にとって、それは些かも苦ではない。苦は渇愛とともに忽然念起するものであり、刹那滅するものである。

　これは同時に輪廻転生にも言える。輪廻転生なる観念は、古代の単純文化段階において人間の霊魂が死後肉体を離れて草木鳥獣等に宿るとする転住説から発達したものだが、一般には霊魂が生前に犯した罪の報いと償いのために繰り返し人間や動物などに生まれ変わること、ないし前世の善悪業に応じて三界六道を生まれ変わり死に変わりすることだと思われている。だが苦なる境界、迷いの生存を際限無く経巡ること、端的に言えば〝渇愛の断ち難さ〟が生死輪廻の本義だろう。原始仏教が輪廻を説く場合、原初的観念たる〝霊魂の〟輪廻転生を換骨奪胎して〝渇愛に翻弄された迷える凡夫の苦なる生存の様々な有りよう〟を語ろうとしたものに他なるまい。聖者はこの世でそれを解脱して涅槃に到る限り、或いはそういう境界に有る者をこそ聖者と呼ぶ限り、三界六道をも涅槃をも〝死後〟或いは〝来世〟に趣く〝他界・異界〟と見る必然性は無い。生死輪廻も菩提涅槃も現にここに有る。輪廻の世界は因縁所生なるがゆえに何ら事実でも実在するものでもなく、縁起に基づきつつ渇愛という妄執ゆえに妄想された無根拠のものである。要するに、輪廻とは

〝自己および世間のままならぬ有りよう〟なのである。

このようにこの世の苦なる現実を冷徹に見据える仏教が、天地創造のわざという聖なる祖型の周期的反復によって無常な時間を無化し原初の非世俗的瞬間に永劫に生きんと願う古代の永劫回帰神話を、解脱の有効な方法とは見なさぬことも、また先行思想たるバラモン教の実体論的な教理［即ち、梵我一如による輪廻からの解脱］を否定することも、更にはまた歴史を超越神の意志の示現と捉えて自己の罪責を悔俊することにより永遠の浄福へ到らんとするユダヤ・キリスト教的姿勢を拒否することも当然だろう。なぜなら、これらは無常な時間を無常な時間としてもちこたえず、また現実の苦を現実の只中で解決することなく、逆に絶対的に外なる超越的意味・根拠を虚構して、そこから現実を断罪することで人間を苦に縛り付けたままにしておくからである。というのも、例えば彼岸と此岸、神の国と地上の国を峻別する二元論的なキリスト教的倫理は、真実在の永遠なる世界を絶対的意味・根拠として立て、その超越的場から無常なる現実世界の存立を意味付け・根拠付けると同時に、それを無意味なもの・不完全なものとして貶めるからである。これではあの〝循環〟を永劫に脱却できまい。

だが、仏教は超越的・絶対的〝外〟を立てないからこそ却って一層深刻な〝循環〟〝トートロジー〟に陥る懼れが有るのではないか。四聖諦或いは四法印もそうだし、『大般涅槃経』「聖行品」の有名な「無常偈」（諸行無常、是生滅法、生滅滅已、寂滅為楽）にしてもそうだが、仏教もまたその目標・理想を提示する場合には、無常なる有為の奥山を越えて無為法たる涅槃へ到るとか、苦の寂滅した無苦で真実の楽の境地を希求するとか、煩悩を滅却して菩提を得べしと語る。このように迷は悟を、凡夫は聖者を、衆生は仏を、煩悩は菩提を、苦は楽をそして生死輪廻は無為涅槃を前提せざるをえない。これは我々人間の言語および思考の陥らざるをえぬ宿命だとも言える。しかもこれらが対概念という枠組に留まる限り、我々は永劫にこの〝循環〟を脱することはできない。

これもまた一つの、否、最も根源的な〝輪廻〟であろう。この意味での輪廻は人間の存在構造そのものだとさえ言えるからである。では悟りや菩提や無為涅槃は無いのかと言えば、決してそうではない。確かに決して無いわけではないのだが、「しかし原始教典で説く無為とは存在論的なものではなく、涅槃が生死輪廻を超えているとされるために、生死にわたらないということを無為といったものであって、それは主観的の心情をのべたもので、客観的事実としてのものではない[13]」。客観的事実でないからといって「超えている」だの「主観的の心情」だのという表現で事柄の本質を言い止められるとも思われないが、そうとでも表現せざるをえぬところに問題の根深さが有る。だから我々が言語の根拠となっている二項対立の〝循環〟が本来無根拠なのだと悟らない限り無為涅槃の現成は有りえず、有為を厭離して無為涅槃を希求するという方向を取る限り無為涅槃は決して到達されえないという逆説がここには有る。〝問は答処に在り、答は問処に在り〟と言われるが、問と答とが互いを前提し合うという一見自明なことが本来些かも自明ではないと暴露されねばならず、菩提・涅槃の現成のためには、それらを問い求める根拠の方が無根拠だと気付かれねばならない。先ず問いの根拠こそが破られねばならないのである。「部派仏教では不生不滅の客観的事実としての存在として無為を考え、有為という存在に対するものとした。これは原始仏教で説かない概念であって、仏教本来の立場を逸脱したものである[14]」こうした事態は部派仏教のみ、仏教のみ、宗教のみに限らない。それゆえ最も根本的な問題は、この〝循環〟〝トートロジー〟という意味での〝輪廻〟をいかにして離れるか（但し離・不離を離れた形で）、に帰着する。大乗仏教において非有・非無の〝空〟が説かれて部派仏教の逸脱を匡そうという動きが出てくる必然性もここに有る。

以上で我々は輪廻説を非神話化する手がかりを得たことになろう。第一に、輪廻転生とは、本来〝我々人間のこの世での迷える生存の有りよう〟を意味し、死後の世界や他界、前世や来世が問題なのではないということ、第二に、根本問題は「生死輪廻―菩提涅槃」「此岸―彼岸」等の二項対立図式の〝循環〟という意味での〝輪廻〟の〝彼岸〟にいかにして立つかに有るということである。

四　輪廻の神話化

輪廻の非神話化の核心は上述の通りだが、輪廻説が命脈を保ちえたのは太古以来底流となってきた民間信仰と一致し、世俗化したためである。では輪廻はいかにして神話となったか。施された神話的粉飾の特徴は何か。本節ではインドの部派仏教と古代ギリシアの輪廻説を概観しよう。因みに、狭義の輪廻の思想的展開はインドとギリシアにおいてのみなされたのだが、それが一方から他方への影響によるのか、第三者の別々の伝播なのか、それともアーリア民族共通の原初的信仰の発展形態なのか等々に関して謎は多い。

インドでは、原始仏教の法印「諸法無我」が輪廻の主体たる「我」を否定した以上、輪廻そのものも粉砕されたはずである。ところが後代の部派仏教は皮肉にも、一度否定された我を別な名目で復活し、無我説を有名無実にしてしまう。それほど有我説は根深いのである。さて、部派の代表格としては「説一切有部」を挙げることができる。有部の学僧達は『発智論』から『大毘婆沙論』『倶舎論』に至る煩瑣を極めた体系において輪廻をも理論的に基礎付けようとした。勿論彼らの根本も無我説だが、そこに「有情」もしくは「衆生」という新たな概念が導入される。これは生命有るものの総称だが、「我」が生死を超えた常一主宰の実体であるのに対し、これは刹那に起滅する五蘊の継続を意味する。五蘊には生滅しつつも連続的流動を形成する或る種の統一が有る。だがその統一は五蘊の刹那刹那の仮和合にすぎない。有情は渇愛・執着を縁として生死流転する。「我空法有」を立場とする説一切有部では、個人存在の実体性は否定されている（我空）が、その他の存在者（法）は実有とされるため、過去・現在・未来にわたり、これらの実有なる法の間を有情は流転し続ける。これが有情の生死輪廻である。有情は自らの善悪業（行為）の果報として、悪業の場合は地獄・餓鬼・畜生の三悪趣に、善業の場合は人・天の二善趣にと五つの世界（五趣）を流転せざるをえない。更に、無明―行―識―名色―六処―触―受―愛―取―有―生―老死という十二支の各項の因果連鎖の教説たる十二支縁起説さえ三世思想と結合されて胎生学的解釈を受ける。いわゆる「三世両重の因果」である。それによれば、十二支の中で無明・行は過去世の二因を、識・名色・六処・触・受は現在世の五果を示し（以上が過去と現在の一重の因果）、次いで愛・取・有の三支は現在世の三因を、生・老死は未来世の二果を示し（現在と未来の一重の因果）、全体で三世にわたる両重の因果を説いているとされる。勿論有部の究極目標は生死輪廻を離れた彼岸、即ち因果を超えた常住の涅槃に到ることに有るが、その因果説は同時に善因楽果・悪因苦果という道徳的な因果応報を説明しようという要請に応えるものでもあった。なぜなら因果が撥無されれば自業自得の原則が崩れるばかりでなく、仏道修行（因）も涅槃（果）も無意味となるからである。三世両重の業感縁起と呼ばれるこの輪廻説の後世への影響は絶大で、大乗仏教においても方便として説かれ、現在に至っている。

一方ギリシアの場合、輪廻説はオルペウス教、ピュタゴラス学派、エムペドクレス、プラトン等によって説かれた。だがインドとは違い、死者は冥府に赴き影の如く漂いやがて空気に同化するか、祖霊として定期的に冥府から子孫の元へ戻って来るとするホメロス的他界観の根強さゆえに、輪廻説が定着することは遂になかった。オルペウス教は前六世紀頃盛えた宗教であり、ピュタゴラス学派は同じ頃南イタリアで勢力を誇った一種の宗教結社である。両者の間にいかなる交渉が有ったか詳細は不明だが、オルペウス教が陶酔・狂乱・脱我を特徴とするディオニュソス的密儀を固守し、専ら禁忌の遵守や儀式の実践のような純粋に宗教的な手段によって霊魂の救済を図ったのに対し、ピュタゴラス学派がこの種の宗教的手段に加えてピロソピアを霊魂救済の最重要な手段としたこと、そしてロゴスを重視し、世界を数学的原理によって解釈するという、言わばアポロン的要素を色濃くもっている点を除けば、両者は霊魂の輪廻転生、生物類縁の思想等の点で酷似している。

両者の輪廻説によれば人間は霊魂と肉体とから成る。霊魂は人間の善の要素、肉体は悪の要素である。霊魂は不滅の実体であり、元々天上界で神々と生活を共にしていたが、天上界で犯した罪の報いを受け、地上界に転落して肉体という牢獄に囚われるに至った。ソーマ（肉体）は霊魂のセーマ（墓）である。霊魂は肉体と有機的関係をもたないため常に不安定な状態に有る。死は霊魂を一時的に肉体から分離するが、それは霊魂にとって真の解脱ではない。死によって霊魂は一度冥府に下って審判を受け、生前の業の善悪・浄穢に応じて不正を犯した者は地下の地獄へ送られ、正しい者はエリュシオンと呼ばれる楽土へ行き賞罰を受ける。原罪を完全に償い終えた霊魂は輪廻転生を逃れて不死なる神々の世界へと復帰できるが、そうでない霊魂は昇天できずに遊離魂として地上を彷徨い続ける。遊離魂は生者には見えないが、絶えず周囲を飛び回っている。空中を浮遊する無数の塵は、実は宿るべき肉体を求めて彷徨う遊離魂である。こうして霊魂は人間や動物などの肉体に宿り、生死流転し続ける。霊魂がこの輪廻転生を脱して天上界に還帰すべき救済方法を示すことがオルペウス教、ピュタゴラス学派共通の目的だった。両者は輪廻を解脱するために、日常生活においても厳格な戒律を守り、不浄を避け、精進潔斎に努めた。禁欲は諸悪の誘惑から霊魂を護るためのものであり、彼らは獣肉魚肉を問わず肉食を禁じた。

このような輪廻説はピンダロス、エムペドクレス等にも認められるが、その影響が特に顕著なのは何と言ってもプラトンである。

プラトンの霊魂輪廻のミュトス（神話）は『パイドン』（107Dff.）『パイドロス』（248Cff.）『ゴルギアス』（522Eff.）『国家』（614Aff.）等に登場する。その異同や関係は別稿に譲り、その特色だけを論じよう。先ず、プラトンの場合、輪廻説はイデア論特に想起説と密接な関係をもつ。我々が事物の真理を認識するということは事物のイデアを観るということだが、感官によっては知覚不可能なはずのイデアを漠然とではあれこの感性界で観ることが可能なのは、かつての自我である霊魂が経験界（感性界）に受肉する以前に天上界（イデア界）で直観していた当のイデアを、その影である個物の知覚を機縁として想起するからである。[15] この意味で我々の認識は想起（アナムネーシス）であり、我々の霊魂はイデアを憧憬する霊魂である。我々が超時間的で永遠なるイデア界の論理的構造を認識しうるためには、我々の霊魂

（の少なくとも理性的部分）が超時間的でなければならない。プラトンが神話という形を借りてまで霊魂の先在や不死性の証明に努めたのは、何とかしてそれを示したかったからだろう。次に、プラトンの輪廻説の主眼は輪廻を説くことよりむしろ人間の自由と責任とを唱道することに有ったように思われる。ミュトスによると、霊魂がデミウルゴスによって生み出された後、地上に初めて受肉する際にはどの霊魂も平等である。この最初の生涯が終わると死者の霊魂は審判を受け、初回の地上での生き方に応じて楽土か地獄かに趣き賞罰を受ける。この状態が千年続いた後第二の誕生となるのだが、各々の霊魂はその際籤によって定められた順番に従って、将来の生涯の見本の中から自分の生涯を選ぶ。ここで重要なのは、その選択が〝自由意志〟によるということである。「短命なる霊魂どもよ。死すべき者どもが辿る、死を以て終わるいま一度の新たな周期がここに始まる。運命を導くダイモーンが汝らを籤で引き当てるのではなく、汝ら自身が自分のダイモーンを選ぶべきである。最初の籤を引き当てた者は最初に生涯を選べ。以後その者はその生涯に必然の力によって縛られ、離れることはできまい。……責任は選ぶ者に有る。神にはいかなる責任も無い。[16]」自由に将来の生涯を選びうるとは言え、大半の人間は前世での生活習慣に基づいて愚かな選択をする。[17]

プラトンの霊魂輪廻のミュトスが後世に与えた影響は、人間の本質は霊魂であり、肉体に対して霊魂が優位をもつということ、人間の真の故郷は此岸の感性界ではなく彼岸たる超感性界だということ、この二つである。これらはキリスト教の教義とも一致した。

このように見てくると、インドとギリシアの輪廻説には幾つかの共通項が指摘できる。各項は緊密な相互連関の中に有るが、ともかく列挙してみよう。①因果応報（善因楽果・悪因苦果）、②善悪二元論、③善悪業の主体たる我・霊魂の不死性、④自業自得或いは自由意志と自己責任、⑤生存＝罰、⑥他界（三界六道、楽土・地獄）の実在性、⑦三世（前世・現世・来世）思想、⑧二世界説（此岸－彼岸）と彼岸の優位、⑨身心二元論と心・霊魂の優位。要約すれば、輪廻の神話化、輪廻の世俗的形態とは輪廻の〝道徳的〟解釈に他ならない。

五　ニーチェの永劫回帰説——輪廻説の解体

ところで輪廻説にはもう一つの観念が含まれる。「永劫回帰」である。これはインドでは〝四劫〟(劫とは〝極めて長い時間〟の意で、世界が成立しては破壊してゆく循環過程の四時期、成住壊空の四劫を繰り返すとする)として説かれたがさしたる発展を見せず、ギリシアでは文字通り〝永劫回帰説〟として展開した。ともに古代ペルシアの宇宙焼尽神話に由来するらしい。ギリシアでは、世界は火から出て火へと帰る火の転化だとしたヘラクレイトス[18]にも僅かだが見られるし、「或る時起こった事は一定の時期を経て再び起こるため、絶対的に新しいものなど何一つ無い[19]」と言ったとされるピュタゴラスや、世界は火・空気・水・土の四つの根を交互に支配する愛と憎の勢力関係によって四つの時期を循環するとしたエムペドクレス[20]にも認められる。後二者が霊魂輪廻をも説いていたことを考えると、個々の霊魂の輪廻転生と世界全体の必然的循環とがどう折り合うのか問題だろう。霊魂輪廻説が自由と責任とに主眼を置く輪廻の倫理・道徳的解釈なのに対し、永劫回帰説が宇宙の必然的生起或いは運命に主眼を置く輪廻の宇宙論的・決定論的解釈である以上、永劫回帰説は輪廻転生説を破壊するはずだからである。現に、永劫回帰説を奉じるストア学派は霊魂の不死・死後の世界・彼岸の存在を否定している。今やここに自由意志と必然性・運命の相剋という新たな問題が現れる。これこそ実はニーチェの直面した問題でもあった。

一八八一年八月ニーチェに到来した永劫回帰説は、彼をディレムマに陥れた。一切は必然だ、私は生きてしまった、既に有ったことは「どうしようもない[21]」、取り返しようがないという決定論と、「この食物・場処・空気・社会へと汝を向かわせているのは汝の意見の方だ[22]」と決定論を逆手に取り、私の今ここでの決断が世界の回帰全体を創造し、有ったことを変容しうるという極度の自由。だがそれもまた既に予め決定しているという絶望感。かくしてニーチェの永劫回帰説は広義の輪廻説即ち円環的時間論の虚飾を排した問題そのものの露出だと言える。

では、ニーチェなら輪廻転生をどう批判するのか。[23]——「因果応報」が輪廻転生説の要点の一つなのだった。「因果」は時間の前後関係と密接な関係に有る。但し、単なる時間の前後関係だけでは因果は成り立たない。そのためには、先行する行為・事象が「原因」と見なされ、その原因が後続する行為・事象を「結果」として惹起せねばならない。輪廻転生説で、生前の善悪業が「因」、霊魂の趣く場処（他界）および死後の運命が「果報」とされるのも同じである。しかも因果もまた例の対概念として、生死と同一構造をもっている。こうして因果応報・時間・生死の関係が論及の対象となる。一般に、死後の世界は生者が死んだ後に趣く世界で、死は生の後から来ると思われている。生死を前後関係で見ることは、構造上時間を前後関係で見ることと同一である。では時間の前後関係はいかにして生じるのか。時間は一般に同質的な今の継起と見なされている。各々の今が〝最早今でない〟過去から〝未だ今でない〟未来へと流れ行く不可逆的な流れであり、因果必然性の表現だという理解である。だが、単なる今連続は時間とは呼べない。時間と呼べるのは、今の流れが何らかの仕方で分断され、その破片が繋がって過去―現在―未来の鎖を成すときである。過去は、今が過ぎ去るだけでは生じず、再帰という契機を必要とする。過去は、過ぎ去って最早無い今を想起して初めて生じるからである。ところで過ぎ去った今が再帰する場処は、それが過ぎ去ったと気づかれる現在以外には無い。従って過去は常に現在との関係において生じると言える。するとこれは、時間の不可逆的前後関係が「時間逆転[24]」とそれの忘却に基づいていることになろう。また、時間は因果必然性の表現である以上、因果関係そのものが因果の逆転によって生じるという奇妙なことになる。何かが生起する。すると我々はそれがいかにして、なぜ生じたのか、その原因を捜す。そして何らかの事象を突き止めた後に初めて、時間の前後関係に従って前の事象を原因、後の事象を結果と見なし、かくして因と果とが連結される。要するに、因果は何ら事実ではないのである。では、なぜ我々は原因を詮索せざるをえないのか。それは、人間がこの世の不条理に苦しみ、現状に不満を覚え、その責任を追及し、それを何者かに転嫁しようとするからだろう。つまり、犯人を捜して「復讐」したいからである。人間にとって堪え難いのは、苦そのものというより、むしろその苦が無意味だということなのである。この世の苦に対し、人間は自分の苦に「責任」を負うべき原因・犯人を捜す。その方向は当然「外」である。ところがその復讐欲が外へのはけ口をもたない場合、それは自己自身へと内攻し、自己は分裂する。この自己分裂とともに行為・作用は二重化し、その原因として責任を負うべき主体つまり「自我」や「霊魂」が虚構される。復讐欲・原因探索欲・責任賦課欲は一蓮托生だということになる。或る事象の原因を追及し、それを突き止めたと思うや、今度はその原因ないし罪に対して相応の結果ないし罰を報いてやる、というこの態度は、自業自得の原則として輪廻転生説に共通している。〝～の所為で〟という本来マイナスの欲求が真理として通用し幅を利かせると、今度は更に〝～のお陰で〟とプラスへ転じる。かくして一切の業が善業か悪業かに二分され、善悪二元論が成立するに至る。ところで、自己分裂した苦悩者の苦の原因はどこから来、またどこへと解消されて行くのか。復讐は常に「外」へと向かい、この場合外にははけ口が無いのだから、原因は自己の内の外である「過去」に、解消は「未来」にということになろう。我々が或る時点で実現する行為は一つきりで、それ以外には選択不可能である。ところが我々はあれもこれも選択できる、或いはできたかのように錯覚する。特に未来は文字通り未だ来らずであるからそう思われやすい。要するに、未来は願望・期待という形で「過去」を逆方向へと延長したものにすぎない。過去へと向かうのも、未来へと向かうのも、「別様で有りうる」ことへの信仰ゆえであり、その根底には世の不条理に対するルサンティマンが有る。ところが世界をこの世に限定する限り、世の中の不条理は善因善果・悪因悪果によっては決して解消されない。そこで人間は苦の不条理を拒絶して、苦のより包括的な原因を求めて過去へ過去へと遡り、過去世・前世を構想し、また業の果報を求めて未来へと現世を拡張し、来世を構想する。ここに輪廻転生説の要を成す業説・三世思想の下図は描かれている。だが終末論はどうだろうか。歴史或いは時間に始まりを設定することは、無意味な現在に意味を付与する発想であるから別段珍しくはない。革新は時間の終末に「審判」という、無意味な時間の有意味化システムを導入した点に有ろう。天国・地獄の二元論および「永遠の生」と「第二の死（永遠の死）」との対照が因果応報への信仰と復讐欲に由来することは明らかである。そして「我」或いは「霊魂」の不滅性は、原因探索と責任賦課への飽くなき欲求の反映に他ならない。それは地獄で罰を受ける主体を必要とするからである。無罪の者が地獄へ落ちるのも、罪人が天国へ召されるのも、ともに不合理だから。そして生前の善悪業に応じて霊魂の趣く場処が三界六道であり、天国・地獄である以上、「他界」もまた霊魂と同時に成立する。善人のおらぬ天国、悪人のおらぬ地獄など無意味だから。要するに、ニーチェからすれば輪廻転生説は、不条理なこの世に生きて苦しむ人間のルサンティマンの産物なのである。

　最早紙数が尽きた。要点だけを述べよう。ニーチェの永劫回帰説の課題が復讐欲或いはルサンティマンからの解脱、道徳の超克に有ることは明白である。それは自由と必然性との相剋に凝縮した。ニーチェはこのディレムマをどう切り抜けたのか。ストアの賢者達もまた永劫回帰説を奉じていた。彼らは宇宙循環を実在的と見なし、それを運命として諦観し、自分の意志の権能外の事柄にはかかわらず、意志の権能内のことにのみ専心する。彼らがいかに徹底的に運命に随順したとしても、意志の権能の内と外とを区別している限り自由と運命とは未だ乖離している。そこには「別様であること」への願望が残存している。これに対してニーチェの辿り着いた境涯は「運命愛」である。「人間のもつ偉大さを表す私の定式は運命愛である。即ち、人は何事も別様にもつことを意志しないこと、前にも、後にも、永劫にわたって意志しないこと、必然的なことを単に堪え忍ぶだけでなく、まして隠匿するのでもなく、……愛することである。[25]」この運命愛においては「生成の意義は各瞬間に満たされ、達成され、完了しているに違いない[26]」。時間は過去から現在を経て未来へと流れるのでも、因が源となり時を経て果を惹起するのでもない。過・現・未と言い、因果と言うも因縁所生、所詮は虚構にすぎない。ニーチェが永劫回帰説到来時に自由と運命とのディレムマに苛まれたのは、永劫回帰を実在的と見た上でそれからの解脱を欲したからである。ディレムマの根はまさにここ、永劫回帰を円環として表象し、空間化・対象化・実体化したことに有る。彼が永劫回帰という蛇の頭を噛み切った瞬間とは、このことの無根拠に気づいた瞬間である。この瞬間、例のディレムマ即ち二項対立の循環という意味での〝輪廻〟は断ち切られた。自己崩壊したのである。そしてこの時、三世は一念（瞬間）に円融し、因果一如が現成する。因果一如・因果同時・修証一等はまた道元禅師の境涯でもある。修行を因とし手段として目的・結果としての悟りを期待するのではない。修の全体が証であり、証の全体が修である。それゆえこれは同時に因果の脱落であり、三世の透脱である。日本の禅仏教はかくして輪廻説自体の超脱となる。厭離穢土、欣求浄土を標榜する浄土教はどうか。浄土教は穢土と浄土、娑婆世界と極楽世界の二元論に立つかのように見える。だが、少なくとも浄土教の展開の究極に立つ親鸞と一遍においては、命終の後に浄土へ往って生れるとする当得往生ではなく、即今当処に往生を果たすとする即得往生を説く点で共通している。親鸞には、信心を頂いた時に既に正定聚（必ず仏に成ることを約束された人々の集まり）に入るとする「現生正定聚」という考え方も有る。一遍に至ってはもっと徹底的で、帰依の主体たる衆生も、帰依の対象たる阿弥陀仏も脱落して名号のみに帰一する。曰く、「南無阿弥陀仏が往生する也。[27]」「迷悟、機法を絶し、自力他力のうせたるを、不可思議の名号とはいふなり。[28]」道元と一遍とにおいては、二項対立図式そのものが脱落しているのである。

ニーチェにおいても、大乗仏教の究極たる鎌倉新仏教においても、輪廻説は自ら破裂し自己解体すること、つまり無意味となることにこそ意味が有る、と言えるだろう。

註

（1）Vgl. Majhima-Nikāya I 429-431.
（2）Vgl. z. B. Dhammapada 95; Sutta-Nipāta 730.
（3）Vgl. z. B. Sutta-Nipata 740.
（4）Vgl. M. Eliade: Le Mythe de l'éternel retour— archétypes et répétition, Paris, 1949.
（5）F. Nietzsche: Zur Genealogie der Moral, KGW VI2 320.
（6）沖永宜司「禅言語の逆説構造——ヴィトゲンシュタインの規則論を手がかりに」『比較思想研究』第二六号、一九九九年、四六一四七頁参照。

（7）Vinaya-Piṭaka I 9-14.

（8）桜部建「原始仏教・アビダルマにおける存在の問題」『講座仏教思想』第一巻（理想社、一九七四年）二〇頁。

（9）Vgl. z. B. Dhammapada 202, 203.

（10）Vgl. z. B. Saṃyutta-Nikāya III 67-68: Vinaya-Piṭaka I 14.

（11）Udānavarga 1・3.

（12）桜部建、上掲書、二一頁。

（13）水野弘元『仏教要語の基礎知識』（春秋社、一九七二年）一三二頁。

（14）同。

（15）Vgl. Platon: Phaidon 72E-77A; Phaidros 245C-257A.

（16）Platon: Politeia 617D.

（17）Vgl. a. a. O. 620A.

（18）Heraklit, Fragment 30, 31 (Diels und Kranz: Die Fragmente der Vorsokratiker).

（19）ibid. 14 A8a.

（20）鈴木幹也『エンペドクレス研究』（創文社、一九八五年）参照。

（21）Nietzsche: KGW V_2 11［141］.

（22）KGW V_2 11［143］.

（23）詳細は拙著『ヨーロッパの仏陀』（理想社、一九九八年）、特に第六章と第七章を参照されたい。

（24）KGW VII_2 26［35］.

（25）Nietzsche: Ecce homo KGW VI_3 295.

（26）KGW VIII_2 11［82］.

（27）一遍『播州法語集』三七。

（28）同、二六。

他界表象の意味すること

他界表象は人間が皆死ぬから生じるのだろう。だがこれは決して自明ではない。ところで、「死」の観方には大別して二つある。人間が死んでも「霊魂」は死なずあの世へ行くという、死を生から死後への通過点とする観方と、死は生の完全な終結ゆえ、霊魂不滅も死後の世界も迷信だと否定する観方である。だが両者は生と死とを時間の前後関係及び連続性から捉える点では共通している。あらゆる対概念と同様に、生と死も、一方が因となることで他方が縁として生じる因縁所生のものだが、我々は因を忘却することで縁を実在的だと思い込む。問題は、生死一如から生と死の分離がいかにして生じるかにある。ところで他界が死者の趣く場処であり、死が代替不可能であるかぎり、他界の成立は自己同一的主体たる「我」「霊魂」概念を前提とする。霊魂概念の原初的形態は生者と死者との差異に求められ、その最も明瞭な指標は「息絶える」という事実にある。古代人は死を「息」や「気」の肉体からの離脱だと考えていたし、語源的にも息や気は同時に霊魂や心を意味する。日本語でも「息」は同時に「生き」である。死とは息=生が肉体を離れて「外」へ行く（逝く）ことだというこの観念は、死が生の「外」から来るという通念と方向性こそ逆であるが、死と生とを分離して実在的と見なす点では同じ前提に立つと言える。

他界表象の中で最も体系的な応報審判説において、生前の善悪業が「因」となり、霊魂の趣く場処及び死後の運命がその「果報」と見なされる。因果応報・因果関係が他界表象の基本を成しているのである。しかも因果もまた対概念として生死と同一構造を持っている。かくして他界表象成立への問いは、因果関係・時間・生死の諸概念の関係への問いとなる。出発点は、死後の世界が生者の死んだ「後」に趣く世界であり、死は生の「後」から来るという我々の一般的な生死観である。生と死とを前後関係で見ることは、構造上、時間を前後関係で見ることに等しい。では時間の前後関係はいかにして生じるのか。

時間は単なる今連続ではない。時間は、今の流れが何らかの仕方で分断され、その破片が繋がって過去―現在―未来の鎖を成すことによって生じる。過去は今が過ぎ去るだけでなく、現在に再帰して初めて過去と成る。過去は常に現在との関係でのみ生じる。このことは時間の不可逆的前後関係が時間の逆転とそれの忘却に基づいていることを意味する。また時間は因果必然性の表現と見なされている。すると因果関係そのものも因果の逆転によって生じ、何ら事実ではないことになる。ではなぜ我々は原因を詮索せざるをえないのか。それは人間がこの世の不条理に苦しみ、現実に不満を覚え、その責任を追及し、それを何者かに転嫁しようとするから、つまり犯人を探して復讐したいからだろう。だがその復讐欲が外へのはけ口をもたない場合、方向を変えて自己自身へ向かい、自己は分裂する。これとともに行為・作用は二重化し、その原因として責任を負うべき主体即ち「我」や「霊魂」が虚構される。復讐欲・原因探索欲・責任賦課欲は連動しているのである。ところで、自己分裂した苦悩者の復讐は常に「外」に向かうが、外にはけ口をもたないのだから、彼の苦の原因は自己の内の外たる「過去」に、苦の解消は「未来」に求められることになろう。未来は願望・期待という形で過去を逆方向へと延長したものにすぎない。過去へ向かうのも未来へ向かうのも「別様で有りうる」ことへの信仰ゆえであり、その根底には世の中の不条理に対する怨恨がある。だが世界をこの世に限定する限り、世の中の不条理は善因善果・悪因悪果によっては解消されえない。そこで人間は苦の不条理を拒否しつつ苦の一層包括的な原因を求めて過去世・前世を、業の果報を求めて来世・後世を構想する。ここに応報審判型他界表象の一方の代表たる「輪廻転生」型の中核を成す「業説」「三世思想」の下図は描かれている。ではもう一方の「最後の審判」型はどうか。これの革新は時間の終末に「審判」という、無意味な時間の有意味化システムを導入した点にある。天国（永生）と地獄（永遠の死）との対照が因果応報への信仰と復讐欲から生じることは言うまでもない。そして「我」の持続性ないし「霊魂不滅」は原因探索の執念深さ即ち責任賦課への飽くなき欲求の反映に他ならない。それは地獄で罰を受ける自己同一的主体を必要とするからである。善人が地獄へ落ちるのも、罪人が天国へ行くのも不合理だから。そして生前の善悪業に応じて霊魂の趣く場処が六道であり、天国・地獄である以上、「他界」もまた霊魂と同時に成立する。善人のいない天国、罪人のいない地獄など無意味だから。そして地獄が異常にリアルで具体的なのは、それが最初から罪人を罰する場処として仮構されたからだろう。地獄とは、この世に生きて苦しむ生身の人間のルサンチマンの坩堝なのである。地獄を表象しやすいのは、それが我々の肉体という現象に根をもつからであり、それを生み出す人間が「生地獄」にいるからだろう。他界は現世の反映なのである。それゆえ天国・楽土の記述が抽象的なのも、現に生きる人間がそれらを現実の苦の欠如態としてしか表象できないからであり、その美や壮麗さも現実逃避願望の投影として貧弱にならざるをえない。天国・楽土もまた地獄と同様にこの世の反映であり、現世の延長上にあるということになる。祖霊型やミイラ型のような「現世拡張型」他界表象は、他界表象の根がまさに「この世」にあることを、その単純素朴さゆえに却って物語っていると言えよう。それゆえ、他界とはこの世に生きる一つの生き方であり、他界を考察することは、まさにこの世に生きる人間の生死を考察することに他ならない。そして、あの世を生み出すのがこの世の人間である以上、生身の人間ほど迷いに満ちた存在者はない。

図書新聞書評

超一級の、だが極めて「暴力的」なニーチェ解釈――形而上学の「完成者」としてのニーチェ

現代思想の汲めども尽きぬ源泉ニーチェが没して百年。数あるニーチェ解釈の中でも、ハイデガーの『ニーチェ』（一九三六―四一年の一連のニーチェ講義を、ハイデガー自身が改変・削除・補足して一九六一年にネスケ社から出版）は、良かれ悪しかれ、後のニーチェ研究に決定的影響を与えてきた。彼の解釈は、確かにニーチェ哲学に関する緻密で洞察力に富む解釈なのだが、肝心のニーチェはハイデガー自身の壮大な思想の下に埋もれてしまう。それは超一級の、だが極めて「暴力的」なニーチェ解釈なのである。

ハイデガーは何十年間もニーチェを気にし続けた。当然そこには解釈の変遷がある。しかし、彼のニーチェ解釈の中心に上述のニーチェ講義が来ることに異論はあるまい。これらの講義は、最初のうちは徹底してニーチェに即していたが、その後次第に「批判」の色を強めていく。しかしこの批判は同時に、ニーチェの形而上学の「完成者」としての偉大さをも際立たせる。この点で最も印象的なのが、本書つまり一九四〇年の講義『ニーチェ、ヨーロッパのニヒリズム』であろう。

本書を概観しておこう。――ニーチェはプラトン以来の西洋形而上学の歴史を「ニヒリズム」だと看破した。その際ニヒリズムの本質は価値思想から把握され、価値喪失、価値転換という形で批判・克服の対象とされる。力への意志が価値設定の原理であるから、ニヒリズムの克服は、有るもの全体を力への意志として解釈することになる。新しい価値設定は力への意志の形而上学である。つまり価値転換とは、力への意志を基礎として有るもののすべての規定を価値へと転換することである。さて、ニーチェは反プラトン主義を自認する。だが「逆転」という形で、実はプラトン主義に囚われている。人間＝理性的動物の「理性的」が「動物」へと逆転され、これが力への意志の主観主義と結合して価値思想となる。プラトンは有をイデアと考え、ニーチェは価値と考えた。イデアが価値に直結するわけではないが、二人とも有を有るものから、有るものへと向けて問うだけで、有を有として問いはしない。ニーチェの真理概念も、主体－客体－関係、表象－対象－関係に基づく伝統的な真理概念「認識と有るものとの合致」ないし「確実性」に止まっている。ニーチェは価値思想ゆえに、本来「有概念」である「無」（ニヒル）を真難に受け止めなかったため、せっかく西洋形而上学の歴史をニヒリズムだと看破したものの、それを一層根源的に「有の忘却」へと向けて問うことができなかった。だからニヒリズムの克服を自負するニーチェ自身の「古典的ニヒリズム」そのものが、結局は、力への意志の無制約的主体性の形而上学に止まり、それ自身ニヒリズムに止まっている。ニーチェの形而上学は西洋形而上学の「完成」であり「終末」である。

ただし、最も遅く来る者が必ず「終末」になれるわけではない。ハイデガーの関心も単なるニーチェ「批判」にはない。ニーチェが「終末」でありうるのは、形而上学の諸可能性を汲み尽くした「完成者」にして初めて、「有の真理」の問いへの移行を準備しうるからである。だから「完成」ないし「終末」は、飽くまでも両義的だと考えられるべきである。因みに、本書の特徴として、「有るものへの人間の関係」を論じる際にプロタゴラス、デカルト、ニーチェの三者を鮮やかに対比していることが挙げられるが、これなどさすがにハイデガーならではの手並みだろう。

だが〝それにしても〟という思いは、やはり残る。ニーチェは「古典的ニヒリズム」などとどこでも述べていないし、ニーチェがニヒリストを自称したというのも疑問である。また、ハイデガーの有の問いを認めた上で、敢えて提出したくなる問題もある。ハイデガーの解釈に反して、ニーチェの価値転換とは、むしろ価値という観点そのものからの脱却なのではないか？　超人を計算的悟性に基づく「大地の支配者」と見るハイデガーの解釈はやはり暴力的すぎはしないか？

訳者は「この講義には、第二次世界大戦勃発直後の険しい雰囲気が影を落としており、それはしばしば『反復』のなかでいろんな時事問題が言及されていることからも読みとれる」と言う。そういえばハイデガーは一連のニーチェ講義を、後に「ナチズムとの対決」だと述べた。「厳密に講義ノートに」拠った本書が今回翻訳されたことで、改変・削除のあるネスケ版『ニーチェ』との比較が可能になった。比較というなら、ニーチェ講義を第二の主著とされる『哲学への寄与』（一九三六―三八年執筆）と比較する必要もあろう。さらに、ハイデガーのニーチェ解釈、彼がその解釈に際して用いざるをえなかった問題多きグロース・オクターフ版ニーチェ全集、現在刊行中の厳密な校訂に基づく批判的ニーチェ全集、これら三者の比較も重要だろう。

ハイデガーの思惟を真摯に受け止め、同時に彼の暴力的な解釈からニーチェを救ってやること、ニーチェ解釈者は皆この困難な課題に曝される。本書を含むハイデガーのニーチェ講義は今なお私達を挑発して止まない。

書誌情報

マルティン・ハイデッガー著

薗田宗人、ハンス・ブロッカルト訳

『ニーチェ、ヨーロッパのニヒリズム（ハイデッガー全集第48巻）』創文社

真理の現成を憧憬する祈りに満ちた思索——著者の問題意識は深く鋭く、その思索は慎重かつ重厚

ニーチェが「次の二世紀の歴史」として「ニヒリズムの到来」を予言してから既に一世紀以上経過し、彼の言葉が真実であることは充分に証明された。なるほど、かつて流行した「ニヒリズム」という言葉も最近では滅多に聞かれなくなった。宗教はリアリティを喪失したはずなのに、次々と新しい宗教が興り、むしろ隆盛をきわめているかのようだ。だが、こういう事態こそニヒリズムが深く広く振興した徴候なのだ、と著者は言う。現代世界において宗教という事柄を我々に最も先鋭的に突きつけつつ、思索の場から隠れてゆく「ニヒリズム」を明示しようと試みるのが本書である。著者の問題意識は鋭く深く、その思索は慎重かつ重厚である。安直で性急な結論ほど著者の姿勢から遠いものはない。

本書は三部構成で、各部には三章ずつ収められている。必ずしも有機的ではなく、各章はそれぞれ別な地点から思索が始まり、同じテーマにつながっていく。こういう構成のため却って本書は幅と奥行きを得ている。第一部では、ニヒリズムの思索がどういう仕方で可能かを考察し、その哲学的思索の例としてニーチェと西谷啓治とを取り上げる。しかしニヒリズムを「超克しよう」という両者の英雄的な態度は、ニヒリズムの進行を阻止するどころか、追い越してしまう。ニヒリズムは第一義的には存在自体の事柄であって、それを人間が超克することなど不可能なのだ。そこで著者は彼らに共感しつつも袂を分かち、この世界化したニヒリズムの歴史性を実存の場面に解消することなく主題化したハイデガーの「思索の歴史の始源」という考え方に手がかりを求める。ハイデガーは、ギリシア人の経験に始源をもちニーチェ哲学に終末する西洋の思索の歴史を存在歴史と呼び、我々は今この歴史の終末に立つからこそ、その始源を省察せねばならない、と語る。ただし「始源」は歴史学的な始まりを意味しない。むしろ事柄の生成を衝き動かしつつ今なお

現成せるものであり、「将来的なもの」である。始源を創造的に将来へもたらすことは、最初の始源を単に繰り返すことではなく、別の始源へ移行することである。この最初の始源の終末と別の始源への移行の時、ニヒリズムは逃げ去った神々がもはや無く来るべき神々がいまだ無いという「二重の窮境」の衝迫として現れる。著者は、ニヒリズムの超克を目指すのではなく、ニヒリズムという窮境の迫る始源的な思索を持ち堪えるハイデガーに親近感を抱きながらも、その思索の内実をハイデガーに求めはしない。なぜならハイデガーの始源的思索と「我々の」ニヒリズム経験とでは根本気分が同一ではないからだ。それは、現代技術の進歩がハイデガーによる近代技術の本質の思索とではまったからでもあるし、ハイデガーと我々とが「伝統」を異にするからでもある。そこで第二部で、著者は始源への思索に関し、我々がどこに立ち、どこへと問い索めるかを明らかにしようと試みる。これは伝統という事柄をどう受けとめ、何を自分の伝統とするかという問題にほかならない。著者は先ず、仏教における始源的な思索の在り方を大乗仏教徒の経典制作に着目して論じつつ「伝統の創出」という問題へと進んでいく。現代科学技術者は本質的に伝統の創出を不可能にする。伝統の創出という仕方での始源の思索は、それ自身が不可能だという事態に投げ返される。だが、まさに投げ返されたところこそ、我々の始源的な思索の出発点となる、と著者は言う。そこでは、古人との同定によって共同空間を開き出すことはできないが、その共同空間の外にしか立てないという自覚を共有する「我々」を開くことはできる。それは真理を把握する「我々」ではなく、真理を憧憬する「我々」だ。真理の現成に向けて準備しつつ待つことこそ「我々」の取り得る唯一の態度だとする著者は、ニヒリズムに対して即効薬の処方を探るという道は辿らない。この姿勢が著者の思索を貫いている。更に、伝統という自覚的な仕方とは別に、我々に潜在する宗教的観念の一つとして死後の「他界」も扱われ、他界表象をもつことは実は我々がこの世に住み込む方法の一つだと結論される。以上によって、始源への問いが、自己における自己の始源への問いにほかならないことが明らかになったわけだが、第三部は「我々」とは何ものであるか、と問いつつ「自己」を省察する。その際、近代的自我との関係及び距離を測ることが、現代世界で自己を考察する場合の手がかりとされ、「近代の自己の変容」「世界像とリアリティ」両章では、現代世界における全体的なリアリティの喪失が緻密に論じられ、最終章「布施と供儀」では、深さを失った現代世界の中でなお立ち上がり得る「私」を問い求める。それが我々のなし得る真理への憧憬だから、と著者は言う。

個々の哲学者に対する著者の解釈には異論もあり得るだろう。著者の問い索めとは全く異なる方向もあるだろう。しかし、著者の現実認識の重さ、何事にも真剣になれないという我々の「窮境」を真正面から見据えて真剣に思索する姿勢、着想の豊かさには脱帽である。著者の今後の思索を楽しみにして待ちたい。それにしてもニヒリズムは確実に深く広く速く進行している。ニーチェやハイデガーや西谷、そして我々が考えている以上に。

書誌情報　氣多雅子著『ニヒリズムの思索』創文社

明快で新鮮なアメリカのハイデガー――難解で知られるハイデガー哲学の最も明快な解説

「アメリカ人の書いた『存在と時間』のコメンタリー」と聞けば、それだけで誰しも怪訝さを感じると同時に好奇心をかきたてられるだろう。それほどまでに現代のアメリカ社会とハイデガー哲学とは相性が悪い。ハイデガーが同時代の診断を通して予見し警戒していた事態を実現した社会がこれまでにあったとすれば、それは間違いなく現代のアメリカ社会であろう。例えば、ハイデガーの主著であり二〇世紀の最も記念碑的著作である『存在と時間』において分析された、日常的世界に埋没した「世人」(das Man)や、彼が終生変わらずに批判の的とした存在論的概念である「事物的存在性」(Vorhandenheit)要約するなら「存在忘却」という事態は、テクノロジーの高度に発達したアメリカ社会をこそ言い当てているように思われる。それだけではない。現代の哲学的潮流から見ても両者は相性が悪い。反形而上学的で科学主義的な論理実証主義を背景として生れた現代アメリカ哲学の主流「分析哲学」からすれば、ハイデガーの存在論は無意味な言葉の羅列、悪しき形而上学の代表格と目されてきたし、ハイデガーからすれば、数学的物理学を理想として社会や人間を科学的に理解可能だという広義の分析哲学的発想は存在忘却の極みに他ならないだろう。

この点で、一九六〇年代からフッサール、ハイデガー、メルロ=ポンティなどの「大陸哲学」の思想家たちを精力的に論じ、二〇年以上も『存在と時間』について講義してきた本書『世界内存在』の著者ヒューバート・L・ドレイファスは、アメリカ哲学界の例外者かもしれない。だが、彼の問題意識は極めてまともで、しかも明確である。第一に、分析哲学およびこれと発想を共有する人間科学を、プラトン以来の西洋哲学の理論中心主義とその近代版である表象主義の完成と見なして、これを徹底的に批判すること、第二に、批判・告発するにとどまらず、その代替案を提示することである。これは彼にとって、ハイデガーやメルロ＝ポンティの思惟を現代において受け止め直し、具体的に仕上げることに他ならない。ドレイファスの著作は、これまでにも『純粋人工知能批判』（アスキー出版局）や『コンピュータには何ができないか』（産業図書）などが日本語訳されているが、これらにおいても、彼は人間の知的能力を人工知能によって完全に再現できるとするコンピュータ科学者の主張に現代版の理論中心主義・表象主義を看て取り、その根本的欠点をハイデガー的な世界内存在やメルロ＝ポンティ的な身体的実存の現象学的事実に基づきながら批判している。

さて、本書『世界内存在』だが、ハイデガーの『存在と時間』のコメンタリーとして書かれた本書もまた、上述の観点から論述がなされている。ただ、本書の最大の特徴は『存在と時間』の第一部第一篇、つまり非本来的日常性のみを解釈の対象としていることだろう。著者自身この部分が「最も独創的で重要な部分だ」と断言している。それは、この部分が西洋哲学の理論中心主義・表象主義を現象学的・存在論的に批判するという著者の問題意識に最も合っているからだろうが、それだけではない。著書によれば、不安、死、決意性、本来性、時間性、歴史性などを扱う第一部第二篇が「第一篇よりはるかに粗雑な出来であって、実際のところ整合的な読みができないくらいいくつかの重大な過ちを含んでいる」からである。このような著者の解釈の基本方針に対しては、当然のことながら、第二篇を詳細に検討せずに第一篇をまともに解釈できるのかという異論・反論が、特にハイデガーの哲学的文法に忠実たらんとする日本のハイデガー学者から出されるだろう。たしかに、第一部第二篇を人間の生き方をめぐる「心理学」と解して「存在論」から切り離す態度は、第一篇と第二篇との関係をどう解釈するかが大問題であるだけに問題そのものの無視であり、『存在と時間』全体を存在論として理解すべしというハイデガーの指示に反するものではあろう。また、日常性から本来性への運動を予想せずには日常性の記述自体が不可能ではないかという立場からすれば、第一篇の『存在と時間』の解釈だけでは少々食い足りない思いがするのも事実である。しかし、強引だからこそ、ドレイファスの本書には『存在と時間』の他の研究書や註釈書にはない魅力がある。ハイデガー現象学は何をどのように解明しようとしているか、フッサール現象学との違いはどこにあるのか、ハイデガー独特の術語はどう理解されるべきであって、どう誤解されるべきではないか、などを極めて明瞭かつ鮮やかに描いて見せてくれる。だいいち、数あるハイデガー解釈書の中で、質を落とさずにこんなに分かりやすく書かれているのは本書だけではなかろうか。日本語訳がこなれていて、文体の統一も驚くほど取れているというのも一因だろう。だが何よりも、著者ドレイファスがハイデガー哲学を我が身に引き受けて、アメリカ哲学内部での論争という具体的状況から論じているためであろう。サールやデイヴィドソンの行為論に対する現代版表象主義だとの批判、ハイデガーの言う「存在了解」が反表象主義の点でデューイのプラグマティズム、ライルの行動主義、後期ウィトゲンシュタインの思想と近いという指摘など、現代哲学の諸問題を考える上での刺激にも満ちている。ハイデガーが今なお現代哲学の源泉たりえていることを実感する。解釈はかくあるべし、である。

オーソドックスなハイデガー学者は本書に対してどのような反応を示すだろうか。ともかく、ドレイファスのコメンタリーが、難解で知られるハイデガー哲学の最も明快な解説であることだけは間違いない。

書誌情報　ヒューバート・ドレイファス著　『世界内存在――『存在と時間』における日常性の解釈学』産業図書
門脇俊介監訳・榊原哲也他訳

ハイデガーのナチズム関与は彼の哲学の本質に根差すのか——真摯な批判は難しい

前世紀最大の哲学者ハイデガーが没して四半世紀を経た今、全集の刊行も着々と進み、彼の思惟をそれ自身に即して理解するだけでなく、彼への、そして彼からの影響を多角的に考察しようという試みも目立って増えてきている。四半世紀とは我々がハイデガーに対して距離を取るのに要した時間なのかもしれない。だがこのことは、ハイデガーが過去の人になったということでも、ハイデガー哲学が現代的意味を減じたということでもない。むしろ、彼が予見し警鐘を鳴らした事態はますます深刻の度を増している。存在が忘却されて、大地の利用（技術）だけが栄え、大地の恩恵を受け取ることができなくなってしまったという事態である。こうした現代において〝思惟には何が為しうるか〟と我々が問う場合、ハイデガーが将来にわたって重要な思想家であることに変わりはないだろう。

だが、輝かしい業績を誇ったそのハイデガーにも、生前から或る暗い影ないし経歴上の汚点が常に付きまとっていた。それは、ハイデガーのナチズムへの政治的アンガージュマン、具体的には、一九三三年に行われたハイデガーのナチ党への入党である。ハイデガーが間もなく自分の過誤に気づいた（らしい）ことは、『シュピーゲル対談』で為された彼自身の弁明からも明らかだが、それにもかかわらず今なおその政治的責任を追及する風潮は根強い。それは大抵の場合、皮相かつ興味本位で、悪意に満ちている。その代表は、邦訳もされ話題ともなったファリアスの『ハイデガーとナチズム』だろう。だがそれにしても、ハイデガーのナチズムへの関与は彼の哲学の本質に根差すことなのか、それとも単なる一時的な錯乱、些細な瑕でしかないのか、はたまた哲学者の場合も業績と人格とは一致しないものなのか、あるいは一種の有名税なのか、それともかつてのプラトンがそうだったように、哲学者が政治に首を突っ込むと不幸にならざるをえないということの証しなのか。本書『ハイデガーと実践哲学』は四部構成（I政治的次元、II倫理的基礎付け、III諸科学に対する衝撃、VIハイデガーの周辺）で、執筆者一四人、合計一五篇の多彩な論文を収めているが、ナチズムへのハイデガーの関与を彼の思惟の本質に由来すると見る点では概ね一致している。ただ、それをどこに見るかによって、少しずつ論者の主張が異なるようである。逆に言えば、「実践哲学」を標榜してはいるが、本書には概して統一的テーマと呼びうるものが他に無いということでもある。たしかに刺激に満ちてはいるが、ハイデガーに対する悪意も、誤解も、浅薄な解釈も、杜撰な引用も見受けられ、玉石混淆という印象を拭いきれない。ある意味では、寄せ集めによる論文集の宿命かもしれない。

ともあれ、本書の第一部で、ペゲラーは「ハイデガーは自分を政治的にどう理解していたか」と問い、ハイデガーが一方では政治に対して多くを要求しながら、他方では指導者あるいは総統の行動が孕む危険を誤認し、またその裏返しとして現状の全面拒否に陥っている、とその政治的姿勢の抽象性を批判し、オットはハイデガーとナチズムとの関係に歴史学的考察を加え、フランツェンはハイデガーのナチス・アンガージュマンの要因の一つが彼の「堅固にして重厚なものへの憧憬」にあると述べ、シュヴァンは『存在と時間』での現存在の実存論的分析や『芸術作品』論文その他での「作品」の分析、また形而上学史の解釈の点でハイデガーを卓越した哲学者だと認める反面、「後期ハイデガー哲学」での時代批判は独断的かつ千篇一律で、政治についての思惟は実践哲学たる資格をもちえないと厳しく批判する。なおここで、ペゲラーとシュヴァンとの間に、ハイデガーの思惟の政治的意義をめぐりかつて論争があったことを紹介しておこう。第二部で、ヘルトはハイデガーの政治的態度が「根本気分」に関する彼の現象学の一面性、ポリス－公共性の世界性格や民主主義の独自性の誤認に基づいていると指摘し、「『存在と時間』におけるハイデガーの行為概念」（ゲートマン）、「ハイデガーと実践哲学」（ブラウス）、「ハイデガーとヘルダーリン」（ゲートマン＝ジーフェルト）と続くが、いわゆる理論－実践と本来性－日常性との間にパラレルな関係を見るゲートマン論文に少々面白みがあるものの、他はハイデガー哲学を誤解しているようにしか思われない。第三部ではハイデガーが教育学（マイヤー＝ドラーヴェ）、芸術学（ゲートマン＝ジーフェルト）、神学（シェフラー）に与えた衝撃が、第四部ではナトルプ（ヴォルツォーゲン）、ナチズム（ノルテ）、アーレント（フォルラート）、レヴィナス（ペパーザーク）との関連が論じられている。

ハイデガー哲学に対する安易な批判は、ハイデガーが現代に対して突きつけた根本的な問いから身を躱すだけのことではなかろうか。いずれにせよ、真摯な批判は難しい。

書誌情報　A・ゲートマン＝ジーフェルト／O・ペゲラー編『ハイデガーと実践哲学』法政大学出版局
下村鍈二・竹内明弘・宮原勇監訳

「生きた自然」の「現象」の学へ――メルロ＝ポンティを読み解く

メルロ＝ポンティという名を聞けば、誰しも真先に「身体」という言葉を思い出すに違いない。西洋近代思想の骨格の一つは、心身（物心）二元論である。これは有限な肉体と不死なる霊魂とを峻別するプラトン主義的―キリスト教的な宗教的霊肉二元論から生じたものだが、その伝統のもとでデカルトは精神と身体（物体）を根本的に異なる実体と見なした。近代の主観―客観の図式も近代科学精神も、この二元論を背景にもっている。これによれば、自然科学の対象となる自然は人間主観によって認識される客体と見なされ、分析され、数量化され、因果関係で説明されるメカニズムであり、人間の身体もその一つにすぎない。

こうした近代科学の機械論的自然観において、自然からそれ自身の目的性が排除されるとき、自然に目的を与えるのは人間の意志だということになる。近代科学の発達は、自分の目的に従って自然を支配する能動的な人間観と結びつき、自然法則の認識によって自然はますます技術的に操作されるようになった。遺伝子操作、クローン技術など、現代のテクノロジーの発達もその線上にあると言える。このような機械論的自然観への批判として、これまで自然の合目的性を想定する目的論的（生気論的）自然解釈がなされてきた。では、メルロ＝ポンティはどうか。フッサールの現象学を継承する彼が現象学的還元を行なう場合、それは既に機械論的自然概念への批判を前提としている。それでは彼は、生気論や超越論的意識の領野へと回帰するのだろうか。著者によれば、客観的自然か、超越論的意識か、という二者択一的な問題ではなく、行動し、知覚する身体としての主観が帰属している「自然」とはいかなるものか、という問題にこそ、メルロ＝ポンティが「身体」に執着した意義がある、と主張する。

本書は、メルロ＝ポンティ（一九〇八－六一）における、客観的自然概念を越えて根源的な「生きた自然」が問題となる場面を現象学的に解明しようとする試みである。その際、処女作『行動の構造』（一九三八年脱稿、一九四二年公刊）の第三章と、それから約二〇年後になされた「自然の概念」講義（一九五六年から、一九五八年－五九年学期の中断をはさんで、一九六〇年まで）が丹念に解釈される。特に後者は重要であろう。これは一九九五年に、メルロ＝ポンティの自筆講義草稿や聴講者のノートを基にして『自然』と題して出版されたものであり、著者はこの講義ノートを手がかりに、「メルロ＝ポンティ晩年の思想の一部分としての、自然についての思考の再構成」を行なうのだが、本書の独自性は、シェリングやホワイトヘッドとメルロ＝ポンティを結ぶ地点に「生きた自然」の「現象」の学を見て取ろうという著者の視点に現れている。本書のタイトルも著者のそうした野心から選ばれている。

さて、本書は三章から成り、第一章では、『行動の構造』第三章における物理・生命・人間の三秩序の理論が論じられる。これら三秩序は相互に「基づけ」と「統合」という形で一体となっているが、重要なのは、それらが相互に還元不可能であると同時に、生命の秩序では生気論が、人間の秩序では主観の自律性が批判されるように、下級の秩序なしには上級の秩序も成立しないということ、つまり物質に一切を基づける実在論も、精神から一切を意味としてとらえる観念論もともに批判されるということである。第二章では、講義「自然の概念」を主なテクストとして、デカルト、カント、シェリング、フッサールについてのメルロ＝ポンティの評価が詳述される。著者はここで、メルロ＝ポンティがデカルト存在論のうちに、一方では近代形而上学の特徴である対象の存在論を見、他方にそれを越えて行く身体の（心身合一の）存在論を見て、後者の系譜をライプニッツの「表出」概念から、シェリングにおける自然の自己形態化と観察主体の自然への内属へ、更には後期フッサールにおける構成に先立つ根源的自然（「大地」）へと辿って行き、それがメルロ＝ポンティ自身の「野生の存在」へと繋がって行くことを鮮やかに論じて見せる。カントの『判断力批判』に対するメルロ＝ポンティの微妙な評価に対する解釈も興味深く、評者はメルロ＝ポンティの問題意識から哲学史を読み直す貴重な経験をさせてもらった。第三章では、『行動の構造』の三秩序論の問題、一つは、これが人間を存在秩序の上位に置く階層理論だったこと、もう一つは、三秩序間の移行原理、つまり物質がいかにして生命となり、生命がいかにして人間となるか、があまり明確でないことが指摘され、約二〇年後の「自然の概念」講義における次元の存在論、とりわけ「肉」の存在論が詳論される。

メルロ＝ポンティの現象学は、生理学、心理学、言語学、生物学、芸術などの成果に開かれていたが、彼の研究書である本書もまた、著者の豊富な学識に彩られている。それ自体説明を要するテクニカル・タームを将棋の駒のように動かす手並みも見事だが、読者は相当の予備知識を要求されるだろう。「身体」や「肉」ほど人間にとって具体的で生々しい概念も無いはずだが、これほど我々から遠いものも無い、改めてそう感じる。

書誌情報　加國尚志著『自然の現象学――メルロ＝ポンティと自然の哲学』晃洋書房

哲学の対話はいかにあるべきか——和辻、九鬼、田辺の思想形成における西洋哲学との対決

情報のグローバル化に伴って異文化コミュニケーションの必要性が叫ばれて久しいが、これは口で言うほど簡単な問題ではない。かつての日本に異質な文化との出会いが危機的状況を生み出した時代は幾度かあった。その代表例は、何と言っても「明治維新」であろう。長い鎖国の後に、突然開国・近代化という一大断絶を経験した日本は、政治的・社会的・文化的に根本的な構造改革を迫られた。外来の異質なものが一挙に押し寄せた時、自己同一性を確保するための方策が採られる。和魂洋才の折衷主義や、東洋対西洋、日本対西洋という対決姿勢は、いずれも危機的状況への対応策だったと見ることができる。精神的・思想的状況も例外ではない。明治以降の哲学者たちは、儒教道徳や仏教の日本的伝統と新来の哲学やキリスト教の西洋的伝統とを橋渡しする必要に迫られた。その際彼らは精神の分裂に苦悩したが、この精神的危機は同時に新しい思想創造の機縁ともなった。初めは単なる輸入でしかなかったわが国の西洋哲学受容が、独創的思想を生み出すに至ったのは西田幾多郎以降のことであり、彼の哲学は異質な文化に接して自己の基盤を見失おうとしていた人々に新たな立脚点を示すものであった。彼の周りには多くの俊秀が集まり、いわゆる京都学派を形成する。最近、西田幾多郎を始めとして京都学派の学者たちを再検討する気運が盛り上がってきている。本書もまたその流れの中にある一冊である。ただし本書は西田の思想ではなく、彼が京都大学に招聘した和辻哲郎、九鬼周造、田辺元の思想形成の現場を見届けようという興味深い試みである。彼ら三者は西田の直弟子ではないが、彼の思想を受け継ぎ独自に展開させた。著者によれば、三者を含む後継者たちは独創性という点では多少西田に劣るものの、西洋哲学との対話を推し進めた功績は大きく、もし彼らの思索の展開が無ければ、西田とて京都学派という歴史的伝統の創始者とはな

りえなかった、とされる。その意味でも、西田とは異なる手法でそれぞれの思索を展開した和辻、九鬼、田辺の哲学を論じることには、哲学の対話とはいかにあるべきか、現在なおいかなる哲学が日本の伝統の中で可能であるかを探求する上でも大いに意味があると思われる。

こうした著者の問題意識から、本書では和辻、九鬼、田辺の思想形成における西洋哲学との対話、いやむしろ対決が明快かつ綿密に分析される。彼らはいずれも当時の西洋哲学の潮流に敏感で、それを先ず正確に理解した後に対決することで自己の思索を形成していった。その際特に大きな役割を果たしたのはハイデガー哲学である。この点は今や常識となっているが、本格的な研究が為されてきたとは言い難い。和辻の『風土』や「人間の学」としての『倫理学』はハイデガーの現象学なしにはありえず、九鬼もハイデガーの思想から様々な養分を汲み取ることで『「いき」の構造』や『偶然性の問題』のような優れた業績を残すことができた。また田辺に至っては、ハイデガーは師西田とともに生涯にわたる批判的対決の相手であり、「種の論理」にせよ、「懺悔道としての哲学」にせよ、『生の存在学か死の弁証法か』にせよ、ハイデガーの哲学は節目節目で重要な意味をもっていた。なお、三者ともほぼ同時期にヨーロッパ、特にドイツに留学しており、その上、田辺と九鬼はハイデガーと面識があり親しかった。以上のような次第で、ハイデガー哲学を和辻、九鬼、田辺らがどのように受けとめ、彼らがどのように自らの思索を構築していったかを解明し、彼らの思想の哲学史的位置づけと現代的意味および彼らの思想の限界を見定めようとする本書の試みは、従来の研究を補うもので注目に値する。

本書は三部構成となっている。第一部は、ハイデガーの基礎的存在論の構想を受容するとともに彼の空間性の軽視を批判して（この点は九鬼も田辺も同様）、日本で初の体系的倫理学を構築した和辻哲郎を取り上げ、異質な伝統との対話に基づいた解釈学的哲学の可能性を論じる。第二部では、他者との偶然的な出会いに永遠即瞬間としての現在の深みを洞察し、実存の一回性を慈しもうとする九鬼周造を取り上げ、矛盾対立するかに見える非合理的生と論理との新たな結合の可能性を提示する。第三部では、社会的変革の実践的主体となることを欲し、絶対転換の「即非」の弁証法的論理を駆使して「絶対無即愛」の根源的否定性の次元を切り開いた田辺元の思想と格闘し、弁証法的思索の新たな可能性とともに、哲学的思索の推進力となるべき「実践」の意味を明らかにしていく。

本書の最大の特徴は、ただ単に、和辻、九鬼、田辺がハイデガーをどのように解釈したかではなく、むしろどのように誤解したか、せざるをえなかったか、その誤解からどのようなそれぞれに独自な哲学が生れたか、更にそれをハイデガーは、もしそれが可能であったなら、どのように反批判しただろうかといった問題にまで踏み込んでいる点であろう。著者はこの興味尽きない問題を携えて、三人の日本人哲学者の根本思想を、西洋哲学に関する該博な学殖に裏打ちされた鋭い洞察力で綿密に読み解いていく。しかもその際、三者の思想をハイデガーを尺度として測り彼らの誤解を断罪するという安直な手法を採るのでも、一方的に日本人哲学者の方からハイデガーの思想を評価・批判するのでもなく、著者自身は常に彼ら四者から軽やかに身を浮遊させている。つまり飽くまでも公平である。何より四者の哲学的営為に対する著者の共感が根底にある。しかもそれらを発展的に継承しようという姿勢が本書を一貫して流れているために、読者もまた著者に共感をもつはずである。読者は本書によって、和辻、九鬼、田辺のそれぞれ独自な思索の世界に分け入り、歴史的現実に根差した思索とはどういうものかを目撃することになるだろう。

書誌情報　嶺秀樹著『ハイデッガーと日本の哲学——和辻哲郎、九鬼周造、田辺元』ミネルヴァ書房

「存在に関する学」に重大な変容を迫る「無」の思想

最近、京都学派関連の出版が相次ぎ、『京都哲学撰集』全三〇巻（燈影舎）も完結した。京都学派の思想を一冊に纏めて概観する本書の刊行は、実にタイムリーだと言える。

「京都学派」なる名称を七〇年前に戸坂潤が初めて用いて以来、様々な京都学派像が現れた。当初は西田幾多郎、田辺元、三木清が、やがては西田と田辺の弟子筋の高坂正顕、西谷啓治、高山岩男、鈴木成高が京都学派の代表者と見なされた。この四人が戦時中行った座談会での発言のために、京都学派は極右陣営から異端思想と見なされ、思想弾圧を受けた。戦後、京都学派像は大きく転換する。しかもそれは二つに分かれる。一方は、戦前の戦争協力を糾弾する左翼進歩人が形成した像であり、もう一方は、戦後まで自己の思索を展開した京都学派の学者たち自身の像である。後者は宗教哲学的色彩が濃くなってゆく。だが、京都学派の人材はこれに尽きない。西田の弟子にはマルキストもおり、三木と戸坂は獄死し、梯明秀は転向を余儀なくされた。他にも、精神史と科学論の下村寅太郎、精神医学の木村敏もいる。京都学派がこのように様々な方向性を孕んでいるとすれば、「京都学派」とは一体何か、それらに通底する思想とは何か、改めて問う必要があろう。編者の大橋良介はこの問いに答えて、京都学派を〈無〉の思想をベースにして哲学の諸分野を形成した、数世代にわたる哲学者グループ」と定義している。西洋の存在論とは別の哲学原理を含む「無の思想」を共有しているというこの主張の中に、評者は京都学派の伝統を背負っているのだという編者たちの強固なアイデンティティーと矜持とを感じる。

本書は二部構成である。第一部は様々な「京都学派」像がいかにして形成されたかを論じ、第二部は京都学派の「思想のポテンシャル」を扱っている。

第一部の諸論考のうち、第一章（服部健二）は、西田を囲む若い学生たちのマルクス主義受容、および三木と、その影響を受けてマルクス主義を受容した戸坂、梯、舩山信一の関係を生き生きと描いている。第二章（花澤秀文）は、戦中の軍事政権が西田哲学・京都学派を圧迫した事情を解明している。特に興味深いのは、京都学派の海軍（の一部）への協力のねらいが戦争の阻止、それが不可能になると戦争の速やかな終結にあったということを論じているくだりである。だが歴史は皮肉である。戦後の京都学派像は「戦争協力」のイメージによって規定され続ける。第三章（轟孝夫）は、糾弾者たる左翼進歩人の側にも、様々な錯誤や矛盾があったこと、京都学派が論者の政治的健全さを示すための「踏み絵」とされたために、戦後の日本が民族的なるものへの問いを忌避し、その結果、西洋形而上学の相対化をも不可能にしたことを鋭く暴いてみせる。第四章（D・ウィリアムズ）は、欧米の日本研究者の一部に根を張る京都学派批判に対する京都学派擁護を内容としており、第五章（林永強）は、現在の中国および韓国における京都学派への関心のありかと研究の現状が初めて紹介されている。なお、巻末の「京都学派の総合年表」（米田俊秀）は、戦前から戦後に至る京都学派関連事項を一覧しうるものであり、まさに労作である。

第二部は、京都学派の現代思想としてのポテンシャルを論じた七つの論文から成っている。それらを貫いているのは、ギリシア以来西洋哲学の本質である「存在に関する学」に重大な変容を迫る「無」（絶対無・空）の思想のポテンシャルだと言うことができよう。ここでの内容紹介は不可能であるから、タイトルを列挙するに止めざるをえない。

第一章「科学思想――田辺元の科学哲学」（田中裕）、第二章「技術思想――西田幾多郎と三木清」（秋富克哉）、第三章「美学思想――影像のポイエーシス――西田幾多郎の思索から」（小林信之）、第四章「教育思想――〈ミメーシス〉と〈うつし〉――人間形成論の試み」（小林恭）、第五章「言語思想――〈場処としての言葉〉」（大橋良介）、第六章「歴史思想――〈世界＝歴史〉の思索共同と諸差異」（森哲郎）、第七章「宗教思想――現代思想の歴史的境位との関連で」

（松丸壽雄）

これらの諸論文は、いずれも執筆者各自が西田や田辺、三木、西谷などから刺激を受けつつ自己の思索を展開しようとしたものである。編者も「序」で語っているように、「思想のポテンシャル」とは元来そういうことを言うのだろう。また、京都学派が従来主に展開してきた歴史思想と宗教思想以外の諸領域に対する踏み込んだ議論をも知りえたことは、評者にとって望外の幸せであった。

最後に、本書を通読して思ったことだが、本書は京都学派の伝統を我が身に引き受け、更に新たな伝統を創出しようとする学者たちの気迫のこもった論文集である。京都学派の思想の強靭さは、そういう不断の精進に支えられているように思われる。

書誌情報　大橋良介編『京都学派の思想――種々の像と思想のポテンシャル』人文書院

次世代に託す仏教

――大乗の「空」哲学からのアプローチ

理解し得るという虚構

凶悪犯罪が起こるたびに道徳心の欠如が叫ばれ、日本人の無宗教性に根本的問題があるとも言われる。確かに、生活の安楽・利便・合理性だけを追求する現代日本人には、道徳を疎《おろそ》かにし、宗教を単なる習俗や迷信と見なす傾向が強い。だがその一方で、神仏の現世利益《げんぜりやく》を宣伝する宗教活動も相変わらず盛んである。とすれば、こう問わずにはいられないだろう。「科学技術がすべてを支配している現代日本に宗教の果たす役割は残っているのか、宗教には科学技術を超えうる力があるのか、そもそも宗教とは何か、宗教と道徳とは同列に論ぜられるべきものか」と。

科学にせよ技術にせよ、それが人間の営みである限り、どこか因果律《いんがりつ》への〝信仰〟を宿している。因果律の根本は、ある事象を単なる事象とは見ずに「結果」と見ることにある。もちろん、結果にはそれらを惹起《じゃっき》した「原因」がなければならないから、原因と結果は互いに他を必要とする相補的な対の概念である。

さて、因果律が成り立つには、①因と果とは互いに区別され、②因は果に先行し、③因は果を惹起する特定の性質（自性）をもつ等の条件を満たさねばならないが、これらはいささかも自明ではない。だから因果律も真理ではない。むしろ日常的経験に基づいた極めて粗雑な虚構なのである。

それは概念的認識・論理的思考、仏教で言う「分別知《ふんべつち》」に基づいている。分別とは分けることであり、判断とは物を半分に分断すること、分析とは物を分けて折《さ》くこと、理解とは物に理《すじめ》をつけて分解することを意味する。通常私たちが物事を概念的に認識する場合、私たちは無意識のうちに、一連の生成変化を固定し、それを諸要素に分割した後に、それらを因果関係として結合し直している。それは、映画のフィルムが多くのコマから成っていて、それらがランプに次々と照らされるとスクリーン上で影像が動くように錯覚するのと同じである。だが物は絶えず生成する一にして分割を許さぬ全体であるから、固定・分解されれば破壊されてしまう。それでも私たちは因果律を信じて疑わない。それはなぜか。因果律が事後構成的であることに鍵があるように思われる。

例えば、殺人事件が起こったとしよう。私たちは通常そこに犯人を想定し、犯人には犯行時に相手を殺すか否かという二つの選択肢が既に存在していて、彼はいずれか一方を自由意志によって選んだと考える。だがこれが既に錯覚である。そもそも私たちがある時点で実現する行為はただ一つであり、それ以外は現に為さなかったのに、私たちは行為の後に当時の状況を振り返って、それ以外の選択肢も可能だったかのように思う。こうして生じた仮想の複数の選択肢の中からその行為を選んだのは、何らかの意図があったからだと思うのだが、これが実は錯覚なのである。その根底には、責任を負うべき主体（犯人・加害者）を特定し、これに怨《うら》みを晴らし、復讐したいという感情がある。人間は原因のない不幸や苦しみには決して堪《た》えられないのである。このように私たちが日常のあらゆる場面で因果律に則《のっと》って生活しているということは、人間が「行為には必ず意図がある」と思い込み、それを自然現象などのあらゆる事象にも適用していることを示している。それほど私たちは現実の不幸や災厄に苦しんでいるのである。

道徳と因果律

このように、科学的因果律の根本には道徳的応報律《おうほうりつ》への期待がある。道徳は一般に、人間が社会生活で善悪・正邪を判断し、正しく行為するための規範で、人間の良心と義務感によって支えられ、法律とは違って外的強制力としてではなく個人の内面的原理として働き、これに違反すれば良心の呵責《かしゃく》に堪えねばならぬとされる。そして、道徳の根本には「因果応報《いんがおうほう》」、すなわち善因善果《ぜんいんぜんか》、悪因悪果《あくいんあっか》、つまり善い行為には幸運や幸福の善い報いがあり、悪い行為には不幸や災禍の悪い報いがある、あるいはあるべきだとする観念が存在する。

応報律は古代社会においても一般的であった。ユダヤ教の「神の公義」も儒教《じゅきょう》の「積善《せきぜん》の家には必ず余慶《よけい》あり、不積善の家には必ず余殃《よおう》あり」も、仏教の「業報輪廻説《ごうほうりんねせつ》」もそうである。だが私たちは一方では因果応報の原則を認めつつも、他方ではこれに違和感を覚える。善人が不運のうちに夭逝《ようせい》し、悪人が幸運のうちに天寿を全うする不条理を痛いほど思い知らされているからである。こうした不条理を経験しているからこそかえって私たちは一層応報律の実現を希求する。このことは道徳的因果応報の限界と、それを超えたものがあるということを示している。

宗教を人間が測る時

道徳を超えたもの、これが宗教性の次元である。ここで道徳と宗教との違いを整理しよう。

①道徳は因果応報を根本とするのに対し、宗教はそれを超える。②道徳は自己の良心や義務感に基づく人間中心・自己中心主義の立場に立って、神仏を人間の価値基準で測り、神仏を人間化するが、宗教は人間の価値基準を超えた神仏中心主義に立つ。③道徳は「分別知」「知識」の立場だが、宗教はこれをも超える。④道徳は善悪二元対立の世俗的な立場に立つが、宗教はそれを超えて世界を有るがままに受け容れる（善悪の彼岸《ひがん》、端的に言えば、道徳は人間・自己が世界の摂理の理由・原因・意図を知りうるとする立場であるのに対して、宗教は人知を超えた〝何故無き〟摂理に対する絶対的帰依《きえ》に基づく。イスラーム教信者の「アラーの御心のままに」という言葉が示しているように、解《わか》らぬものを解らぬものとして是認する）。

しかし、その一方で宗教は容易にドグマ化して、神学・形而上学《けいじじょうがく》・道徳にも転化するのである。例えばニュートンは自然法則を知ることが神を知ることだと信じていたし、アインシュタインは「神は決してサイコロを振らない」と述べた。この形而上学的欲求が極端にむき出しになると、その転化した〝宗教〟は原理主義として噴出し、聖戦やハルマゲドンと称してテロ行為にさえ及ぶこともあるのである。

これらは人間や自己の偏狭な基準で世界を測り世界の姿を断罪することであって、所詮は人間の自己絶対化である。だが、実は自己ほど当てにならぬものは無いのである。

釈尊の教説の偉大さ

聖パウロは「私の欲する善はこれを行なわず、欲せぬ悪はこれを行なう」と語った。私には毛一本の色さえ私の意志で変えることはできない。自己ほど自己の思い通りにならぬものは無い。この思い通りにならぬことを仏教では「苦《く》」と言う。

自己だけでなく、世の中の一切が苦であるのは、無常《むじょう》である現実を無常として直視せず、別様であれかしと願い、自己の思い通りにしようと執著《しゅうじゃく》するからであるという。無常なる自己は本来的に世の永遠不変の実体を考えることはできない。諸法《しょほう》（万物）は無我《むが》、いかなる存在も永遠不滅の実体を有しないのである。

釈尊《しゃくそん》の教説で極めて重要な点は、この無常が、「常住《じょうじゅう》」と「無常《むじょう》」という二元対立概念の一方を示すものではなく、二元対立を超えた境を語っていることである。

さて、釈尊の成道《じょうどう》の内容について一般に四諦《したい》・八正道《はっしょうどう》とされているが、果たしてそうだろうか。その説明はいずれも基本は因果関係で、また縁起《えんぎ》説も、それが単なる関係主義の説明にとどまるならば、現代のエコロジーほどの説得力をもたないとさえ思う。しかし、そこにはかつてはそうした説明を遙《はる》かに超えるものが示されていたはずである。

恐らく、仏滅後《ぶつめつご》すぐに、釈尊の教説の説明は単純な因果応報説へと傾斜し始めたのだろう。さらに仏教は外教から「輪廻説」を摂取し、例えば業感縁起《ごうかんえんぎ》（三世両重因果《さんぜりょうじゅういんが》）を説き、中国や日本では輪廻説こそが仏教の中心教義であるかのように誤解されるようになった。実際、現在の仏教系新興宗教の中で因果応報に基づく現世利益を説かない教団は皆無と言ってよい。

人々がそれを求めている以上、方便《ほうべん》として安心《あんじん》を与える、という釈明もあるだろう。だが、釈尊が形而上学的問いには一切答えない「無記《むき》」という態度を堅持したことを思えば、嘘《うそ》も方便とは言え、要するに虚説であり、それのみでは仏教の本質を逸脱したものであろう。

では、仏教の本質をどこに求めるべきか。鍵は釈尊の「無記中道《むきちゅうどう》」の説示にあろう。最古の仏典『スッタニパータ』には、「善悪を捨てさり…生死《しょうじ》を超越した」「両極端を知り尽くして…（両極端にも）中間にも汚されない」というように二元対立の超越がさまざまな形で説かれる。

では、なぜ釈尊は二元対立を超えようとするのか。それは、二元対立が人間の煩悩《ぼんのう》・執著《しゅうじゃく》に満ちた生存の根本構造だからである。そしてこの生と死の二元対立を超脱することを「不死」すなわち解脱《げだつ》・涅槃《ねはん》と示している。だが、因果関係もそうであるように、二元対立図式は人間の生存条件を映すもので、人間の思考・言語活動の根本構造ゆえに、超えることは至難である。釈尊が現代哲学から見ても偉大なのは、二元対立が人間の生存条件であるとしても〝それは真理ではなく、物を如実に見る態度ではない〟と考えたことである。

無自性・空の思想へ

そもそもこの世の一切は無常であり、動いている。ところが人間が無常を認識し、語るとき、それを如実に見、語ることはできない。思考はどうしても無常の動きを止め、諸概念に分割して、再度それらを寄せ集める。例えば私たちは「稲妻が光る」と言う。だが光らない稲妻は無い。つまりこの命題は同語反復なのである。私たちに与えられているのは

「ピカッ」という知覚だけなのに、いざそれを語る段になると、「稲妻」という物があり、それが「光る」という作用をもつと考える。まず一度主語と述語に分けた後にそれらを結合するのである。このように主語－述語関係は本質的にすべて同語反復であり、分割不可能な一なる全体を二分しているのである。

では主観－客観関係の場合はどうか。日本語では普通「私は山を見る」とか「私は谷のせせらぎを聞く」とは言わず、「山が見える」「谷のせせらぎが聞こえる」という言い方をする。私が山を見たり、せせらぎを聞いたりしている時、つまり無意識に知覚している場面では〈私は山であり、せせらぎである〉（一体化していると言えば、分割している物を結合したことになるから適切ではない）。実はこの時、〝私〟に与えられているのは主客未分の全一的知覚だけである。つまり主観－客観関係も思考上の虚構に基づいて再構成されているのである。

こうした全一的知覚の分割は概念（例えば、主語・述語・目的語）を生む。すなわち物の自己同一性（自性《じしょう》）の成立、すなわち「我《が》」である。

しかし釈尊は世界を「無常」と示し、その本質を「無我」と示している。釈尊は無常の世の如実知見《にょじつちけん》を根本的立場とし、一切の二元対立を超え、言語の虚構性を洞察しているのである。仏教教団は初期においてこの釈尊の洞察から逸脱した。しかし、これに立ち帰ったのが大乗仏教《だいじょうぶっきょう》の「無自性《むじしょう》・空《くう》」の思想である。そしてこれを論理化したのが龍樹《りゅうじゅ》の『中論《ちゅうろん》』である。

『中論』冒頭の「帰敬偈《ききょうげ》」は「不生不滅《ふしょうふめつ》、不常不断《ふじょうふだん》、不一不異《ふいつふい》、不来不出《ふらいふしゅつ》」を説いており、「八不《はっぷ》の偈《げ》」とも呼ばれる。この〝八不中道〟すなわち「空」に到達することが解脱であり涅槃と示されるのだが、これは分割つまり対象認識・論理的思考を超え、あらゆる二元対立を超越するということを意味している。

この点は既に『スッタニパータ』で「内面的にも外面的にも感覚的感受を喜ばない人、このようによく気をつけて行じている人の識別作用は止滅する」と語られ、龍樹はより明確に『中論』で、「心の対象が止滅するときには、言語で表現されるものも止滅する。まさに法性《ほっしょう》（真理）は不生不滅であり、涅槃のようである」「（涅槃とは）一切の対象認識が寂滅《じゃくめつ》（言語・思考の虚構が寂滅）して吉祥《きちじょう》なる（境地）である」と述べる。しかし、対象認識が寂滅し、一切の二元対立を超越した「空」とはいかなる境地なのだろうか。

大乗の「空」の思想

『妙法蓮華経《みょうほうれんげきょう》』では仏のさとりの境地は「唯仏与仏乃能究尽《ゆいぶつよぶつないのうくじん》」（ただ仏と仏のみがそのことを論じることができる）と言われているが、「空」は〈何も考えず、何もせず、身心《しんじん》ともにじっとしているところの境地〉ではあるまい。一切の二元対立の否定である八不とは、生ぜず滅せず等の一切の述語が成立しないということであるから、このことは主語もまた成立しないということ、自己は真の自己に立ち帰り、主体は真の主体として生きて働く境地を示しているのである。

　ではここで、これを時間論的観点から見てみよう。私たちは通常、時間が未来から現在へやって来て、過去へと去ってゆくと考える。だがこれは既に対象化され空間化され論理的に再構成された直線的時間であって、言わば時間の死骸である。この時間的前後関係に基づいた因果関係もまったく同様である。だが私たちが現実に直面しているのはこの「今」だけであり、私たちは絶えずこの絶対の今にいる。そこには過去も未来も、従って過去・未来と区別された現在も無い。そこを『中論』は「不来亦不出」あるいは「不来亦不去」と語る。それゆえ、絶対の今にいる自己は絶対の主体である。そして、八不を代表する「不生」が示しているのは、もちろん「生ずること」の単なる否定ではなく、むしろ絶対の生、絶対の主体の働きである。つまり涅槃も「空」も、断じて寂静《じゃくじょう》主義の立場で言われているのではなく、主体的に働くことを示しているのである。外的にも内的にも束縛されることの無い主体は、この世にありながらも、それに染まらない。

　この涅槃観を端的に言い止めた言葉が「自性清浄涅槃《じしょうしょうじょうねはん》」であり「無住処涅槃《むじゅうしょねはん》」であるが、後者は、一切の二元対立を超脱して自らが絶対的主体であることを自覚した「空」の体得者が直ちに利他行《りたぎょう》へと転ずることを示している。

無常・無我・空、または相依相属《そうえそうぞく》（互いに依《よ》り関係し合う）としての縁起などの思想は、他者への慈悲に転じて初めて意味があるのであり、それ自体として意味があるわけではない。なぜなら、それに執著すればそれもまた断定となり、二元対立の一項に堕するからである。両極端にも中間にも陥ってはならない「空」の実践に完成はないのである。

釈尊から与えられた勇気

さて、宗教が現に直面し今後ますます問題となるのは「科学技術」とどう向き合うかであろう。宗教は、科学技術や道徳その他の人間中心主義的営為を超え、それらを包みこむものであるはずである。一方、人間中心主義的図式は人間の生存条件に根差しているので、それを超脱した宗教が包みこむことは極めて困難である。だが、その努力を怠ることはできない。いかに科学技術が発達しようと、そこには生老病死や世の中の不条理に苦しむ人間がいるのである。そして、因果応報説等という安直な解決を図るのではなく、釈尊が私たちに示された人知を超えたものをそのまま是認する勇気が必要である。「不知・無知」に踏み止まること、換言すれば「空」の実践こそが、宗教の、そして人類の将来を切り拓く鍵となるものと私は考えるのである。

大愚良寛と『妙法蓮華経』

一　序

峯の色谷の響も皆ながら吾が釈迦牟尼の声と姿と

これは日本曹洞宗開祖永平道元(1)(一二〇〇－五三)の「題法華経」という詞書をもつ和歌五首のうちの一首である。『法華経』は天台宗と日蓮宗との根本聖典であるが、「不立文字、教外別伝、直指人心、見性成仏」を標榜する禅宗では読まれることが殆ど無い(例外は「観世音菩薩普門品」くらいだろう)。しかし叡山で出家し、学んだ経験をもつ道元禅師は『法華経』を極めて重視した。その背後に彼独自の法華経理解が控えていることは言うまでも無い。

そしてここにもう一人『法華経』に参じた禅僧がいる。江戸時代後期の曹洞宗の僧良寛(2)(一七五八－一八三一)である。但しこの規定には些か問題がある。なぜなら、良寛は寺ももたず宗門とも関わらず、一切の宗派を超脱して、一沙門として生きたからである。その生涯は彼の漢詩にもあるように「任運騰々」であった。その良寛が『法華経』を重視した証拠は幾つもある。先ず、良寛の晩年に交流のあった貞心尼の『蓮の露《はちす》』の中には、良寛の「身まかりし跡」に残った物は、僅かに「師よりさづかりし血脈といふものと、法華経一まき入りたりし何ふくろとかいふ物のみ」であったと記されている。次に、良寛は斎藤源右衛門に宛てた或る手紙の中で、長男法要の供物を貰った礼を述べた後、「法華経を読誦して回向するとて　方便品の十方仏土中　唯有一乗法無二亦無三といふ処にいたりて　うたがふな六出の花も法の色」と書いている。「方便品」引用句の直前に、「一偈を聞かば、皆成仏せんこと疑なし」とあることから察するに、今降っている雪（六出《むつで》の花）のように清らかな仏法によって、あなたの長男の成仏は疑いないと慰めたのであろう。[3] また、「その夜は法華経を読誦して有縁無縁の童に回向すとて」という詞書をもつ、「知る知らぬいざなひたまへ御仏の法《のり》の蓮《はちす》の花のうてなに」という短歌もある。そうした夜を良寛は幾夜も過したはずである。このように、良寛は経典を読誦し回向する場合にはいつも『法華経』を用いている。更には、『法華経』各品の教えを解り易く説いた和歌も幾首か作っている。だが、良寛と『法華経』との関係を考察する上で最も重要なのは、やはり『法華転』と『法華讃』とである。これらは『法華経』二八品の各品に漢詩による讃偈をつけ、更に著語したものであり、良寛の禅学の深さが滲み出た著述である。全六八首の『転』と全一二二首の『讃』との関係等については後述するが、その『讃』の最後に「擱筆」と題した次の詩がある。「我法華讃を作る、都来《すべて》一百二。羅列して這裏に在り、時々須く熟視すべし。視る時容易にすること勿れ、句々深意有り。一念若し能く契わば、直下に仏地に至らん。」

「直下に仏地に至らん」とは並々ならぬ自信だが、それを支えていたのは〝仏として生きている〟という自覚であろう。そしてこの自覚こそ、宗祖道元の仏法を忠実に継承するものであった。事実、道元の『正法眼蔵』には「法華転法華」という巻がある。問題は、良寛が道元仏法の枠内に留まったのか、それともそれをも更に超え出たのかである。

二　道元の「法華転法華」

道元が『法華経』を重んじたことは和歌や漢詩などにも明らかだが、彼の法華経観を見る上で重要なのはやはり『眼蔵』である。例えば「帰依仏法僧宝」巻にはこうある。「法華経は、諸仏如来一大事の因縁なり。大師釈尊所説の諸経のなかには、法華経これ大王なり、大師なり。余経・余法は、みなこれ法華経の臣民なり、眷属なり。法華経中の所説、これまことなり。余経中の所説、みな方便を帯せり、ほとけの本意にあらず。余経中の説をきたして、法華に比校したてまつらん、これ逆なるべし。法華の功徳力をかうぶらざれば、余経あるべからず。余経は、みな法華に帰投したてまつらんことをまつなり。」だが、「諸仏如来一大事の因縁」とは何か。かくして我々は「法華転法華」巻を開かざるをえない。

この巻名は中国禅宗第六祖慧能の「心迷法華転、心悟転法華」という偈に由来する。その因縁はこうである。六祖の会下に法達という僧が来て、「私は法華経を三千部も読誦しました」と誇らしげに言う。六祖は、「たとえ一万部に及ぶとも、経の真義を会得しなければ、自らの過ちを知ることさえできまい」と応じる。法達、「私は愚鈍です。これまではただ文字に任せて読んできただけです。どうしてその宗趣が解りましょう。」六祖、「試しに一度読んでみよ。汝のために解説しよう。」そこで法達は読み始めたが、「方便品」まで来た時に、六祖は「そこで止めなさい。この経は因縁出世（仏がこの世に出現された因縁）を宗旨としている。多くの譬喩が説かれてはいても、それ以上には出ない。因縁とは何かと言えば、ただ一大事ということである。一大事とは即ち仏知見（仏の智慧）であり、仏知見とは開示悟入（悟り）である。これが自ずから仏知見となっているのであり、衆生各人が已に仏の知見を具え、既に仏なのである。汝は信ずるがよい、仏知見とは汝の自心であるということを（仏知見者、只汝自心）。」と言い、「心迷えば法華に転ぜられ、心悟れば法華を転ず。誦すること久しきにわたるとも、己を明らめざれば、法華の本義に背き、却って法華の敵となる。無念の念（念いに執われぬ念い）は正しく、有念の念は邪となる。有念にも無念にも執われなければ、永遠に一仏乗の大白牛車に乗り続ける。」という偈を示した。

以上を承けて道元は、六祖の「心迷法華転、心悟転法華」の偈を中心に、独自の参学眼を以て、『法華経』の眼目とその受用とを経全巻の要文を自在に駆使しながら説示する。一般的に見れば心迷は悪、心悟は善だが、道元はそうは見ない。彼は迷も悟も仏知見・法華の現成と考える。事実、この「法華転法華」巻は「十方仏土中者、法華の唯有なり」で始まる。これは『法華経』「方便品」の「十方仏土中、唯有一乗法」の独自な読み換えで、二乗三乗、小乗大乗を超越した一乗法は法華そのものであり、尽十方世界は唯有、即ち唯仏与仏の仏土だというのである。同巻で、道元が「西天竺・東震旦にいたる、十方仏土中なり。三三祖大鑑禅師（慧能）にいたるも、すなはち究尽にてある唯仏一乗法なり。」と述べるのも、普通に「十方仏土の中に、唯だ一乗法のみ有り」と読めば仏土と一乗法とが各別となる懼れがあるため、経文を二分して、尽十方世界が法華の唯有一乗法そのものであること、つまり尽十方世界と法華一乗とがまったく同一であることを『法華経』の真義と捉えたからである。道元自身の「現成公案」、『法華経』で言えば「諸法実相」「如是」である。そして道元は六祖の偈「心迷法華転」の「法華転」もこれを直指したものだと見る。それゆえ森羅万象の一々が法華・真如の現成であり、山も水も桃花も翠竹も各々の差別相そのままに法華の現成である。同様に、迷も悟も法華の真如実相の働きに転ぜられ、受用せられて現成したものである。このことを道元は、「いはゆる法華転といふは、心迷なり。心迷は、すなはち法華転なり。しかあればすなはち、心迷は法華に転ぜらるるなり。その宗趣は、心迷たとひ万象なりとも、如是相は法華に転ぜらるるなり。」と述べている。

法華より現成（法華転）した事象の一々を究尽する（参究し尽す）ことを「転法華」（法華を転ず）という。「心悟転法華」とはこのことを意味する。だが、法華（心悟）を転じたとしても法華以外の何かに転ずるわけではない。「能転・所転といふとも、一仏乗なり」、つまり転法華もまた法華である。六祖が「仏知見者、只汝自心」（仏知見は、只だ汝が自心なり）と示したように、迷悟は自心（仏心）の働きであるから、境に執われれば迷となり、境への執著を離れれば悟となるだけのことであって、自心そのものは不生不滅・不増不減である。即ち、自心は無自性空であり、空なるがゆえに迷悟という法華の働きは無礙自在であって、その無礙自在の働きをまた法華と言うのである。そこで道元は、「心悟法華転といふは、法華を転ずるといふなり。いはゆる、法華の、われらを転ずるちから究尽するときに、かへりてみずからを転ずる如是力を現成するなり。この現成は転法華なり。従来の転、いまもさらにやむことなしといへども、おのずからかへりて法華を転ずるなり。」と言う。「われらを転ずるちから」即ち「心迷」を究尽する時、実体としての心迷は無く、空なりと知る。そして空なりと知る時、却ってその究尽がみずから法華を転ずるというのである。それゆえ、心迷も心悟も法華転も転法華も法華自身の能転所転であるから、迷を転じて悟と為すわけではない。迷に対する悟、自に対する他の二見を超脱して一如を究尽することが法華であり、実相・真如なのである。ゆえに同巻の結語で、道元は「心迷法華転、心悟転法華、究尽能如是、法華転法華（心迷は法華転なり、心悟は転法華なり、究尽なること能く是の如くならば、法華の法華を転ずるなり）。かくのごとく供養、恭敬、尊重、讃歎する、法華是法華なるべし。」と説くのだが、ここで重要なのは「法華是法華」という表現である。「転」と言えば能所の二見に陥る懼れがある。「是」はこれを払拭する語である。これは『眼蔵』「摩訶般若波羅蜜」で、色即是空、空即是色を「色是色なり、空即空なり」と示したのと同じである。色と空とは完全に同一であるから、色を言えば空は言わず色の全現成、空を言えば色は言わず空の全現成、「一方を証するときは一方はくらし」（『眼蔵』「現成公案」）の道理である。

「今の法華、かならず法華の法華果あらん。釈迦の法華にあらず、諸仏の法華にあらず、法華の法華なり」（同、「法華転法華」）とあるように、道元が『法華経』の眼目と見たのは、諸法は法華（真如・実相）の現成であり、「山是山、水是水」、「ともに法位に住して、究尽の功徳を成せり」という「空劫已前の消息」が同時に「朕兆未萌の自己」（同、「山水経」）そのものだということである。法華は即今当処で無相の自己によって体得されねばならぬ。

三　良寛の『法華転』と『法華讃』

上述したように、良寛の法華経理解を知る上で重要なのは『転』と『讃』とであるが、特に『転』はその表題からして道元の「法華転法華」との類似を想わせる。とすれば、ここで良寛と道元との関係を洗い出しておく必要があるだろう。

越後国出雲崎に生まれた良寛は、一八歳で光照寺（曹洞宗）の破了和尚に従って剃髪し、二二歳で破了の師大忍国仙に従って得度、備中玉島円通寺に赴いて十数年修行し、三三歳の時に印可の偈を国仙から与えられた。翌年師の没後、名僧知識を求めて各地（四国・中国・九州・近畿地方）を行脚した後に帰国。帰国の年次とその理由は不明である。五〇歳代後半から六〇歳代後半までに何度か江戸や東北地方を行脚した形跡があるものの、それ以外は国上の五合庵や本覚院、寺泊の密蔵院、他にも観照寺、西生寺、乙子神社脇草庵などに仮寓し、専ら托鉢で糊口を凌いだ。つまり良寛は生涯一雲水にすぎなかった。仮寓先の多くは実家の菩提寺と同じく真言宗であることや、彼が寺の住職にもならず、宗門と関わった形跡も無いことなどから、師国仙の後住で、後に永平寺第五〇世に昇住し、『正法眼蔵』九五巻を開版した玄透即中（一七二九－一八〇七）との確執も指摘されており、(4) 堕落した宗門に対して三行半を突きつけたのか、激しい宗門批判ゆえに破門同然の境遇に置かれたのかなど、様々に推測が可能である。いずれにせよ、良寛を書や詩文には長じていたが、開悟も無く修行もせずに、子供と手鞠をつきつつ遊び暮らしていたただの乞食坊主だったと見ることも、また、だからこそ却って人間良寛に親近感を覚えることも、ともに仏を凡夫へと引き下ろすことであり、誤解である。良寛の詩文を読めば、その学識が並外れて深かったことが知られるし、彼の書を一見しただけで、彼の悟境がいかに深く高かったかは歴然としている。また、当時、托鉢のみの生活がいかに苛酷な修行であったかをも考えるべきである。

さて、良寛が道元の歌集「笠松道詠」や『永平広録』一〇巻のうち特に「第九頌古」と「第十真讃・自讃并偈頌」を愛誦していたことは、その詩句や和歌の言葉遣いからも明白だが、それでは『正法眼蔵』はどうだったのか。例の「法華転法華」を収める本山版『眼蔵』の出版は一八一五年、良寛五八歳の時であるから、その前後に詠まれた長詩「読永平録」の「嗟々、永平何の縁か有る、到る処逢著す正法眼」の「永平録」および「正法眼」が、仮に『正法眼蔵』であるとしても、本山版であるとは考えにくい。それは良寛が座右に置いて参照しうるような代物ではなかったはずである。

同じ詩に、「寂寥を慰めんと欲するも良《まこと》に由《よし》無く、暗裏摸索す永平録。香を焼《た》き燈を点じ静かに披《ひら》き見るに、一句一言皆珠玉たり。憶い得たり、疇昔玉島に在りて、円通の先師、正法眼を提示せしことを。当時已に景仰の意有り、為に拝閲を請い親しく履践す。始めて覚る、従前漫《みだ》りに力を費せしことを。是由り師を辞して遠く往返す。嗟々、永平何の縁か有る、到る処逢著す正法眼。参じ去り参じ来る凡そ幾回ぞ、其中往々呵嘖無し。諸法知識に参学し到り、二《ふたた》び此録を把りて約《ほ》ぼ参同す。」とあることから推察するに、良寛は円通寺時代に師の『正法眼蔵』提唱を聴き、写本の幾つかを拝閲し、諸国を行脚したときにも掛錫した寺々で熱心に写本の拝閲を請うたのであろう。だが、それが何巻ほどで、その巻名が何だったかは判っていない。博覧強記の良寛は、恐らくその内容をよく記憶していたであろうが、本山版『眼蔵』が出版された後に執筆した『転』でも『讃』でも、良寛が『眼蔵』を参照した形跡は殆ど無い。

　次に『転』と『讃』との関係だが、執筆の順序に関しては次の両説がある。一方は、『讃』が『転』よりも先に成立し、その中から比較的出来のよいものを抜き出し、それに手を加えて清書したのが『転』だとする説[5]、他方は、初めに『転』を纏め、徐々に推敲を重ねながら新しい讃をも補入し、やがて「都来一百二」に纏めて『讃』に至ったとする説[6]である。なお、加藤僖一は書体から判断して、『転』は六〇代前半、『讃』は六〇代後半から七〇歳以降の間の作と推定している[7]。更に重要な指摘がある。谷川敏朗によれば、『讃』から開口と擱筆とを除くと、讃の合計はちょうど百になる。これは『碧巌録』『従容録』や『槐安国語』が百則であるのと合致する[8]。すると、良寛はこれらの語録に倣って『讃』を書いたことになる。しかも、『讃』の著語二百句（重複六句を除く）のうち『碧巌録』を出典とするのが八九句と断然多く、他には『従容録』六句、『聯珠詩格』五句、『禅宗頌古聯珠』四句、『洞山語録』四句などである[9]。とすれば、良寛は禅に参じたとはいえ、必ずしも宗派には拘泥しなかったことになる。また、私見によれば、『転』『讃』両者の開口・擱筆を比較すると『讃』の境涯の方が深い。とすれば『讃』を完成形と見てよいのではないか。

　以上からすると、『転』も『讃』も『眼蔵』とは何の関係も無いように見えるが、果たしてそうであろうか。先に触れた「読永平録」によれば、良寛は既に円通寺時代に道元鑽仰の心を懐いているのだった。他方、良寛は宗門に対しては絶望とも非難ともつかぬ言辞をものしている。同詩の後半部はこうである。「噫、諸方の混ずるを奈何ともする無く、玉と石と与《とも》に分かつ無し。五百年来塵埃に委ねしは、職として是れ択法眼無きに由る。滔々、皆是れ誰が為に挙する。言う莫れ、今に感じて心曲を労すると。一夜燈前涙留まらず、湿《うるお》い尽す永平の古仏録。翌日隣翁草庵に来り、我に問う、此書何為ぞ湿いたると。道わんと欲して道わず、心転た切なり、心転た切なるも説き及ぼさず。低頭良久して一語を得たり、夜来の雨漏、書笈を湿すと。」今では諸々の教義が入り乱れ、玉と石とを区別できないでいる。この「永平録（正法眼蔵）」が忘れ去られたのは、偏に真理を洞察する眼が無いからだ。この書の滔々たる言葉は誰の為に述べたものか。他でもない、修行者のためではないか。現状に憤慨して苦心しているなどとは言わないでほしい。そう思うと、一夜、涙が止めどなく流れ、この書を濡らしてしまった。翌日、隣家の老人がその理由を訊く。答えようとして答えられぬ心は痛切だ。痛切だが本当のことは言えない。すると、うまい言い訳を思いついた。昨夜からの雨漏りで本箱が濡れたのだ、と。

他にも当時の仏教界の堕落を歎いた詩はある。その代表は「唱導詞」と「僧伽」であろう。後者は、道心も行も悟も無く、名利を求めるのみの僧侶の堕落を歎いた詩であるが、特に重要なのは前者である。長詩ゆえ、要約を以て引用に代えざるをえない。

世の道義は年々軽薄になり人心は荒み、仏道は日々衰微してゆく。仏教界では様々な宗派が乱立し、どの宗派に属するか迷うほどだ。だが諸君よ、私の唱導の言葉を聴け。仏説は唯一絶対のはずだが、仏滅後五百年頃から仏説の解釈が分かれた。それでも龍樹が論を造ったおかげで、分裂も軽微で済んだ。さて仏教が中国に伝わり、その後達磨が西来したので、諸法は急速に帰一した。唐代における禅宗の盛況は空前絶後で、多くの人々の間に広まり、その心を正しくさせたことは、諸宗のうち随一だった。南頓北漸の違いはあったが、宋末になると分裂が生じた。禅宗は五家（臨済・潙仰・曹洞・雲門・法眼）に分かれ、他は八宗（華厳・律・法相・三論・成実・倶舎・天台・真言）が争うに至り、収拾がつかなくなった。その影響は甚大である。ときに日本には道元禅師が現れ、正法を伝えて真理を見抜く力（「択法眼」）で盛んに仏法を弘通した。だが禅師の入滅後、立派な禅門には草が生じ、香草は叢の中で萎んでしまっている。高邁な説法を唱える者は一人もおらず、俗悪な説教のみが蔓延っている。ああ、私はこのような時にいるのだ。大きい家屋が崩壊しようとしているのを、自分一人でどうして支えられよう（「大廈の将に崩倒せんとするや、一木の支うる所に非ず」）。清夜、どうしても寝られず、寝返りしながらこの詩を綴った次第である。

ここに語られているのは宗祖道元に対する敬慕と仏法の衰微に対する歎きとである。道元は仏祖正伝の仏法以外のすべてを否定し、「禅宗」という呼称さえ拒否した。宗派の存在を否定する良寛の先達は、まさしく道元その人だったのである。堕落している仏教界を自分一人で支えることはできないという良寛の歎きは、道元の意を誰よりも純一無雑に実践しているという自負の裏返しでもあったろう。「唱導詞」や「僧伽」に見られる叱咤の激しさは、日本仏教史上、日蓮と双璧をなすとさえ言える。しかも、江戸幕府の仏教統制下で、良寛には仏法弘通の方法として何が残されていたであろうか。彼には寺も後見者としての宗門も無かった。だが、そうであればこそ却って良寛は独自な弘法救生の方法を見出した。そしてその中に『法華経』との関わりも位置づけうるように思われる。良寛は最初から『法華経』に親しんでいたわけではないだろう。道元の著作に親近するうちに道元の法華経信仰に出会い、その奥旨を究めようと考えるに至ったのではあるまいか。

四　良寛と『法華経』

良寛が『眼蔵』を参照しながら『讃』を書いたとは思われないが、良寛の法華経理解の根底には明らかに道元仏法がある。両者の思想的連関を見るために、紙数の制約上、経の二大中心をなす「方便品」と「如来寿量品」とに対する良寛の讃のみを検討しよう。

「方便品」は、一切衆生に「仏知見」を得させることが諸仏の誓願だと力説する。「仏知見」の内実は「諸法実相」即ち「十如是」だが、経には道元が「法華転法華」で解釈した次の句がある。「十方の仏土の中には、唯だ一乗の法のみ有って、二も無く亦た三も無し。仏の方便の説をば除く。但だ仮の名字のみを以て衆生を引導するは、仏の智慧を説かんが故なり。諸仏の世に出でたまうは、唯だ此の一事のみ実にして、余の二は則ち真に非ざるをもって、終に小乗を以て衆生済度したまわざるなり。」良寛が「方便品」に付した十数首の讃の中に次の讃がある。「是れ思慮の及ぶ所に非ず。誰か寂黙を以て幽致を誇らん。人有って若し端的の意を問わば、諸法は元来祇だ如是のみと。」勿論、経の「仏の成就せる所は、第一の希有なる難解の法にして、唯だ仏と仏とのみ、乃ち能く諸法の実相を究尽す。所謂、諸法の如是相、如是性、如是体、如是力、如是作、如是因、如是縁、如是果、如是報、如是本末究竟等なり。」を踏まえている。仏によって証された世界は概念的認識を超えているが、それは小乗の理想たる灰身滅智のような虚無ではない。では「端的」とは何か。一切諸法は元来ただ「如是」のみと良寛は答える。だが「如是」とは何か。そこで彼はこう詠む。「如是性相、如是因、月に清光有り、花に陰有り。看よ看よ、法華開演の日。知らず、何れの処か是れ陸沈。」経は十如是を挙げているが、如是とは、月の光が清らかで、花には陰ができているという眼前の事実そのものなのだ、ここに法華が現成していることを看よ看よ、と良寛は言う。『法華経』を説くとは、法華即ち諸法実相を開示することだからである。しかも法華・真如実相の露現していない処がどこにあろう。良寛にとって一切が露堂堂なのである。「性相体力作因縁、蘭に秀有り、菊に香有り。君看よ、法華開演の日。知らず、何れの処か是れ糟糠。」この讃も同じ風光を詠んだものだろう。そして法華・真如実相を体得した者に開かれる悟境を詠んだのが次の讃である。「騰騰任運、只麼《しも》に過ぐ。困じ来れば眠り、食来れば餧《くら》う。唯だ此の一事すら、也《ま》た要せず。知らず、何れの処にか度《わた》らん。」ここで「此の一事」とは、経の言う「一大事因縁」即ち「仏知見を悟」ること、「仏知見の道に入る」こと、「仏の智慧を説」くことであろう。だが良寛は、仏知見を得る必要など無い、と言う。というのも我々は元来法華の中に生きているからである。当処を離れてどこへ行く必要があろう。ただしこれは、本来仏だから修証は要らないということではない。騰騰任運（自力を放下し、真如に随順して）、日常の行持の上に法華・如是を修証してゆくのである。道元の言う本証妙修であり、修証一等である。因みに、「困来眠、食来餧」は『臨済録』の「祇だ是れ平常無事、屙屎送尿、著衣喫飯、困じ来れば即ち臥す」、或いは『碧巌録』第七八則の評唱の「飢え来れば飯を喫し、困じ来れば眠る」によると思われる。

ところで、良寛は経の「十方仏土中、唯有一乗法、無二亦無三」、つまり三乗（声聞乗・縁覚乗・菩薩乗）と一乗との関係をどう捉えるのか。最澄と徳一との三一権実論争ではないが、三乗真実一乗方便か、一乗真実三乗方便か。両者の関係は相対と絶対との関係の問題であり、この一乗を三乗の中の菩薩乗（大乗）と見るか、これとは別の一仏乗と見るかで立場は分かれるが、いずれにせよ一乗仏教の場合、一切衆生は無上菩提を求めて諸法実相・法性真如を証得し、成仏すると捉えるのである。では良寛はどう見るのか。このテーマで彼は二つの讃を作っている。一つは、「三を以て一に帰す、日、西に斜《かたむ》く。一を開いて三と為す、雁、沙に哢《さえず》る。箇中の意旨、如《も》し相問わば、法華従来法華を転ずと。」であり、もう一つは、「一を開いて三と為す、楊柳翠《あお》し。三を以て一に帰す、梅花芳し。人有って若し箇中の意を問わば、実の涙は愁人の腸《はらわた》より生ずと。」である。「以三帰一」とは、様々な教えも唯一絶対の真理を説く教えに帰着するということである。そこを良寛は「日西斜」「梅花芳」と示す。眼前の有るがままの諸法以外に実相は無い。而二相対の現実の只中でこそ不二絶対の真理は証得されるべきだというのである。他方、「開一為三」とは、唯一の真理に根差しながら、様々な方便を以て法を説くということである。そこを良寛は「雁哢沙」「楊柳翠」と言い表す。だが三は飽くまでも一の具現であり、分かれた一々に一が活現している。それゆえ、「開一為三」、方便を用いて大乗以外の法を説いても、「一」即ち「仏知見を悟らしめんと欲する」（「方便品」）こと、衆生済度の為以外ではありえない。つまり仏知見において証得される諸法実相を直指することがその目的なのである。それゆえ、良寛は「雁哢沙」や「楊柳翠」という有るがままの全一的知覚風景、西田幾多郎の言う「直接経験」の世界を指し示すのである。その日常的風景こそ、法華が法華を転ずる主客未分の一如の世界の風光である。それは道元が「而今《にこん》の山水は、古仏の道現成なり。ともに法位に住して、[10]究尽の功徳を成ぜり。空劫已前の消息なるがゆえに、而今の活計なり。朕兆未萌の自己なるがゆえに、現成の透脱なり。」（『眼蔵』「山水経」）と述べた世界でもある。道元は『眼蔵』「看経」でも六祖と法達との例の問答に言及し、「しかあれば、心迷は法華に転ぜられ、心悟は法華を転ず。さらに迷悟を跳出する時は、法華の法華を転ずるなり。」と述べているが、良寛の「法華従来転法華」は、語句も含めて道元との密接な思想的連関を想わせる。

　次に「如来寿量品」に移ろう。本経の眼目を示す本品に、良寛は「大海若し足ることを知らば、百川応に倒流すべし」という句を置いている。海が満ち溢れてしまったら、そこに流れ込む川は逆流せざるをえないが、それはありえず、海はすべての川の水を受け容れる。仏の慈悲もそのように無限だと良寛は経意を汲むのである。「寿量品」が久遠実成を説く品であり、迹門が終って本門に入り、〝因から果へ〟から〝果から因へ〟へと「倒流」することから見ても、良寛がここにこの句を置いたのは的確である。この句は『従容録』第七則本則の著語に見えるが、より重要なのは『永平元禅師語録』に、「或いは人あって、大悟底の人却って迷う時如何と問わば、ただ伊《かれ》に向って道わん、大海若し足ることを知らば、百川応に倒流すべし。」とあることである。この道元の言葉は、「大悟底の人云々」という或る僧の問いに京兆華厳休静禅師が「破鏡重ねて照さず、落花枝に上り難し」と答えた問答を道元が挙して、休静禅師が悟りの一回性を強調したのに対し、道元が本証妙修の立場から、無限の修行の外に証悟無し、と述べたものである。しかも「寿量品」が久遠実成の釈迦牟尼仏、つまり本来仏を説くことを考え併せると、良寛は「倒流」という語で、本来仏が衆生済度の為にこの世を生死流転して発心・修行・菩提・涅槃の相を示しているのだ、そして仏とは他ならぬ我々各人のことなのだ、と言っていることになる。いわゆる無住処涅槃である。経は盛んに二乗成仏、悪人成仏、女人成仏を強調するが、本来仏であるものを、何をこの上、更に仏に成ろうとする必要などあろうか、と良寛は成仏を否定して徹底的に本来仏の立場に立ち尽くそうとする。これは紛れも無く道元仏法の継承である。

すると良寛には道元仏法を超え出たところ、少なくとも良寛独自の悟境は無かったのか。私は有ったと考える。それを暗示する讃は幾つかあるが、特に明瞭なのは「信解品」に対する五つの讃だろう。「一たび家郷に父と別れしより、指を倒せば早や是れ五十春。今日相逢うも相識らず、甘んじて下賤客作の人と作る。」「手に白払《びゃくほつ》を把って左右に侍らせ、威徳尊厳にして正視し難し。是れ傭賃して物を得るの地に非ず、悔ゆらくは当初此《そのかみここ》に来至せしことを。」「他時異日、牖《まど》より看れば、憔悴汚穢、実に悲しむべし。瓔珞・細軟の服を脱下して、故《ことさら》に粗弊塵垢の衣を著る。」「或いは輭語《なんご》、或いは苦言、百計千謀して漸く親比す。奈何せん、熟処信《まこと》に忘れ難く、猶お門外より茅茨に止まる。」「父を捨てて逃逝すること凡そ幾年ぞ、伶俜《れいへい》の辛苦、此の躬《み》を送る。尚お城中に到って門外に止まり、苦《ねんご》ろに数う涅槃一日の功を。」これらは皆、経の「長者窮子の喩」の忠実な描写であり、父は仏、窮子は菩薩たるべき人の譬喩である。常識的には仏の方が位は上だが、「甘んじて下賤客作の人と作る」「是れ傭賃して物を得るの地に非ず」「故に粗弊塵垢の衣を著る」「猶お門外より茅茨に止まる」「尚お城中に到って門外に止まり」の各表現は、仏と成ることを敢て拒否して娑婆世界を生死輪廻し続け、永劫に衆生を済度する菩薩の大悲を賞讃したものであろう。

道元は当初こそ男女・道俗等の差別の弊風を指弾し、「いづれも得法を敬重すべし、……これ仏道極妙の法則なり」（『眼蔵』「礼拝得髄」）と述べていたが、後には出家至上主義に傾斜し、深山幽谷にいて一箇半箇を接得した。道元の言う「不離叢林」の「叢林」とは、要するに寺院であった。これに対し、良寛は寺に住まず、山に籠らず、里に出て民衆と交わった。道元を敬慕しつつも、『眼蔵』のような哲学的著述を残さなかった。残したものは漢詩と和歌と書のみである。彼は一切の宗派を超え、また僧侶臭いことは何一つしなかった。だが、説法せずして法を説いた。子供と鞠をつき、日暮れまで遊んだのもそれである。それは決して乞食坊主の暇潰しなどではなく、「同事行」の実践であったろう。ここに良寛の行持の真髄がある。確かに道元も「仏向上」を説く。百尺竿頭に一歩進めて利他度生を強調してもいる。だが道元は「常不軽菩薩品」に注目しただろうか。他方、良寛は常不軽菩薩を讃歎する短歌を何首か詠んでいるし、「朝に礼拝を行じ、暮にも礼拝す。但だ礼拝を行じて此の身を送る。南無帰命常不軽、天上天下唯一人のみ。」や「斯の人以前に斯の人無く、斯の人以後に斯の人無し。不軽老、不軽老、我人をして長えに至惇を慕わしむ。」と詠んでいる。道元は向上門から向下門へと転じて、仏向上を生き抜いたであろうか。娑婆即寂光土の理を説くだけでなく、日蓮のように娑婆世界を寂光土たらしめようとしたであろうか。良寛は『讃』の「開口」に、「口を開くも法華を誇り、口を閉ずるも法華を誇る。法華、法華、如何が讃ぜん。焼香・合掌して曰く、南無妙法華と。」と記した。これこそ、南無の機（主体）と妙法華の法（客体）とが一体化した機法一体の、否むしろ主客未分の唱題行であり、『妙法蓮華経』の無上の讃歎ではなかったか。道元はむしろ禅学僧であった。完璧なまでの「理」はあるが、「事」の裏づけを欠いている。事に欠けるがゆえに「情趣」という彩りに欠けている。[11] 実際、道元は文筆詩歌を「詮なき事なれば捨つべき道理なり」（『正法眼蔵随聞記』）と言い放った。妙観察智はあるが、成所作智に欠けるため、彼の詩歌は情に乏しく観念的である。そして不覚にも情に敗れるや、それを悔いて「くやし」や「闇に迷ひて」と言った。[12] だが、自然の色が放つ情に随順することを「くやし」と思う分別を忘れ去った時、峯の色も渓の響もさながらに真如の声と姿となのである。では良寛はどう詩歌を詠んだか。恐らく一念三千の結晶である最も美しい一首で擱筆することにしよう。

あは雪の中にたちたる三千大千世界《みちあふち》またその中にあは雪ぞ降る

註

（1）道元からの引用は『道元禅師全集』全七巻（春秋社、一九八八–九三年）による。
（2）良寛からの引用は大島花束『良寛全集』（恒文社、一九八九年）、東郷豊治『良寛全集』全二巻（東京創元社、一九五九年）によるが、語句の選択はすべて筆者の判断である。また、良寛の『法華転』『法華讃』については上記の他、須佐晋長『良寛詩註解』（古今書院、一九六一年）、石附勝龍『良寛和尚の宗教――評釈法華転・法華讃』（新潟県曹洞宗青年会、一九八〇年）、中村宗一『良寛の法華転・法華讃の偈』（誠信書房、一九八七年）、竹村牧男『良寛『法華讃』評釈』（春秋社、一九九七年）をも参照する。但し訓読はすべて筆者の責任である。

（3）谷川敏朗『良寛の書簡集』（恒文社、一九八八年）三〇二頁。

（4）吉川彰準「大忍国仙和尚と良寛」（象山社『良寛研究論集』一九八五年、四四〇頁）。

（5）北川省一『良寛、法華経を説く』（恒文社、一九八五年）六二頁。

（6）竹村『良寛『法華讃』評釈』四三頁。

（7）同、四三―四四頁。

（8）全国良寛会会報『良寛だより』二七号。

（9）同右。

（10）この表現は『妙法蓮華経』「方便品」の「是法住法位」を承けたもので、古来解釈が分かれる。法雲、智顗は「是の法は法位に住して」と読んで、「法位」を法雲は一乗と解し、智顗は真如と解した。詳しくは坂本・岩本訳注『法華経（上）』（岩波文庫、一九七六年）三四二頁を参照せよ。

（11）長谷川洋三『良寛禅師の真実相』（名著刊行会、一九九二年）八七頁。

（12）同、一〇一頁。

referred to. It is "the thought of eternal return". In his self-biography "Ecce homo" (1888) Nietzsche relates the history of his great work "Thus spoke Zarathustra" as follows: "The fundamental conception of this work, the idea of the eternal return, this highest formula of affirmation that is at all attainable, belongs in August 1881: it was penned on a sheet with a notation underneath, "6000 feet beyond man and time". That day, I was walking through the woods along the lake Silvaplana; at a powerful pyramidal rock not far from Surlei I stopped. It was then that this idea came to me." What is the thought of eternal return, then? In opposition to the Christian view of time that time is a straight line with a beginning and an end, it teaches us that time is a circle without any beginning or any end, and the same things return to us in the same order innumerable times. In "The Gay Science" (1882) Nietzsche makes a demon say, "This life you now live and have lived, you will have to live once more and innumerable times more; and there will be nothing new in it, but every pain and every joy and every thought and sigh and everything unutterably small or great in your life will have to return to you, all in the same succession and sequence—— even this spider and this moonlight between the leaves, and even this moment and yourself. The eternal hourglass of existence gets turned upside down again and again, with that you yourself a speck of dust!" If you should be spoken to thus, would you throw yourself down and gnash your teeth and curse the demon? Or have you once experienced a tremendous moment when you would have answered him: "You are a god. Never have I heard anything more divine." Nietzsche says, "If this thought gained possession of you, it would change you as you are and perhaps crush you. The question in each and every deed, "Do you desire this once more or innumerable times more?" would lie upon your actions with the greatest weight."

What do you think of Nietzsche's thought of eternal return?

to save our basic life from the excess of historical knowledge and easygoing submergence into history, and to ensure the autonomy in our practice. From Nietzsche's view, only when we stand on this autonomy we can learn from history significantly. "Only from the highest force of the present you are allowed to interpret the past; Only in the strongest strain of your noblest properties you will surmise what of the past occurrences is worth knowing and keeping and what of them is great. An equal through the equal! Otherwise you would pull down the past to you." From such a viewpoint Nietzsche refers to "the three kinds of history".

He says, "in three different ways the history belongs to a living person: as an active striver, as a preserving venerator, as a sufferer who needs liberation. To these three relations do correspond the three kinds of history, in so far as it is permitted to distinguish a monumental kind, an antique one and a critical one."

When we lead an active life and strive creatively toward the future, lest we should lose our courage, we have to be constantly encouraged and guided by the great precedents attained in the past. Here appears "the monumental history" which makes a model of the great precedent of the past. When a creative phase of history is opened up, individuals who try to create something great toward the future sometimes have mental intercourse with those great precedents of the past. Even if we try to create something great toward the future, so long as we ourselves are rooted in the past, we must preserve and respect the past as our own basis on which we can taste "a moving pleasure and contentment". Here appears "the antique history". If it becomes degraded into a trivial reminiscence, it would necessarily prevent us from determining to create something new. There appears "the critical history", because "so that we can live, we must have the power to destroy and destruct the past, and manage it in accordance with situations." This power is so dangerous that if our judgment and denial of the past runs to an excess, we must destroy our own basis, only to be rootless. Thus, Nietzsche shows us his own understanding that "only so far as history serves life, we want to serve history", as he was led by the intention to restore our basic life and the autonomy in our practice.

As for the theme "Nietzsche and history", we must have another important thought excess of historical knowledge which isn't connected with our practical culture brings us only the weakening of life and the self-destruction of individuals. Our life, in other words, the autonomy of individuals supporting our knowledge and practice gets lost sight in a flood of historical knowledge.

Against the current of the times Nietzsche asserts that it is life that should control knowledge and science. He says, "we want to serve history only so long as history serves life." Of course, it is not that he denies the utility of history itself. Though he acknowledges it as far as he understands that men are historical beings, he denies the excess of it in order to emphasize the significance of the autonomy of men who are alive and practice in the middle of history.

Then Nietzsche opposes "something non-historical" against the excess of history apart from practical culture. "Something non-historical" stands for "the art and power to forget and to shut oneself into a limited horizon". In short, it is the ingratitude to the past and the venture to create all over again disregarding common sense. As such an attitude, of course, has nothing to do with conscience and knowledge, it can be "the womb of every wrong". Nietzsche says, for the same reason it can be, what is more, "that of every right deed", because the great deed of such a doer as brings a new phase into history "occurs in abundant love" which is blind to his own deed. Also, if we admit that "the blindness and wrongness in the soul of the doer" is "the only condition of all occurrence", we will accept that the world is finished and has reached its end at every single moment. Then we won't find the redemption in the process of history, and we won't feel any temptation to live on along history and to cooperate with it. Thus we come to seek for "a static creation with unchanged value and eternally same significance". For Nietzsche then, this static creation meant the art and religion. Also, "something non-historical" turns into "something super-historical" which Nietzsche defines "the powers which divert a glance from becoming to what gives life the character of eternity and identity in importance, in other words art and religion".

Nietzsche puts a special emphasis on "something non-historical" and "something super-historical" which goes vertically beyond the horizon of history and turns to eternity, so as

6. History and Individuals

Man's basic constitution is being-in-the-world, and a man isn't a worldless being only located in the Newtonian absolute time and space. A man takes various attitudes toward various things, others, and even himself. A man is a being-together-with-others. There is no such a thing as an isolated and denuded ego, subject or individual, as there is no such thing as a plain bare fact. Also, a man is not only a social being, but a historical being. According to what Heidegger says in his "Being and Time" (1927), a man must "project" his possibilities toward the future in the historical situation in which he has always and already been thrown into, inheriting the historical heritage. Therefore, history can be defined as "ever influencing occurrence which has already passed by and has been inherited". In correspondence with our practical structure of "thrown projection", our way of being and practice is always under historical restrictions. Now, how can we ensure the autonomy of individuals? The first who raised this question was Nietzsche.

In his "On Merits and Demerits of History for Life" (1874), the second book in "Untimely Considerations" Nietzsche impeached thoroughly "the spread of historicism" or "an excess of something historical" of those days from the standpoint of "life". Historicism as a result of the Enlightenment in the 19th century was possessed with the idea as if the present time or the contemporary European society were the culmination in world history, and objectified every historical affair from the viewpoint of the present time. Such a view premises that if we rely on our reason, we can see everything as it really is, objectively without any prejudice. But this is mere self-conceit and self-satisfaction of historicists. Further, by reserving its own value judgment under the name of objectivity, historicism cuts off historical knowledge from our "life". Nietzsche claims that historicism as good as declares, "History should be science! May the truth prevail, even if life perishes!", because this kind of historical study gives us only "lesson without vital power, knowledge that dulls our activity, as valuable knowledge-abundance and luxury", and it has nothing to do with our practical culture it originally aimed at. On the contrary, the intentions. Surely the grace is that of "eternal You", of "God". In my opinion, this probably shows us that Buber relates the I-You-relationship to "the present (Gegenwart)" in order to put a special emphasis on the oneness of the two-fold situation in the occurrence of the encounter that our volitional attitude of waiting-for (gegen-warten) is one with the grace of God that "You come facing to Me", in brief, on the oneness of activity and passivity in an attitude of "waiting (warten)". I would say that today is the age as everything is already set up, we can't or needn't "wait" in the true sense of this word. To wait is very difficult. Even if I wait for something, it won't necessarily come to me. To wait impatiently isn't the right way to wait. The right way to wait for the advent of the right time, I think, consists in the perfect harmony of waiting and not-waiting. It is waiting without waiting and not-waiting with waiting.

Anyway, It-world, the well-ordered world changes into the You-world by the "relation-power" with which for us human beings to wait for the encounter calmly. Buber says that the You-world consists of the three realms:

(1) The realm of the life with the nature such as mineral, vegetation, animals and so on.

(2) The realm of the life with human beings.

(3) The realm of the life with mental entities such as works of art.

Each realm goes to an edge of God in its own peculiar manner. The change of the It-world into the You-world is called "conversion" from the side of human beings, and called "redemption" from the side of God.

True, Buber's philosophy points out important issues of the civilized world, but it involves a serious difficulty: it has a basically dualistic structure. In the dualistic scheme, the free will of human beings, on the one hand, and the fate or the grace of God, on the other hand, falls into a mutual inversion easily, and both can't be unified into a whole. So long as both aren't compatible with each other, we can't build up the mutual relationship of human beings authentically.

“formula of the humanity” of the categorical imperative.

Then, what characterizes the encounter and relationship of “I-and-You”? While “I” (as a selfish-being) grasps “It” (as the other) as the sum total of its components (forms, kinds, laws and so on) or a bundle of various pieces of knowledge, “I” (as the person) perceives truly “You” (as the other) “in wholeness and oneness”, that is, “as a whole, and in the complete concreteness without shortening or abstracting”. This “true conception”, that is, “synthetic intuition” isn’t based on the subject-object-relationship. Between “I” and “You” there are no such media as abstract understanding, foreseeing, purposes, desires, and “I” and “You” enter into a direct interrelationship. Buber says, “You encounter Me. But it was because I entered into a direct relationship with You. Such a relationship is at once choosing and being chosen, at once being passive and being active.” “You” are neither in “I” as a bundle of various contents to be grasped by abstract understanding nor “I” am in “You” as a concept. “I” as a subject am not opposed to “You” as an object, but “I” as a subject face to “You” as a subject. “I” appear as the person in the relationship with “You”, “You” also appear as the person in the relationship with “I”. The relationship of “I-and-You” is called “between-personal”, and it occurs in “between” and “mutuality”. Moreover, because “You” transcend any comparison with others, “I” face to “You” as a proper whole “uniquely” or “exclusively” in the manner anything else retreats to the background. And the beings based on “I-and-You” live in “the present (Gegenwart)”.

Why does Buber relate I-and-You to “the present”? As I already pointed out, because it depends on the manner in which “I” behave to others whether the relation becomes that of “I-and-It” or that of “I-and-You”. So we can say that the alternation of the two basic words depends on the free “will” of “I”. However, the will isn’t enough for the “encounter” to occur. Buber says, “It is by the grace that You encounter Me. You aren’t to be found by seeking for.” Here is “lofty melancholy of our fate” that “I” as the person must become a selfish-being and “You” as the person must become “It”. But without the will the encounter doesn’t occur, either. So as to indicate this, Buber says the melancholy is “lofty”. Therefore, the inquiry into the “encounter”, “between”, “mutuality” is same as that into the relation of “will” and “grace”, of “freedom” and the “fate” working beyond our or foreseeing isn't approval of something unknown itself, but only understanding of an unknown phenomenon as a clue to something already known and familiar. In mathematics, for example, the concept of "equation" is possible only when an unknown quantity "x" is actually dealt with as an already known quantity. Buber referred to "the past" probably because he took into consideration the structure of our objective cognition.

If we are to discuss the I-It-relation concretely, let's take an example of a tree. When "I" a selfish-being observe a tree, "I" don't face the tree here in whole, but look upon it as one of the trees that belong to the kind and get knowledge of its structure, form, property, laws and numeral relations and so on. This tree is recognized and experienced as the sum total of its components, and utilized as indirect means of such ends as the maintenance and comfort of human life. For example, it is manufactured into wood that is made into furniture, a bridge or a house. Thus, all beings including humans are measured mainly in terms of its utility or its value, regarded as "replaceable" things and each of them loses its own property. This "realm of transitive verbs" is the "It-world", the "well-ordered world" where necessity, causality, destiny and arbitrariness governs. What gives it the order? Definetely does the "self-consciousness" of selfish-beings. Buber calls this also "a strong golden wire" with which they thread objects that pass away quickly into the past one after another. This It-world of "objective things" is the world of "the past" which has no authentic relation and no "present".

Buber says, "Men can't live without "It". However, a man who lives only with "It" isn't man at all." This man is a kind of man who regards everything as an object of his knowledge or utilization, and by doing so he himself also becomes "It". What makes him change into an authentic man is the encounter or the relation of "You" and "I". "I" of "I-and-You" appears as "the person". The person "becomes conscious of himself" as "autonomy without genitive case", without any objects of his experience and utilization. This "self-consciousness" is completely different from that of "I" of "I-and-It". Buber calls the self-consciousness of "I" the person "the true perception". Therefore, "You" (as the other) that "I" (as the person) perceive truly means "the person" (as autonomy) as the end itself which has got out of any objectivity and means, as Kant has showed it in the

5. I and You

Whether authentically or inauthentically, we take an attitude to ourselves. In accordance with the doubling of the self, the world also becomes either authentic or inauthentic. In the following essay, I would like to refer to these issues.

Needless to say, the most important work of Martin Buber is "I and You" (1923). Buber starts with asserting that we should distinguish between two basic words or basic attitudes "I-and-It" and "I-and-You", each of which should be understood as a pair-word. Buber understands that today is the age when the inauthentic "I-It-relation" governs the whole world, and he tries to reveal and recover the authentic "I-You-relationship" which has been almost forgotten and covered with the I-It-relation, and from the standpoint of the I-You-relationship he criticizes the "It-world", the world of the third person "It (He, She)". So far as both I-and-It and I-and-You are pair-words, either "I" don't exist as an atom, "I" only exist either as "I" ("a selfish-being") of "I-and-It" or as "I" ("the person") of "I-and-You". Of course, neither a pure selfish-being nor a pure person can exist. A man exists only as the tension of "two poles of the humanity" or as the "two-fold I" of a selfish-being and the person.

A world, which human beings have to do with, appears either as "It-world" or as "You-world" according to the two-fold attitude of their "I".

First, let's refer to the I-It-relation. The selfish-being as subject of experience and use tries to regard all things inclusive of human beings as objects and to possess them. In addition, the selfish-being grasps everything in "the past". Here the word "the past" appears suddenly, but Buber himself doesn't explain the reason why he uses this word. In my opinion, by using this word Buber probably wanted to emphasize that when we try to understand something unknown or strange, we always follow the procedure of reducing it to something already known or familiar to us. What drives us to rely on fortune-telling or physical science is the basic desire to be relieved from anxiety by forecasting or foreseeing. For anxiety is derived from strangeness of something unknown. Forecasting

tried to go beyond any dualistic scheme because he thought it is rooted in the structure of our existence full of afflictions and passions. He preached that transcending the dualistic scheme “life-death” *is* “Nirvana” namely “Immortality” or “Deliverance”. Also, as is the case with the scheme “Cause-effect”, all dualistic schemes belong to the existence of mankind and form the basic structure of our thinking and language, it is too difficult for us to transcend them. Gautama Buddha’s philosophical greatness lies in his thought that even if the dualism should be one of living conditions of mankind, it isn’t the truth, or the attitude for us to look at things as they really are. Without dualism we can’t live, and the law and moral and physical science can’t be formed. However, they aren’t enough so that we can be human beings in the true sense of this word. We must transcend the dualism so that we can live our real human lives. Perhaps one of the most eternal questions is this: How can morality and religion be united without any contradictions? This is an old and simultaneously new problem.

knowledge.

(4) Morality takes the worldly standpoint of dualism such as good-evil, whereas religion stands beyond good and evil.

In brief, morality holds that man or individuals can know the reason, cause and intention of the providence, whereas religion only believes absolutely in the providence beyond human knowledge without asking why. As a Muslim phrase "in Allah willing" or "if it is to be hoped by Allah" shows clearly, religion orders us to accept and affirm unknowable things as such absolutely and unconditionally.

Yet, religion falls into dogmatism so easily and is degenerated into theology, metaphysics and moral. For example, I. Newton (1642-1727) believed that knowing the physical laws is same as knowing God, and A. Einstein (1879-1955) said, "God does not throw dice." If this metaphysical desire is made bare, it will gush out as many kinds of fundamentalism, and comes to advocate "jihad" or "Armageddon", only to rush into terrorism.

This means the valuation of the ultimate reality of this world by our own human standard, after all the self-absolutinization of human beings. Nothing is as reliable as my "self". Saint Paul (5?-67?) says, "I don't do the good I want to do; instead I do the evil that I do not want to do." I can't change even the color of a hair only of my own free will. In fact, nothing else can be as uncontrollable as myself. In Buddhism this "uncontrollability" is called "dukkha" meaning suffering of mind. Not only men, but whatever exists is uncontrollable because without staring the "impermanent" reality, we wish everything were permanent and desire to do everything just the way we want to do. The very self is nothing but impermanent, so it is impossible to think of any self-identical and ever-lasting substances in this impermanent and uncontrollable world. Therefore, everything is "selfless".

It is of great importance that the Buddhist term "impermanence" is never one of the two concepts that compose the dualistic scheme "permanence-impermanence" I think it is very suggestive that Gautama Buddha (ca.5c. B.C.?) maintained firmly that everything is neutral in moral properties and never tried to answer any metaphysical questions. He

and above all how to judge right in our social life. Morality is supported by our conscience and our sense of duty, and in contrast to the law it functions as internal principle of individuals, not as external compulsory force. So it is said that whoever offends morality must be tormented by a guilty conscience. On the other hand, at the bottom of morality lies the law of "retribution" or "causality". It is concretely described like this: Whoever does a good deed will or should be rewarded in the long run, and whoever does an evil deed will or should be punished later. Many English proverbs also show that this concept is rooted in the basic structure of mankind. Let's take some examples: "as you sow, so will you reap"; "A man must take the consequence of his own deeds"; "Curses come home to roost".

Even in ancient societies, "causality" was generally believed to be the truth and expressed variously. The people in ancient Israel believed in the righteousness of God, and in an old Confucian book is written, "A family accumulating good deeds will have lots of blessings. A family accumulating evil deeds will have lots of disasters." Furthermore, ancient Indian people in common believed in "samsara based on karma for birth-and-death". Indeed, on the one hand, we take the causality for granted, but on the other hand, we feel something doubtful about it, for we too often have bitter experiences arguing against this law, such as that some good-natured persons die young after long various misfortunes, while some wicked persons die of natural deaths in enormous happiness. The more experiences of such absurdity we have, the more strongly we wish for causality. This indicates the limit of the moral law of causality and the realm beyond it.

The realm beyond morality is that of religiosity. Now, let's refer to differences between morality and religion. To sum up,

(1) Morality is based on causality, whereas religion goes beyond it.

(2) Morality stands on humanism or egocentrism, relying on the conscience and sense of duty of individuals, and values God or Buddha by the human standard, only to humanize them, whereas religion stands on theocentrism or buddhacentrism beyond human valuations.

(3) Morality takes the standpoint of discriminative or analytical understanding, whereas religion takes that of non-discriminative knowing or "faith" beyond

pieces, and "rikai" meaning understanding denotes taking something to pieces along a line drawn on it. When we usually understand something conceptually, we first unconsciously fix the constantly occurring phenomenon of generation and change and corruption, then divide it into many pieces, and then put them together again, and think as if something were moving following the law of causality. This procedure is like the mechanism of a movie. A movie is composed of many frames. When each of them passes the light, they are shed light on one after another and reflected on the screen, and we have an illusion as if a thing or a person were really moving. In reality a thing is always one and the whole that doesn' t permit any division, it is destroyed as soon as it is fixed and divided. Nevertheless we do believe in the law of causality. Why?

I think that a clue to the solution lies, so to speak, in its post-constructiveness. Let's give an example. Suppose a murder case happened. We usually think there must have been a certain criminal, and he had beforehand had two alternatives whether he would commit murder or not, and then he chose one of the two of his own free will. This is already an illusion. For it was only one deed that he actually accomplished on one occasion, and he didn't actually accomplish any other deeds at all. We usually, even the criminal himself, look back upon the situation of that time, and imagine as if he had been able to choose the other different deeds. We have an illusion as if he had chosen that one out of all the imaginary alternatives because he should have had a certain intention, motive, reason or cause to commit it. Thus, we usually behave on the principle of causality in every situation of our daily life, which shows us that we find it self-evident that a deed is based on an intention, and that we apply this principle to every phenomenon including physical ones. This causal thinking is deeply rooted in our feeling of revenge or resentment. We are eager to revenge on the criminal or the assailant to take the responsibility for the matter or the affair. So deeply we suffer from actual misfortunes or disasters. Humans can never endure any misfortune or pain without making up its cause or motive.

Thus, the scientific law of causality is derived from the belief in the moral law of causality. Morality is, in general, one of the social norms which everyone must observe, and it directs us to how to discriminate between good and evil, between right and wrong,

4. Between Morality and Religion

Nowadays in Japan, every time an atrocious murder case happens, some critics point out Japanese people lack the moral sense, and attribute it to an irreligious way of thinking specific to Japanese people. Indeed, many Japanese people pursue mainly comfort, convenience and efficiency, and tend to take religion for a mere custom or a superstition. But on the other hand, the propagation of newly-risen cults is active all the time, and they equally claim that the belief in God or Buddha will bring their followers various kinds of worldly happiness, such as recovery from illness, acquisition of wealth, wellbeing of their family and so on. So we will have to ask: Does religion still have a role in today's Japan where technology governs almost everything? Does religion have more power than technology? What on earth is religion? Can religion be identified with morality? If not, in what is religion different from morality?

Physical science and technology, as far as they have been developed by human beings, are based on the belief in "causality". Causality as a relation between cause and effect consists in regarding a phenomenon not as a mere phenomenon, but as an "effect". Of course, an effect must have something that has caused it, and it is called a "cause". Therefore, cause and effect are complementary concepts which need each other.

Now, causality must fulfill some necessary conditions;

(1) A cause and its effect differ from each other.

(2) A cause precedes its effect.

(3) A cause has a particular quality which causes its effect.

In my opinion, however, these conditions aren't self-evident at all. The law of causality isn't so much the truth as a mere fiction fabricated by us through our daily experiences. It is based on the conceptual understanding or on the logical thinking, on the term "funbetsu", if we use a Japanese expression. The original meaning of "funbetsu" is discriminating. The term "handan" meaning judgment denotes originally cutting something into two exact halves, "bunseki" meaning analysis denotes separating or splitting something into two can't be free from evil so easily. As the evil is what is always present at the basis of myself, so to speak, a substance, I can't know its limit at all. It is really present to me. The same is true of such phenomena as "death" and "sin".

Death can be dealt with in different ways, for instance, physiologically, medically, sociologically and legally. In such ways death doesn't really come into question to an individual. We usually believe that we won't die for some time. In believing that, in fact, we have already coped with our death unconsciously. True, so long as we are alive, we are on this side of our death, that is, we aren't dead yet. But in spite of being on this side of our death, we have, in fact, got ahead of our death. In the form of knowing that we can't get ahead of our death at least while we are alive, we have already got ahead of our death and coped with it. So, for example, someone usually insures himself lest his family should be at a loss after his death. Indeed, we can't experience our death at least while we are alive. But we realize only the fact that we can't experience it.

Be it death or evil, nobody knows why it is the case. However, an individual can really know the simple fact that everybody is ignorant of the reason. A real knowledge of his ignorance is nothing but his true self-realization. It doesn't come from outside of himself, but it is the reality which is present at the basis of himself, so it belongs to himself thoroughly. Therefore, he realizes that he himself is a realization of evil. The evil isn't such evil as is immanent in a capsuled "ego" which has self-consciousness. And it isn't that I or you are evil but everybody is penetrated by evil. This is true of what Kierkegaard said concerning the original sin. Original sin can be a great reality because of our self-realization that each of us is basically a sinner without any exceptions. However, this kind of self-realization isn't peculiar only to Christianity. In Buddhism, it appears as that of "karma" or "ignorance". So it is rooted in a dimension of our religiosity. Christianity asserts that the sin which Adam and Eve committed is still related to each of us, but this is by no means a mere legend. We should accept original sin as the sin of mankind above the level of each ego and as a basic reality. On the other hand, Buddhism considers time as circle, not as a straight line like Christianity. But Buddhist theory of "samsara" or metempsychosis is also above the level of each ego.

experientially". Therefore Kant says that when an individual realizes this radical evil through and through, a postulate for transcending evil (Kant calls it postulate for the practical reason) arises in him, consequently occurs the conflict between the radical evil and the principle of good.

Then Kant thinks that the moral law takes the form of "categorical imperative", namely the unconditional and absolutely necessary imperative, because it must have absolute necessity and generality and all the human beings are required to follow it. The categorical imperative is the antonym of "hypothetical imperatives", one of which is expressed like this: "If you want to enter a university, you should study harder." Needles to say, the latter instructs us only the practical means to attain a certain end, so it can't be the general principle of morals.

If so, how is the categorical imperative to be defined?

In Kant's opinion, the fundamental formula of this basic law is as follows: "Act in such a way that the maxims of your will can always at the same time be the principle of universal legislation." This has further three derivative formulae:

(1) "Act only according to the maxims of your action as if they should become universal physical laws through your will." (formula of universal physical laws)

(2) "Act in such a way that you treat humanity, not only in your own person but in the person of any other, never merely as a means to an end, but always at the same time as an end." (formula of the humanity)

(3) "Act only in such a way that the will can, through its maxims, look upon itself at the same time as universal-legislative." (formula of autonomy of the will)

The point is that when Kant regards the radical evil as "a priori", he understands that the evil is not separated from its subject, but it forms the basis of its subject itself, in Kant' s words, it exists as "the supreme subjective basis of each maxim". In short, we realize that we ourselves are thoroughly evil. It isn't that "I" as "subject" do "evil" radically, but the self of me is radical evil. Therefore, this self-realization of evil occurs to me at any moment. The "moment" is just what S. Kierkegaard (1813-1855) named "an atom of eternity". Therefore, the self-realization of radical evil is just the realization that I myself

The judgment whether our deed is good or evil isn't absolute in itself, but just relative to the society in which we live. B. de Mandeville (1670-1733) thinks that the continuance and progress of society is made possible by our private vices or ambitions, and asserts in his "The Fable of the Bees" that "private vices are public benefits." On the other hand, Marxists try to understand good and evil from social and historical conditions of human life; and further, they find the origin of modern evil in the exploitation and domination of men by men, and think that the ideal society becomes possible only by building a society which has no classes, in which the human world in the true sense of this word will bloom, and then they claim that workers all over the world should carry out social reforms, even revolutions. And English utilitarians regard good as pleasure, evil as pain, and make it the first principle of their philosophy to avoid pain and to hope pleasure. However, as the pleasure for the sake of one particular individual is nothing but pain for the greater part of society, they think that the greatest good is the greatest happiness of the greatest number.

As written above, the problem of evil has been dealt with in various ways, but generally speaking, European philosophers seem to have lacked the insight into the reality of evil. The exceptions are perhaps only I. Kant (1724-1804) and F. Schelling (1775-1854). According to the understandings of the other thinkers, which are also common to contemporary philosophers, the subject of a deed, whether it is a person or a society, does evil in a case and it does good in another case. In either case evil is thought to be separated from its subject. Evil is explained like this because we tend to observe evil through a film of "concepts", in other words, from the viewpoint of "self-consciousness". It is only when our self-consciousness or self-centeredness breaks into pieces that we really face the problems, such as our own evil and sin.

Kant had the great insight into it. In fact, he speaks of "radical evil". In his view, men in a natural state have an innate tendency to disregard a moral law and follow their own sensual instinct. Kant calls this tendency "the radical evil". As this kind of evil is inherent a priori in human nature, it forms the basis of all kinds of evil. The term "a priori", which is antonym of "a posteriori", is used not only in the temporal sense of "innately" or "before experience", but in the super-temporal sense of "hyper-experientially" or "un-

3. On Evil

"Evil" is one of the most important problems in our society. We generally understand "evil" to be negative phenomena such as harm, pain, illness, death, disaster, war, injustice and so on. What have European philosophers thought of "evil"?

First, Socrates thought that men do evil because they are ignorant of their deed, and that education and discipline enable them to overcome evil and to realize goodness. In a word, he looked upon evil as lack of good.

Next, Christianity considered evil in connection with the original sin of men from Adam and Eve, and found evil in the fact that men were estranged from God of their own will. According to the descriptions of the Bible, when God created Adam and Eve, they were promised to be immortal. Yielding to the Serpent's temptation, and eating the forbidden fruit, they were banished by God out of the Paradise. As the result of disobeying God, men became mortal, and came down to living by the sweat of their brows. How can men, then, be redeemed from the original sin? Christianity's answer is as follows: By believing that Jesus Christ sacrificed himself upon the cross in order to atone for men's sin in their place. Whoever believes in God, the Incarnation of God in Christ, the Redemption (or the Atonement) and the Resurrection will go to Heaven, whoever doesn't believe in those will go to Hell on the Judgment Day. Why on earth does evil exist in the very world that God Almighty called Goodness created? This has been always one of the most difficult questions for Christian theologians and philosophers to answer. Many thinkers have put forth the theodicies in great variety in order to verify that the existence of evil doesn't contradict the justice of God in the least.

In modern ages, the origin of evil came to be viewed from many angles. An English empiricist, J. Locke (1632-1704), asserts that the mind of man is by nature "tabula rasa", a blank sheet of paper with no letters written in, but in the process of growth various letters or ideas get written on the mind through the two actions of experience, sensation and reflection. All our differences in behavior and character come from our experiences.

transient. If anyone considers it transient, that is because he compares something transient with something un-transient. The life of a dayfly and that of a turtle, the time of an elephant and that of a mouse are all absolutely precious in themselves. Each short-living thing and each long-living thing lives an absolute life and dies an absolute death in its own way.

As it used to be said, “In order to die we came to this world”, every human has already put a foot into his coffin at the moment he was born. Therefore our death isn’t lying ahead, but this moment we are alive now is just the moment we are dying. I dare to say we can’t actually separate life from death. Life and death are one. Life is the life of oneness of life-and-death, death is the death of oneness of life-and-death. Conversely speaking, there is neither life nor death. After all, as a great Chinese Zen-Master Yüan-wu（1063-1135）declares, “Life is a manifestation of total activity, death is a manifestation of total activity.”

people were thought to be close to the realm of gods. At that time "the realm of gods" meant nothing but "the other world", in other words "the world of death". However, everyone does die, not only children who have little resistance to disease and old people who are near to death. Saint Rennyo also says to the point, "As far as man is concerned, who can avoid perishing and dying? Lifetime is like a dream or an illusion. If the old are to die sooner than the young, it can be called a regular order of age. However, as it is uncertain which of both will die sooner, man's life is just empty." Death, irrespective of age or sex, visits everyone.

Suppose that in the future new techniques of organ transplant will be developed, that we will be able to use artificial organs and lengthen the average life expectancy, that all disease germs will be extirpated, and that the clone-technique will be applied even to humans. Subsequently someone's pet with the same gene and memories will be created as the pet he loved, and furthermore his child with the same gene and memories will be created as his son, and finally there will be a possibility that even "this guy named Akira Nitta" with the same gene and memories will be created in the future. Nevertheless, the pet isn't the pet, and the child isn't the child, and "the guy named Akira Nitta after me" isn't "Me" in essence at all. Therefore, it is impossible that the pet and the child and the "myself" can enjoy eternal life. In short, even though the welfare for old people, for example, is supported financially by the state, we can't find any solution to the problem of hospices or terminal care units, so long as the problem of death isn't settled.

For all the living things including men, the moment when we are born is the moment we begin to die. "How long did the man live?" is same as "How long did it take him to die?" "How long will the man live from now on?" is same as "Until when can his death be postponed from now on?" The time of his death is uncertain, the rest could be almost nothing. The beat of one's heart as the proof of life is the countdown to death. A newborn infant, even an unborn baby has been alive long enough to deserve of death. The length of life is relative. No one will deplore the short life of a dayfly in comparison with a turtle. There are some biologists who compare the time of elephants with that of mice and discover a law of life or a relation between them, but no one will consider the life of mice

we were born many times, we don't know the beginning of birth, and even after we have died many times, we still don't know the end of death." This passage must be derived from a poem at the end of the preface to "Hizōhōyaku" (The Key to Secret Treasury) written by Kōbōdaishi Kūkai (774-835). The poem is as follows:

> Insane people in the three realms don't know they are insane,
> Blind people in the four modes of birth don't know they are blind.
> Born, born, born, born, yet obscured to the beginning of birth,
> Died, died, died, died, yet obscured to the end of death.

All of the living things in the three realms and in the four modes of birth don't look at things as they really are, but as they wish them to be, and yet they don't realize their ignorance in the least. Even though they come into the endless cycle of birth-and-death, they don't comprehend why and for what they are born and die. In short, ordinary people never realize the purpose of life and death.

In fact, everyone dies all too soon. We often hear that a man who had was chatting with his friend some time before he died in a traffic accident, just after they promised to meet again and walked off, and that some people died of cancer in great agony. Or often we hear that someone died a natural death in peace. Thus different men die in different ways. One thing common to all the cases mentioned above is that he, who was once born, must die someday. So it is said that in one of Zen terms, "As death comes in a blink, the matter of birth-and-death is of great importance." And in his letter "Hakkotsu no Ofumi", Saint Rennyo (1415-1499) says, "In the morning one may have a rosy face, in the evening he may become white ashes."

Once it used to be said "children up to seven are in the realm of gods". Even if a child less than seven years old committed a crime, it was regarded as innocent in consideration for his age. On the other hand, an old man called "Okina" on the Noh-stage dances solemnly as if he were a god. In ancient times when it was very difficult for everyone to survive and the average life expectancy was quite short, both young children and old

eccentric, but each death of true Zen-Buddhists is vacant and empty, light and fresh.

In Japan, a nun named Teishin-ni (1798-1872), who was on friendly terms with a great Zen-master, calligrapher and poet Ryōkan (1758-1831) in his last years, wrote a book "Dewdrops on a lotus". According to her description, Master Ryōkan often recited his favorite anonymous poem:

A maple leaf falling
showing its back and
showing its face

In his last poem, swan song haiku:

Falling cherry blossoms.
Remaining cherry blossoms will also be
falling cherry blossoms.

Also a monk Shōchō, who is said to have been intimate with Ryōkan, reports that Master Ryōkan suddenly opened his mouth, uttered just "Ah" and neatly died while sitting. In any case there is no bit of mystery in Ryōkan's death. Completely clear, completely pure. From the beginning there is no life to be wished for, till the end there is no death to be avoided. The life and death is beyond any desire, and it is one with the wonder of Nature.

From old times, we have had a lot of maxims expressing the truth that human is mortal. The shortest one is probably a Latin epigram "Memento Mori", in English, "Remember death" or "Don't forget you will die inevitably". In Japan, in a passage from "Hōjōki" written by Kamo-no-Chōmei (1155-1216) is quite well-known: "As is always the case in this world, some people die in the morning, others are born in the evening, just like some bubbles of water break, others form very soon. Who knows where everyone was before birth? Who knows where everyone will go after death?" And in "Senjūshō" is written: "Where will we go after our death? How can we stay in this world to the end? Even after

2. Human is Mortal

It may safely be said any philosophy or religion has mainly dealt with such fundamental questions as “How should we live our own lives?” or “Where should we find our peace of mind?” and has convinced us that we should get out of our great spiritual torture, especially that we should overcome our fear of death.

To begin with, let’s start from some examples in Europe. Plato (427-347 B.C.) reports that Socrates (ca.469-399 B.C.) said, “Philosophy is the practice of death” and “whoever loves wisdom isn’t frightened at death at all”, before taking poison, and died calmly. Sages of Stoicism were much more extreme than Socrates. It is said that when Zeno of Citium, Cyprus (335-263 B.C.), for example, tumbled down, he realized that the time of his death was approaching, and died either by abstaining from any food or stopped breathing of his own will. When Kleantes (ca.330-ca.231 B.C.) became old, he got ill in his gum. Though he was advised by a doctor to fast the illness off and was healed of it, he still continued fasting to death. Further, Chrysippus (279-206 B.C.) is said to have died by laughing inside out at the sight of a donkey eating figs. All of these Stoic philosophers, though their ways to die were different, had in common the ideal of “apatheia”, that is, of the insensibility to any suffering and died with complete calmness. Their antagonist, Epicurus (341-270 B.C.), who was an atomist, atheist and hedonist, also longed for the calmness called “ataraxia”, that is, freedom from passions.

On the other hand, in the East, Taoism in China regarded the earthly oppositions and differences as nothing but delusions which are created by our attachment to egos, insisted on our leaving off the attachment and tried to go beyond life and death. It was Zen masters who put this ideal into practice. In a book, for example, it is said that one day a Chinese Zen master, Puhua (ca.9c.?) went to the city carrying a coffin on his back. Then, he laid himself into it and asked a passerby to nail down the lid of the coffin. Sooner, people heard the rumor and gathered. When they opened the coffin and looked in, his body had vanished, and they just heard sounds of bell fading away in the air. Master Puhua seems to be rather "allowing something to come close" at the same time. Without closeness or intimacy there can't be distance or estrangement. A stone or a plant, or even an animal neither takes a distance nor gets close. A pig, of course, eats food, nevertheless the pig does *not* eat food *as* food. The pig is just absorbed in eating something. In this sense, it doesn't know how to doubt. Notwithstanding, this doesn't mean the pig eats even poisoned food. When the pig doesn't eat poisoned food, we just bring our so-called 'human, all too human' idea that the pig avoided the food *as* poison into the behavior of the animal. It is true, in a striking contrast to stones and plants, that animals resemble humans in the point of avoiding poison. However, they don't have the same "as"-structure that humans have.

Pigs can't be above or below themselves, and pigs are pigs all the time, only because they are deficient in the "as"-structure. Man takes an attitude toward other people and other things, in a word, toward the world, and moreover toward himself. There is a distance between a man and himself. The fact that a man is intimate with himself or strange to himself means he takes an attitude to himself. Man is such a relation in himself as he is related to himself. Besides, man can take an attitude toward the world because man has always and already lived in a certain world. In this respect, the world is one of the elements which construct human beings. Man isn't located in such a container as Newtonian absolute space or time, but man's basic constitution is, in Heidegger's term, "being-in-the-world (In-der-Welt-sein)".

As you see, Buber dealt with the problem of distance mainly from the viewpoint of man's spatiality, but I myself also find it possible to argue on it from that of man's temporality. Animals don't know how it was yesterday, how it is today, or how it will be tomorrow, and have very little, or hardly any perceptions of past and future. They adhere to each moment of the present from morning till night and live without being troubled or bored. This is because animals can always forget. On the contrary, men who can't forget cling to their memories in the past which already don't exist and hopes in the future which still don't exist. Animals have only a succession of moments. But a mere succession of many "now" s can't be called "time" yet. Time in the true sense of this word begins, when the mere succession is suddenly cut into pieces, subsequently the pieces or rings are linked together into a chain of "past-present-future". However, so that this chain of time can be formed, not only a moment passes away, but he who perceives it must become aware that it passed away. Something becomes the past at the moment he gets conscious that it has passed away. It would be impossible to think of a completely isolated past without the double relation to what was once there and what is now present. We perceive the past or the future only in relation to the present. Anyway, nothing seems to show the essence of man as well as such an expression as "I wish I had done that" or "I wish it would be this or that". Man is the only being that takes a distance from the world at once spatially and temporally, or rather, it is only man that opens up the space and time.

On the other hand, M. Heidegger（1889-1976）says, "A stone is worldless（weltlos）. An animal is worldpoor（weltarm）. Human is worldbuilding（weltbildend）." When Buber and Heidegger refer to the essence of animals, they are both under the influence of a famous German biologist and comparative psychologist, J. von Uexküll（1864-1944）, who investigated the environment of living things. Each of his writings is very exciting and I would like to recommend you to read them, especially "The World Seen from Living Things". Getting back to the main subject, man alone is concerned with the world and takes an attitude toward the world. In Buber's phrase, man takes a distance from the world. However, taking a distance from something doesn't necessarily mean keeping away from it at all. "Taking a distance from something" also means "getting close to something" or

not an end; what can be loved in man is that he is a going-over (Übergang) and a going-under (Untergang)." Here the expression "a going-over" means that human is human only as long as he overcomes his weakness, in short, as long as human is overman.

However, one mustn't understand this word "overman" to be a being like a superman which surpasses men in ability and someday men could be such a being. This isn't the case. As long as a human overcomes his weakness, he is always an overman. Therefore, humans don't evolve from apes that they used to be into overmans at all. Human is overman in essence. One who goes over is an overman, and one who goes under remains an animal. In fact, Nietzsche lets Zarathustra say, "I teach you overman. Man is something that is to be overcome." or "Much in you is still worm. Once you were apes, and even now, man is more ape than any ape." To sum up, man is a strained being struggling between high and low, a being of at once a miserable rank and a noble one.

Next, let me quote B. Pascal's (1623-1662) very famous words: "Man is only a reed, the weakest in nature. However, it is a thinking reed. To crush it to death, the whole universe doesn't need to arm itself. A spout of steam or a drop of water is enough to kill it. But even if the universe were to crush man, man would be much nobler than that which kills him, because man knows that he inevitably dies, and that the universe is superior to him. But the universe doesn't know it. Therefore, all of our dignity lies in thinking."

Humans alone can think and ask questions. No other animals can think nor ask questions. This is because animals adhere closely to the environment and nature, and remain bound to the world. In terms of spoken words animals have no world. In regard to this, I'd like to refer to M. Buber's (1878-1965) thought. According to Buber, animals are worldless. They adhere closely to the law of nature and are governed by nothing but their instinct, they have no tools and no "sentence-word", that is, no connection between a subject and a predicate (S is P.). With man does the world come to be opened. In other words, man alone can take a distance from the world, or rather, only by taking a distance, the world to which animals were coherent comes to be opened as "the world" for the first time. So humans don't possess any tools or sentence-word until the world becomes opened and humans take a distance from it.

I. What is Human?

There is a story called “Pyrrho’s Pig”. Pyrrho of Elis (ca.360-ca.270 B.C.) is an ancient Greek philosopher, who is said to have traveled to Persia and India following the army of Alexander the Great, and later have founded a skeptic school in Elis. The story is as follows: When Pyrrho was boarding on a ship one day, suddenly it began to storm heavily. As the ship was at the mercy of the high waves and likely to sink, most of the passengers lost their mind, and began clinging to the mast for dear life. The passengers screamed and shrieked in fear. Now, also on the ship was a pig. However hard the ship was tossed by the waves, and however likely it might sink into the sea, the pig wasn’t frightened at all, but grunting as usual. Then the philosopher said to the people, “Look at this pig!” and persuaded them and encouraged to keep calm.

Part, or all, of this story is probably a mere fiction, but there is a grain of truth in it: humans *can be* below pigs in some cases. Pigs *can’t be* above or below themselves. A pig *is* a pig all the time, whereas a human *can* sometimes *be* below a pig, and sometimes above a pig. The problem is this: At what point can humans be above pigs?; Where is the difference between humans and animals, and all the other living things?

The essential property of the human race has often been referred to from old days. In the book “On the Dignity of Man” written by Pico della Mirandola (1463-1494), an Italian Renaissance philosopher, God says to Adam, “Oh, Adam, you can be corrupted and become a lower creature like a bird or a beast. Or, on the other hand, you can decide of your own free will to experience rebirth in a higher world or the Divine Kingdom.”

This understanding of humankind of Pico’s is found more perspicuously in the expression of F. Nietzsche (1844-1900): “Man is the as yet undetermined animal.” Concerning the understanding that man takes a middle position between two poles, Nietzsche says, “Man is a rope, tightened between beast and overman (Übermensch), —— a rope over an abyss. A dangerous across, a dangerous on-the-way, a dangerous looking-back, a dangerous shuddering and stopping. What is great in man is that he is a bridge and

第四部　Philosophical Essays——哲学的随筆

あとがき

本書はいろいろな方々の尽力の上に成り立っている。

何といっても第一の功労者は、早稲田大学社会科学部在学中に著者のドイツ語の授業を履修し、今も私が月二回の割合で開いている勉強会にかかさず出席されている柏輝幸氏である。本書は、氏から半ば強引に請われる形で出版の運びとなったのである。氏は出版の仕事をされているのだが、いくら仕事とはいえ、本書所収の論文は昔のものも多いため新たに入力し直さざるをえず、ずいぶん苦労と迷惑をかけた。感謝申し上げたい。

次に、「はじめに」でも触れた六本の英文のエッセーが、もしも何とか読める英語になっているとしたら、それは、やはり私の早稲田大学教育学部の教え子で俳句の英訳に最近目覚めた横越徳男氏と、カナダのトロント大学で仏教を専攻されたFrederic Bellouard氏のお二人に添削していただいたからである。当然、文責は私にあるが、私は単なる原作者、実際の英訳者はノリオとフレッドの二人がやってくれたようなものである。共著者と言っても過言でない。だいぶ時間を奪ってしまった。申し訳なく思うと同時に深謝申し上げたい。

また、サンスクリットやパーリ語、古代インドや中国の易学など高度に専門的な事柄については、立正大学仏教学部の教え子で東北大学大学院博士課程を修了された熊谷孝司氏から長年にわたり、折に触れて教えていただいた。その他、ここにお名前を挙げないまでも、お知恵を拝借した方々は数多く、それらの方々にこの場を借りて御礼申し上げたい。

更にはまた、中国人書家で友人の仲崇霖氏は表紙のために「今」という字を書いてくださり、それを『サンサーラ』の表紙デザイナーの井口寛昭氏が、本書のために今度もデザインしてくださった。哲学書らしからぬ表紙を好む著者の要求にいつも応えてくれ、感謝に堪えない。

最後に、悠光堂社長の佐藤裕介氏には本書出版の機会を与えていただきお礼の申し上げようもない。今回はお堅い哲学書で恐縮しているが、もっと柔らかいエッセーのネタならほとんど無尽蔵なので、いつか機会があったら出版させてもらおうと勝手に決めている。

本書を手に取られた読者が全五部の大長篇『サンサーラ』（テクネ社）に興味をもって下さることを願って擱筆としたい。

二〇一五年三月十一日

新田　章

初出一覧

第一部　ニーチェの風光

「権力への意志説の成立と展開」――『哲学世界』第九号、早稲田大学大学院文学研究科哲学専攻、一九八六年六月
「ニーチェ哲学と死の問題」――『倫理学年報』第三六集、日本倫理学会、一九八七年三月
「ニーチェとエマーソン」――『比較文学年誌』第二四号、早稲田大学比較文学研究室、一九八八年三月
「ニーチェとニヒリズム」――『比較文学年誌』第二六号、早稲田大学比較文学研究室、一九九〇年三月
「いかにして世界は本来有るところのものに成るか」――『実存思想論集』第五号、以文社、一九九〇年六月
「ニーチェにおける時間の根源への問い」――『フィロソフィア』第七九号、早稲田大学哲学会、一九九二年三月
「〈神の知的愛〉と〈運命愛〉」――『ニーチェ解読』、早稲田大学出版部、一九九三年七月
「〈ヨーロッパの仏陀〉対〈インドの仏陀〉」――『実存思想論集』第一一号、理想社、一九九四年六月
「ニーチェのニヒリズム論とその射程」――日本倫理学会第五四回大会報告集、二〇〇三年十一月
「ショーペンハウアーとニーチェ」――『ショーペンハウアー研究』第一六号、日本ショーペンハウアー協会、二〇一一年十一月

第二部　R・ヴィッサーのニーチェ論（翻訳）

「フリードリヒ・ニーチェ――超人は現れるか」――『哲学世界』第一二号、早稲田大学大学院文学研究科哲学専攻、一九八九年七月
「ニーチェの教説〈万人は完全に無責任にして無罪なり〉」――『ニーチェ解読』、早稲田大学出版部、一九九三年七月

第三部　そのつどの思惟の事柄

「マルティン・ブーバーにおける〈間〉の生起」――『文学研究科紀要別冊』第一五集、早稲田大学大学院文学研究科、一九八八年三月

「都市の自己矛盾」――『早稲田学生新聞』第四一六号、一九九五年二月

「輪廻の非神話化の試み」――『実存思想論集』第一六号、理想社、二〇〇一年六月

「他界表象の意味すること」――『フィロソフィア』第八六号、早稲田大学哲学会、一九九九年年七月

「図書新聞書評」

「超一級の、だが極めて「暴力的」なニーチェ解釈」――『図書新聞』二四五八号、一九九九年十月

「真理の現成を憧憬する祈りに満ちた思索」――『図書新聞』二四八八号、二〇〇〇年六月

「明快で新鮮なアメリカのハイデガー」――『図書新聞』二五一八号、二〇〇一年一月

「ハイデガーのナチズム関与は彼の哲学の本質に根差すのか」――『図書新聞』二五三六号、二〇〇一年六月

「「生きた自然」の「現象」の学へ」――『図書新聞』二五八八号、二〇〇二年七月

「哲学の対話はいかにあるべきか」――『図書新聞』二六一五号、二〇〇三年一月

「「存在に関する学」に重大な変容を迫る「無」の思想」――『図書新聞』二六七六号、二〇〇四年五月

「次世代に託す仏教」――『正法』第一〇二号、日蓮宗新聞社、二〇〇五年夏

「大愚良寛と『妙法蓮華経』」――『法華文化研究』第三三号、立正大学法華文化研究所、二〇〇七年三月

第四部　哲学的随筆（Philosophical Essays）――書き下ろし

著者紹介

新田　章（にった・あきら）
1956年福島県生まれ。哲学者。
早稲田大学第一文学部哲学専攻卒業
早稲田大学大学院文学研究科哲学専攻博士課程修了
早稲田大学・立正大学講師（現任）
著書に
『ニーチェ解読』（共編著、早稲田大学出版部、1993年）
『ヨーロッパの仏陀――ニーチェの問い』（理想社、1998年）
『サンサーラ　第1部　ギリシア・ローマの輪廻思想』（テクネ、2014年）
『サンサーラ　第2部　インドの輪廻思想』（テクネ、2014年）
『サンサーラ　第3部　中国仏教と輪廻転生』（テクネ、2014年）
訳書に
ヴォルフガング・ミュラー＝ラウター『ニーチェ論攷』（理想社、1999年）
等がある。

そのつどの今

2015年5月30日　初版第1刷発行

著　　者　新田　章
発 行 者　佐藤裕介
発 行 所　株式会社　悠光堂
〒104-0045　東京都中央区築地6-4-5　シティスクエア築地1103
電話　03-6264-0523　FAX　03-6264-0524
http://youkoodoo.co.jp/
編 集 人　三坂　輝　岩岡潤司
制作・組版　柏　輝幸
装　　丁　井口寛昭
装　　画　仲　崇霖
印刷・製本　中和印刷株式会社

©Akira Nitta, 2015　Printed in Japan　ISBN978-4-906873-42-5　C0010
無断複製複写を禁じます。定価はカバーに表示してあります。
乱丁本・落丁本はお取替えいたします。